HOMENAGEM A ALBERTO LOPES MENDES ROLLO

CB061002

COORDENADORES
ARTHUR LUÍS MENDONÇA ROLLO
JANINE MENDONÇA ROLLO

AUTORES
ALBERTO LUÍS MENDONÇA ROLLO
ALEXANDRE LUÍS MENDONÇA ROLLO
ARTHUR LUÍS MENDONÇA ROLLO
CARLOS EDUARDO CAUDURO PADIN
JOÃO FERNANDO LOPES DE CARVALHO
MARIANGELA CORRÊA TAMASO

ELEIÇÕES
O Que Mudou

2020 © Editora Foco
Coordenadores: Arthur Luís Mendonça Rollo e Janine Mendonça Rollo
Autores: Alberto Luís Mendonça Rollo, Alexandre Luis Mendonça Rollo, Arthur Luis Mendonça Rollo, Carlos Eduardo Cauduro Padin, João Fernando Lopes de Carvalho e Mariangela Corrêa Tamaso
Diretor Acadêmico: Leonardo Pereira
Editor: Roberta Densa
Assistente Editorial: Paula Morishita
Revisora Sênior: Georgia Renata Dias
Capa Criação: Leonardo Hermano
Diagramação: Ladislau Lima
Impressão miolo e capa: META BRASIL

Dados Internacionais de Catalogação na Publicação (CIP) (Câmara Brasileira do Livro, SP, Brasil)

E38

Eleições o que mudou / Alberto Luís Mendonça Rollo ... [et al.]. - Indaiatuba, SP : Editora Foco, 2020.

256 p. ; 17cm x 24cm.

Inclui índice e bibliografia.

ISBN 978-85-8242-019-3

1. Direito eleitoral. 2. Eleições. I. Rollo, Alberto Luís Mendonça. II. Rollo, Alexandre. III. Rollo, Arthur Luis Mendonça. IV. Padin, Carlos Eduardo. V. Carvalho, João Fernando Lopes de. VI. Tamaso, Mariangela Corrêa. VII. Título.

2020-474   CDD 341.28   CDU 342.8

Elaborado por Vagner Rodolfo da Silva – CRB-8/9410

Índices para Catálogo Sistemático:

1. Direito eleitoral 341.28   2. Direito eleitoral 342.8

DIREITOS AUTORAIS: É proibida a reprodução parcial ou total desta publicação, por qualquer forma ou meio, sem a prévia autorização da Editora FOCO, com exceção do teor das questões de concursos públicos que, por serem atos oficiais, não são protegidas como Direitos Autorais, na forma do Artigo 8º, IV, da Lei 9.610/1998. Referida vedação se estende às características gráficas da obra e sua editoração. A punição para a violação dos Direitos Autorais é crime previsto no Artigo 184 do Código Penal e as sanções civis às violações dos Direitos Autorais estão previstas nos Artigos 101 a 110 da Lei 9.610/1998. Os comentários das questões são de responsabilidade dos autores.

NOTAS DA EDITORA:

Atualizações e erratas: A presente obra é vendida como está, atualizada até a data do seu fechamento, informação que consta na página II do livro. Havendo a publicação de legislação de suma relevância, a editora, de forma discricionária, se empenhará em disponibilizar atualização futura.

Erratas: A Editora se compromete a disponibilizar no site www.editorafoco.com.br, na seção Atualizações, eventuais erratas por razões de erros técnicos ou de conteúdo. Solicitamos, outrossim, que o leitor faça a gentileza de colaborar com a perfeição da obra, comunicando eventual erro encontrado por meio de mensagem para contato@editorafoco.com.br. O acesso será disponibilizado durante a vigência da edição da obra.

Impresso no Brasil (03.2020)

Data de Fechamento (03.2020)

2020

Todos os direitos reservados à
Editora Foco Jurídico Ltda.

Rua Nove de Julho, 1779 – Vila Areal
CEP 13333-070 – Indaiatuba – SP

E-mail: contato@editorafoco.com.br
www.editorafoco.com.br

HOMENAGEM

Muito me agrada participar de homenagem ao eminente advogado **Alberto Lopes Mendes Rollo**, especialista, cultor e defensor das lides e da matéria eleitoral.

Minhas passagens pelo TRE-SP começaram no 2000. Desde então nos conhecemos.

Pessoa marcante, de temperamento forte, vivo, sagaz, irônico, oratória agradável, perspicaz, focada e contributiva aos destinatários. Não se furtava a embates, até os criava, mas agia sempre, como exigia dos meninos, com proficiência, respeito, disciplina e dedicação.

Alberto foi dedicado servidor do TRE-SP, quando diretor Fernando Augusto Fontes Rodrigues. Formou-se em Direito em Santos, Faculdade Católica, e também ainda graduou-se em economia e administração de empresas pelo IMES, atual USCS (Universidade Municipal de São Caetano do Sul).

Ajudou a criar o núcleo de direito eleitoral da OAB-SP, hoje transformado na Comissão de Direito Eleitoral. Foi vice-presidente da Comissão Nacional de Direito Eleitoral do Conselho Federal da OAB, Presidente da Comissão de Direitos e Prerrogativas e Conselheiro da Seccional de São Paulo da OAB, além de ter sido professor universitário.

Deixou pensamentos e doutrina em diversos livros com pioneirismo e proficiência aguçada: Comentários às Eleições de 1992; Legislação para as Eleições de 1994; Inelegibilidade à Luz da Jurisprudência; Comentários à Lei 9.100/95; Comentários à Lei Eleitoral 9.584/97; Comentários à Lei Eleitoral 9.504/97; Na defesa das prerrogativas do advogado; Propaganda Eleitoral – teoria e prática; O advogado e a administração pública, entre outros.

Nascido em Santos, maio de 1945, em 1967 casou-se com a Dra. Janine, que conheceu no balcão de atendimento do TRE-SP, como contava, com ela teve três filhos, os hoje excelentes advogados eleitoralistas: Drs. Alberto, Alexandre e Arthur Rollo, que seguem com retidão, eficiência e altivez a mesma trilha e sacerdócio do genitor. Em 2017, recebeu o Colar do Mérito Eleitoral Paulista, entregue à sua mulher Dra. Janine, como homenagem póstuma, mas que ainda em vida estava programada.

Este livro presta justíssima homenagem e respeito à figura de notória e capital importância e especial relevo na matéria e na família eleitoral, tornando expresso e permanente o devido reconhecimento.

Carlos Eduardo Cauduro Padin
Desembargador do TJ-SP e ex-Presidente do TRE-SP

APRESENTAÇÃO

Dr. Alberto Lopes Mendes Rollo foi, inegavelmente, um pioneiro no reconhecimento do Direito Eleitoral como disciplina autônoma no Brasil, reclamando sua inclusão na grade regular dos cursos jurídicos.

Ele começou ainda muito jovem, com apenas 19 anos de idade, quando, vindo de sua cidade natal Santos, prestou concurso público para trabalhar no Tribunal Regional Eleitoral de São Paulo. Naquele tempo ele, além de atender o balcão recebendo os documentos necessários para a obtenção dos títulos eleitorais, fazia o trabalho braçal e de campo na época das eleições, montando as cabines de votação nos diversos colégios designados. Esse trabalho avançava madrugada adentro e era considerado fundamental para a higidez do pleito: tinha que vistoriar cada uma das urnas para que elas não viessem "prenhes", como ele gostava de se expressar, ou seja, não viessem "recheadas" com votos para determinados candidatos, viciando dessa forma o pleito.

No dia a dia, no balcão da 6ª Zona Eleitoral, então localizado na Praça do Correio, atendia as pessoas que queriam tirar seu título eleitoral, recebendo a documentação necessária e encaminhando para a equipe responsável pelo andamento do processo.

Mais tarde, ao ministrar palestras sobre o tema, contava sobre a sua preferência pelo Direito Eleitoral e mencionava que sua família tinha sido iniciada no balcão da 6ª Zona Eleitoral porque foi naquele local que conheceu sua futura esposa, que viria a ser mãe dos seus três filhos. Isso, no seu ponto de vista, seria um dos motivos de seu vínculo com o Direito Eleitoral.

Passou para seus três filhos advogados e para uma infinidade de jovens que escolheram a mesma profissão, sua paixão por esse ramo do Direito que nem sequer era reconhecido num passado não muito distante.

Lutou muito para que o Direito Eleitoral fosse inserido na grade curricular das faculdades de Direito, porque entendia que isso seria fundamental para que as eleições transcorressem de forma imparcial e expressassem a vontade do povo. Sempre insistiu muito na afirmativa de que o pleito eleitoral devia ser o mais afinado possível à vontade popular.

Nunca se negou a dar espaço para os jovens advogados, orientando e incentivando todos aqueles que se interessassem por esse ramo do Direito.

Escreveu vários livros, sendo os primeiros em parceria com um amigo, Enir Braga, que atuava em Brasília e lhe fornecia jurisprudência atualíssima numa época em que não se falava em meios eletrônicos de comunicação. O material a ser publicado era discutido por telefone fixo, uma vez que não se contava as facilidades de hoje tais como internet, celular etc.

Depois do falecimento de seu amigo e estando os colegas do escritório já com bagagem jurídica suficiente, passou a dividir com estes essa responsabilidade.

Atuou em vários Estados do território brasileiro, organizando campanhas e ajudando candidatos a viabilizarem suas candidaturas. Forneceu elementos valiosos para a criação de novos partidos políticos, ministrou palestras para funcionários e juízes dos mais variados Tribunais Eleitorais e para interessados nessa área do direito.

Com essa prática angariou casos inéditos e hilários que costumava citar em suas palestras arrancando por muitas vezes risadas de sua plateia, quebrando a aridez do assunto como estratégia didática.

Foi incansável na defesa de seus clientes e, de posse de um invejável dom de oratória conseguiu vitórias importantes.

Criou teses de direito que foram muito elogiadas pelos Ministros das Cortes Superiores que, muitas vezes, as citavam em suas decisões.

Enfim, dedicou toda sua vida ao Direito Eleitoral e manteve até o fim de sua vida sua paixão pela atividade que escolheu ainda muito jovem.

A obra em questão surgiu da ideia dos filhos e de alguns amigos como homenagem ao pai, advogado e amante do Direito Eleitoral.

Essa introdução é meu reconhecimento como esposa, amiga e admiradora desse homem de grande valor.

Janine Mendonça Rollo
Advogada e mestre em direito civil pela PUC-SP.

PREFÁCIO

Em 1987, ao ingressar na Faculdade de Direito da Universidade Presbiteriana Mackenzie, conheci um grande amigo, Alberto Luís Rollo, emergindo a partir de então sólida amizade com toda a excepcional família Rollo. Assim tive a felicidade de conhecer o advogado Alberto Lopes Mendes Rollo, o desbravador do Direito Eleitoral brasileiro.

Profissional de altíssima qualidade, advogado combativo e brilhante, ser humano digno e honrado, Alberto Rollo conquistava a todos que tinham a satisfação de conhecê-lo, com sua alegria contagiante, inteligência e bondade. Logo que ingressava em um recinto, formavam-se grupos de pessoas ao seu redor, pois sua conversa cativante e inteligente, além do respeito e atenção com que tratava as pessoas, atraía de pronto olhares de admiração. O homenageado era a personificação da alegria e da bondade, ser humano extraordinário, que contagiava os ambientes que frequentava com sua luz e brilho. Como eleitoralista, foi exemplo de advogado aguerrido e preparado, apaixonado pela sua área de atuação.

Em ótimo momento recebe Alberto Rollo esta linda homenagem, verdadeira honraria, preparada com todo esmero pela advogada Janine Mendonça Rollo, sua sempre dedicada esposa e pelos filhos exemplares, Alberto Luís, Alexandre e Arthur, herdeiros da capacidade profissional e retidão moral do valoroso pai.

Homenagem mais apropriada não haveria! A elaboração de uma obra coletiva de qualidade ímpar, que será marco no estudo do Direito das Eleições, é a mais perfeita maneira de reverenciar quem dedicou a vida ao Direito Eleitoral.

A obra *Eleições Municipais – A Regra Mudou* corresponde, na verdade, a um completo Curso de Direito Eleitoral, abrangendo todos os temas centrais desse ramo do Direito Público, abordados por autores especializados e experimentados na área, o que explica seu substancioso conteúdo. A profundidade com a qual os tópicos foram enfrentados não gerou perda de objetividade e didática, o que coloca este trabalho como referência para os estudos de Direito Eleitoral, tanto no âmbito acadêmico, quanto na seara da prática profissional.

Há que se louvar, igualmente, o trabalho dos organizadores deste livro, haja vista que sua composição coletiva não prejudicou a estrutura da obra, a organização temática e a sequência dos assuntos, a ponto de constituir verdadeiro Curso de Direito Eleitoral, conforme enfatizado anteriormente, além de servir de imprescindível guia para todos os profissionais que atuam em torno das eleições, como jornalistas, publicitários, contadores e advogados.

Eleições Municipais – A Regra Mudou apresenta detalhada e didática análise do mais atualizado regramento de todo o processo eleitoral, embasada nas mais recentes leis e posicionamentos dos tribunais eleitorais.

O livro parte do estudo do conceito, fontes e princípios do Direito Eleitoral, bem como da organização, competência e normatização constitucional e infraconstitucional da Justiça Eleitoral e do Ministério Público Eleitoral, destacando as peculiaridades desta Justiça especializada, inexistentes nos demais segmentos do Judiciário pátrio, como o exercício de funções típicas consultiva e administrativa, além das especificidades de sua composição, marcada pelo fato de que não possui um corpo próprio de magistrados.

Na sequência, os direitos políticos são dissecados com o devido respeito que merecem os direitos fundamentais, promovendo-se o estudo das condições para o exercício dos direitos políticos ativos e passivos, com destaque às condições de elegibilidade e às inelegibilidades constitucionais e legais, entre as quais não poderiam faltar as decorrentes da Lei Ficha Limpa.

Os sistemas eleitorais e de partidos são muito bem explicados, com ênfase às novidades atinentes ao sistema proporcional, com a recente introdução no ordenamento jurídico da cláusula de desempenho, para abrandar distorções de representação geradas por esse sistema. A obra ainda contém precisa abordagem da democracia partidária brasileira, mediante comentários sobre a normatização constitucional e da Lei Orgânica dos partidos, com realce nas questões atuais atinentes ao processo de escolha dos candidatos, bem como relacionadas à propaganda eleitoral intrapartidária e coligações de partidos.

Um autêntico manual prático de registro de candidatos incrementa o presente trabalho, disposto em capítulo que pode ser rotulado como guia pormenorizado da matéria, passando o tópico a discorrer a respeito do pleito e prazo de registro, documentos exigidos, quitação eleitoral, publicação da lista de candidatos, impugnação ao registro, notícia de inelegibilidade, aspectos processuais referentes a rito, julgamento e recursos cabíveis, a situação dos votos do candidato *sub judice* e a hipótese de substituição de candidatos.

Esta obra coletiva ainda examina, de forma didática e pontual, todo o regramento das campanhas eleitorais, como seu início e atos preparatórios, permissões, vedações, controle de gastos, abusos e punições por campanhas antecipadas. Ressalta-se, ainda, a polêmica figura da pesquisa eleitoral e dos testes pré-eleitorais, tema de ampla relevância na discussão da formação ou indução da opinião pública.

A propaganda eleitoral mereceu minuciosa análise, em todas as suas formas e possibilidades, tanto em bens públicos quanto em particulares, na imprensa, no rádio e televisão. As questões mais atuais e intrigantes sobre propaganda eleitoral na internet foram devidamente detalhas na obra, que comenta as hipóteses em que são admitidas, as vedações, o impulsionamento de mensagens, cadastros de endereços eletrônicos, a responsabilidade de provedores de conteúdo, mensagens eletrônicas, o *telemarketing*, o fenômeno dos conteúdos inadequados (*fake news*) e os crimes decorrentes da propaganda eleitoral, eliminando todas as dúvidas que possam existir sobre o assunto.

Como a internet alcançou inigualável protagonismo na comunicação eleitoral entre candidatos e eleitores, o tema "direito de resposta" tornou-se mais chamativo e é estudado de forma bastante objetiva e direta nesta obra coletiva, assim como as vedações impostas às emissoras de rádio e televisão.

Não poderia faltar a análise do financiamento das campanhas eleitorais, abarcando o exame dos financiamentos privado e público, inclusive das novidades sobre a temática e a polêmica criação do fundo público especial de campanhas, que, em plena crise econômica nacional, robusteceu o financiamento público da política.

Igualmente esclarecedores e pormenorizados são os estudos realizados sobre gastos eleitorais, prestação de contas, desenvolvimento das eleições, representações eleitorais, investigação judicial eleitoral, condutas vedadas a agentes públicos durante campanhas eleitorais, representação por captação ilícita de sufrágio, ação de impugnação de mandato eletivo, recurso contra expedição de diploma e crimes eleitorais.

A idealização desta justa homenagem acabou por produzir uma obra referência de Direito Eleitoral, que faz jus à estatura intelectual e profissional do homenageado, que foi pioneiro e um dos mais importantes divulgadores e propulsores desse ramo do Direito no Brasil. Alberto Rollo expunha como ninguém os meandros do Direito Eleitoral, sempre com entusiasmo e conhecimento de causa, deixando um séquito de discípulos após cada palestra, aula ou mesmo sustentação oral perante os tribunais eleitorais. Com carinho filial, rendo aqui minhas sinceras homenagens ao mestre e amigo Alberto Lopes Mendes Rollo, que considero O Desbravador do Direito Eleitoral brasileiro. Saudades eternas!

Paulo Adib Casseb

Doutor e mestre em Direito pela USP. Professor de Direito Eleitoral e Direito Constitucional da Faculdade de Direito da Universidade Presbiteriana Mackenzie; Professor de Direito Constitucional da Faculdade de Direito da FMU; Titular da cadeira n. 40 da Academia Paulista de Letras Jurídicas; Juiz do Tribunal de Justiça Militar do Estado de São Paulo, no qual exerceu os cargos de Corregedor Geral (2012/2013) e Presidente (2014/2015), sendo atualmente Vice-Presidente (2020/2021).

SUMÁRIO

HOMENAGEM
    Carlos Eduardo Cauduro Padin III

APRESENTAÇÃO
    Janine Mendonça Rollo V

PREFÁCIO
    Paulo Adib Casseb VII

DIREITO ELEITORAL
    Carlos Eduardo Cauduro Padin 1

DIREITOS POLÍTICOS
    Alberto Luís Mendonça Rollo 21

SISTEMA ELEITORAL BRASILEIRO
    Mariangela Corrêa Tamaso 39

PARTIDOS POLÍTICOS
    Mariangela Corrêa Tamaso 51

REGISTRO DE CANDIDATURA
    João Fernando Lopes de Carvalho 67

PROPAGANDA ELEITORAL
    Arthur Luis Mendonça Rollo 95

PESQUISAS E TESTES PRÉ-ELEITORAIS
    Alberto Luís Mendonça Rollo 149

DIREITO DE RESPOSTA
Alberto Luís Mendonça Rollo 155

ELEIÇÃO
Mariangela Corrêa Tamaso 161

REPRESENTAÇÕES ELEITORAIS
Alexandre Luis Mendonça Rollo... 171

INVESTIGAÇÃO JUDICIAL ELEITORAL (AIJE)
Alexandre Luis Mendonça Rollo... 185

CONDUTAS VEDADAS AOS AGENTES PÚBLICOS DURANTE A CAMPANHA ELEITORAL
João Fernando Lopes de Carvalho.. 197

REPRESENTAÇÃO POR CAPTAÇÃO ILÍCITA DE SUFRÁGIO
Alexandre Luis Mendonça Rollo... 227

AÇÃO DE IMPUGNAÇÃO DE MANDATO ELETIVO (AIME)
Alexandre Luis Mendonça Rollo... 233

RECURSO CONTRA A EXPEDIÇÃO DE DIPLOMA (RCED)
Alexandre Luis Mendonça Rollo... 239

DIREITO ELEITORAL

Carlos Eduardo Cauduro Padin

Desembargador no TJ-SP, ex Presidente do TRE-SP, onde também foi Corregedor, Juiz Assessor da Presidência, Juiz suplente e Juiz efetivo. Palestrante nacional e internacional em direito eleitoral. Professor Titular da Faculdade de Direito de São Bernardo do Campo

Sumário: 1. Conceito de Direito Eleitoral – 2. Fontes do Direito Eleitoral; 2.1. Constituição Federal; 2.2. Código Eleitoral (Lei n. 4.737/65); 2.3. Lei de Inelegibilidades (Lei Complementar n. 64/90); 2.4. Lei das Eleições (Lei n. 9.504/97); 2.5. Lei Orgânica dos Partidos Políticos (Lei n. 9.096/95); 2.6. Resoluções do Tribunal Superior Eleitoral; 2.7. Estatutos dos Partidos Políticos – 3. Princípios do Direito Eleitoral; 3.1. Princípio republicano; 3.2 Princípio do sufrágio universal; 3.3. Princípio da lisura das eleições; 3.4. Princípio da celeridade; 3.5. Princípio da anualidade; 3.6. Princípio da moralidade eleitoral; 3.7. Princípio do aproveitamento do voto; 3.8. Princípio do sigilo das votações – 4. Justiça Eleitoral e Ministério Público Eleitoral; 4.1. Competências; 4.2. Organização e atribuições; 4.3. Juízes (as) Eleitorais; 4.4. Juntas Eleitorais – 5. Poder regulamentar do Tribunal Superior Eleitoral – 6. Ministério Público eleitoral – 7. Referências

1. CONCEITO DE DIREITO ELEITORAL

O Direito Eleitoral, diga-se desde logo, se constitui de um sistema ordenado de normas, institutos e procedimentos destinados a regulamentar, de forma ampla, as eleições – exercício do direito de sufrágio.

Esse sistema normativo integra por suas características e princípios o Direito Público, considerada a clássica divisão dos diversos ramos do Direito.

Sufrágio é o poder reconhecido aos cidadãos para compartilharem no gerenciamento da coisa pública, diretamente, indiretamente.

O sufrágio materializa-se pelo voto.

Assim, o Direito Eleitoral enseja concretude à soberania popular, vale dizer, nele estarão organizados os preceitos necessários e adequados à aquisição, ao exercício e à perda do direito político de sufrágio, além de estruturar o funcionamento dos partidos políticos, os sistemas eleitorais vigentes e as regras voltadas ao perfeito gerenciamento das eleições.

Por meio desse sistema é que se acopla a manifestação popular à atividade governamental, de forma que a vontade expressada nas urnas se integre na avaliação das decisões de políticas públicas e seus desdobramento.

Marcos Ramayana, a seu turno, diz que o "Direito Eleitoral tem por função regulamentar a distribuição do eleitorado, o sistema eleitoral, a forma de votação, a apuração, a diplomação e garantir a soberania popular através do voto eletrônico ou do depósito da cédula na urna eleitoral"[1], traçando linhas que passam pelo processo eleitoral, e se

---

1. *Direito Eleitoral*. 14. ed. Rio de Janeiro: Impetus, 2015, p. 19.

iniciam com o alistamento e se encerram com a diplomação dos eleitos, dando corpo para revelação da vontade popular, da vida partidária e de seus representantes dentro da sociedade.

Com isto, é intuitiva a importância desse ramo do direito.

A Constituição principia estabelecendo que todo poder emana do povo, que o exerce por meio de representantes eleitos ou diretamente.

O Direito Eleitoral, organiza a expressão dessa vontade, via sufrágio, que a materializa (art. 1º, I, da CF), por meio do voto – de valor idêntico a qualquer eleitor direto e secreto, ou por intermédio de plebiscito, referendo e iniciativa popular, na forma do art. 14 da CF .

Portanto, no sistema representativo democrático está o sopro de vida do Direito Eleitoral.

2. FONTES DO DIREITO ELEITORAL

A expressão fontes do Direito permite diversas acepções; seu uso, no ambiente jurídico, é mais figurativo, representativo.

Daí porque fonte pode ser tanto a origem primária do Direito, ou seja, os fatores materiais que condicionaram o aparecimento da norma jurídica, quanto o ponto de validade da própria ordem jurídica.

Para fins didáticos, fonte pode ser definida como a origem das normas jurídicas, de onde emana o direito, ou seja, todo fato que enseje o nascimento da norma.

Vale dizer, os meios ou as formas por meio dos quais o direito posto é conhecido.

Assim, temos fontes materiais e fontes formais.

Fontes formais são aquelas positivadas e que possuem força obrigatória decorrente da própria positivação.

Isto se dá pelo próprio Estado por meio de processo legislativo regular, ou decorre de costumes, princípios ainda que não positivados ou negócios jurídicos privados, por exemplo, de estatuto de partido político.

As fontes formais, por sua vez, podem ser primárias, ou diretas, e subsidiárias, ou indiretas.

Primárias são aquelas oriundas de processo legislativo formal dispondo propriamente assuntos eleitorais, por exemplo, o Código Eleitoral ou a Lei das Eleições.

Subsidiárias são os preceitos que, embora oriundos de lei, mas a respeito de outros ramos do Direito, complementam ou subsidiam o sistema normativo eleitoral, por exemplo, Código Penal, parte geral.

As fontes materiais são os acontecimentos que acabam por influenciar o legislador na elaboração das fontes formais.

Estes fatores catapultam matéria ou circunstâncias para a realidade parlamentar, e nela influenciam disciplina filtrada pela sensibilidade parlamentar, por exemplo, fatos ou questões múltiplas que podem ser de ordem histórica, econômica, religiosa, moral, política, psicológica, sociológica.

São expressões de fontes formais:

2.1. Constituição Federal

Aqui está o vértice irradiador da ordem jurídica, organizando o sistema e explicitando competências para validade, surgimento e efetivação do Direito Eleitoral.

Como regra de ápice, ponto de partida, norma máxima na hierarquia, fica sobre as demais normas eleitorais, e a elas, como todas as demais, se colocam na condição de fundamento de validade.

A Constituição sob esse prisma inaugural, por meio de prévias escolhas determinantes dos constituintes, traz, entre outras, o regime democrático representativo (art. 1º, parágrafo único), e por causa dela prossegue com o Direito Eleitoral e a disciplina por seu intermédio da realização e supervisão das eleições.

A Constituição continua nesse prisma e formula os princípios e regras fundamentais, inclusive do regime democrático.

Com isto, espelha pontos básicos tratando da nacionalidade, direitos políticos, partidos políticos, competência legislativa em matéria eleitoral, organização da Justiça Eleitoral.

Trata também do sistema eleitoral proporcional e majoritário, respectivamente, para deputados, vereadores e senadores, mais o presidente, governador e prefeito.

O art. 5º, § 3º, disciplina : "Os tratados e convenções internacionais sobre direitos humanos que forem aprovados, em cada Casa do Congresso Nacional, em dois turnos, por três quintos dos votos dos respectivos membros, serão equivalentes às emendas constitucionais".

Os direitos políticos, como direitos humanos, estão no artigo 21º, da Declaração Universal dos Direitos Humanos:

> "1. Toda a pessoa tem o direito de tomar parte na direcção dos negócios, públicos do seu país, quer directamente, quer por intermédio de representantes livremente escolhidos.
>
> 2. Toda a pessoa tem direito de acesso, em condições de igualdade, às funções públicas do seu país.
>
> 3. A vontade do povo é o fundamento da autoridade dos poderes públicos: e deve exprimir-se através de eleições honestas a realizar periodicamente por sufrágio universal e igual, com voto secreto ou segundo processo equivalente que salvaguarde a liberdade de voto."

Tratados internacionais de direitos políticos podem vir a ser incorporados à Constituição, nos termos do já citado art. 5º; senão adquirem caráter de norma supralegal, conforme entendimento do Supremo Tribunal Federal (RE 349.703/RS).

2.2. Código Eleitoral (Lei n. 4.737/65)

Este Código traz as atribuições e competências da Justiça Eleitoral, bem como a estrutura e organização do processo eleitoral e o exercício e apuração dos votos.

Esse Código, publicado como lei ordinária, acabou sendo recebido como lei complementar pela Constituição de 1988, observada a compatibilidade, segundo o art. 121 da CF.

Pela leitura de seu índices notamos que ele traz regras destinadas à organização e ao exercício do voto e de ser votado.

O Código engloba regras de direito material, inclusive penal, processual, instrumental, e de preceitos administrativos.

Temos nele o alistamento, o cadastro de eleitores, as eleições, as garantias eleitorais, a propaganda partidária, os recursos e os crimes eleitorais, afora disposições sobre os partidos políticos e as inelegibilidades, que foram depois objeto de leis e estatutos especiais.

2.3. Lei de Inelegibilidades (Lei Complementar n. 64/90)

O art. 14, § 9º, da CF/88, dispõe que lei "complementar estabelecerá outros casos de inelegibilidade e os prazos de sua cessação, a fim de proteger a probidade administrativa, a moralidade para exercício de mandato considerada vida pregressa do candidato, e a normalidade e legitimidade das eleições contra a influência do poder econômico ou o abuso do exercício de função, cargo ou emprego na administração direta ou indireta"; cuida-se da Lei Complementar n. 64/90, ou seja das inelegibilidades.

O texto contém as diversas razões de inelegibilidades e além disto discrimina todo o procedimento para determinadas ações eleitorais, como a ação de impugnação ao registro de candidatura, a ação de investigação judicial eleitoral e a ação por captação ilícita de sufrágio.

A Lei Complementar n. 135/10, Lei da Ficha Limpa, de constitucionalidade já afirmada pelo Supremo Tribunal Federal, catalogou outras situações inibidoras.

2.4. Lei das Eleições (Lei n. 9.504/97)

Neste texto, temos normas gerais para a realização de eleições no Brasil, o processo eleitoral a ser observado, as convenções partidárias, mais o modo de prestação de contas da campanha. Esta lei apesar de conter regras permanentes vem sofrendo modificações, sem evitar ainda as diversas e seguidas Resoluções do Tribunal Superior Eleitoral sobre aspectos do processo eleitoral, editadas ano a ano.

2.5. Lei Orgânica dos Partidos Políticos (Lei n. 9.096/95)

Aqui temos a criação, o registro, a organização, o funcionamento e a extinção dos partidos políticos, pressuposto necessário para a filiação partidária exigida pela Constituição para elegibilidade.

2.6. Resoluções do Tribunal Superior Eleitoral

As Resoluções do TSE têm força obrigatória – art. 23, IX, do Código Eleitoral, art. 61 da Lei dos Partidos Políticos e art. 105 da Lei das Eleições.

As resoluções de competência do Poder Judiciário eleitoral devem permitir melhor execução das normas gerais e abstratas editadas pelo Poder Legislativo. Assim, as resoluções devem cumprir seu caráter regulamentar, sem, portanto, inovar direitos ou trazer sanções outras daquelas existentes na lei, art. 105, Lei 9504

2.7. Estatutos dos Partidos Políticos

Os estatutos dos partidos políticos dependem de registro perante a Justiça Eleitoral. Neles devem estar as regras e princípios orientadores da vida partidária, como a composição e a competência dos órgãos deliberativos além de preceitos disciplinares aos filiados.

3. PRINCÍPIOS DO DIREITO ELEITORAL

Princípio é um termo cujo uso e conteúdo acompanhou a passagem do tempo: de algo externo às normas positivas, ou destinado à supressão de lacunas, para interno da norma jurídica, positivada, e depois à espécie de regra, enunciações normativas de valor genérico.

A Constituição de 1988 assumiu postura de conferir normatividade aos princípios; assim, normas jurídicas, os princípios têm perfeita aplicabilidade e efetividade na da vida comum, e não é diferente o que se passa no Direito Eleitoral.

Para termos uma definição, Robert Alexy, ensina:

> *princípios* são normas que ordenam que algo seja realizado na maior medida possível, dentro das possibilidades jurídicas e fáticas existentes. Princípios são, por conseguinte, *mandamentos de otimização*, que são caracterizados por poderem ser satisfeitos em graus variados e pelo fato de que a medida devida de sua satisfação não depende somente das possibilidades fáticas, mas também das possibilidades jurídicas. (...) Já as *regras* são normas que são sempre ou satisfeitas ou não satisfeitas. Se uma regra vale, então, deve se fazer exatamente aquilo que ela exige, nem mais, nem menos. Regras contêm, portanto, *determinações* no âmbito daquilo que é fática e juridicamente possível. Isso significa que a distinção entre regras e princípios é uma distinção qualitativa, e não uma distinção de grau. Toda norma é ou uma regra ou um princípio[2].

Como se vê, o "conceito de princípio, na teoria de Alexy, é um conceito que *nada diz sobre a fundamentalidade da norma*. Assim, um princípio pode ser um "mandamento nuclear do sistema", *mas pode também não o ser*, já que uma norma é um princípio *apenas em razão de sua estrutura normativa* e não de sua fundamentalidade"[3].

Entretanto, lembramos que a doutrina em grande parte, dá, no Direito Eleitoral, normas que, segundo essa classificação, não seriam propriamente princípios, mas regras.

Elencamos aqueles classicamente apontados na doutrina como específicos do Direito Eleitoral.

---
2. *Teoria dos direitos fundamentais*, tradução de Vírgilio Afonso da Silva. São Paulo: Malheiros, 2015, p. 90-91.
3. SILVA Vírgilio Afonso da. Princípios e regras: mitos e equívocos acerca de uma distinção. *Revista Latino-Americana de Estudos Constitucionais* 1 (2003): 607-630, p. 613.

3.1. Princípio republicano

República é forma de governo, assim como a Monarquia.

O rei não responde pelos atos políticos e na República poder emana do povo por meio de votação direta. Então temos como se dá a relação entre governantes e governados. Lá temos vitaliciedade e hereditariedade, aqui eleição, alternância e mandatos.

Os sistemas de divisão do poder político dentro do Estado, melhor entre o Executivo e Legislativo, expressam-se pelo presidencialismo, parlamentarismo ou semipresidencialismo.

De outra parte, os agentes e a Administração Pública devem ter seus atos regidos pela transparência a permitir controle jurídico-político e responsabilização pela inobservância das regras jurídicas.

3.2 Princípio do sufrágio universal

A soberania popular será exercida pelo sufrágio universal e pelo voto direto e secreto, com valor igual para todos, art. 14 da CF/88.

O sufrágio é o direito de poder eleger candidatos a postos políticos e ou de se candidatar e ser eleito.

Esse, o poder de participar e protagonizar o processo político e de poder contribuir nas decisões das diretrizes nacionais.

É o canal para o contributo individual e coletivo ao futuro da comunidade, às políticas públicas, orientações de governo e orientação da Administração Pública.

O voto é a maneira de exercício do sufrágio.

O escrutínio se dá de forma manual ou automatizadas; é a ação, procedimento, de abrir a urna na votação secreta, de retirar e contar os votos.

3.3. Princípio da lisura das eleições

Princípio que atua e impõe forma e maneira de conduta, de agir com ética, correção, dignidade, seriedade e honestidade, de preservar a igualdade na disputa e proteger o voto, durante todo o processo, campanha e propaganda eleitoral.

Regra de conduta para toda a Justiça Eleitoral, Ministério Público, partidos políticos e candidatos e auxiliares.

Regra de agir também para todos os eleitores e cidadãos.

3.4. Princípio da celeridade

O calendário eleitoral, a par do procedimento e processo eleitoral, do alistamento à diplomação, impõe cumprimento rigoroso de etapas e dos prazos interdependentes.

Essa observância exige objetividade eletiva e rapidez.

Daí porque há o cumprimento imediato das decisões e deliberações, art. 257 do CE, além do art. 97-A da Lei 9504/97: "nos termos do inciso LXXVIII do art. 5º da Constituição Federal, considera-se duração razoável do processo que possa resultar em perda de mandato eletivo o período máximo de 1 (um) ano, contado da sua apresentação à Justiça Eleitoral. (Incluído pela Lei nº 12.034, de 2009)."

3.5. Princípio da anualidade

O art. 16 da CF/88 dispõe: "A lei que alterar o processo eleitoral entrará em vigor na data de sua publicação, não se aplicando à eleição que ocorra até um ano da data de sua vigência".

Possível a alteração do processo eleitoral que terá "vigência imediata"; haverá, no entanto, ineficácia para as eleições que se realizarem antes do primeiro ano de vigência.

Privilegia-se a segurança jurídica, as regras do jogo eleitoral, colocando-as a salvo de casuísmo.

O significado de *processo eleitoral* volta-se ao sentido estrito, ou seja, para as regras de igualdade entre os concorrentes e não aos preceitos simples de ordem instrumental ou acessório.

3.6. Princípio da moralidade eleitoral

A moralidade eleitoral vem prevista no art. 14, § 9º, da Constituição Federal, e tem relação especial com o regular exercício de cargos e funções públicas. A Constituição de 1969 previa, em seu art. 151, IV, que "a moralidade para o exercício do mandato, levada em consideração a vida pregressa do candidato" deveria ser preservada, a partir do estabelecimento de casos de inelegibilidade por lei complementar.

Com a Constituição de 1988 (pós Emenda Constitucional de Revisão n. 4/94), ficou patente a necessidade de análise da vida pregressa dos candidatos para fins de impugnação do registro de candidaturas daqueles que tenham praticado atos violadores da moralidade eleitoral e ameaçadores da normalidade e da legitimidade das eleições, mesmo que ainda não consagrados em decisão judicial transitada em julgado.

3.7. Princípio do aproveitamento do voto

Trata-se da específica consideração da intenção e da vontade dirigida ou finalista do eleitor.

Essa preocupação estampou o legislador ao desacolher a proclamação de nulidades não havendo prejuízo, preservada a expressão manifestada pelo cidadão através do voto.

Vejamos artigos do CE:

> Art. 149 : "Não será admitido recurso contra votação, se não tiver havido impugnação perante a mesa receptora, no ato da votação, contra as nulidades arguidas.";
>
> Art. 176 : "Contar-se-á o voto apenas para a legenda, nas eleições pelo sistema proporcional: I – se o eleitor escrever apenas a sigla partidária, não indicando o candidato de sua preferência; II – se o eleitor escrever o nome de mais de um candidato do mesmo Partido; III – se o eleitor, escrevendo apenas os números, indicar mais de um candidato do mesmo Partido; IV – se o eleitor não indicar o candidato

através do nome ou do número com clareza suficiente para distingui-lo de outro candidato do mesmo Partido; (Redação dada pela Lei nº 8.037, de 1990);

Art. 219 : " Na aplicação da lei eleitoral o juiz atenderá sempre aos fins e resultados a que ela se dirige, abstendo-se de pronunciar nulidades sem demonstração de prejuízo." – Parágrafo único. "A declaração de nulidade não poderá ser requerida pela parte que lhe deu causa nem a ela aproveitar."

Temos então possível a superação de nulidades não levantadas ou impugnadas, em que pese possível a declaração de ofício daquelas absolutas, ressalvados atos regulares quer possam ser aproveitados.

3.8. Princípio do sigilo das votações

A CF/88, art. 14 diz: " A soberania popular será exercida pelo sufrágio universal e pelo voto direto e secreto, com valor igual para todos, e, nos termos da lei, mediante:"

A Resolução – TSE n. 23.399, que trata dos atos preparatórios para as eleições de 2014, explicita no art. 88: " Na cabina de votação é vedado ao eleitor portar aparelho de telefonia celular, máquinas fotográficas, filmadoras, equipamento de radiocomunicação, ou qualquer instrumento que possa comprometer o sigilo do voto, devendo ficar retidos na mesa receptora enquanto o eleitor estiver votando (Lei nº 9.504/1997, art. 91-A, parágrafo único)."

O CE, art. 312, tipifica a conduta: "violar ou tentar violar o sigilo da votação", com sanção até dois anos de detenção e estabelece : " somente podem permanecer no recinto da mesa receptora os seus membros, os candidatos, um fiscal, um delegado de cada partido e, durante o tempo necessário à votação, o eleitor, art. 140."

O voto é sigiloso; isto garante a liberdade de escolha e mesmo assim não frustra a liberdade de expressão, permitida ao eleitor inclusive no dia da eleição.

4. JUSTIÇA ELEITORAL E MINISTÉRIO PÚBLICO ELEITORAL

O próprio Tribunal Superior Eleitoral traz objetivamente apresentação e que bem resume a como introdução necessária, e depois esclarece as respectivas competências:

"A Justiça Eleitoral brasileira é formada pelo Tribunal Superior Eleitoral (TSE), pelos tribunais regionais eleitorais (TREs), pelos juízes e pelas juntas eleitorais.

Todos esses órgãos têm sua composição estabelecida pela Constituição Federal e sua competência determinada pelo Código Eleitoral.

A história da Justiça Eleitoral confunde-se com a do TSE, instituição criada pelo Decreto n. 21.076/1932 – com o nome de Tribunal Superior de Justiça Eleitoral – e instalada em 20 de maio do mesmo ano, em um prédio na Avenida Rio Branco, centro do Rio de Janeiro. Seu primeiro presidente foi o Ministro Hermenegildo Rodrigues de Barros.

Cinco anos depois, a Constituição do Estado Novo, outorgada por Getúlio Vargas, extinguiu a Justiça Eleitoral e atribuiu à União, privativamente, o poder de legislar sobre matéria eleitoral.

O TSE só foi restabelecido em 28 de maio de 1945, pelo Decreto-Lei n. 7.586/1945. No dia 1º de junho do mesmo ano, o Tribunal foi instalado no Palácio Monroe, no Rio de Janeiro, sob a presidência do Ministro José Linhares. Um ano depois, a sede da instituição foi transferida para a Rua 1º de Março, ainda no Rio de Janeiro.

Em abril de 1960, em virtude da mudança da capital federal, o TSE foi instalado em Brasília, em um dos edifícios da Esplanada dos Ministérios. Onze anos depois (1971), a sede do Tribunal foi transferida para a Praça dos Tribunais Superiores.

No dia 15 de dezembro de 2011 foi inaugurada a nova sede do TSE."

4.1. Competências

"Por determinação do art. 121 da Constituição Federal, as competências da Justiça Eleitoral estão elencadas na Lei nº 4.737, de 15 de julho de 1965 (Código Eleitoral), recepcionada parcialmente como lei complementar pela CF/1988.

Dentre as competências dos órgãos da Justiça Eleitoral destacam-se as suas funções normativa, consultiva, administrativa e jurisdicional.

No exercício de sua função normativa, a Justiça Eleitoral edita atos genéricos (normativos) infralegais. Tal competência não se confunde com o poder de editar atos normativos primários, atribuição que, conforme o art. 59 da Constituição Federal, cabe ao Legislativo e, no caso da edição de medidas provisórias, ao Executivo.

Também chamada de função regulamentar, a função normativa manifesta-se concretamente quando o órgão eleitoral expede instruções para regular o processo eleitoral, conferindo-lhe eficácia. A efetivação do que é decidido nesses processos faz-se pela expedição de resoluções. As instruções têm previsão legal no art. 105 da Lei nº 9.504, de 30 de setembro de 1997, e no art. 23, IX, do Código Eleitoral e devem ser expedidas até 5 de março do ano de cada eleição.

A função consultiva, por sua vez, tem amparo legal nos arts. 23, XII, e 30, VIII, do Código Eleitoral.

As consultas devem descrever situações em tese, não cabendo aos tribunais a avaliação de casos concretos. A legitimidade para propositura é de autoridade federal ou de órgão nacional de partido, perante o Tribunal Superior Eleitoral, e de autoridade pública ou de diretório estadual, perante os Tribunais Regionais Eleitorais.

Até o ano de 2017, o Tribunal Superior Eleitoral já respondeu a mais de 5 mil consultas sobre os mais variados temas. Grande parte das respostas dadas teve relevante impacto na história do Brasil. Na apreciação da Consulta nº 6.988/DF, por exemplo, o Tribunal editou a Resolução nº 12.017, de 27 de novembro de 1984, em que se posicionou contra a fidelidade partidária no Colégio Eleitoral, precipitando o retorno das eleições diretas para a escolha do presidente da República.

Como todo segmento do Poder Judiciário, os órgãos da Justiça Eleitoral estão imbuídos do poder de autogestão, que é a capacidade para administrarem a si próprios. O que diferencia esses órgãos dos demais pertencentes ao Poder Judiciário, em sua função administrativa, são as atribuições a eles conferidas de, entre outras, organizar o eleitorado nacional, mantendo banco de dados sobre a vida dos eleitores; fixar os locais de votação; gerir o processo eleitoral; impor multas a eleitores faltosos; registrar pesquisas eleitorais; e efetuar o registro e cancelamento dos partidos políticos.

A organização administrativa das eleições segue, antes, durante e depois da votação, um cronograma de ações que envolve três personagens aos quais são dedicados os atos administrativos da gestão eleitoral: o eleitorado, os candidatos e os partidos políticos. Esses são os destinatários da administração eleitoral federal, estadual e municipal.

Do alistamento dos eleitores à diplomação de candidatos, a Justiça Eleitoral administra todas as fases que levam à escolha dos representantes do povo, a fim de que se resguarde a legitimidade e a normalidade do processo eleitoral. Dessa forma, essa Justiça especializada é responsável pelo recebimento de pedido de registro de candidaturas, pela distribuição do tempo da propaganda eleitoral, pela prestação de contas dos partidos políticos e dos candidatos, pelos atos preparatórios para a votação, pela organização no dia da eleição e pela totalização, proclamação e diplomação dos eleitos.

Em virtude do trabalho comandado pelo Tribunal Superior Eleitoral, o Brasil tem sustentado altas pontuações no índice de integridade de suas eleições, segundo o ranking do Projeto de Integridade Eleitoral (The Electoral Integrity Project), desenvolvido pelas universidades de Sidney, na Austrália, e de Harvard, nos Estados Unidos. Em 2015, por exemplo, o Brasil recebeu nota 74,1 (em uma escala de 0 a 100) e ocupou o 27º lugar no ranking dos países avaliados, na frente de nações como Itália, Japão e Estados Unidos. A nota atribuída ao processo brasileiro foi mais alta do que a média dos países das Américas, os quais receberam 69 pontos, e foi, inclusive, superior à média mundial, que ficou em 64 pontos.

Em 2017, a Corte Superior Eleitoral teve a sua função administrativa ampliada com a sanção da Lei nº 13.444, de 11 de maio, que criou a Identificação Civil Nacional (ICN). Ficou a cargo do Tribunal a responsabilidade de armazenar e gerir as informações desse cadastro.

A ICN utilizará a base de dados biométricos da Justiça Eleitoral e a base de dados do Sistema Nacional de Informações de Registro Civil (Sirc). O novo Documento Nacional de Identidade (DNI) terá validade em todo o território nacional e será emitido pela Justiça Eleitoral, pelos institutos de identificação civil dos estados e do Distrito Federal, com certificação da Justiça Eleitoral, e por outros órgãos mediante delegação do Tribunal Superior Eleitoral.

Por sua vez, a função jurisdicional da Justiça Eleitoral se caracteriza pela resolução de lides que envolvem atores e temas afetos ao Direito Eleitoral.

Trata-se, portanto, da jurisdição contenciosa na seara eleitoral.

Essa Justiça especializada encontra amparo nos dispositivos legais e constitucionais que regem o assunto, tendo por características a exiguidade dos prazos processuais e do tempo de julgamento dos processos.

Podem ser citadas como principais fontes de matéria eleitoral: a Constituição Federal de 1988; a Lei nº 4.737/1965 (Código Eleitoral); a Lei Complementar nº 64, de 18 de maio de 1990 (Lei de Inelegibilidade); a Lei nº 9.096, de 19 de setembro de 1995 (Lei dos Partidos Políticos); e a Lei nº 9.504/1997 (Lei das Eleições).

De modo geral, a atuação jurisdicional da Justiça Eleitoral para assegurar a legitimidade e a normalidade do pleito ocorre em dois momentos: na avaliação da aptidão das candidaturas e no julgamento de ocorrência, ou não, de ilícitos eleitorais."

4.2. Organização e atribuições

O Tribunal Superior Eleitoral, os Tribunais Regionais Eleitorais, os juízes eleitorais e as juntas eleitorais integram a Justiça Eleitoral.

O Tribunal Superior Eleitoral representa a cúpula da Justiça Eleitoral, com jurisdição em todo o território nacional.

Reza o artigo 119, da CF/88, ser ele composto, no mínimo, por sete membros, sendo três juízes dentre os Ministros do Supremo Tribunal Federal; dois juízes dentre os Ministros do Superior Tribunal de Justiça; por nomeação do Presidente da República, dois juízes dentre seis advogados de notável saber jurídico e idoneidade moral, indicados pelo Supremo Tribunal Federal.

O Presidente e o Vice-Presidente do Tribunal têm origem entre os Ministros do Supremo Tribunal Federal e o Corregedor Eleitoral é originário entre os Ministros do Superior Tribunal de Justiça.

Como se observa, não há previsão de quinto constitucional, ou seja, inclusive vagas reservadas a membros do Ministério Público – ausência que se estende aos Regionais.

Os membros do TSE, no exercício de suas funções, gozam de garantias da magistratura e são inamovíveis. Todavia – diferentemente dos demais integrantes da magistratura –, não são vitalícios, já que, salvo motivo justificado, servem por apenas dois anos, no mínimo, com uma recondução.

Isso decorre da inexistência com quadro próprio de juízes na Justiça Eleitoral.

O CE declina a competência – tanto jurisdicional quanto administrativa – do Tribunal Superior Eleitoral nos arts. 22 e 23:

> *Art. 22. Compete ao Tribunal Superior:*
>
> *I – Processar e julgar originariamente:*
>
> *a) o registro e a cassação de registro de partidos políticos, dos seus diretórios nacionais e de candidatos à Presidência e vice-presidência da República;*
>
> *b) os conflitos de jurisdição entre Tribunais Regionais e juízes eleitorais de Estados diferentes;*
>
> *c) a suspeição ou impedimento aos seus membros, ao Procurador Geral e aos funcionários da sua Secretaria;*
>
> *d) os crimes eleitorais e os comuns que lhes forem conexos cometidos pelos seus próprios juízes e pelos juízes dos Tribunais Regionais;*
>
> *e) o habeas corpus ou mandado de segurança, em matéria eleitoral, relativos a atos do Presidente da República, dos Ministros de Estado e dos Tribunais Regionais; ou, ainda, o habeas corpus, quando houver perigo de se consumar a violência antes que o juiz competente possa prover sobre a impetração;*
>
> *f) as reclamações relativas a obrigações impostas por lei aos partidos políticos, quanto à sua contabilidade e à apuração da origem dos seus recursos;*

g) as impugnações á apuração do resultado geral, proclamação dos eleitos e expedição de diploma na eleição de Presidente e Vice-Presidente da República;

h) os pedidos de desaforamento dos feitos não decididos nos Tribunais Regionais dentro de trinta dias da conclusão ao relator, formulados por partido, candidato, Ministério Público ou parte legitimamente interessada.

i) as reclamações contra os seus próprios juízes que, no prazo de trinta dias a contar da conclusão, não houverem julgado os feitos a eles distribuídos.

j) a ação rescisória, nos casos de inelegibilidade, desde que intentada dentro de cento e vinte dias de decisão irrecorrível, possibilitando-se o exercício do mandato eletivo até o seu trânsito em julgado.

II – julgar os recursos interpostos das decisões dos Tribunais Regionais nos termos do Art. 276 inclusive os que versarem matéria administrativa.

Parágrafo único. As decisões do Tribunal Superior são irrecorrível, salvo nos casos do Art. 281.

Art. 23 – Compete, ainda, privativamente, ao Tribunal Superior,

I – elaborar o seu regimento interno;

II – organizar a sua Secretaria e a Corregedoria Geral, propondo ao Congresso Nacional a criação ou extinção dos cargos administrativos e a fixação dos respectivos vencimentos, provendo-os na forma da lei;

III – conceder aos seus membros licença e férias assim como afastamento do exercício dos cargos efetivos;

IV – aprovar o afastamento do exercício dos cargos efetivos dos juízes dos Tribunais Regionais Eleitorais;

V – propor a criação de Tribunal Regional na sede de qualquer dos Territórios;

VI – propor ao Poder Legislativo o aumento do número dos juízes de qualquer Tribunal Eleitoral, indicando a forma desse aumento;

VII – fixar as datas para as eleições de Presidente e Vice-Presidente da República, senadores e deputados federais, quando não o tiverem sido por lei:

VIII – aprovar a divisão dos Estados em zonas eleitorais ou a criação de novas zonas;

IX – expedir as instruções que julgar convenientes à execução deste Código;

X – fixar a diária do Corregedor Geral, dos Corregedores Regionais e auxiliares em diligência fora da sede;

XI – enviar ao Presidente da República a lista tríplice organizada pelos Tribunais de Justiça nos termos do ar. 25;

XII – responder, sobre matéria eleitoral, às consultas que lhe forem feitas em tese por autoridade com jurisdição, federal ou órgão nacional de partido político;

XIII – autorizar a contagem dos votos pelas mesas receptoras nos Estados em que essa providência for solicitada pelo Tribunal Regional respectivo;

XIV – requisitar a força federal necessária ao cumprimento da lei, de suas próprias decisões ou das decisões dos Tribunais Regionais que o solicitarem, e para garantir a votação e a apuração;

XV – organizar e divulgar a Súmula de sua jurisprudência;

XVI – requisitar funcionários da União e do Distrito Federal quando o exigir o acúmulo ocasional do serviço de sua Secretaria;

XVII – publicar um boletim eleitoral;

XVIII – tomar quaisquer outras providências que julgar convenientes à execução da legislação eleitoral.

Assim – art. 121, §3º, CF/88 –, são infensas a recursos as decisões do Tribunal Superior Eleitoral, a menos que contrariarem a Constituição e as denegatórias de habeas corpus ou mandado de segurança. Possuem caráter final e definitivo os julgamentos do Tribunal Superior Eleitoral sobre matéria infraconstitucional.

Os Regionais constituem a segunda instância da Justiça Eleitoral, com competência originária em diversos assuntos.

Os Regionais são instalados e têm sede na capital de cada Estado da Federação e do Distrito Federal e sua jurisdição estende-se por todo o Estado.

Os Regionais também são integrados por sete membros, e suplentes: dois juízes dentre os desembargadores do Tribunal de Justiça; dois juízes, dentre juízes de direito, escolhidos pelo Tribunal de Justiça; um juiz do Tribunal Regional Federal se tiver sede na Capital do Estado ou no Distrito Federal, ou, não havendo, um juiz federal, escolhido, em qualquer caso, pelo correspondente Tribunal Regional Federal; e por nomeação, do Presidente da República, dois juízes dentre seis advogados de notável saber jurídico e idoneidade moral, indicados pelo Tribunal de Justiça.

A lista sêxtupla de advogados é formada pelo Tribunal de Justiça, com participação dos Regionais, e depois, uma lista tríplice é encaminhada pelos Regionais ao TSE, que, feito exame de aprovação, impedimentos e nepotismo, envia à Presidência da República, para que seja feita a escolha. Os requisitos para a indicação e escolha são apenas dois: notável saber jurídico e idoneidade moral – Res. TSE 23.517.

O Presidente e o Vice-Presidente do Tribunal Regional Eleitoral são escolhidos entre os desembargadores estaduais. Em geral, os regimentos internos atribuem a Corregedoria Eleitoral ao Vice-Presidente, que termina por acumular ambas as funções.

Todos os membros dos Regionais gozam de garantias e são inamovíveis, porém não são vitalícios porque exercem mandato, com uma recondução.

Os julgamentos dos Tribunais, por maioria de votos, as vezes qualificada, ocorrem em sessão pública.

O art. 28, §4º, do CE, exige quórum qualificado –presença de todos os membros – nas decisões Regionais sobre ações de cassação de registro, anulação geral de eleições ou perda de diplomas.

As demais matérias, portanto, pedem deliberações "com a presença da maioria" dos membros, art. 28, do CE.

Aos Regionais compete arts. 29 e 30, do Código Eleitoral:

Art. 29:

I – processar e julgar originariamente:

a) o registro e o cancelamento do registro dos diretórios estaduais e municipais de partidos políticos, bem como de candidatos a Governador, Vice-Governadores, e membro do Congresso Nacional e das Assembleias Legislativas;

b) os conflitos de jurisdição entre juízes eleitorais do respectivo Estado;

c) a suspeição ou impedimentos aos seus membros ao Procurador Regional e aos funcionários da sua Secretaria assim como aos juízes e escrivães eleitorais;

d) os crimes eleitorais cometidos pelos juízes eleitorais;

e) o habeas corpus ou mandado de segurança, em matéria eleitoral, contra ato de autoridades que respondam perante os Tribunais de Justiça por crime de responsabilidade e, em grau de recurso, os denegados ou concedidos pelos juízes eleitorais; ou, ainda, o habeas corpus quando houver perigo de se consumar a violência antes que o juiz competente possa prover sobre a impetração;

f) as reclamações relativas a obrigações impostas por lei aos partidos políticos, quanto a sua contabilidade e à apuração da origem dos seus recursos;

g) os pedidos de desaforamento dos feitos não decididos pelos juízes eleitorais em trinta dias da sua conclusão para julgamento, formulados por partido candidato Ministério Público ou parte legitimamente interessada sem prejuízo das sanções decorrentes do excesso de prazo.

II – julgar os recursos interpostos:

a) dos atos e das decisões proferidas pelos juízes e juntas eleitorais.

b) das decisões dos juízes eleitorais que concederem ou denegarem habeas corpus ou mandado de segurança.

Parágrafo único. As decisões dos Tribunais Regionais são irrecorríveis, salvo nos casos do Art. 276.

Art. 30 – privativamente:

I – elaborar o seu regimento interno;

II – organizar a sua Secretaria e a Corregedoria Regional provendo-lhes os cargos na forma da lei, e propor ao Congresso Nacional, por intermédio do Tribunal Superior a criação ou supressão de cargos e a fixação dos respectivos vencimentos;

III – conceder aos seus membros e aos juízes eleitorais licença e férias, assim como afastamento do exercício dos cargos efetivos submetendo, quanto aqueles, a decisão à aprovação do Tribunal Superior Eleitoral;

IV – fixar a data das eleições de Governador e Vice-Governador, deputados estaduais, prefeitos, vice-prefeitos, vereadores e juízes de paz, quando não determinada por disposição constitucional ou legal;

V – constituir as juntas eleitorais e designar a respectiva sede e jurisdição;

VI – indicar ao tribunal Superior as zonas eleitorais ou seções em que a contagem dos votos deva ser feita pela mesa receptora;

VII – apurar com os resultados parciais enviados pelas juntas eleitorais, os resultados finais das eleições de Governador e Vice-Governador de membros do Congresso Nacional e expedir os respectivos diplomas, remetendo dentro do prazo de 10 (dez) dias após a diplomação, ao Tribunal Superior, cópia das atas de seus trabalhos;

VIII – responder, sobre matéria eleitoral, às consultas que lhe forem feitas, em tese, por autoridade pública ou partido político;

IX – dividir a respectiva circunscrição em zonas eleitorais, submetendo essa divisão, assim como a criação de novas zonas, à aprovação do Tribunal Superior;

X – aprovar a designação do Ofício de Justiça que deva responder pela escrivania eleitoral durante o biênio;

XII – requisitar a força necessária ao cumprimento de suas decisões solicitar ao Tribunal Superior a requisição de força federal;

XIII – autorizar, no Distrito Federal e nas capitais dos Estados, ao seu presidente e, no interior, aos juízes eleitorais, a requisição de funcionários federais, estaduais ou municipais para auxiliarem os escrivães eleitorais, quando o exigir o acúmulo ocasional do serviço;

XIV – requisitar funcionários da União e, ainda, no Distrito Federal e em cada Estado ou Território, funcionários dos respectivos quadros administrativos, no caso de acúmulo ocasional de serviço de suas Secretarias;

XV – aplicar as penas disciplinares de advertência e de suspensão até 30 (trinta) dias aos juízes eleitorais;

XVI – cumprir e fazer cumprir as decisões e instruções do Tribunal Superior;

XVII – determinar, em caso de urgência, providências para a execução da lei na respectiva circunscrição;

XVIII – organizar o fichário dos eleitores do Estado.

XIX – suprimir os mapas parciais de apuração mandando utilizar apenas os boletins e os mapas totalizadores, desde que o menor número de candidatos às eleições proporcionais justifique a supressão, observadas as seguintes normas:

a) qualquer candidato ou partido poderá requerer ao Tribunal Regional que suprima a exigência dos mapas parciais de apuração;

b) da decisão do Tribunal Regional qualquer candidato ou partido poderá, no prazo de três dias, recorrer para o Tribunal Superior, que decidirá em cinco dias;

c) a supressão dos mapas parciais de apuração só será admitida até seis meses antes da data da eleição;

d) os boletins e mapas de apuração serão impressos pelos Tribunais Regionais, depois de aprovados pelo Tribunal Superior;

e) o Tribunal Regional ouvira os partidos na elaboração dos modelos dos boletins e mapas de apuração a fim de que estes atendam às peculiaridade locais, encaminhando os modelos que aprovar, acompanhados das sugestões ou impugnações formuladas pelos partidos, à decisão do Tribunal Superior.

4.3. Juízes (as) Eleitorais

Os juízes eleitorais constituem a primeira instância da Justiça Eleitoral.

Estes são expressamente os juízes de direito estaduais, art.121, §1º da CF/88 – "os membros dos tribunais, os juízes de direito e os integrantes das juntas eleitorais, no exercício de suas funções, e no que lhes for aplicável, gozarão de plenas garantias e serão inamovíveis" e art. 11, da LC n. 35/79 – " os Juízes de Direito exercem as funções de juízes eleitorais, nos termos da lei" .

Não há, portanto, nenhuma possibilidade de outra interpretação de que possam fazer parte de outros quadros.

São os juízes e juízas de direito e de carreira, que gozam das prerrogativas constitucionais de vitaliciedade, inamovibilidade e irredutibilidade de subsídios.

Os juízes de direito são escolhidos e designados pelo Tribunal Regional Eleitoral.

Onde houver só um juiz, ele acumulará as funções eleitorais; onde houver mais de um, o Tribunal deverá escolher o juiz que exercerá a jurisdição naquela zona eleitoral.

Nesse caso, como de regra nos Tribunais, o juiz eleitoral é designado para servir por dois anos em sistema de rodízio.

O juiz eleitoral, como os demais, goza de garantias. E é vitalício como juiz mas no exercício das funções eleitorais, onde tem mandato.

Os art. 34 e 35, do Código Eleitoral dizem da competência:

Art. 34. ... despacharão todos os dias na sede da sua zona eleitoral.

Art. 35. ...:

I – cumprir e fazer cumprir as decisões e determinações do Tribunal Superior e do Regional;

II – processar e julgar os crimes eleitorais e os comuns que lhe forem conexos, ressalvada a competência originária do Tribunal Superior e dos Tribunais Regionais;

III – decidir habeas corpus e mandado de segurança, em matéria eleitoral, desde que essa competência não esteja atribuída privativamente a instância superior.

IV – fazer as diligências que julgar necessárias a ordem e presteza do serviço eleitoral;

V – tomar conhecimento das reclamações que lhe forem feitas verbalmente ou por escrito, reduzindo-as a termo, e determinando as providências que cada caso exigir;

VI – indicar, para aprovação do Tribunal Regional, a serventia de justiça que deve ter o anexo da escrivania eleitoral;

VIII – dirigir os processos eleitorais e determinar a inscrição e a exclusão de eleitores;

IX- expedir títulos eleitorais e conceder transferência de eleitor;

X – dividir a zona em seções eleitorais;

XI mandar organizar, em ordem alfabética, relação dos eleitores de cada seção, para remessa a mesa receptora, juntamente com a pasta das folhas individuais de votação;

XII – ordenar o registro e cassação do registro dos candidatos aos cargos eletivos municipais e comunicá-los ao Tribunal Regional;

XIII – designar, até 60 (sessenta) dias antes das eleições os locais das seções;

XIV – nomear, 60 (sessenta) dias antes da eleição, em audiência pública anunciada com pelo menos 5 (cinco) dias de antecedência, os membros das mesas receptoras;

XV – instruir os membros das mesas receptoras sobre as suas funções;

XVI – providenciar para a solução das ocorrências que se verificarem nas mesas receptoras;

XVII – tomar todas as providências ao seu alcance para evitar os atos viciosos das eleições;

XVIII -fornecer aos que não votaram por motivo justificado e aos não alistados, por dispensados do alistamento, um certificado que os isente das sanções legais;

XIX – comunicar, até às 12 horas do dia seguinte a realização da eleição, ao Tribunal Regional e aos delegados de partidos credenciados, o número de eleitores que votarem em cada uma das seções da zona sob sua jurisdição, bem como o total de votantes da zona.

4.4. Juntas Eleitorais

O art. 121 da CF/88 diz serem órgão da Justiça Eleitoral as Juntas Eleitorais, compostas por um juiz de direito, como presidente, e de dois ou quatro cidadãos de notória idoneidade, nomeados pelo Presidente do Regional, com aprovação do Tribunal.

A Junta Eleitoral existe apenas e para as eleições, extinguem-se após a apuração de votos; nas eleições municipais vão até a diplomação dos eleitos.

A competência da junta destina-se à apuração das eleições nas zonas eleitorais de sua jurisdição.

O artigo 40, do Código Eleitoral, estabelece:

Art. 40. Compete à Junta Eleitoral;

I – apurar, no prazo de 10 (dez) dias, as eleições realizadas nas zonas eleitorais sob a sua Jurisdição.

II – resolver as impugnações e demais incidentes verificados durante os trabalhos da contagem e da apuração.

III – expedir os boletins de apuração mencionados no Art. 178;

IV – expedir diploma aos eleitos para cargos municipais.

Parágrafo único. Nos municípios onde houver mais de uma junta eleitoral a expedição dos diplomas será feita pelo que for presidida pelo juiz eleitoral mais antigo, à qual as demais enviarão os documentos da eleição.

No sistema de votação eletrônica, as próprias urnas fazem a contagem, a apuração e a totalização de votos, expedindo desde logo os boletins cuja soma totaliza.

Nas eleições municipais, a diplomação dos eleitos permanece sob a competência da Junta Eleitoral.

5. PODER REGULAMENTAR DO TRIBUNAL SUPERIOR ELEITORAL

Como destacado, a Justiça Eleitoral, diferentemente das demais, tem função normativa, atribuída pelo CE – arts. 1°, parágrafo único, e 23, IX, ambos do Código Eleitoral: "O Tribunal Superior Eleitoral expedirá Instruções para sua fiel execução". – " Expedir as instruções que julgar convenientes à execução deste Código".

Dessa origem tivemos limitação de número de vereadores, Res. 21.702 e 21.803; coligações, Res. 21.002; perda de mandato troca de partido, Res.22.610, validadas pelo STF.

O art. 105 da Lei n. 9504/97 consagra: "Até o dia 5 de março do ano da eleição, o Tribunal Superior Eleitoral, atendendo ao caráter regulamentar e sem restringir direitos ou estabelecer sanções distintas das previstas nesta Lei, poderá expedir todas as instruções necessárias para sua fiel execução, ouvidos, previamente, em audiência pública, os delegados ou representantes dos partidos políticos. (Redação dada pela Lei n° 12.034, de 2009)."

Então, exceto quando o STF é chamado, o controle se dá na própria Justiça Eleitoral.

As Resoluções são ato do pleno, órgão colegiado, para regulamentar matéria de sua competência.

Elas criam situações gerais, abstratas e impessoais, de controle do próprio órgão que as editou.

Por isso, é que tais normas do TSE possuem força de lei, pois carregam eficácia geral e abstrata própria daquela tipo normativo.

Verdade é que ninguém é obrigado a fazer ou deixar de fazer senão em virtude de lei. E ai as Resoluções do TSE são determinantes no desenvolvimento e na dinâmica das eleições.

Serão definitivas (permanentes) ou temporárias (específicas), conforme elaboradas ou não para uma eleição.

6. MINISTÉRIO PÚBLICO ELEITORAL

A CF/88 não criou um Ministério Publico Eleitoral.

Trouxe uma "...instituição permanente, essencial à função jurisdicional do Estado, incumbindo-lhe a defesa da ordem jurídica, do regime democrático e dos interesses sociais e individuais indisponíveis. § 1° – São princípios institucionais do Ministério Público a unidade, a indivisibilidade e a independência funcional." (art. 127)

Trata-se de uma instituição permanente, essencial, autônoma, com quadros próprios.

à falta de MP eleitoral específico, suas atribuições, à semelhança dos juízes, são delegadas pela LC 75/93, que reza:

"Compete ao Ministério Público Federal exercer, no que couber, junto à Justiça Eleitoral, as funções do Ministério Público, atuando em todas as fases e instâncias do processo eleitoral. -Parágrafo único. O Ministério Público Federal tem legitimação para propor, perante o juízo competente, as ações para declarar ou decretar a nulidade de negócios jurídicos ou atos da administração pública, infringentes de vedações legais destinadas a proteger a normalidade e a legitimidade das eleições, contra a influência do poder econômico ou o abuso do poder político ou administrativo".

Por sua vez o art. 27 do CE diz: " Servirá como Procurador Regional junto a cada Tribunal Regional Eleitoral o Procurador da República no respectivo Estado e, onde houver mais de um, aquele que for designado pelo Procurador Geral da República. § 1º No Distrito Federal, serão as funções de Procurador Regional Eleitoral exercidas pelo Procurador Geral da Justiça do Distrito Federal. § 2º Substituirá o Procurador Regional, em suas faltas ou impedimentos, o seu substituto legal. § 3º Compete aos Procuradores Regionais exercer, perante os Tribunais junto aos quais servirem, as atribuições do Procurador Geral. § 4º Mediante prévia autorização do Procurador Geral, podendo os Procuradores Regionais requisitar, para auxiliá-los nas suas funções, membros do Ministério Público local, não tendo estes, porém, assento nas sessões do Tribunal."

Nos Regionais, o Ministério Público Federal atua com exclusividade, mas, na primeira instância, é o Ministério Público estadual quem atua, obviamente devido à capilaridade do *Parquet* estadual, e estrutura notoriamente deficitária do Ministério Público Federal (Res. 30 do CNMP).

O Procurador Geral Eleitoral é o Procurador Geral da República, com mandato de dois anos, mas que pode ser reconduzido várias vezes ao cargo.

O art. 73, parágrafo único, da LC 75/93, prevê o Vice-Procurador Geral Eleitoral, que o substituirá o PGE em seus impedimentos e exercerá o cargo em caso de vacância, até o provimento definitivo.

Junto aos Regionais funcionará um Procurador Regional Eleitoral designado, juntamente com seu substituto, pelo Procurador-Geral Eleitoral entre os Procuradores Regionais da República com exercício no Estado e no Distrito Federal.

O Procurador Regional Eleitoral tem mandato de dois anos, podendo ser reconduzido.

Ao Procurador Regional Eleitoral incumbe exercer as funções do Ministério Público nas causas de competência dos Regionais e dirigir, no Estado, as atividades do Ministério Público Eleitoral. Assim, nesse particular, os Promotores Eleitorais, com mandato e uma recondução, encontram-se funcionalmente subordinados a ele, e não ao Procurador-Geral de Justiça, este, porém, é quem os indica ao Procurador Regional Eleitoral.

O Promotor Eleitoral desempenha suas funções na primeira instância, isto é, perante o juízo incumbido do serviço de cada zona eleitoral e também perante a Junta Eleitoral.

O Ministério Público de primeiro grau tem legitimidade para oficiar em todos os processos e procedimentos em que se apresente a matéria eleitoral. Sua intervenção pode dar-se como autor ou *custos legis*.

7. REFERÊNCIAS

ALEXY, Robert, *Teoria dos direitos fundamentais*, tradução de Vírgilio Afonoso da Silva. São Paulo: Malheiros, 2015.

ALVIM, Frederico Franco. *Curso de direito eleitoral*. Curitiba: Juruá, 2016.

BARROS, Francisco Dirceu. *Direito processual eleitoral*. Rio de Janeiro: Elsevier, 2010.

COSTA, Daniel Castro Gomes da. *Curso de direito processual eleitoral*. Belo Horizonte: Fórum, 2018.

FUX, Luiz; PEREIRA, Luiz Fernando Casagrande; AGRA, Walber de Moura (coord.), *Tratado de direito eleitoral, v. 1: Direito constitucional eleitoral*. Belo Horizonte: Fórum, 2018.

FUX, Luiz; PELEJA JUNIOR, Antonio Veloso; ALVIM, Frederico Franco; SESCONETTO, Julianna Sant'ana. *Direito eleitoral: temas relevantes*. Curitiba: Juruá, 2018.

GOMES, José Jairo. *Direito eleitoral*. 12ª ed. São Paulo: Atlas, 2016.

RAMAYANA, Marcos. *Direito eleitoral*. 14ª ed.. Rio de Janeiro: Impetus, 2015.

RAIS, Diogo; FALCÃO, Daniel; GIACCHETTA, André Zonaro; meneguetti, Pâmela. *Direito eleitoral digital*. São Paulo: Thomson Reuters Brasil, 2018.

SILVA, Virgílio Afonso da. *Princípios e regras: mitos e equívocos acerca de uma distinção*, in Revista Latino-Americana de Estudos Constitucionais, 1 (2003): 607-630.

ZILIO, Rodrigo Lopes. *Direito eleitoral*. 6ª ed. Porto Alegre: Verbo Jurídico, 2018.

DIREITOS POLÍTICOS

Alberto Luís Mendonça Rollo

Advogado, Mestre em Direito Constitucional pela PUC de São Paulo, Professor de Direito Eleitoral e de Ética Profissional na Faculdade de Direito da Universidade Presbiteriana Mackenzie

Sumário: 1. Conceito – 2. Direitos políticos ativos e passivos – 3. Condição para o exercício dos direitos políticos ativos: alistamento eleitoral – 4. Condição para o exercício dos direitos políticos passivos: condições de elegibilidade e inelegibilidades – 5. Condições de elegibilidade; 5.1. Nacionalidade brasileira; 5.2. Pleno exercício dos direitos políticos; 5.3. Alistamento eleitoral; 5.4. Domicílio eleitoral na circunscrição do pleito; 5.5. Filiação partidária; 5.6. Idade mínima – 6. Inelegibilidades constitucionais; 6.1. Inalistáveis e analfabetos; 6.2. Reeleição e seus limites; 6.3. Renúncia para concorrer a outros cargos; 6.4. Parentesco; 6.5. Situação dos militares – 7. Inelegibilidades legais – apontamentos; 7.1. Norma principiológica do art. 14, § 9º, da Constituição Federal; 7.2. Lei das Inelegibilidades e Lei da Ficha Limpa; 7.3. Previsões legais de inelegibilidade; 7.4. Incompatibilidades e desincompatibilização – 8. Referências

1. CONCEITO

Os chamados direitos políticos nada mais são do que a participação do cidadão nas decisões relativas às suas necessidades para uma vida digna. É o cidadão, através do exercício dos direitos políticos quem decide o que quer e de que forma quer.

No nosso sistema constitucional os direitos políticos estão previstos a partir do artigo 14, da Constituição Federal, assim redigido:

Art. 14. A soberania popular será exercida pelo sufrágio universal e pelo voto direto e secreto, com valor igual para todos, e, nos termos da lei, mediante:

I – plebiscito;

II – referendo;

III – iniciativa popular.

Pelo texto verifica-se que o legislador constituinte, à época, após várias experiências constitucionais anteriores, deixou claro que o titular do poder é o cidadão, que o exerce pelos mecanismos do sufrágio universal, do voto direto e secreto, com valor igual para todos e ainda por meio de plebiscito, referendo e da iniciativa popular.

Segundo ALEXANDRE DE MORAES:

"Direitos Políticos são direitos públicos subjetivos que o indivíduo no status activae civitatis, permitindo-lhe o exercício concreto da liberdade de participação nos negócios políticos do Estado, de maneira a conferir os atributos da cidadania".

SUFRÁGIO UNIVERSAL

O sufrágio universal é o direito que todo cidadão tem de participar do processo eleitoral e das decisões políticas do país, conforme as regras preestabelecidas e sem qualquer distinção.

Já houve no sistema político brasileiro o sufrágio com fundamento em diferenças entre os cidadãos, como por exemplo, com base no poder econômico de cada um, ou, por incrível que possa parecer nos dias de hoje, com base no gênero. Esse sistema era a antítese do sufrágio universal, mas aplicado com fundamento nas normas da época.

VOTO DIRETO

Também importante previsão do atual sistema constitucional é a escolha direta, pelo cidadão, de seus representantes. Desde a eleição dos representantes do Poder Legislativo municipal até a escolha do Chefe máximo do Poder Executivo, o cidadão é quem escolhe, diretamente.

VOTO SECRETO

É uma das principais garantias de qualquer democracia moderna. É a garantia de que o cidadão, de forma livre e comprometido apenas com a sua consciência, decide quem deve merecer a sua confiança.

O cidadão deve estar livre de constrangimentos, ameaças, insinuações, enfim, qualquer possibilidade que possa retirar da sua livre manifestação, a decisão.

Recentemente muito se questiona sobre a segurança das urnas eletrônicas, mas o Tribunal Superior Eleitoral fez e faz maciças campanhas publicitárias no sentido de comprovar que o sigilo do voto está garantido.

Mais.

O TSE faz rotineiros testes de segurança da urna eletrônica, amplamente divulgados e com os resultados à disposição de qualquer cidadão, sem que nenhuma falha grave ou que comprometa o sigilo do voto tenha sido encontrada até hoje.

Ninguém gosta de perder uma eleição, mas creditar isso a eventual fraude na urna eletrônica, com um possível rompimento do sigilo do voto, sempre foi uma forma de tumultuar o processo eleitoral, os resultados da eleição e de colocar sob dúvidas o próprio trabalho da Justiça Eleitoral.

O sigilo do voto não pode ser visto apenas como um direito do cidadão, mas também deve ser visto como uma obrigação, na medida em que o cidadão não pode, no momento do exercício do voto, tirar selfies ou fazer vídeos, facilitados pela tecnologia, para depois cobrar o eventual pagamento.

Entretanto, a Justiça Eleitoral ainda está buscando a melhor forma de tratar esse assunto, como é exemplo a seguinte ementa de julgado:

"'Habeas Corpus'. Paciente denunciado pela prática do crime de violação do sigilo do voto. Art. 312 do Código Eleitoral. Trancamento da ação penal. Medida de caráter excepcionalíssimo, cabível somente

quando manifesta a ausência de justa causa, flagrante ilegalidade decorrente da atipicidade da conduta imputada, estiver extinta a punibilidade, ou na total ausência de indícios de materialidade ou autoria do crime. Ato de fotografar o momento da própria votação. Atipicidade da conduta. Em que pese a garantia constitucional do sigilo do voto, tal proteção encontra seu limite na livre disponibilidade do cidadão beneficiário, de modo que o ato de divulgação livre da escolha do próprio candidato é conduta atípica. Precedentes. Presentes os requisitos legais. Ordem concedida."
TRE/SP – HABEAS CORPUS (307) – 0600981-84.2019.6.26.0000 – Igaraçu do Tietê – SÃO PAULO – 23/05/2019

PLEBISCITO E REFERENDO

O plebiscito e o referendo são consultas aos cidadãos com intuito de decidir sobre determinado assunto, legislativo ou administrativo que seja de grande importância para a nação. Ambos os institutos estão previstos no artigo 14 da CF/88, mas possuem regulamentação no artigo 2º da Lei nº 9.709, de 18 de novembro de 1998, assim redigido:

"Art. 2º Plebiscito e referendo são consultas formuladas ao povo para que delibere sobre matéria de acentuada relevância, de natureza constitucional, legislativa ou administrativa.
§1º O plebiscito é convocado com anterioridade a ato legislativo ou administrativo, cabendo ao povo, pelo voto, aprovar ou denegar o que lhe tenha sido submetido.
§2º O referendo é convocado com posterioridade a ato legislativo ou administrativo, cumprindo ao povo a respectiva ratificação ou rejeição."

INICIATIVA POPULAR

A iniciativa popular permite aos cidadãos apresentarem projetos de lei para serem apreciados pelo Congresso Nacional. Entretanto, para que isso ocorra, é necessário que haja assinaturas de, no mínimo, 1% (um por cento) do eleitorado nacional, distribuído pelo menos por cinco Estados, e não menos de 0,3% (três décimos por cento) dos eleitores de cada um deles, é o que preconiza o parágrafo 2º do artigo 61 da CF:

"§ 2º A iniciativa popular pode ser exercida pela apresentação à Câmara dos Deputados de projeto de lei subscrito por, no mínimo, um por cento do eleitorado nacional, distribuído pelo menos por cinco Estados, com não menos de três décimos por cento dos eleitores de cada um deles."

2. DIREITOS POLÍTICOS ATIVOS E PASSIVOS

Doutrinariamente, o direito político ativo é o de votar e o direito político passivo é o de ser votado. São situações jurídicas distintas para o mesmo exercício da cidadania plena.

José Afonso da Silva afirma:

"Não se deve confundir os conceitos de direito político ativo e direito político passivo com direitos políticos positivos e direitos políticos negativos, pois 'os primeiros dizem respeito às normas que asseguram a participação no processo político eleitoral, votando ou sendo votado, envolvendo, portanto, as modalidades ativas e passivas (...)'. O segundo grupo constitui-se de normas que impedem essa atuação e tem seu núcleo nas inelegibilidades"
Curso de direito constitucional positivo, p. 347.

3. CONDIÇÃO PARA O EXERCÍCIO DOS DIREITOS POLÍTICOS ATIVOS: ALISTAMENTO ELEITORAL

O alistamento eleitoral nada mais é do que o ato de se inscrever como eleitor, isto é, como se diz, o ato de "tirar o título". É um dos requisitos obrigatórios para que o eleitor possa votar para eleger seus representantes e ser votado, caso venha a se candidatar. É por meio do título de eleitor que o cidadão comprova sua inscrição perante a Justiça Eleitoral.

O artigo 14 da Constituição Federal prevê que o alistamento eleitoral e o voto são obrigatórios para os maiores de 18 anos e facultativos para analfabetos e para aqueles que tem idade entre 16 e 18 anos, ou superior a 70 anos.

Para fazer o alistamento eleitoral e obter o título de eleitor, o cidadão deve comparecer ao cartório eleitoral de sua região, levando seus documentos pessoais: carteira de identidade, carteira de trabalho ou certidão de nascimento ou casamento. A apresentação da Carteira Nacional de Habilitação ou de passaporte depende de complementação documental para os dados necessários à emissão do título, já que trazem informações incompletas; comprovante de residência original e recente; e certificado de quitação do serviço militar para os maiores de 18 anos do sexo masculino.

O alistamento e a solicitação do título de eleitor em ano eleitoral devem ocorrer até 151 dias antes do pleito. Em ano não eleitoral, o alistamento pode ser feito em qualquer dia. O cidadão deve fazer o alistamento e requerer o título de eleitor pessoalmente no cartório eleitoral. Não é possível a representação por procuração.

4. CONDIÇÃO PARA O EXERCÍCIO DOS DIREITOS POLÍTICOS PASSIVOS: CONDIÇÕES DE ELEGIBILIDADE E INELEGIBILIDADES

Para o exercício dos direitos políticos passivos, ou seja, para que o cidadão possa ser votado, submetendo-se à escolha dos seus concidadãos, o candidato deverá cumprir, ao mesmo tempo – todas as condições de elegibilidade e não incidir em qualquer hipótese ou situação de inelegibilidade.

As condições de elegibilidade estão previstas apenas na Constituição Federal, artigo 14, parágrafo 3º., portanto, possuem natureza constitucional, que está assim redigido:

"§ 3º São condições de elegibilidade, na forma da lei:

I – a nacionalidade brasileira;

II – o pleno exercício dos direitos políticos;

III – o alistamento eleitoral;

IV – o domicílio eleitoral na circunscrição;

V – a filiação partidária;

VI – a idade mínima de:

a) trinta e cinco anos para Presidente e Vice-Presidente da República e Senador;

b) trinta anos para Governador e Vice-Governador de Estado e do Distrito Federal;

c) vinte e um anos para Deputado Federal, Deputado Estadual ou Distrital, Prefeito, Vice-Prefeito e juiz de paz;

d) dezoito anos para Vereador.

Já as hipóteses de inelegibilidade possuem duas naturezas distintas. Existem aquelas também de natureza constitucional, previstas expressamente no mesmo artigo 14, parágrafos 3º. até 8º. e aquelas de natureza infraconstitucional, trazidas pela Lei Complementar número 64/90 (alterada pela Lei Complementar número 135/10 – a chamada lei da ficha limpa), em cumprimento do que disposto no parágrafo 9º., do mesmo artigo 14, da Constituição Federal.

5. CONDIÇÕES DE ELEGIBILIDADE

5.1. Nacionalidade brasileira

Nacionalidade é um vínculo jurídico-político que liga um indivíduo a um determinado Estado, adquirindo direito e obrigações. Doutrinariamente existem duas espécies de nacionalidade: primária ou originária que é aquela decorrente do fato gerado pelo nascimento do indivíduo, independentemente da vontade deste e a secundária que é aquela adquirida, posteriormente, pela vontade do indivíduo.

Para ser candidato no Brasil o cidadão precisa ter a nacionalidade brasileira, isto é, ser brasileiro nato, porque nasceu em território nacional ou preenche os requisitos do artigo 12, inciso I, da Constituição Federal: nascidos na República Federativa do Brasil, ainda que de pais estrangeiros, desde que estes não estejam a serviço de seu país, os nascidos no estrangeiro, de pai brasileiro ou mãe brasileira, desde que qualquer deles esteja a serviço da República Federativa do Brasil, e, os nascidos no estrangeiro de pai brasileiro ou de mãe brasileira, desde que sejam registrados em repartição brasileira competente ou venham a residir na República Federativa do Brasil e optem, em qualquer tempo, depois de atingida a maioridade, pela nacionalidade brasileira.

O candidato também pode ter a nacionalidade brasileira adquirida posteriormente, isto é, nacionalidade brasileira adquirida pela naturalização, nos termos da lei.

Importante destacar que o texto constitucional prevê, expressamente, no artigo 12, II, *b*, parágrafo 2º., a existência de cargos que só podem ser exercidos por brasileiros natos, isto é, para estes cargos não é possível que o candidato seja brasileiro naturalizado.

São estes os chamados cargos privativos – eletivos – de brasileiros natos:

"- Presidente da República;
- Vice-Presidente da República;
- Presidente da Câmara dos Deputados;
- Presidente do Senado Federal."

Além desses cargos privativos de brasileiros natos, existem outros, mas não sujeitos à eleição. Também é importante notar que a Constituição Federal não veda a eleição de um brasileiro naturalizado para o cargo de Deputado Federal ou de Senador da República, mas veda sim, expressamente como vimos, que estes membros do Poder Legislativo exerçam a função de Presidentes das respectivas Casas. Isso porque são eles substitutos ou sucessores diretos do Presidente da República.

Aqui vale lembrar que estrangeiro não é cidadão brasileiro. Nem naturalizado, muito menos nato, e, portanto, não pode ser candidato no Brasil.

Não tem direitos políticos.

5.2. Pleno exercício dos direitos políticos

O pleno exercício dos direitos políticos significa a inexistência de qualquer restrição, qualquer impedimento para que o candidato se submeta ao voto popular.

O artigo 15, da Constituição Federal, prevê expressamente as hipóteses de perda ou de suspensão dos direitos políticos e está assim redigido:

> "Art. 15. É vedada a cassação de direitos políticos, cuja perda ou suspensão só se dará nos casos de:
> I – cancelamento da naturalização por sentença transitada em julgado;
> II – incapacidade civil absoluta;
> III – condenação criminal transitada em julgado, enquanto durarem seus efeitos;
> IV – recusa de cumprir obrigação a todos imposta ou prestação alternativa, nos termos do art. 5º, VIII;
> V – improbidade administrativa, nos termos do art. 37, § 4º."

Como já dissemos, no caso de cancelamento da naturalização de algum candidato, por decisão transitada em julgado, ele deixa de ser cidadão brasileiro, perdendo a possibilidade de ser candidato, porque perdeu a condição de cidadão brasileiro.

A incapacidade civil absoluta decorre das expressas hipóteses legais: os menores de 16 anos (as pessoas com menos de 16 anos de idade, não seriam capazes de decidir ou agir de forma coerente, sendo necessária a presença de um representante legal para assumir suas responsabilidades), as pessoas com deficiência mental (a lei considera como incapacidade mental um processo contínuo e permanente, sem que o indivíduo apresente intervalos de lucidez. Todo cidadão que apresente incapacidade mental é classificado como incapaz absoluto, uma vez que não possui capacidade de responder aos exercícios da vida civil de forma coerente), e, a pessoas incapacitadas de exprimir suas vontades (além dos indivíduos com incapacidade mental, a Constituição Federal considera como incapaz absoluto os cidadãos que não conseguem demonstrar seus desejos, por influência de qualquer outra patologia).

A condenação criminal transitada em julgado pode gerar a falta do pleno exercício dos direitos políticos já que a sua suspensão – e não a perda – é uma das consequências da própria condenação.

A suspensão dos direitos políticos é consequência direta da sentença condenatória criminal transitada em julgado, independentemente da espécie de pena aplicada. Exatamente nesse sentido foi a decisão do Tribunal de Justiça do Distrito Federal:

> "A suspensão dos direitos políticos do réu é efeito secundário e automático conforme o disposto no art. 15, III, da Constituição Federal, independente da espécie das sanções penais aplicadas. Os julgadores destacaram que o STF ainda não se pronunciou sobre a repercussão geral do tema, no RE 601.182, motivo pelo qual a medida de suspensão dos direitos políticos deve ser mantida."
> TJ-DF – processo número 2016.07.1.009384-8 informação – assessoria de imprensa

A Procuradoria Geral da República, através da então Procuradora Geral da República, *Raquel Dodge*, já defendeu essa mesma ideia em processo judicial julgado pelo Supremo Tribunal Federal:

> "O artigo 15, inciso III, da Constituição Federal, estabelece expressamente a suspensão dos direitos políticos em caso de condenação criminal transitada em julgado, sendo uma norma de eficácia plena e de incidência imediata. Nesse sentido, não importam nem o montante da pena tampouco a natureza da sanção imposta. O condenado criminalmente fere o pacto social e tem sua capacidade de cidadão diminuída, daí a impossibilidade de votar e de ser votado; de participar e de influir na organização da vontade estatal, seja qual for a pena aplicada. A ratio é a condenação criminal e não a pena aplicada.

Assim, para os defensores dessa tese jurídica, qualquer condenação de natureza criminal é capaz de causar a suspensão dos direitos políticos do condenado, pelo tempo da pena, nos termos da Constituição Federal. Com a suspensão dos direitos políticos o apenado não pode ser candidato.

5.3. Alistamento eleitoral

Como já dissemos, o alistamento eleitoral é o ato de inscrever-se como eleitor junto ao Cartório Eleitoral.

O alistamento eleitoral pode parecer exigência redundante ou repetitiva, considerando as duas primeiras condições já destacadas. Porém, é importante considerar que o Código Eleitoral prevê possibilidades de cancelamento do alistamento eleitoral e de exclusão do eleitor (artigos 71 a 81). Assim, por exemplo, o falecimento do eleitor é causa de cancelamento da inscrição eleitoral, bem como a falta injustificada do exercício de voto em três eleições consecutivas, sem o pagamento das multas correspondentes. São situações não tratadas na Constituição Federal como causa de perda ou suspensão de direitos políticos, mas que afetam a validade do alistamento eleitoral, e por isso comprometem o exercício do direito de candidatura.

5.4. Domicílio eleitoral na circunscrição do pleito

É a condição que vincula o candidato a um determinado espaço físico, comprometendo-o com aquele território. É o espaço físico onde o candidato vai pedir votos, vai poder ser votado, vai ter que trabalhar, e, principalmente, vai ter que prestar contas de seus atos.

Evidentemente que quanto maior a competência administrativa do cargo em disputa, maior o território. Nesse sentido o vereador deverá ter domicílio eleitoral no Município onde pretende disputar a eleição, enquanto o candidato a Presidente da República pode ter seu domicílio eleitoral fixado em qualquer zona eleitoral espalhada por todo o território nacional.

Atualmente a lei eleitoral fixa o prazo mínimo de 6 meses anteriores à data do pleito para a fixação ou transferência do domicílio eleitoral (Lei número 9.504/97, artigo 9º.).

5.5. Filiação partidária

A Constituição Federal prevê como condição de elegibilidade, também, a filiação partidária, mas remete o prazo desta filiação à lei ordinária, que atualmente prevê anterioridade mínima de 6 meses anteriores ao pleito (Lei número 9.504/97, artigo 9º.).

Filiação partidária é o vínculo que o cidadão tem com um partido político. Em outras palavras, é o ato formal que consiste na assinatura de uma ficha partidária. Uma vez assinada a ficha de filiação, o cidadão torna-se um membro do partido com direito a participar e influenciar nas suas decisões. A Justiça Eleitoral desenvolveu sistemas eletrônicos, com informações em tempo real, sobre as filiações partidárias, disponíveis para consultas. à medida de cada filiação, cada partido político insere no sistema da Justiça Eleitoral os novos dados.

Importante mencionar que parece muito clara a inexistência da possibilidade de candidaturas avulsas no Brasil. Entretanto, há no mundo jurídico aqueles que defendem essa possibilidade, mesmo sem alteração do texto constitucional.

5.6. Idade mínima

Muitos questionam o motivo do legislador constituinte ter trazido uma verdadeira tabela de idades para os candidatos. A resposta é relativamente simples: maturidade para o exercício daquela função.

Enquanto fixou-se como limite mínimo de idade para o candidato a Presidente da República, 35 anos, por exemplo, o limite mínimo de idade para os candidatos a vereador é de apenas 18 anos. Sem desmerecer qualquer das funções, estas e as demais, parece correto o raciocínio que alguém com 18 anos não poderia ser um bom Presidente da República, por falta de experiência e de maturidade, enquanto alguém com 35 anos de vida já teria experiência de vida suficiente.

Obviamente esta regra não pode ser aplicada a todos, estabeleceu-se um critério psicosociológico, que permite exceções.

Importante destacar que depois de muitas discussões e questionamentos jurídicos, bem como depois de posições fixadas pela jurisprudência da Justiça Eleitoral, a Lei 9.504/97 finalmente fixou o momento da exigência do cumprimento dessas idades mínimas, no artigo 11, parágrafo 2º., que é a data da posse (quando o eleito vai exerceu de fato a função), à exceção dos candidatos a vereador, cujo momento de completar 18 anos é o último dia do prazo para requerimento do respectivo registro.

6. INELEGIBILIDADES CONSTITUCIONAIS

Inelegibilidade é a falta da capacidade eleitoral passiva, ou seja, a restrição a um indivíduo de ser candidato. A doutrina leciona sobre duas espécies de inelegibilidades.

A inelegibilidade absoluta é aquela relacionada às características pessoais do candidato, atingindo todos os cargos eletivos e não podendo ser afastada por meio da desincompatibilização. Possui caráter excepcional e por conta disso apenas a própria Constituição Federal pode prever tais hipóteses, como faz em relação aos inalistáveis (estrangeiros e conscritos) e aos analfabetos.

A inelegibilidade relativa é aquela presente em razão do cargo e em razão de parentesco com o candidato. Está relacionada à chefia do Poder Executivo, podendo ser afastada mediante desincompatibilização.

De acordo com Carlos Mário da Silva Velloso e Walber de Moura Agra:

"Inelegibilidade é a impossibilidade de o cidadão ser eleito para cargo público, em razão de não poder ser votado, impedindo-o de exercer seus direitos políticos de forma passiva. Em decorrência, fica vedado até mesmo o registro de sua candidatura; não obstante, sua cidadania ativa, o direito de votar nas eleições, permanece intacto".[1]

Para Adriano Soares da Costa:

"De conseguinte, são condições de elegibilidade todos os pressupostos, constitucionais ou infraconstitucionais, que o ordenamento jurídico crie para a concessão do registro de candidatura, os quais devem estar presentes impreterivelmente na oportunidade do pedido de registro. Todavia, as normas infraconstitucionais não podem criar condições tais que inviabilizem a obtenção da elegibilidade, inibindo o exercício da cidadania e ferindo o Estado Democrático de Direito (art. 1º da CF/88). Se assim ocorrer, serão elas inconstitucionais, não por serem criadas por normas de menor escalão (critério formal), mas sim porque afrontam princípios constitucionais fundantes (critério material). Vimos que o direito de praticar atos de campanha e de ser votado (elegibilidade) nasce do fato jurídico de registro de candidatura do nacional. Quem não obteve o direito de concorrer a cargo eletivo não pode participar do prélio eleitoral, sendo, pois, inelegível. A inelegibilidade, de conseguinte, é a ausência de elegibilidade, comum a todos os nacionais que não a tenham obtido através do registro de candidatura. Logo, a inelegibilidade é a regra; a elegibilidade, a exceção".[2]

Com fundamentação nessas lições, possível afirmar-se que além do candidato estar obrigado a cumprir todas as condições de elegibilidade, também não pode incorrer em qualquer hipótese ou situação de inelegibilidade, quer as de natureza constitucionais, quer as de natureza infraconstitucionais.

6.1. Inalistáveis e analfabetos

Inalistáveis são aqueles que obviamente não podem alistar-se, ou seja, não podem inscrever-se como eleitores. São inalistáveis os estrangeiros e, durante o serviço militar, os conscritos, os que não saibam exprimir-se na língua nacional e os que estejam privados dos seus direitos políticos.

Por serem inalistáveis, por não poderem exercer direitos políticos, são inelegíveis. Não têm capacidade eleitoral ativa.

Para a Justiça Eleitoral o conceito de analfabetismo é bastante objetivo, vale dizer, se o eleitor se alistou nessa qualidade, identificando-se assim naquele momento e portanto, sequer assina seus documentos, ou assina de modo rudimentar, é analfabeto e assim, inelegível.

---

1. AGRA, Walber de Moura; VELLOSO, Carlos Mário da Silva. *Elementos de Direito Eleitoral*. 2ª ed. São Paulo: Saraiva, 2010.
2. COSTA, Adriano Soares da. *Inelegibilidade e inabilitação no Direito Eleitoral*. Jus Navigandi, Teresina, ano 4, n. 37, 1 dez. 1999. Disponível em: http://jus.com.br/artigos/1518

Entretanto, se o eleitor possui um mínimo de leitura e compreensão de texto, suficientes para a movimentação de uma conta bancária, envio de mensagens em celular, locomover-se pelo transporte público, por exemplo, já pode ser considerado alfabetizado, e daí pode disputar uma eleição.

Essa questão deverá ser avaliada no momento do pedido de registro, onde um dos documentos obrigatórios é a comprovação de grau de instrução. Na falta de comprovação formal, em caso de dúvida, a Justiça Eleitoral pode realizar um teste, uma comprovação de que o candidato possui aquela compreensão mínima. Em São Paulo, em eleição passada, notório candidato, depois eleito, teve que submeter-se a esta comprovação.

Mas existem entendimentos de que a realização de tal teste configura ofensa ao princípio constitucional da dignidade da pessoa humana.

Para Pedro Henrique Távora Niess: "deve ser considerado analfabeto quem apenas sabe desenhar o seu nome, incapaz de ler o que está subscrevendo".[3]

Para Adriano Soares da Costa: "Não existe um conceito unívoco de alfabetismo, de modo a seguramente ser aplicado no Direito Eleitoral. É alfabetizado quem sabe ler e escrever, razoavelmente, ainda que com embaraços de gramática. O grau de alfabetização exigido é mínimo, apenas para que se afaste a hipótese de analfabetismo total, porquanto é inelegível o analfabeto, e não, o semi-analfabeto".[4]

Mais.

Não é apenas aquele indivíduo cujo grau de escolaridade não pode ser comprovado formalmente que deve submeter-se a uma prova, mas também aquele que, ainda que cidadão brasileiro, eventualmente tenha sido alfabetizado em língua estrangeira. É o caso de crianças adotadas quando pequenas, por exemplo, levadas para uma vida melhor e mais estruturada em outro país, mas que não foram alfabetizadas na língua portuguesa ou têm dificuldades com a língua do país de nascimento.

6.2. Reeleição e seus limites

No texto constitucional do artigo 14, parágrafo 5º., a regra é bastante clara:

"§ 5º O Presidente da República, os Governadores de Estado e do Distrito Federal, os Prefeitos e quem os houver sucedido, ou substituído no curso dos mandatos poderão ser reeleitos para um único período subsequente."

Todos aqueles ocupantes de cargos eletivos do Poder Executivo, mas também aqueles que os sucederam ou substituíram ao longo do mandato, só podem concorrer à reeleição uma vez. Importante destacar que essa regra não estava prevista no texto original do constituinte de 1988, mas foi introduzida pela Emenda Constitucional número 16, de 1997.

Muito embora a doutrina ensine que um dos princípios da democracia e do Direito Eleitoral seja a alternância do poder, naquela época de 1997, entendeu-se que ao invés de aumento do tempo de duração do mandato eletivo Executivo, como pensavam alguns,

---

3. NIESS, Pedro Henrique Távora. *Direitos políticos*. 2ª ed., Bauru: Edipro, 2000.
4. COSTA, Adriano Soares da. *Teoria da Inelegibilidade e o Direito Processual Eleitoral*. Belo Horizonte: Del Rey, 1998.

a possibilidade de um novo e seguido mandato eletivo, a ser decidido pelo voto direto do eleitor, era uma alternativa melhor.

Ao longo da vigência do texto trazido pela EC 16/1997, a Justiça Eleitoral deparou-se com diversos casos práticos que tiveram que ser enfrentados, demonstrando que o tema é controvertido. Como exemplo da tentativa de burlar a regra houve vários casos de Prefeitos municipais, já em segundo mandato, tentando eleger-se no Município vizinho, o que, no entendimento do Tribunal Superior Eleitoral configuraria um terceiro mandato. Segundo a jurisprudência do TSE, consolidada a partir do Ac. 32.539, de 17/12/08, é ilegal a conduta por ser forma indevida de manutenção do poder.

O objetivo aqui sempre foi o de evitar a perpetuação de uma mesma pessoa no exercício do mandato eletivo do Executivo, transferindo o domicílio eleitoral ao sabor da conveniência de cada momento.

Mas é importante destacar que a reeleição não exige a desincompatibili-zação, o que, para alguns doutrinadores, é injusto para com os demais candidatos por ferir, talvez, o equilíbrio na disputa.

6.3. Renúncia para concorrer a outros cargos

Prevê a Constituição Federal, no artigo 14, parágrafo 6º., que:

> "§ 6º Para concorrerem a outros cargos, o Presidente da República, os Governadores de Estado e do Distrito Federal e os Prefeitos devem renunciar aos respectivos mandatos até seis meses antes do pleito."

A intenção do legislador constituinte aqui foi a de possibilitar que um determinado detentor de cargo eletivo do Executivo possa, mediante a expressa exigência da renúncia em seis meses, disputar a eleição para outro cargo.

Desse modo vimos alguns governadores renunciarem para disputar a Presidência da República, menos e mais recentemente e alguns Prefeitos candidatando-se ao cargo de governador.

A crítica doutrinária de alguns sobre a reeleição sem a desincompatibilização encontra aqui algum respaldo, na medida em que o candidato a sua própria reeleição não precisa renunciar, enquanto que se for candidato a outro cargo terá que cumprir esta exigência.

Se o argumento para justificar esta inelegibilidade do parágrafo 6º., do artigo 14, da Constituição Federal, é tentar evitar o uso da máquina administrativa em prol da candidatura a outro cargo, muito mais motivação existe em relação à possibilidade de reeleição.

Aqui é importante destacar que no caso de o candidato perder a eleição que disputou, não poderá retomar seu mandato, já que a Constituição Federal determina a renúncia.

6.4. Parentesco

Essa também uma situação bastante complicada no sistema político brasileiro, na medida em que apesar da Constituição Federal buscar evitar a influência e o abuso dos benefícios do poder por parte do titular do mandato eletivo do Executivo em prol da candidatura de seus parentes, existem maneiras de tentar burlar esta regra, a começar pela própria exceção prevista na parte final do dispositivo.

> "§ 7º São inelegíveis, no território de jurisdição do titular, o cônjuge e os parentes consanguíneos ou afins, até o segundo grau ou por adoção, do Presidente da República, de Governador de Estado ou Território, do Distrito Federal, de Prefeito ou de quem os haja substituído dentro dos seis meses anteriores ao pleito, salvo se já titular de mandato eletivo e candidato à reeleição."

O constituinte originário buscou prever regras e limitações, justamente para evitar o benefício de um parente candidato feito por outro que já é detentor de mandato eletivo. E a intenção mostrou-se sempre saudável para a democracia.

Entretanto, vê-se caso onde o pai de governadora disputou e elegeu-se senador no Estado vizinho, por exemplo, sem falar na ressalva expressamente prevista.

Ou seja, se o filho, por exemplo, do Presidente da República, já for titular de mandato eletivo e vier a postular a sua reeleição, poderá fazê-lo, independentemente da vinculação de sobrenome, de parentesco.

Parentesco até o segundo grau é aquele definido no Código Civil, sendo que vale a restrição para o chamado parente de sangue, como também para aquele parentesco adquirido em função do casamento, o cunhado, por exemplo. A Constituição Federal também foi importante ao estender a restrição para o parentesco por adoção.

Esta inelegibilidade atinge somente a área territorial vinculada ao exercício da função pública de Chefe do Poder Executivo, de forma que se a pretensão de candidatura ocorre em outros espaços territoriais diversos do de seu titular, a restrição deixa de ser aplicada.

Há também os casos curiosos onde o casal pediu a separação judicial, ou o divórcio, alegando posteriormente que o vínculo de parentesco estaria rompido, pleiteando em seguida a candidatura. Esse tema acabou devidamente solucionado pela Súmula Vinculante 18, do Supremo Tribunal Federal:

> "A dissolução da sociedade ou do vínculo conjugal, no curso do mandato, não afasta a inelegibilidade prevista no § 7º do artigo 14 da Constituição Federal."

Os seguidos pronunciamentos do Poder Judiciário sobre esse tema demonstram que a cada eleição, existem novas tentativas e novos argumentos para superar a inelegibilidade de parentesco em caso de separação do casal.

Por exemplo:

> "A pretensão, portanto, esbarra no enunciado da Súmula Vinculante 18 (...). Como se observa, a inelegibilidade preconizada no enunciado da referida Súmula é objetiva, isto é, se a dissolução da sociedade ou do vínculo conjugal ocorrer apenas no transcorrer do segundo mandato do então prefeito, o cônjuge, tal como o ex-mandatário com quem mantinha o vínculo matrimonial, mantém-se inelegível para disputar o cargo de chefe do Executivo municipal para o pleito subsequente. Pouco importa, portanto, se houve ou não anterior separação de fato deflagrada no primeiro mandato exercido por seu ex-marido. Além disso, a discussão quanto à existência de fraude é irrelevante, pois, como dito, a hipótese descrita na súmula exige o preenchimento de circunstância objetiva, requerendo para sua configuração, tão somente, a ocorrência da dissolução do vínculo conjugal no curso do mandato, como de fato ocorreu no caso ora em exame.

[AC 3.311 AgR, voto do rel. min. Ricardo Lewandowski, 2ª T, j. 19-3-2013, DJE 63 de 8-4-2013.]

Em relação ao instituto da união estável, parece mais correta sob o ponto de vista da aplicação harmônica das normas jurídicas, que deve estender-se a regra de inelegibilidade dos cônjuges aos conviventes do artigo 226, § 3º, da Carta Federal, que regula a união estável entre um homem e uma mulher, entendida como legítima entidade familiar, e até mesmo às uniões entre pessoas do mesmo sexo.

Para Pedro Henrique Távora:

> Embora, modernamente tenha sido insinuado de não proceder à inclusão do convivente na vedação constitucional da inelegibilidade, pois que a união estável só seria reconhecida para efeitos de proteção estatal, sendo ainda o preceito constitucional de interpretação restritiva, o fato é que em nada diverge o relacionamento entre os conviventes e os cônjuges, revelando a união estável uma ligação fática completamente comparável ao casamento, tanto que Fávila Ribeiro argumenta não se afigurar lícito aceitar que a ausência de ato formal de casamento sirva de pretexto para burlar o espírito que domina o sistema da inelegibilidade consagrado pelo artigo 14, § 7º, da Carta Federal.[5]

6.5. Situação dos militares

Quando da promulgação da Constituição Federal lá em 1988 alguns questionavam se era realmente necessária a previsão de inelegibilidades específicas para os militares. Venceu a teoria de que se trata de uma carreira especial, onde prevalecem os princípios da hierarquia e da subordinação, que poderiam interferir, de algum modo, na situação política de um pretenso candidato da carreira militar.

Não custa lembrar também que o texto de 1988 veio após período de ditadura, onde o poder acabou sendo exercido por militares nem sempre comprometidos com regras eleitorais e de democracia.

Pois bem, no Brasil de hoje, como comprovam as dezenas de exemplos, a importância dada no texto constitucional original do artigo 14, parágrafo 8º., justificou-se:

> "§ 8º O militar alistável é elegível, atendidas as seguintes condições:
> I – se contar menos de dez anos de serviço, deverá afastar-se da atividade;
> II – se contar mais de dez anos de serviço, será agregado pela autoridade superior e, se eleito, passará automaticamente, no ato da diplomação, para a inatividade."

Militar alistável é aquele que pode inscrever-se como eleitor, o que é vedado aos conscritos, como já mencionado. A inalistabilidade ocorre apenas para os conscritos, todos os demais militares (integrantes das Forças Armadas) serão alistáveis. Também serão alistáveis os policiais militares e bombeiros militares, conforme resolução do TSE:

> [...] 1. Alistamento. Voto. Serviço militar obrigatório. O eleitor inscrito, ao ser incorporado para prestação do serviço militar obrigatório, deverá ter sua inscrição mantida, ficando impedido de votar, nos termos do art. 6º, II, c do Código Eleitoral (Precedente: Res.-TSE nº 15.072, de 28.2.1989). 2. Alistamento. Policiais

---

5. NIESS, Pedro Henrique Távora. *Direitos políticos.* 2ª ed. Bauru: Edipro, 2000.

militares. CF, art. 14, § 2º. Os policiais militares, em qualquer nível de carreira são alistáveis, tendo em vista a inexistência de vedação legal.[6]

No mais, a regra da inelegibilidade para os miliares diz respeito ao tempo de serviço na respectiva força e as previsões de afastamento da atividade e se eleito, passará para a inatividade.

7. INELEGIBILIDADES LEGAIS – APONTAMENTOS

Como já mencionado, existem duas naturezas distintas de inelegibilidades. As de natureza constitucional já tratamos e as de natureza infraconstitucional estão devidamente previstas na Lei Complementar número 64/90 (alterada pela Lei Complementar número 135/2010 0 lei da ficha limpa), em estrita obediência do que disposto no artigo 14, parágrafo 9º., da Constituição Federal:

> *"§ 9º Lei complementar estabelecerá outros casos de inelegibilidade e os prazos de sua cessação, a fim de proteger a probidade administrativa, a moralidade para exercício de mandato considerada vida pregressa do candidato, e a normalidade e legitimidade das eleições contra a influência do poder econômico ou o abuso do exercício de função, cargo ou emprego na administração direta ou indireta."*

Mandou a Constituição Federal que outros casos de inelegibilidades e os prazos de sua duração, deveriam ser previstos em texto de Lei Complementar e assim foi feito.

A questão aqui é entender que, além das inelegibilidades constitucio-nais, cujo processo legislativo para sua alteração é bem mais dificultoso, o pretenso candidato também não pode incorrer em hipótese ou situação de inelegibilidade prevista em lei complementar, esta muito mais fácil de ser alterada, sob o ponto de vista do processo legislativo.

Tanto é assim que a Lei Complementar número 135/2010, a chamada lei da filha limpa, que alterou o texto original da Lei Complementa número 64/90, trouxe novas hipóteses de inelegibilidades, aumentou os prazos de duração das restrições e inovou, quando previu que as inelegibilidades poderiam ser aplicadas após julgamento por meio de órgão colegiado e não mais apenas após o trânsito em julgado da decisão que as aplicava.

Houve longo questionamento jurídico sobre eventual desrespeito ao princípio da presunção da inocência e o da irretroatividade da aplicação de norma que prejudicasse o interesse dos condenados, superado por decisão dividida do Supremo Tribunal Federal. Independentemente da questão da sua constitucionalidade ou não – já superada – a verdade é que a lei da ficha limpa trouxe eficácia e concretude para cumprir o que determina o § 9º do artigo 14 da Constituição Federal, propiciando maior proteção à moralidade para o exercício do mandato eletivo e à probidade administrativa, sendo os antecedentes do candidato, sem mácula, de suma importância no momento de sua candidatura.

---

6. BRASIL, Tribunal Superior Eleitoral. Resolução nº 15.099, de 9.3.1989, rel. Min. Villas Boas. DJ 13.9.1989, p. 14451.

7.1. Norma principiológica do art. 14, § 9°, da Constituição Federal

Princípios representam as fontes fundamentais, em qualquer ramo do direito, de forma a interferir tanto no aspecto de construção como em sua efetivação.

Para Miguel Reale: "os princípios são certos enunciados lógicos admitidos como condição ou base de validade das demais asserções que compõem dado campo do saber".[7]

Para Canotilho os princípios são como "ordenações que se irradiam e imantam o sistema de normas; começam, por ser a base de normas jurídicas, e podem estar positivamente incorporados, transformando-se em normas-princípio".[8]

Em sendo assim, ao ser compreendido como um princípio a previsão do artigo 14, parágrafo 9°., da Constituição Federal, a lei complementar aprovada a partir desse comando toma especial importância nas eventuais restrições impostas para que o cidadão possa ser candidato.

Também com fundamento nesse raciocínio é que o Supremo Tribunal Federal entendeu constitucional a chamada Lei da Ficha Limpa, a Lei Complementar número 135/2010, apesar de todos os argumentos em contrário, alguns já mencionados aqui.

7.2. Lei das Inelegibilidades e Lei da Ficha Limpa

O legislador constituinte estabeleceu as hipóteses principais das inelegibilidades, mas remeteu à norma infraconstitucional a fixação de outros casos e os prazos de duração de cada uma delas (CF, art. 14, par. 9°.).

Para atender a esse comando é que o Congresso Nacional, ainda em 1990, aprovou a Lei Complementar número 64, depois alterada pela Lei Complementar número 135/2010, chamada Lei da Ficha Limpa.

Não por acaso a lei original é conhecida como Lei das Inelegibilidades.

Nela são estabelecidas hipóteses concretas que impedem a candidatura, não contempladas no texto constitucional, a fim de proteger a probidade administrativa, o equilíbrio na disputa, os abusos, enfim, retirando da participação política aqueles que já tiveram algum questionamento em sua conduta anterior.

A Constituição Federal prevê expressamente a possibilidade do exame da "vida pregressa" do candidato, ensejando uma acurada pesquisa sobre seu passado jurídico. Como no Brasil, não existe pena perpétua, todas essas hipóteses de inelegibilidade possuem prazo determinado para sua expiração.

As alterações promovidas pela Lei da Ficha Limpa na LC n° 64/1990 passaram a impedir a candidatura de políticos que tiveram o mandato cassado, de condenados em processos criminais por um órgão colegiado e dos que renunciaram aos seus mandatos para evitar um possível processo de cassação. Além disso, estabeleceram como oito anos o prazo de afastamento das urnas dos candidatos enquadrados em tais impedimentos. Contudo, a legislação só começou a valer a partir das Eleições Municipais de 2012.

---

7. REALE, Miguel. *Lições Preliminares de Direito*. 20ª ed. São Paulo: Saraiva, 1993, p. 48.
8. CANOTILHO, José Joaquim Gomes; MOREIRA, Vital. *Fundamentos da Constituição*. Coimbra: Coimbra, 1991, p. 45.

As principais alterações introduzidas pela Lei Complementar número 135/2010 vieram responder aos anseios da sociedade de que os prazos de duração das inelegibilidades era muito curtos, alguns de 3 anos, que se contados a partir da eleição onde se verificou a ilegalidade, permitiam que o mesmo candidato já disputasse a eleição seguinte.

Outra alteração importante foi a introdução de novas hipóteses, não pensadas em 1990, mas que ganharam relevância com o passar de 20 anos.

Mas sem dúvida a alteração que mereceu maior destaque e questionamentos jurídicos foi a dispensa da exigência do trânsito em julgado das decisões judiciais para a aplicação das inelegibilidades. Era uma reclamação profunda da sociedade, também, que a demora no esgotamento dos recursos e instâncias recursais permitia que candidatos já condenados disputassem a eleição, fossem eleitores e terminassem seus mandatos, sem que processos que poderiam afetar a sua elegibilidade fossem encerrados.

Daí surgiu a figura da aplicação da inelegibilidade também a partir de decisões proferidas por órgão judicial colegiado. Nesse sentido privilegiou-se o duplo grau de jurisdição, pelo menos, para a maioria dos casos. Evidente que há hipóteses de julgamento por órgão judicial colegiado já a partir da primeira decisão, por questão de competência originária.

Pelo menos buscou-se retirar de uma decisão monocrática, proferida por um único órgão julgador, a possibilidade de impedir qualquer candidatura, evitando-se eventuais injustiças que não poderiam ser corrigidas posteriormente (a sentença sim, a possibilidade de uma eleição que já passou, não).

7.3. Previsões legais de inelegibilidade

São muitas as hipóteses de inelegibilidades previstas na Lei Complementar número 64/90, aquelas previstas para qualquer cargo em disputa e as específicas para determinados cargos, dependendo da abrangência da futura atuação.

A Lei detalha, em 17 alíneas, as hipóteses de inelegibilidade. Já de início afirma que são inelegíveis "os inalistáveis e os analfabetos". Em seguida, elenca condições de impedimento para o parlamentar, o governador ou o prefeito que perderam os mandatos, por desrespeito às Constituições Federal e estaduais, às leis orgânicas dos municípios e do Distrito Federal.

Dentro das alterações posteriores mencionadas, merece destaque a previsão expressa, com a individualização, de vários tipos penais, por exemplo, os crimes contra o meio ambiente e a saúde pública, os crimes de abuso de autoridade, lavagem ou ocultação de bens, tráfico de drogas, os crimes que forem praticados por organização criminosa. Enfim, nessas alterações o Congresso Nacional demonstrou estar atento às mudanças da sociedade, à evolução dos tipos e das possibilidades de crimes.

Um acréscimo importante e que tem provocado repercussões em todas as eleições desde então, é a prática de ato de improbidade administrativa por aquele que já foi responsável por verbas públicas.

Independentemente de a lei exigir determinadas circunstâncias específicas para a aplicação dessa restrição, somente a existência da possibilidade de ter aplicada a restrição faz com que os administradores da coisa pública redobrem os seus cuidados.

7.4. Incompatibilidades e desincompatibilização

A incompatibilidade é causa de inelegibilidade que pode ser afastada através da desincompatibilização, e tem origem na falta de afastamento do pretenso candidato ou de alguém vinculado a ele, do exercício de cargo ou função pública que ocupe.

Para Ramayana a incompatibilidade: *"é uma restrição à capacidade eleitoral passiva (direito de ser votado), por que o interessado deixou de providenciar seu afastamento temporário ou definitivo dentro do prazo legal".*[9]

A desincompatibilização, isto é, o afastamento do cargo ou da função que exerce, pode tornar o candidato até então inelegível, em elegível, desde que atendidos os prazos para cada um dos cargos pretendidos e do cargo ou função exercidos.

Aqui vale destacar que a desincompatibilização é exigida para aqueles que exercem e ocupam cargos e funções públicas, que em princípio poderia trazer vantagens em face dos demais concorrentes, mas não é exigida para o candidato que disputa a sua reeleição.

A Lei Complementar número 64/1990 prevê cada uma das hipóteses de desincompatibilização, ou afastamento, para cada cargo em disputa, conforme a importâncias dos cargos ou funções exercidas.

Essa aparente ou verdadeira incoerência, já que o objetivo é evitar abusos, excessos e o uso da máquina pública em prol de determinada candidatura, tem provocado profundas discussões e questionamentos sobre sua justeza.

As incompatibilidades causam a necessidade da desincompatibilização para aqueles que pretendem ser candidatos, mas existem as hipóteses de desincompatibilização ou afastamento definitivo, que ocorre com a renúncia, e também aquelas temporárias, quando após a eleição ou o término do mandato (caso eleito) o titular do cargo ou função, poderá retomar suas atividades.

8. REFERÊNCIAS

AGRA, Walber de Moura; VELLOSO, Carlos Mário da Silva. *Elementos de Direito Eleitoral*. 2ª ed. São Paulo: Saraiva, 2010.

CANOTILHO, José Joaquim Gomes; MOREIRA, Vital. *Fundamentos da Constituição*. Coimbra: Coimbra, 1991.

COSTA, Adriano Soares da. *Teoria da Inelegibilidade e o Direito Processual Eleitoral*. Belo Horizonte: Del Rey, 1998.

COSTA, Adriano Soares da. Inelegibilidade e inabilitação no Direito Eleitoral. Jus Navigandi, Teresina, ano 4, n. 37, 1 dez. 1999. Disponível em: http://jus.com.br/artigos/1518

REALE, Miguel. *Lições Preliminares de Direito*. 20ª ed. São Paulo: Saraiva, 1993.

NIESS, Pedro Henrique Távora. *Direitos políticos*. 2ª ed. Bauru: Edipro, 2000.

NOVELINO, Marcelo. *Direito Constitucional*. 3ª ed. São Paulo: Editora Método, 2009.

RAMAYANA, Marcos. *Direito Eleitoral*. 6ª ed. Rio de Janeiro: Impetus, 2008

---

9. RAMAYANA, Marcos. *Direito Eleitoral*. 6ª ed. Rio de Janeiro: Impetus, 2008, p.191.

SISTEMA ELEITORAL BRASILEIRO

Mariangela Corrêa Tamaso

Advogada; Sócia do escritório ALBERTO ROLLO ADVOGADOS ASSOCIADOS. Graduação em Direito pela Faculdade de Direito de São Bernardo do Campo; Pós Graduação em Direito Processual Civil pela UNI-FMU e Pós Graduação em Direito Constitucional pela PUCSP. Tem experiência na área de Direito, com ênfase em DIREITO ELEITORAL e Direito Administrativo. Membro da Comissão de Direito Eleitoral da OABSP.

Sumário: 1. Eleições majoritárias; 1.1. Primeiro turno e segundo turno – 2. Eleições proporcionais – 3. Normas constitucionais sobre eleição, posse e mandato – 4. Referências

Sistema eleitoral pode ser definido como o conjunto de elementos e regras, concretos ou abstratos, organizados, que regulamentam a forma como os votos de uma eleição resultarão na definição do corpo político que atuará no exercício do poder de um governo legítimo, define os meios de representação dos diversos grupos sociais e regras para o fortalecimento da relação entre representantes e representados[1]. O sistema eleitoral é, pois *"o conjunto de técnicas e procedimentos que se empregam na realização das eleições, destinados a organizar a representação do povo no território nacional"* [2] no âmbito do Poder Executivo ou do Poder Legislativo.

Partindo destes conceitos, o sistema eleitoral brasileiro é mutável. As regras infraconstitucionais podem ser alteradas, respeitado o princípio da anualidade previsto no art. 16 da Carta Magna[3], tendo como diretriz que *"a expressão processo eleitoral (...) abarca normas de conteúdo procedimental e material, dada a finalidade de preservar o devido processo legal eleitoral, interditando a eficácia imediata de inovações legislativas abruptas, porquanto são justamente as regras de direito material no domínio eleitoral que mais podem influenciar a isonomia e a igualdade de chances nas eleições."*[4], adotando o sentido mais amplo da expressão "processo eleitoral"

De maneira geral existem diversos sistemas eleitorais empregados no mundo: o majoritário com maioria simples ou absoluta, o proporcional, o distrital e o distrital misto. No entanto, no Direito Eleitoral[5] brasileiro e de acordo com a Constituição Federal de 1988, apenas os sistemas majoritário e proporcional, são adotados atualmente.

---

1. GOMES, José Jairo. *Direito Eleitoral.* 7ª ed. São Paulo: Atlas Jurídico, 2011, p. 105.
2. SILVA, José Afonso. *Curso de Direito Constitucional positivo.* 10ª ed. São Paulo: Malheiros, 1994. p.352.
3. "Art. 16. A lei que alterar o processo eleitoral entrará em vigor na data de sua publicação, não se aplicando à eleição que ocorra até um ano da data de sua vigência."
4. STF – Julgamento do RE 633.703 – Rel. Min. Gilmar Mendes – trecho da ementa do voto do Exmo. Sr. Ministro Luiz Fux – j. 23.03.2011 – pub. 18.11.11.
5. "...conjunto de normas jurídicas que se refere às eleições e às consultas populares, como o plebiscito e o referendo." GONÇALVES, Luiz Carlos dos Santos. *Direito Eleitoral.* 2ª ed. São Paulo: Atlas, 2012,

A Constituição Federal, com o escopo de garantir o regime democrático, afirmou, no paragrafo único do artigo 1º que *"todo poder emana do povo, que o exerce por meio de representantes eleitos ou diretamente, nos termos desta Constituição."*

Como leciona o autor Luiz Carlos dos Santos Gonçalves, *"A menção ao exercício direto do poder anima boa parte da doutrina a afirmar que temos no Brasil uma democracia mista ou participativa, que seria diversa tanto da utópica democracia direta (na qual todos decidiriam todas as questões comunitárias), quanto da democracia indireta, representativa (na qual não existiriam mecanismos de exercício popular direto de poder)"* [6].

Assim, parece tranquilo afirmar que as características dos instrumentos de participação popular (plebiscito, referendo, iniciativa popular e, para alguns, a ação popular) e suas exigências evidenciam que a democracia praticada, desde a Constituição de 1988, até os dias de hoje é a representativa.

A escolha dos representantes deve seguir um método pré-estabelecido. Como dito, nosso texto constitucional prevê dois sistemas eleitorais: o majoritário, observado quando há eleição para os cargos do Poder Executivo (Presidência da República, Governo dos Estados e DF e Prefeituras Municipais) e do Poder Legislativo para os cargos de Senador e o proporcional, observado nas eleições para os cargos de Deputados Federais e Estaduais e de Vereadores.

Cada um dos sistemas eleitorais constitucionalmente previstos apresenta características próprias que sustentam teorias favoráveis e contrárias à sua efetividade na sustentação de um governo legítimo.

A adoção do sistema distrital misto tem sido objeto de amplo debate no Poder Legislativo e entre estudiosos do tema. Em defesa da adoção do voto distrital misto, temos os argumentos de que, além de reduzir o custo das campanhas políticas, esse sistema teria a capacidade de aproximar o eleitor de seu representante no parlamento. De outro lado, aqueles que o criticam, apontam a dificuldade logística na divisão do território nacional em distritos e a possibilidade de restringir a discussão de temas eleitorais e as agendas legislativas a assuntos do interesse exclusivo de cada um dos distritos ("paroquialização"), como razões para acreditar na deficiência do sistema para os padrões eleitorais e peculiaridades pertinentes ao território nacional.

A expectativa é que o voto distrital misto reduza os valores gastos com as campanhas eleitorais, pois os candidatos teriam que conquistar os votos apenas de seu distrito e não em todo o Estado, no caso dos Deputados Estaduais e Federais. No caso dos Vereadores a representatividade seria ainda maior.

Também haveria uma tendência a produzir uma maior renovação dos eleitos, já que campanhas mais onerosas acabam por favorecer aqueles que já ocupam cargos públicos e seus parentes ou aqueles economicamente favorecidos. É importante lembrar que, no "jogo democrático", os eleitores são os protagonistas, pois são os titulares dos votos que podem eleger ou não um candidato. Desta forma, qualquer mudança no sistema eleitoral deve ter como objetivo aumentar a sensação de representatividade por parte dos eleitores.

---

6. GONÇALVES, Luiz Carlos dos Santos. *Direito Eleitoral*. 2ª ed. São Paulo: Atlas, 2012, p.20.

De qualquer forma, como já afirmado, os sistemas eleitorais vigentes hoje no Brasil são o majoritário e o proporcional, cabendo aos estudiosos do tema e aos aplicadores do direito a busca incessantemente por maneiras de impedir que o poder econômico ou a fraude atinjam a escolha livre dos eleitores, que devem, tanto quanto possível, ter seus ideais e interesses representados nos cargos políticos.

1. ELEIÇÕES MAJORITÁRIAS

De compreensão muito mais simples que o sistema proporcional, o sistema majoritário é aquele empregado para a eleição dos candidatos aos cargos do Poder Executivo (Presidente da República, Governadores e Prefeitos) e do Poder Legislativo apenas para os Senadores. Por este sistema consideram-se eleitos aqueles candidatos que obtiverem a maioria (simples ou absoluta) dos votos.

Entende-se por maioria simples ou relativa aquela decorrente do maior número de todos os votos apurados. Por ela o mais votado se consagra vencedor. Já a maioria absoluta decorre da obtenção de mais da metade dos votos apurados, excluindo desse cálculo os votos brancos e nulos. Por ela se consagra vencedor aquele que obtiver mais de 50% dos votos, descontados os votos brancos e nulos.

Caso o candidato mais votado não obtenha mais da metade dos votos, excluídos os votos brancos e nulos, será realizado um segundo turno entre os dois mais votados, nos termos dos artigos 28, 29, II e 77 da Constituição Federal. No caso de empate será vitorioso aquele que apresentar-se mais idoso (art. 77, §5º da Constituição Federal).

A Constituição Federal prevê a aplicação da maioria absoluta para o resultado das eleições para Presidente da República, Governador e Prefeitos de Municípios com mais de 200.000 habitantes[7]. Fica nítido que a finalidade do texto constitucional é de garantir o máximo de representatividade do eleito, exigindo não só a maioria dos votos, mas uma maioria expressiva, com relação a todos os outros concorrentes.

Uma das principais vantagens apontadas para esse sistema eleitoral é a simplicidade e a capacidade de compreensão por parte do eleitor. O eleitor tem compreensão imediata acerca do resultado que se reflete na escolha da maioria dos votos nas urnas. Há uma identificação particular entre o eleitor e o candidato escolhido.

Outra característica que merece destaque e que é digna de críticas positivas por parte de estudiosos, é que tal sistema de governo estabelece um contato direto, mais pessoal, entre candidato e eleitor. O eleitor vota naquela figura que mais lhe agrada no cenário político proposto a partir do registro dos candidatos, que melhor representa os seus interesses. Também se apresenta como um sistema também que permite ao eleitor identificar mais concretamente os ideais e propostas de cada candidato que se preocupam em apresentar propostas menos genéricas e mais pontuais.

---

7. Art. 77. § 2º Será considerado eleito Presidente o candidato que, registrado por partido político, obtiver a maioria absoluta de votos, não computados os em branco e os nulos.
§ 3º Se nenhum candidato alcançar maioria absoluta na primeira votação, far-se-á nova eleição em até vinte dias após a proclamação do resultado, concorrendo os dois candidatos mais votados e considerando-se eleito aquele que obtiver a maioria dos votos válidos.

A utilização do sistema majoritário também para a eleição de Senadores, ainda que façam parte Poder Legislativo, nos termos do artigo 44 da Constituição Federal, se justifica em razão da função de representação do Estado que lhes cabe. Nas palavras do mestre Luiz Carlos dos Santos Gonçalves, *"Formalmente eles não representam partidos políticos, mas Estados, daí a desnecessidade de proteção da força eleitoral partidária, que justifica o sistema proporcional."*[8] Para a eleição do Senado exige-se apenas a maioria simples (art. 46, CF).

Na eleição majoritária, além do Presidente, dos Governadores e dos Prefeitos Municipais, serão eleitos os Vices de cada um destes cargos. Quem recebe os votos é o titular da chapa, mas o vice também é eleito, nos termos do que determina os arts. 25, 29, 32 e 77, parágrafo 1º da Constituição Federal e nos arts. 2º, parágrafo 4º e art. 3º, parágrafo 1º da Lei nº 9.504/97.

O Código Eleitoral, em seu art. 91 determina que o *"registro de candidatos a presidente e vice-presidente, governador e vice-governador, ou prefeito e vice-prefeito, far-se-á sempre em chapa única e indivisível..."* levando a jurisprudência a firmar posição no sentido de que as chapas nas eleições majoritárias são unas e indivisíveis, o que implica na repercussão dos atos, das omissões e dos efeitos decorrentes das eleições atribuídos ao titular também na esfera jurídica do vice[9]. Esta regra também está prevista nos arts. 2º e 3º da Lei nº 9504/97.

O registro dos candidatos ao Senado deve ser feito em conjunto com o do respectivo suplente, em função da disposição contida no mesmo artigo 91 do Código Eleitoral. E aqui merece destaque o fato de que o dispositivo legal deve ser interpretado em consonância com o preceito constitucional contido no art. 46 da Carta Magna, que determina que o Senador *"será eleito com dois suplentes"*. Assim, o registro dos candidatos ao Senado deverá vir acompanhado do registro de dois suplentes, e na mesma linha do que se refere aos Vices, também a eleição do titular implicará na eleição dos suplentes, que assumirão o mandato nas ausências e impedimentos ou na falta dos titulares, nos termos que estabelece o Regimento Interno do Senado.

1.1. Primeiro turno e segundo turno

As eleições majoritárias no Brasil ocorrem em dois turnos, exceto para o cargo de Senador, que se dá em único turno de votação e para o cargo de Prefeito em cidades com menos de 100.000 habitantes, valendo estacar que neste ultimo caso, que a referência não é o número populacional, mas sim o número de eleitores inscritos no município. Nos termos do art. 77 *"A eleição do Presidente e do Vice-Presidente da República realizar-se-á, simultaneamente, no primeiro domingo de outubro, em primeiro turno, e no último domingo de outubro, em segundo turno, se houver, do ano anterior ao do término do mandato presidencial vigente."*. Da mesma forma ocorre com relação ao cargo de Governador, conforme art. 28 da Constituição Federal.

---

8. GONÇALVES, Luiz Carlos dos Santos. *Direito Eleitoral*. 2ª ed. São Paulo: Atlas, 2012, p. 42-43.
9. Precedentes: TSE Respe nº 4626644-83.2009.6.10.0000; TRE/AP Recurso nº 20122; TRE/AP MC nº 94; TRE/RJ Recurso Eleitoral nº 6523

O artigo 29 da Carta Magna, por sua vez, estabelece que as eleições para o Executivo Municipal (Prefeito e Vice-Prefeito), realizar-se-á simultaneamente em todo o país, acompanhando as regras estabelecidas no artigo 77 da Constituição Federal. Entretanto, a votação em dois turnos se aplica apenas aos municípios com mais de 200.000 (duzentos mil) eleitores.

No primeiro turno, que ocorre sempre no primeiro domingo de outubro, os eleitores têm como opção de voto todos os candidatos que se registraram (e tiveram seus registros deferidos ou que estejam sub judice) para o cargo do Executivo Municipal ou Federal e para o Senado. Caso um dos candidatos obtenha maioria absoluta dos votos, ou seja, mais da metade dos votos válidos (excluídos os votos brancos e nulos), é considerado eleito desde logo, não se realizando segundo turno.

Não sendo atingida a maioria absoluta por nenhum dos candidatos, no último domingo de outubro, ocorre o segundo turno. Instituído no Brasil a partir da Constituição de 88, é a oportunidade na qual concorrerão apenas os dois candidatos mais votados no primeiro turno da eleição, considerando-se eleito aquele que conseguir a maioria dos votos válidos em segundo escrutínio.

A Constituição de 1988 traz solução, ainda, para os casos de morte, desistência ou impedimento legal de candidato antes de realizado o segundo turno. Prevê o §4º do art. 77 da Constituição Federal que nesses casos, é convocado, entre os remanescentes, aquele de maior votação no primeiro turno, o que garante a observância do critério da maioria absoluta para os cargos em relação aos quais foi adotado o sistema eleitoral majoritário de dois turnos.

Importa destacar, ainda, que em caso de empate, conforme prevê o art. 77, §5º da Constituição Federal, o critério levado em consideração é o da idade dos candidatos, considerando-se eleito o candidato mais velho.

2. ELEIÇÕES PROPORCIONAIS

O sistema proporcional, mais complexo do que o sistema majoritário, é observado quando o que se pretende é ocupar os cargos de Deputados e Vereadores, ou seja, do Poder Legislativo. De acordo com as regras desse sistema, não será considerado apenas o número de votos lançados nas urnas em nome de determinado candidato, mas também que a proporção de cadeiras parlamentares ocupada por cada partido é diretamente determinada pela proporção de votos obtida por ele. Tanto assim que é possível, por este sistema, que o candidato mais votado não seja o candidato eleito (a exemplo do caso em que o partido não atinge o quociente eleitoral).

A distribuição do mandato é feita de acordo com a votação obtida por cada partido representado nas eleições. Por esse sistema os partidos políticos têm representação legislativa de acordo com a expressão numérica alcançada nas urnas, de forma a permitir que o parlamento reflita, tanto quanto possível, a diversidade partidária nacional.

A origem do sistema proporcional no direito pátrio se deu em 1932 visando à inclusão das minorias no Parlamento, contudo passou a ser uma previsão constitucional apenas em 1934.

No texto constitucional em vigor, o sistema eleitoral proporcional vem previsto no art. 45:

> Art. 45. A Câmara dos Deputados compõe-se de representantes do povo, eleitos, pelo sistema proporcional, em cada Estado, em cada Território e no Distrito Federal.
>
> § 1º – O número total de Deputados, bem como a representação por Estado e pelo Distrito Federal, será estabelecido por lei complementar, proporcionalmente à população, procedendo-se aos ajustes necessários, no ano anterior às eleições, para que nenhuma daquelas unidades da Federação tenha menos de oito ou mais de setenta Deputados.
>
> § 2º – Cada Território elegerá quatro Deputados.

Nota-se claramente o objetivo de permitir a presença de tantas correntes políticas quantas existam em toda extensão territorial, e que sua concepção pressupõe a existência de uma pluralidade partidária. A existência de uma multiplicidade partidária é a única forma de ter conhecimento de quantas ideologias políticas existem no Brasil, preceito constitucional previsto no art. 1º, inciso V.

O sistema eleitoral proporcional, no Brasil, prescreve que as vagas serão divididas entre os partidos que conquistarem um número mínimo de votos, denominado quociente eleitoral. O quociente eleitoral, nos termos do art. 106 do Código Eleitoral[10], é resultado da divisão do número de votos válidos apurados no pleito pelo número de cadeiras a serem ocupadas na casa legislativa, desprezando-se a fração se menor ou igual a meio e arredondando para um aquela que seja superior à meio. São considerados válidos apenas aqueles votos atribuídos ao candidato inscrito para as eleições e aqueles atribuídos à legenda partidária.

Importante mudança ocorrida foi a extinção das coligações proporcionais. A Emenda Constitucional nº 97/17, estabeleceu, a partir das eleições de 2020, o fim das coligações para as eleições proporcionais (deputados e vereadores), sendo possível apenas para as disputas majoritárias.

A alteração feita no art. 17 da Constituição Federal, visa a aproximação dos partidos políticos dos eleitores e evitar que sejam eleitos candidatos inexpressivos, ás custas de candidatos de expressão, comumente chamados de "puxadores de votos", de forma a não refletir com exatidão a vontade popular.

Assim, a partir da alteração imposta, cada partido concorrerá com seus próprios candidatos, devendo avaliar, dentro do cenário político, a viabilidade de apresentar candidatos ao pleito.

O próximo passo é, pois, determinar o quociente partidário, que estabelecerá o número de cadeiras que cada partido ocupará na casa legislativa. Chega-se a esse resultado a partir da divisão do número de votos válidos obtidos pelo partido, pelo quociente eleitoral, já calculado, conforme estabelece o art. 107 do Código Eleitoral[11]. O resultado

---

10. "Art. 106. Determina-se o quociente eleitoral dividindo-se o número de votos válidos apurados pelo de lugares a preencher em cada circunscrição eleitoral, desprezada a fração se igual ou inferior a meio, equivalente a um, se superior."
11. "Art. 107 – Determina-se para cada Partido ou coligação o quociente partidário, dividindo-se pelo quociente eleitoral o número de votos válidos dados sob a mesma legenda ou coligação de legendas, desprezada a fração."

desta divisão corresponde ao número de cadeiras que o partido ocupará na Câmara dos Deputados.

Se ainda assim sobrarem vagas a serem ocupadas, o número de votos válidos do partido será dividido pelo número de lugares obtidos mais um e aquele partido que obtiver o maior resultado, assume a cadeira restante, repetindo-se a operação até que todas as cadeiras estejam ocupadas, nos termos do at. 109, II do Código Eleitoral. No cálculo das "sobras", incluem-se os partidos que não atingiram o quociente eleitoral conforme estabelece o parágrafo 2º do art. 109 do CE. Por fim, são agraciados aqueles que obtiveram o maior número de votos de cada partido, que ocuparão as vagas dedicadas a cada qual, conforme a votação obtida pelos seus candidatos (listas abertas).

Da fórmula estabelecida pela Constituição Federal é que se extraiu o entendimento do C. STF de que os votos pertencem ao partido político e não ao candidato, confirmado ao julgar a constitucionalidade das Resoluções 22610/2007 e 22733/2008, e do C. TSE que regulamentavam a perda de mandato de parlamentares por infidelidade partidária:

> (...) Segundo entendeu o e. TSE e esta Corte, o sistema de eleições proporcionais justifica que a identidade formada entre o eleitor e o candidato fique em segundo plano, subordinada à presumida relação entre o eleitor e o partido político. (...) [12]

Como se vê, o sistema proporcional apresenta certa complexidade, razão pela qual gera muitas dúvidas e críticas por parte dos eleitores. Ao mesmo tempo que se apresenta como um sistema eleitoral que permite o acesso das minorias à Câmara dos Deputados, também tem o condão de açular as disputas intrapartidárias, por vezes favorecendo aqueles candidatos que se apresentam com maior poderio econômico, haja vista o alto custo das campanhas partidárias.

Desde 2015, com o advento da Lei nº 13.165, que alterou o art. 108[13] do Código Eleitoral, os candidatos devem transpor, ainda, o óbice criado pela cláusula de desempenho individual. Tal medida teve sustentação nos sucessivos casos de eleição de candidatos com votação inexpressiva, que nem sempre refletiam a vontade popular que não se via representada na Câmara dos Deputados. Assim, para que um deputado seja eleito, atualmente, ele precisa ter pelo menos 10% do quociente eleitoral, alcançado pela divisão do número de votos válidos pelo número de vagas de uma determinada circunscrição eleitoral.

As mais recentes alterações legislativas tiveram como objetivo alterar o sistema proporcional vigente, em especial no sentido de reduzir o número de partidos, fortalecer as legendas e permitir que o eleitor volte a se sentir representado pelos candidatos eleitos, aproximando o eleitor dos ideários partidários que se apresentam e dos candidatos que acabam por ocupar as cadeiras em disputa no Poder Legislativo.

---

12. STF – ADI 3999 – DF – Rel. Min. Joaquim Barbosa, DJE 17.04.2009.
13. Lei nº 4.737/65 – "Art. 108. Estarão eleitos, entre os candidatos registrados por um partido ou coligação que tenham obtido votos em número igual ou superior a 10% (dez por cento) do quociente eleitoral, tantos quantos o respectivo quociente partidário indicar, na ordem da votação nominal que cada um tenha recebido."

3. NORMAS CONSTITUCIONAIS SOBRE ELEIÇÃO, POSSE E MANDATO

A Constituição Federal como norma estatuída, escrita e rígida, além de dispor sobre a organização e estrutura do Estado, os direitos fundamentais, os meios e instrumentos de tutela de direitos e os instrumentos de defesa do próprio Estado contra atos contrários à ordem estabelecida pela vontade popular, também impõe normas definidoras da forma de exercício das competências políticas.

As normas que estabelecem os direitos políticos enquanto *"conjunto de regras destinadas a regulamentar o exercício da soberania popular"*[14], insertas na Constituição Federal, dão efetividade ao disposto no parágrafo único do artigo 1º, da Lei Maior, segundo o qual *"Todo o poder emana do povo, que o exerce por meio de representantes eleitos ou diretamente, nos termos desta Constituição"*, bem como estão sistematicamente apresentadas como direito fundamental, no Título II (Dos Direitos Fundamentais), Capítulo IV (Direitos Políticos).

Como pondera Konrad Hesse *"A limitação de direitos fundamentais deve, por conseguinte, ser adequada para produzir a proteção do bem jurídico, por cujo motivo ela é efetuada. Ela deve ser necessária para isso, o que não é o caso, quando um meio mais ameno bastaria. Ela deve, finalmente, ser proporcional em sentido restrito, isto é, guardar relação adequada com o peso e o significado do direito fundamental."*[15]

Isso implica em dar interpretação às normas constitucionais, bem como às normas infraconstitucionais que tratam dos direitos políticos, enquanto direito fundamental, no sentido de garantir o seu mais amplo exercício, sendo a sua restrição exceção à regra. Enquanto direito fundamental, sua restrição só será possível se observados outros princípios e normas constitucionais, em especial os princípios da razoabilidade e da proporcionalidade.

No sistema jurídico brasileiro, os direitos políticos compreendem os institutos do sufrágio, da perda e suspensão dos direitos políticos, o instituto da inelegibilidade, a posse dos eleitos e o exercício do mandato.

Já no artigo 1º da Constituição Federal, temos que vivemos em um "Estado Democrático de Direito", previsão importante para afastar a tendência humana ao autoritarismo e à concentração exacerbada de poder. A democracia praticada em nosso sistema eleitoral é a representativa onde *"os governantes são escolhidos pelos governados; por intermédio de eleições honestas e livres"*[16]

Também é possível extrair deste artigo inaugural que o pluralismo político é fundamento do Estado Democrático de Direito instaurado a partir da Constituição de 88. O pluralismo político pressupõe a ampla e desimpedida participação popular na orientação política do país, garantindo aos cidadãos liberdade filosófica, política, de organização e de participação em partido político, bem como às organizações partidárias, liberdade de auto-organização, autogestão e na defesa de suas ideias.

---

14. TAVARES, André Ramos. *Curso de Direito Constitucional*. 10ª ed. São Paulo: Saraiva. 2012, p. 814.
15. HESSE, Konrad. *Elementos de Direito Constitucional da República Federal da Alemanha*. Porto Alegre: Sergio Antonio Fabris, 1998, p. 256.
16. DUVERGER, Maurice. *Os partidos políticos*. Rio de Janeiro: Zahar, 1970, p. 387.

Partindo dessas premissas, temos as eleições tratadas antes mesmo do Capítulo referente aos Direitos Políticos. Ao tratar da nacionalidade, o legislador constituinte estabeleceu como ato privativo do brasileiro nato candidatar-se para os cargos de Presidente e Vice-Presidente da República[17]. São brasileiros natos aqueles nascidos no Brasil ou aqueles nascidos no estrangeiro, filhos de pais ou mães brasileiros, que estejam a serviço do Brasil ou que sejam registrados em repartição brasileira ou que venham residir no Brasil e opte a qualquer tempo pela, depois de atingir a maioridade, pela nacionalidade brasileira (art. 12, I, a.b e c da CF/88).

No Capítulo que trata dos direitos políticos, ainda no título que se refere aos direitos fundamentais, são definidas as regras acerca do exercício dos direitos políticos, dos requisitos para seu exercício, tanto ativa como passivamente, as circunstancias que envolvem a perda ou a suspensão dos direitos políticos, remetendo à legislação infraconstitucional o regramento acerca das regras das eleições.

O Capítulo V trata dos partidos políticos, pessoas jurídicas de direito privado essenciais para o exercício da democracia. Por ele os cidadãos elegem seus representantes e a partir deles os candidatos se colocam a disposição dos eleitores para exercerem mandatos previamente definidos, em nome de uma parcela dos eleitores. Estão ali definidos os requisitos e formas de criação das agremiações, os limites de sua atuação e da interferência do Estado em suas atividades, decisões e estruturação, conforme previsto em seus estatutos e previamente registrado no C. TSE.

As eleições para o cargo de Presidente da República e Vice-Presidente da República, ocorrerão sempre de quatro em quatro anos, em dois turnos se for o caso, que realizar-se-ão no primeiro e ultimo domingos de outubro, do ultimo ano do mandato em exercício. Estará eleito para o cargo, em primeiro turno, aquele candidato que obtiver a maioria absoluta de votos, desprezados os votos brancos e nulos. Não havendo vencedor, realizar-se-á o segundo turno, entre os dois candidatos mais votados no primeiro turno, com a consagração como vencedor daquele que obtiver a maioria dos votos válidos (art. 77, paragrafo 3º da CF/88). Os mandatos do Presidente e do Vice são de 4 (quatro) anos, sendo admitida apenas uma reeleição, nos termos do art. 14, parágrafo 5º da CF/88. A posse do Presidente e do Vice-Presidente da república eleitos pelo sufrágio popular ocorrerá em 1º de janeiro do ano subsequente ao das eleições, em sessão solene realizada no Congresso Nacional.

Os arts. 80 e 81 da CF/88 estabelecem regras para o caso de vacância do cargo de Presidente da República e, eventualmente, de seu Vice. A vacância dos cargos de Presidente e Vice-Presidente da República, nos dois primeiros anos de mandato, trará como

---

17. § 3º São privativos de brasileiro nato os cargos:
    I – de Presidente e Vice-Presidente da República;
    II – de Presidente da Câmara dos Deputados;
    III – de Presidente do Senado Federal;
    IV – de Ministro do Supremo Tribunal Federal;
    V – da carreira diplomática;
    VI – de oficial das Forças Armadas.
    VII – de Ministro de Estado da Defesa

consequência a realização de eleição direta, noventa dias depois de aberta a última vaga. Se a vacância ocorrer nos últimos 2 anos do mandato, a eleição será indireta, ou seja, pelo Congresso Nacional. Nos dois casos o candidato eleito para ocupar o cargo vago exercerá o restante do mandato em curso, sendo considerado o período de exercício para fins de reeleição.

O Poder Legislativo Federal, composto pelo Senado Federal e pela Câmara dos Deputados, que formam o Congresso Nacional, será eleito para mandatos de 4 (quatro) anos no caso de Deputados Federais e de 8 (oito) anos para os Senadores.

O número de vagas e a representatividade de cada Estado e do Distrito Federal, para a Câmara dos Deputados, são definidos por Lei Complementar, no ano que antecede o pleito, de acordo com o número de habitantes de cada Estado, devendo ser observado o limite mínimo de 8 (oito) e o máximo de 70 (setenta) Deputados. Para os Territórios há previsão de quatro representantes. Os Deputados são eleitos pelo sistema proporcional, já tratado no capítulo próprio. Não há limitação, no texto constitucional ou em dispositivos de legislação infraconstitucional, para o número de mandatos a ser exercido pelos Deputados Eleitos, o que por vezes perpetua determinado parlamentar no Poder Legislativo.

O art. 27 da Constituição Federal, define o número de cadeiras a serem ocupadas no Poder Legislativo Estadual em três vezes a representação do Estado no na Câmara dos Deputados até o limite de 36 (trinta e seis) cadeiras, a partir das quais serão acrescidas o número de representantes acima de doze. O parágrafo 1º limita em 4 (quatro) anos o mandato do candidato eleito, não havendo limitação de mandatos consecutivos.

Para o Senado, são eleitos pelo sistema majoritário, 3 (três) Senadores, para o exercício de mandatos de 8 (oito) anos, com renovação a cada quatro anos, alternadamente, com um e dois terços (art. 46 da CF/88).

Na Câmara dos Deputados e no Senado, a posse dos eleitos ocorre em 1º de fevereiro do ano subsequente ao das eleições em que foram eleitos, nos termos do art. 57 parágrafo 4º da Constituição Federal[18].

O art. 55 do texto constitucional prevê as circunstâncias em que é possível a cassação do mandato de um parlamentar, condicionando a perda do mandato em razão de infração aos impedimentos previstos no art. 54 da CF/88 e seus incisos, de quebra de decoro parlamentar e por condenação criminal transitada em julgado, á decisão da maioria absoluta dos Deputados ou Senadores. Já nos casos de ausência injustificada à terça parte das sessões ordinárias, de perda ou suspensão dos direitos políticos e por decisão da Justiça Eleitoral, a perda do cargo dependerá de decisão da Mesa da Câmara dos Deputados ou do Senado. Em qualquer dos casos deve ser assegurada ao parlamentar o direito ao exercício do contraditório e a ampla defesa.

O art. 28 da Carta Magna estabelece que as eleições para o Chefe do Poder Executivo Estadual ocorrerá a cada 4 (quatro) anos, em dois turnos, realizados no primeiro e no ultimo domingo de outubro, respectivamente, no ano anterior ao do término do mandato

---

18. § 4º Cada uma das Casas reunir-se-á em sessões preparatórias, a partir de 1º de fevereiro, no primeiro ano da legislatura, para a posse de seus membros e eleição das respectivas Mesas, para mandato de dois anos, vedada a recondução para o mesmo cargo na eleição imediatamente subsequente.

em curso para o mesmo cargo. O parágrafo primeiro estabelece a incompatibilidade, com perda de mandato, do exercício do cargo de Governador de Estado, com outro cargo da Administração Pública, direta ou indireta, ressalvados os casos de ingresso por concurso público. A posse ocorrerá em primeiro de janeiro do ano subsequente ao da realização do pleito, observadas as regras dispostas no art. 77 da CF/88. No caso do Poder Legislativo Estadual, a data da posse fica estabelecida nas Constituições Estadual, sendo que no Legislativo do Estado de São Paulo, por exemplo, a posse se realiza em 15 de março do ano subsequente ao ano da eleição.

No âmbito Municipal, as eleições também ocorrem a cada quatro anos, no ultimo ano do mandato em exercício, simultaneamente em todo o país. Também realizadas no primeiro e ultimo domingos do mês de outubro, coincidem com as eleições para o Legislativo Municipal. A posse para o cargo de Prefeito e Vice-Prefeito ocorrerá sempre em 1º de janeiro do ano subsequente. Aplicam-se, no âmbito dos municípios com mais de 200 mil eleitores e naquilo que couber, as disposições contidas no art. 77 da Constituição Federal.

O inciso IV do art. 29 estabelece o número de cadeiras que comporão a Câmara de Vereadores dos diversos municípios do território nacional, sempre definidos com base no número de habitantes de cada um deles. Não havendo nenhuma previsão constitucional acerca da matéria, a data da posse das Casas Legislativas Municipais fica estabelecida nos respectivos Regimentos Internos.

4. REFERÊNCIAS

DUVERGER, Maurice. *Os partidos políticos*. Rio de Janeiro: Zahar, 1970.

GOMES, José Jairo. Direito Eleitoral. 7ª ed. São Paulo: Atlas Jurídico, 2011.

GONÇALVES, Luiz Carlos dos Santos. *Direito Eleitoral*. 2ª ed. São Paulo: Atlas, 2012.

HESSE, Konrad. *Elementos de Direito Constitucional da República Federal da Alemanha*. Porto Alegre: Sergio Antonio Fabris, 1998.

SILVA, José Afonso. *Curso de Direito Constitucional positivo*. 10ª ed. São Paulo: Malheiros, 1994.

TAVARES, André Ramos. *Curso de Direito Constitucional*. 10ª ed. São Paulo: Saraiva, 2012.

PARTIDOS POLÍTICOS

Mariangela Corrêa Tamaso

Advogada; Sócia do escritório ALBERTO ROLLO ADVOGADOS ASSOCIADOS. Graduação em Direito pela Faculdade de Direito de São Bernardo do Campo; Pós Graduação em Direito Processual Civil pela UNI-FMU e Pós Graduação em Direito Constitucional pela PUCSP. Tem experiência na área de Direito, com ênfase em DIREITO ELEITORAL e Direito Administrativo. Membro da Comissão de Direito Eleitoral da OABSP.

Sumário: 1. Normas constitucionais – 2. Lei dos Partidos Políticos – apontamentos – 3. Cláusula de desempenho – 4. Democracia nos partidos políticos – 5. Escolha de candidatos; 5.1. Propaganda eleitoral intrapartidária – 6. Coligações partidárias – 7. Referências

Antes de analisar a legislação constitucional e infraconstitucional que trata dos Partidos Políticos, é imperioso conceituar esta figura tão importante para a Democracia.

Gramaticalmente, partido identifica um grupo de pessoas unidas pela mesma opinião sobre algo. Decorrente da fundação do sufrágio e da democracia representativa, a expressão partido político passou a indicar um grupo de pessoas unidas pelo mesmo ideal político, com a finalidade de atuar diretamente no Poder. Os partidos são instrumentos de extrema importância na dinâmica do Poder Político, possibilitando o diálogo entre eleitores e eleitos nos regimes representativos.

O sentido da existência dos partidos é organizar o sistema de forma a permitir a participação dos cidadãos no poder, a partir da escolha de representantes legítimos, nos termos da lei.

Para José Afonso da Silva "*os partidos somente prestam serviços públicos quando no exercício das funções governamentais, mas aí não são senão instrumentos da prestação desses serviços, que não são deles, mas do Estado, dos órgãos governamentais, que com eles se confundem.*"[1], concluindo que o partido pode ser definido como "*associação de pessoas para fins políticos comuns e tem caráter permanente.*"[2].

Entretanto, considerando-se a definição legal, os partidos políticos podem ser conceituados como pessoas jurídicas de direito privado, formada a partir da livre associação de pessoas que se apresentam com uma ideologia comum, com a finalidade de garantir o regime democrático, a representatividade e de defender os direitos fundamentais, conforme dispõe o art. 1º da Lei dos Partidos Políticos, Lei nº 9.096/95.

Indispensável no sistema eleitoral brasileiro, que não admite eleições isoladas, suas regras de criação, funcionamento, participação, limites e encerramento, vêm estabelecidas na Constituição Federal, no Código Eleitoral, na Lei nº 9.096/95 (Lei dos Partidos Políticos) e na Lei nº 9504/97 (Lei Geral das Eleições).

---

1. SILVA, José Afonso da. *Curso de Direito Constitucional Positivo*. 14ª ed. São Paulo: Malheiros, 1997, p. 384.
2. idem

1. NORMAS CONSTITUCIONAIS

O artigo 1º da Constituição Federal estabelece o regime democrático, fundamentado, entre outros aspectos, no pluralismo político. O exercício do poder pelo povo se dá diretamente ou por representantes eleitos. Temos pois que a junção do princípio democrático com a imposição do pluralismo político, nos leva a concluir que a Constituição de 88 instaurou a Democracia representativa Partidária.

Para Norberto Bobbio só está presente o pluralismo político em um Estado Democrático quando vários partidos ou movimentos políticos disputam entre si o poder na sociedade e no estado, concedido através do voto ou outro meio de escolha dos representantes[3].

Assim, a Constituição de 1988 destinou um capítulo para tratar dos partidos políticos, que em único artigo, o art. 17, de conteúdo abrangente, estabelece as regras de criação e impõe a observância de determinados princípios constitucionais, requisitos e procedimentos.

O texto constitucional garante a liberdade de organização partidária, afirmando a livre "criação, fusão, incorporação e extinção dos partidos políticos" que é, contudo, relativa, sempre balizada pela garantia do regime democrático, do pluripartidarismo, e dos direitos e garantias fundamentais.

A liberdade prevista no artigo 17 da Constituição Federal não é absoluta, condicionando-se aos princípios do sistema democrático-representativo e do pluripartidarismo.

Os partidos devem ter caráter nacional (art. 17, I da CF), o que "*objetiva impedir a proliferação de agremiações sem expressão política, que podem atuar como legendas de aluguel, fraudando a representação, base do regime democrático.*"[4] Para Fávila Ribeiro a exigência do caráter nacional visa perpetuar os "*laços de unidade nacional, como válvulas compressoras dos conflitos políticos através do livre diálogo*"[5]

Os partidos políticos estão impedidos de receber incentivos financeiros de entidades e governos estrangeiros ou a eles serem subordinados (art. 17, II da CF). Tal impedimento visa garantir a soberania nacional e evitar a ingerência de governos estrangeiros no exercício do Poder do Estado.

Os recursos financeiros são necessários para o exercício das atividades partidárias. Entretanto, o texto constitucional prevê a obrigação de prestar contas á Justiça Eleitoral(art. 17, III da CF), como forma de fiscalizar a legalidade das receitas e despesas partidárias. De acordo com a jurisprudência "*... É essencial ao fortalecimento da democracia que o seu financiamento seja feito em bases essencialmente republicanas e absolutamente transparentes."*[6], razão pela qual a Justiça Eleitoral estabelece critérios e demonstrações obrigatórias, que ficam a disposição dos eleitores a partir do sistema próprio da Justiça

---
3. BOBBIO, Norberto. *O futuro da Democracia: uma defesa das regras do jogo*. Trad. Marco Aurélio Nogueira. 3ª ed. Rio de Janeiro: Paz e Terra, 1987, p.59
4. STF – ADI 5311 MC – Rel. Min. Cármem Lúcia. J. 30.09.2015. pub. DJE de 04.02.2016.
5. RIBEIRO, Fávila. A Lei dos Partidos Políticos. Cadernos de Direito Constitucional e Eleitoral. *Tribunal Regional Eleitoral do Estado de São Paulo*, São Paulo, nº 36. V. 11, out/nov/dez de 1996. p.20-21.
6. STF – ADI 5394 – Rel. Min. Alexandre de Moraes, j. 22.03.2018, pub. DJE de 18.02.2019.

Eleitoral, que podem visualizar a lista de doadores e os principais gastos empregados pelas agremiações partidárias.

O inciso IV do art. 17 disciplina a atuação dos partidos políticos no ambiente interno das Casas Legislativas, transferindo para a legislação infraconstitucional o regramento acerca da atuação das bancadas partidárias e das lideranças.

Para que o regime democrático seja plenamente garantido, a constituição garante autonomia regulamentar, estrutural e organizacional, mais uma vez limitada pelos demais princípios constitucionais, inclusive na definição de suas coligações para as eleições majoritárias, nos termos de seus estatutos.

O C. STF em diversas oportunidades ressaltou a importância desta autonomia partidária, chamando atenção, entretanto, para a sua convergência com as demais garantias e princípios constitucionais:

> "...A autonomia partidária não consagra regra que exima o partido do respeito incondicional aos direitos fundamentais, pois é precisamente na artificiosa segmentação entre o público e o privado que reside a principal forma de discriminação das mulheres. Ação direta julgada procedente para: (i) declarar a inconstitucionalidade da expressão 'três' contida no art. 9º da Lei 13.165/2015; (ii) dar interpretação conforme à Constituição ao art. 9º da Lei 13.165/2015 de modo a (a) equiparar o patamar legal mínimo de candidaturas femininas (hoje o do art. 10, § 3º, da Lei 9.504/1997, isto é, ao menos 30% de cidadãs), ao mínimo de recursos do Fundo Partidário a lhes serem destinados, que deve ser interpretado como também de 30% do montante do fundo alocado a cada partido, para eleições majoritárias e proporcionais, e (b) fixar que, havendo percentual mais elevado de candidaturas femininas, o mínimo de recursos globais do partido destinados a campanhas lhes seja alocado na mesma proporção; (iii) declarar a inconstitucionalidade, por arrastamento, do § 5º-A e do § 7º do art. 44 da Lei 9.096/95."[7]

O C. TSE também firmou posição no sentido de que a autonomia para autorregulamentação partidária encontra limites nos preceitos constitucionais[8], ao discutir a constitucionalidade de alteração estatutária que previa o manda de oito anos para diretórios partidários, por violar o princípio democrático:

> "ALTERAÇÃO ESTATUTÁRIA. PARTIDO DA MOBILIZAÇÃO NACIONAL (PMN). DEFERIMENTO PARCIAL.
>
> 1. O partido político é obrigado a observar, na elaboração de seu programa e estatuto, as disposições constitucionais e as da Lei dos Partidos Políticos (Petição 100, Res.-TSE 23.077, rel. Min. Marcelo Ribeiro, DJe de 4.8.2009).
>
> 2. Devem ser homologados os arts. 4º, § 1º, 16, 29, I, 40, I, 65, 68, 69, 70 e 84-A, ante a observância das regras constitucionais e infraconstitucionais vigentes.
>
> 3. A previsão de mandatos de oito anos, para integrantes do Diretório Nacional e da Comissão Executiva Nacional, viola o princípio democrático e republicano, especificamente no que tange às balizas constitucionais alusivas à limitação temporal dos mandatos eletivos.
>
> 4. A distribuição dos recursos do Fundo Especial de Assistência Financeira aos Partidos Políticos (Fundo Partidário) deve observar, entre outras prescrições, a aplicação vinculada na manutenção das sedes e dos serviços do partido, considerado o seu caráter nacional e a totalidade de órgãos fracionários de direção partidária.

---

7. STF – ADI 5.617 – Rel. min. Edson Fachin, j. 15-3-2018, Pub. DJE de 3-10-2018.
8. TSE – PET nº 0001624-23.1996.6.00.0000 – Rel, Min. Admar Gonzaga, j. 05.06.2018, pub. DJE 07.08.2018.

5. Ofende o comando do art. 44, I, da Lei 9.096/95 a disposição partidária que, sem a indicação de critérios precisos, prevê a concentração total de recursos no órgão diretivo nacional, sem nenhum repasse aos órgãos partidários estaduais ou municipais.

6. Determinada a adequação dos arts. 55, 63 e 95 às normas legais e constitucionais em vigor. Pedido deferido parcialmente."

Importa destacar que o art. 17 da Constituição Federal impõe que nos estatutos partidários devem constar as normas referentes à fidelidade e disciplina partidária, inclusive com a previsão de sanções, como a advertência ou ainda a expulsão do partido, mas nunca a perda do mandato, que ocorre somente em hipóteses constitucionais taxativas.

O parágrafo 2º define a forma de criação das agremiações partidárias, transferindo para a legislação infraconstitucional a definição das regras para aquisição da personalidade jurídica e estabelecendo a competência da Justiça Eleitoral, mais precisamente do C. Tribunal Superior Eleitoral para registrar os respectivos estatutos, após analise da constitucionalidade das regras neles estabelecidas. O início de sua personalidade jurídica e da sua existência legal, se dá com a inscrição do ato constitutivo no respectivo registro conforme os arts. 45 e 985 do Código Civil.

O STF definiu a natureza administrativa do procedimento de registro partidário e a sua finalidade de levar á verificação da Justiça Eleitoral a análise acerca do preenchimento dos requisitos constitucionais e legais de constituição válida e a concessão da outorga de plena capacidade jurídico-eleitoral. O reconhecimento da natureza jurídico-administrativa do procedimento, implica na vedação de acesso ao STF pela via recursal extraordinária[9], nos casos de indeferimento do registro partidário pelo C. TSE.

Após a constituição e o registro deferido pelo C. TSE, os partidos políticos passam a fazer jus à imunidade tributária prevista no art. 150, VI, "c", da Constituição Federal.

O parágrafo 3º do art. 17 da Constituição Federal, estabelece as regras para o recebimento do tempo de televisão e receitas provenientes do fundo partidário. Para fazer jus os partidos políticos registrados devem, alternativamente, *"I – obtiverem, nas eleições para a Câmara dos Deputados, no mínimo, 3% (três por cento) dos votos válidos, distribuídos em pelo menos um terço das unidades da Federação, com um mínimo de 2% (dois por cento) dos votos válidos em cada uma delas; ou II – tiverem elegido pelo menos quinze Deputados Federais distribuídos em pelo menos um terço das unidades da Federação."*, sendo que as regras de distribuição das receitas do fundo partidário e do tempo de rádio e televisão serão estabelecidas pela legislação infraconstitucional.

Os partidos políticos não podem ser utilizados para fins paramilitares (art. 17, parágrafo 4º da CF).

Ao dispor que *"Ao eleito por partido que não preencher os requisitos previstos no § 3º deste artigo é assegurado o mandato e facultada a filiação, sem perda do mandato, a outro partido que os tenha atingido, não sendo essa filiação considerada para fins de distribuição dos recursos do fundo partidário e de acesso gratuito ao tempo de rádio e de televisão"*, o parágrafo 5º do art. 17 soluciona a situação daqueles candidatos que, após serem eleitos, verificam que os partidos políticos pelos quais foram eleitos não terão condições

---

9. STF – RE 164.458 AgR, Rel. Min. Celso de Mello. J. 27.04.1995. pub. 02.06.1995.

de viabilizar a sua campanha eleitoral, em razão da escassez de recursos e de tempo de propaganda. Nesses casos é permitido ao parlamentar a troca de partido sem as implicações das regras de fidelidade partidária.

Essas são as diretrizes constitucionais atinentes aos partidos políticos que indicam uma saudável diminuição da interferência do Estado nas atividades partidárias, o reconhecimento de liberdades aos partidos que a despeito de não serem absolutas apontam para o reconhecimento da importância dos partidos políticos para a formação e manutenção do Estado democrático de Direito.

2. LEI DOS PARTIDOS POLÍTICOS – APONTAMENTOS

No âmbito infraconstitucional, as atividades partidárias, desde a criação até a sua extinção, estão reguladas pela Lei nº 9.096/95 – Lei dos Partidos Políticos. Sancionada em 1995 a lei sofreu, no decorrer dos anos, diversas alterações, sem que sua função de garantir a representatividade e a autonomia e liberdade das agremiações fosse afetada.

De acordo com o art. 1º *"O partido político, pessoa jurídica de direito privado, destina-se a assegurar, no interesse do regime democrático, a autenticidade do sistema representativo e a defender os direitos fundamentais definidos na Constituição Federal"* garantindo o cumprimento dos preceitos constitucionais e estabelecendo os limites para a autonomia e liberdade de atuação das agremiações. Daí também se extrai a natureza jurídica dos partidos como pessoa jurídica de direito privado, desvinculada, portanto, do Estado.

O inciso V do art. 44 do Código Civil[10] e as instruções da receita Federal[11] também reconhecem os partidos políticos como pessoa jurídica de direito privado, o que implica dizer que a sua existência legal começa com a inscrição do seu ato constitutivo no respectivo registro, conforme o art. 45 do Código Civil. No mais, como bem determina o parágrafo 3º do art. 44, *"os partidos políticos serão organizados e funcionarão conforme o disposto em lei específica."*.

Após o registro e a aquisição de personalidade jurídica, o partido leva seu estatuto a registro perante o C. Tribunal Superior Eleitoral, nos termos do art. 7º da Lei 9.096/95. Não significa dizer que o Tribunal não possui ingerência nas previsões nele contidas. Muito ao contrário, o Tribunal tem competência para analisar seu conteúdo no que se refere aos respeito aos princípios constitucionais ressalvados ao conceder a liberdade e autonomia aos partidos, nos termos dos arts. 2º ao 6º da Lei dos Partidos Políticos e art. 17 da Constituição Federal.

O registro do estatuto também exige a demonstração do "apoiamento" em caráter nacional dos seus termos, consistente na apresentação, dentro de dois anos contados do

---

10. "Art. 44. São pessoas jurídicas de direito privado: [...] V – os partidos políticos.
    [...] § 3º Os partidos políticos serão organizados e funcionarão conforme o disposto em lei específica".
11. IN–RFB nº 1.863/2018, que "dispõe sobre o Cadastro Nacional da Pessoa Jurídica (CNPJ)":"Art. 4º São também obrigados a se inscrever no CNPJ:[...] § 7º A inscrição dos partidos políticos no CNPJ ocorre por meio de seus órgãos de direção nacional, regional e local, cadastrados exclusivamente na condição de estabelecimento matriz."§ 8º Não são inscritas no CNPJ as coligações de partidos políticos".

registro no cartório do registro civil de pessoas jurídicas[12], de eleitores não filiados a outro partido político, correspondente a, pelo menos, 0,5% (cinco décimos por cento) dos votos dados na última eleição geral para a Câmara dos Deputados, com exceção dos votos em branco e os nulos, distribuídos por um terço, ou mais, dos estados, com um mínimo de 0,1% (um décimo por cento) do eleitorado que haja votado em cada um deles. O acesso ao fundo partidário e ao tempo de rádio e televisão ficam condicionados ao registro do partido no TSE, ficando também protegida a integridade da legenda escolhida, da sigla e do símbolo que o identificam (art. 7º, parágrafo 2º e 3º da Lei 9.096/95).

Os arts. 8º a 11 direcionam o procedimento de criação e de registro dos partidos políticos, que devem ser atendidos antes do protocolo do pedido de registro do estatuto perante o C. Tribunal Superior Eleitoral[13], sendo que *"eventuais diligências, previstas no § 3o do artigo 9º da Lei nº 9.096/95, seriam para a correção de erros meramente formais."*

O Registro deve ser solicitado no cartório de registro civil das pessoas jurídicas da sede do partido, subscrito por número não inferir a 101 (cento e um) fundadores com domicílio eleitoral em ao menos 1/3 (um terço) dos estados brasileiros, com a indicação de seus dirigentes e suas respectivas funções e endereço da sede. A partir de então é possível a obtenção do apoiamento mínimo dos eleitores e a realização dos atos constitutivos de seus órgãos, nos termos do estatuto.

O art. 9º estabelece os critérios para o registro do estatuto no Tribunal Superior Eleitoral, inclusive a forma de comprovação e verificação do apoiamento mínimo exigido para o deferimento do registro do partido, que será feita por meio da verificação das assinaturas e do número dos respectivos títulos eleitorais, contidas nas listas organizadas para cada zona, atestada pelo escrivão eleitoral.

E aqui a Justiça Eleitoral já firmou posição no sentido de que o documento hábil a fazer prova da condição é o titulo eleitoral, não cabendo o uso de outros documentos de identificação[14] pelo eleitor, que deve estar em situação regular. O uso de meios eletrônicos para a aposição de assinaturas ou eventualmente para a verificação da autenticidade é uma realidade muito próxima. Entretanto, sua utilização dependerá da existência de norma jurídica regulamentar.

Observadas todas as exigências legais o pedido de registro será distribuído para um relator que, após ouvir a Procuradoria Geral da República, verificará a necessidade de diligencias para suprir eventuais falhas ou, não sendo necessárias, registrará o estatuto do partido. Apenas a partir de então o partido poderá proceder á filiação de eleitores[15].

A apreciação das alterações programáticas e do estatuto, da constituição de seus órgãos e o nome de seus integrantes será de competência da Justiça Eleitoral, conforme o âmbito da estrutura interna em que se dá a alteração. As atas e demais documentos devem

---

12. TSE – CTA nº 38580 de 11.05.2017 – Rel. Min. Admar Gonzaga Neto
13. TSE – RPP – Registro de Partido Político nº 58354 – Acórdão de 05/10/2017 – Relator(a) Min. Napoleão Nunes Maia Filho – Relator(a) designado(a) Min. Tarcisio Vieira De Carvalho Neto- Publicação: DJE – Data 07/11/2017
14. Res.-TSE nº 22510/2007
15. TSE – CTA – Consulta nº 75535 – Acórdão de 02/06/2011 – Relator(a) Min. Nancy Andrighi – Publicação: DJE – Data 01/08/2011.

ser levados a registro no cartório de registro civil de pessoa jurídica da circunscrição do diretório, conforme o parágrafo 2º do art. 10 da Lei nº 9.096/95.

O Capítulo II trata do funcionamento parlamentar dos partidos políticos. Os artigos inseridos nesse capítulo estabelecem as normas e diretrizes, relativos á atuação dos partidos nas Casas Legislativas, de acordo com a representatividade obtida nas urnas. A atuação dos partidos se dá por meio de bancadas, que definirão suas lideranças.

Embora gozem de autonomia para definir seus programas e estatutos, os partidos devem observar os preceitos previstos no art. 17 da Carta Magna, bem como algumas diretrizes contidas nos arts. 14 e 15 da Lei dos Partidos Políticos.

Aos partidos se permite definir livremente seus objetivos políticos, a sua estrutura interna, sua organização e seu funcionamento, estando tal liberdade limitada pelos princípios constitucionais e pelos requisitos obrigatórios impostos pelo legislador. A competência para analisar a observância dos princípios constitucionais e dos requisitos obrigatórios por parte dos partidos políticos é do Tribunal Superior Eleitoral. Os estatutos devem prever, em linhas gerais, as informações do partido, a regras de filiação e desfiliação, estrutura organizacional, direitos e deveres dos seus filiados, fidelidade, faltas e sanções, regras para o exercício da democracia interna, organização financeira e regras de distribuição de recursos.

Como já dito, apenas eleitores regulares podem filiar-se a partido político (art. 16 da Lei nº 9.096/95, sendo impedidos de filiar-se, ainda, os membros do Ministério Público, os militares, os magistrados, os membros do TCU, da Defensoria Pública e os servidores da Justiça Eleitoral[16]. Caberá ao partido, por seus órgãos de direção, inserir os dados dos seus filiados no sistema da Justiça Eleitoral, podendo o filiado prejudicado pela desídia partidária, pleitear na Justiça Eleitoral o cumprimento do dever de informar a filiação.

É discricionário ao partido político estabelecer em seus estatutos prazo mínimo de filiação para a candidatura aos cargos eletivos, desde que seja superior ao mínimo previsto em lei e que não haja alteração em ano eleitoral (art. 20 da Lei nº 9.096/95), valendo destacar que "O art. 20 da Lei nº 9.096/95 somente veda, em ano eleitoral, que se proceda, por alteração estatutária, ao aumento do prazo mínimo de filiação, mas não à sua redução. Pet nº 403-04/DF, Rel. Min. Gilmar Mendes, julgado em 8.9.2016."[17]

A prova de filiação se dá com base na mais recente relação de filiados encaminhada pelo partido para a Justiça Eleitoral, podendo "*ser realizada por outros elementos de convicção, inclusive pelo conjunto harmônico de indícios e provas, unilaterais e bilaterais, tal como se verifica no caso dos autos.*"[18]. A desfiliação, quando solicitada, deve ser, informada pelo filiado para o Juiz da Zona Eleitoral em que for inscrito, nos termos do art.21 da Lei nº 9.096/95. A filiação partidária será cancelada automaticamente em caso de morte, de perda dos direitos políticos, expulsão, nos casos previstos no estatuto e no caso de nova

---

16. Conforme arts. 73, 95, 128, 142 da Constituição Federal, arts. 46, V, 91, V, e 130, V da LC nº 80/1994 e art. 366 do Código Eleitoral.
17. TSE – Recurso Especial Eleitoral nº 5650 – Acórdão de 22/09/2016 – Relator(a) Min. Luciana Lóssio
    Publicação: PSESS – Publicado em Sessão, Data 22/09/2016.
18. Súmula 20 do C. TSE – Precedente: Recurso Especial Eleitoral nº 060046555 – Acórdão de 27/11/2018 – Relator(a) Min. Admar Gonzaga – Publicado em Sessão, Data 27/11/2018

filiação devidamente comunicada á Justiça Eleitoral. Importa destacar que "*Constatada dupla filiação, prevalecerá a mais recente, estando a Justiça Eleitoral autorizada a cancelar automaticamente as anteriores*[19]."

O Capítulo V trata da fidelidade partidária e da disciplina partidária. Trata-se de conteúdo obrigatório do estatuto partidário por expressa disposição constitucional, como forma de garantir a representatividade partidária, a democracia interna e o direito ao contraditório e à ampla defesa aos filiados.

O estatuto deve prever órgãos competentes previamente criados para a análise de eventuais violações de deveres por seus filiados, que deve ter por fundamento condutas típicas descritas de forma clara nos estatutos, garantido o direito de defesa.

A fidelidade partidária, a ser definida nos estatutos das legendas, reflete dupla preocupação: a primeira relacionada com a defesa do exercício do mandato conferido aos seus filiados e a segunda relacionada com a defesa da ideologia e diretrizes partidárias na atuação de seus parlamentares nos trabalhos das Casas Legislativas.

No que se refere ao mandato, há muito o C. TSE definiu que os mandatos obtidos nas eleições, pelo sistema proporcional (deputados estaduais, federais e vereadores), pertencem aos partidos políticos ou às coligações, e não aos candidatos eleitos[20]. A legislação está acomodada ao entendimento firmado ao estabelecer no art. 26 da Lei dos Partidos Políticos que "*perde automaticamente a função ou cargo que exerça, na respectiva Casa Legislativa, em virtude da proporção partidária, o parlamentar que deixar o partido sob cuja legenda tenha sido eleito.*", sendo imediato o afastamento do parlamentar de Comissões Parlamentares, lideranças e outras atuações diretamente relacionadas á proporção partidária. A infidelidade partidária não se aplica aos cargos majoritários.[21]

No que se refere ao posicionamento dos parlamentares nas atuações na Casa Legislativa, a lei prevê expressamente a sua subordinação aos princípios doutrinários e diretrizes previamente definidas no estatuto do partido. Isto não implica em afirmar, que as decisões parlamentares devem estar subordinadas á determinações dos dirigentes partidários ou de grupos formados internamente. Devem estar, contudo, de acordo com as diretrizes definidas no estatuto, submetidas ao controle intrapartidário e eventuais sanções, aplicáveis de acordo com o desvio praticado.

Certo é que em qualquer dos casos acima mencionados, é garantido ao filiado o direito ao exercício do contraditório e da ampla defesa em processo administrativo interno regularmente proposto. Na aplicação das sanções internas, obviamente, devem ser observados os princípios constitucionais e garantias individuais, contidas no art.5º da Constituição Federal, cabendo ao Poder Judiciário apenas a análise da

---

19. CTA – Consulta nº 8873 – Acórdão de 01/02/2017 - Relator(a) Min. Gilmar Mendes – Publicação: DJE – 16/02/2017.
20. TSE -.CTA nº 1398 – Resolução nº 22526 de 27/03/2007 – Relator(a) Min. Cesar Asfor Rocha – Publicação: DJ Data 08/05/2007.
21. "Se a soberania popular integra o núcleo essencial do princípio democrático, não se afigura legítimo estender a regra da fidelidade partidária ao sistema majoritário, por implicar desvirtuamento da vontade popular vocalizada nas eleições. Tal medida, sob a justificativa de contribuir para o fortalecimento dos partidos brasileiros, além de não ser necessariamente idônea a esse fim, viola a soberania popular ao retirar os mandatos de candidatos escolhidos legitimamente por votação majoritária dos eleitores" STF – ADI 5081, de relatoria do ministro Luís Roberto Barroso – J. 27.05.2015.

legalidade dos atos, sem interferência na discricionariedade do partido no julgamento e imposição das penas.

A incorporação e a fusão são causas de extinção do partido político (art. 27) com o cancelamento do seu registro junto ao ofício civil e ao TSE. O partido também pode ser extinto por decisão do TSE reconhecendo a prática dos impedimentos previstos no art. 17 da Constituição Federal, considerado o princípio da proporcionalidade e da razoabilidade.

Também nesses casos, garantindo-se ao partido político a oportunidade de defesa em processo regular, iniciado a partir de denúncia apresentada por qualquer eleitor, representante de partido ou de representação da Procuradoria. As penalidades se limitam á circunscrição do órgão infrator.

As despesas são de responsabilidade dos órgãos partidários que as contraiu, salvo acordo firmado com órgãos de outra esfera. As cobranças judiciais e eventuais penhoras também devem recair exclusivamente sobre os bens do órgão que contraiu a dívida.

A fusão e a incorporação de partidos políticos tem sua regulação no art. 29 da Lei dos Partidos Políticos, que aborda os aspectos formais da transação, merecendo destaque o fato de que a fusão não abre a parlamentares de partidos que não a integraram, a oportunidade de migrarem e que *"O art. 29, § 7º, da Lei 9.096/95, com texto da Lei 13.107/2015, determina a somatória dos votos das legendas incorporada e incorporadora para fins de Fundo Partidário e direito de antena, sem nada mencionar a respeito da cláusula de barreira, requisito instituído apenas na EC 97/2017 para acesso ao referido fundo de assistência aos partidos e ao tempo de rádio e televisão a partir das Eleições 2018."*[22], sendo permitida apenas entre partidos com pelo menos 5 anos de registro no C. TSE.

O Título III da Lei trata das finanças e da contabilidade partidária. Conforme determina o art. 17 da Constituição Federal, os partidos políticos estão obrigados a prestar contas à Justiça Eleitoral. Todas as esferas partidárias estão obrigadas a manter escrituração contábil, com a finalidade de permitir a fiscalização externa de suas receitas e despesas.

O art. 31 veda o recebimento de contribuição ou auxílio pecuniário ou de valor estimável de entidades ou governos estrangeiros (inciso I), de entes públicos e pessoas jurídicas de qualquer natureza (inciso II); de entidade de classe ou sindical (inciso IV) e de pessoas físicas que exerçam função ou cargo público de livre nomeação e exoneração, ou cargo ou emprego público temporário, ressalvados os seus filiados (inciso V).

Insta mencionar que a jurisprudência do C. TSE se posicionou no sentido de que a vedação se refere apenas ao recebimento a título gratuito de receitas ou bens estimáveis, sendo possível a celebração de contratos onerosos com essas mesmas entidades:

"3. O PDT firmou contrato de concessão de lote de propriedade da Terracap em 19.9.1988, sendo possível, segundo a jurisprudência desta Corte, a celebração de contrato de natureza onerosa com concessionários ou permissionários de serviço público, com a estrita ressalva da necessidade do pa-

---

22. TSE – CTA – Consulta nº 060187095 – BRASÍLIA – DF – Acórdão de 30/05/2019 – Relator(a) Min. Jorge Mussi – Publicação: DJE – Diário de justiça eletrônico, Tomo 154, Data 12/08/2019

gamento do correspondente preço (Cta nº 14385, Rel. Min. Carlos Velloso, DJ de 1º.9.94), hipótese aplicável ao caso vertente."[23]

"1. Ao responder à Cta nº 14.385/DF, rel. Min. Carlos Velloso, em 2.8.1994, este Tribunal afirmou ser possível a celebração de contrato de empréstimo de bens imóveis com entidades sindicais, "desde que ocorra o pagamento do correspondente preço", o que não se verifica no caso. O TRE, analisando os documentos dos autos, entendeu não demonstrada a onerosidade do "contrato de aluguel", pois não haveria comprovação quanto aos pagamentos dos débitos relativos ao exercício financeiro de 2010, renegociados conforme acordo judicial. Consoante as premissas que embasam o acórdão, não é possível novo enquadramento jurídico dos fatos para chegar à conclusão diversa da firmada pelo Regional."[24]

É de suma importância salientar que recursos repassados por diretório municipal provenientes de fonte vedada não contaminam automaticamente as contas do candidato, diante da vedação da responsabilização objetiva no âmbito eleitoral[25].

A prestação de contas partidária é anual e a Justiça Eleitoral dá publicidade das informações contábeis. Recente alteração no texto legal trazida pela Lei nº 13.831/19, implicou na dispensa da prestação de contas por órgãos partidários que não apresentaram movimentação partidária, exigindo apenas a apresentação de declaração de ausência de movimentação no período.

No julgamento das contas partidárias, *"A análise das contas de partido pela Justiça Eleitoral envolve o exame da aplicação regular dos recursos do Fundo Partidário, a averiguação do recebimento de recursos de fontes ilícitas e de doações de origem não identificada, bem como a vinculação dos gastos à efetiva atividade partidária e de campanha"*[26] sendo de rigor, em todos os casos, a aplicação do princípio da razoabilidade e da proporcionalidade. Das decisões que desaprovarem as contas caberá recurso com efeito suspensivo (art. 37, parágrafo 4º). A sanção decorrente da desaprovação de contas é a devolução do valor apontado como irregular e multa de até 20% desse valor, aplicável exclusivamente á esfera partidária responsável pela irregularidade e será cumprida apenas com a juntada aos autos da comprovação de recebimento da citação ou intimação do órgão partidário superior.

A prova da regularidade das contas pode ser feita por quaisquer documentos hábeis a esclarecer as dúvidas da Justiça Eleitoral, que poderão ser apresentados a qualquer tempo, até o transito em julgado da sentença, ressalvando que *"A partir da edição da Lei nº 12.034/2009, o processo de prestação de contas passou a ter caráter jurisdicional. Não praticado o ato no momento processual próprio, ocorre a preclusão, em respeito à segurança das relações jurídicas"*[27]

As consequências da desaprovação das contas se limitam àquelas previstas no art. 37 da Lei dos partidos políticos. Entretanto, conforme dispõe o art. 37-A a ausência de

---

23. TSE – PC – Prestação de Contas nº 25532 – BRASÍLIA – DF – Acórdão de 18/04/2017 – Relator(a) Min. Luciana Lóssio – Publicação: DJE – Diário de justiça eletrônico, Tomo 94, Data 16/05/2017, Página 92-93
24. TSE – Agravo Regimental em Recurso Especial Eleitoral nº 45280 – SALVADOR – BA – Acórdão de 23/02/2016 -Relator(a) Min. Gilmar Mendes – Publicação: DJE Data 16/03/2016.
25. TSE – RESPE – Recurso Especial Eleitoral nº 85911 – DURANDÉ – MG – Acórdão de 24/11/2015 Relator(a) Min. Luiz Fux – Publicação: DJE 16/02/2016.
26. TSE – PC – Prestação de Contas nº 98742 – BRASÍLIA – DF – Acórdão de 07/05/2019 – Relator(a) Min. Tarcisio Vieira De Carvalho Neto – Publicação: DJE 06/06/2019
27. TSE – AgR-REspe 1999-09, rel. Min. Gilmar Mendes, DJE de 11.5.2016.

prestação de contas implica na suspensão do repasse de novas cotas do Fundo Partidário, durante o período da inadimplência.

O fundo partidário, previsto no art. 38 da Lei dos Partidos Políticos, será distribuído pelo Tribunal Superior Eleitoral aos órgãos nacionais partidários, sendo 5% distribuídos igualmente entre todos os partidos que estejam aptos a receber o fundo e os 95% restantes distribuídos aos partidos na proporção dos votos obtidos na última eleição, desconsideradas as mudanças partidárias.

Os recursos do fundo partidário serão depositados em conta bancária própria para este fim, mantida pelos partidos políticos em instituições bancárias regulares e no que se refere á sua utilização, as principais inovações trazidas pela Lei nº 13.877/2019 se referem ao seu emprego para incentivar a participação política da mulher em valor não inferior a 5% do total recebido, a possibilidade de empregar os valores do fundo partidário na contratação de serviços contábeis e advocatícios, destinados á atuação em ações que visem o controle de constitucionalidade ou outros processos judiciais de interesse do partido ou envolvendo seus candidatos em litígios relacionados ao processo eleitoral e, por fim, no custeio do impulsionamento de propaganda nos termos do art. 43, XI da Lei dos Partidos Políticos.

Também em decorrência das inovações trazidas pela Lei nº 13.831/2019, foram anistiadas as devoluções ao Tesouro Nacional dos valores doados por servidores públicos que exerçam função ou cargo público comissionado, desde que filiados ao partido político.

3. CLÁUSULA DE DESEMPENHO

Outro ponto que recebe inúmeras críticas, no que se refere ao sistema proporcional, se refere ao número excessivo de partidos políticos atualmente registrados no Brasil. De acordo com dados oficiais do C. TSE, o país conta atualmente com 32 partidos políticos devidamente registrados[28] e outros 76 partidos que aguardam registro[29], estando em formação, o que poderá resultar na marca de 108 partidos políticos em funcionamento no Brasil (caso os partidos em formação efetivamente tenham seus registros deferidos pelo C. TSE).

Para alguns, o excesso de partidos reflete muito mais o uso de siglas como alternativa utilizada por lideranças partidárias para casos de ausência de democracia intrapartidária, do que revela a existência de diversos ideais a sustentar essa injustificada quantidade de partidos políticos que se apresenta para registro na Justiça Eleitoral.

Também muito se falou acerca de eventual uso de partidos políticos "sem expressão", apenas para arrecadação de dinheiro, obtenção de fundo partidário, e para negociar tempo de televisão, com outros de maior expressividade no cenário político. Isto porque a legislação concede a todas as agremiações, independentemente de números de filiados ou parlamentares eleitos, tempo de propaganda gratuita na televisão – mesmo que muito curto – e o direito a receber parte do fundo partidário – uma parcela pequena, porém

---

28. http://www.tse.jus.br/partidos/partidos-politicos/registrados-no-tse
29. http://www.tse.jus.br/partidos/partidos-politicos/criacao-de-partido/partidos-em-formacao

relevante. O fundo partidário viabiliza a manutenção das atividades dos partidos, inclusive os menores, com poucos filiados. Já o tempo de propaganda garante um mínimo de visibilidade ao partido. Hoje, com a proibição das coligações proporcionais, tal desvio de finalidade não encontra mais espaço no cenário político, de forma que outra sorte não restará para os partidos "inexpressivos" e que não se sustentam em seus ideais, do que a extinção.

Muito além de significar a efetivação do acesso das minorias ao Congresso Nacional, o excesso de partidos pode redundar em dificuldades para a governabilidade, na medida em que o Poder Executivo, para atingir suas metas e projetos, depende na maioria das vezes de negociação com o Poder Legislativo, o que fica prejudicado na medida em que há excesso de legenda, favorecendo políticas de trocas de favores e corrupção.

Como solução para essa questão, a Emenda Constitucional nº 97, com o fim de restringir o acesso dos partidos aos recursos do Fundo Partidário e ao tempo de rádio e TV, estabeleceu uma cláusula de desempenho, a partir da qual, tais benefícios somente serão garantidos aos partidos que *"na legislatura seguinte às eleições de 2018: a) obtiverem, nas eleições para a Câmara dos Deputados, no mínimo, 1,5% (um e meio por cento) dos votos válidos, distribuídos em pelo menos um terço das unidades da Federação, com um mínimo de 1% (um por cento) dos votos válidos em cada uma delas; ou b) tiverem elegido pelo menos nove Deputados Federais distribuídos em pelo menos um terço das unidades da Federação;"* (art. 3º, parágrafo único, inciso I). A Emenda prevê, ainda, o gradativo aumento dos percentuais nas eleições seguintes, até as eleições de 2030.

Solução para os para os partidos que não atingirem a clausula de desempenho será buscar a fusão ou a incorporação com outros partidos políticos, valendo destacar que a jurisprudência do C. TSE firmou recente posição acerca da atuação da cláusula de desempenho nos casos de fusão e incorporação partidária:

> *"(...) 3. Na incorporação, o partido incorporado deixa de existir no mundo jurídico, pois é sucedido pelo incorporador. Desse modo, irrelevante que ele tivesse ou não atingido a cláusula de desempenho antes de ter sido extinto, pois, para fins de acesso ao Fundo Partidário e direito de antena, deve-se considerar a nova conjuntura partidária, como ressaltou a Assessoria Consultiva.*
>
> *4. Ademais, a soma dos votos da grei incorporada e da incorporadora é consequência do fenômeno jurídico da incorporação e independe de os partidos envolvidos atingirem ou não a cláusula de barreira, já que essa exigência não está prevista no art. 29, § 7º, da Lei 9.096/95."*[30]

E no mesmo julgado define o C. TSE que os votos do partido incorporado para a finalidade de partilha do Fundo Especial Financiamento de Campanha (FEFC), *"... pois a cláusula de barreira não impede o acesso de partidos a esses recursos. Além disso, é necessário dispensar tratamento equânime ao do Fundo Partidário e direito de antena dada a similitude desses institutos, todos destinados a assegurar recursos públicos para o exercício de atividade político-partidária e que apresentam critério de rateio fundado na votação obtida nas últimas eleições para a Câmara dos Deputados."*

---

30. TSE – CTA – Consulta nº 060187095 – Acórdão de 30/05/2019 – Relator(a) Min. Jorge Mussi – Publicação:DJE – Diário de justiça eletrônico, Tomo 154, Data 12/08/2019.

4. DEMOCRACIA NOS PARTIDOS POLÍTICOS

A democracia interna ou intrapartidária não é tratada pela Constituição Federal de 1988, limitando-se a exigir a inclusão nos estatutos de regras de fidelidade e disciplina partidária. Também a Lei dos Partidos Políticos, acima tratada, não traz qualquer determinação ou regulamentação acerca da democracia interna. O Poder Judiciário, por sua vez, tem firme posição no sentido da mínima interferência nos assuntos *interna corporis*, limitando sua atuação na análise da legalidade dos atos partidários[31], em respeito á liberdade e autonomia regulamentar prevista na Constituição Federal.

De todo modo parece lógico que nos partidos políticos, cuja função seja contribuir para o estabelecimento do Estado Democrático de Direito, a democracia interna seja pressuposto básico. A democracia interna pode se concretizar a partir de instrumentos que incentivem liberdade de manifestação de opinião por parte dos filiados, procedimentos e sanções disciplinares proporcionais, com a garantia do pleno exercício do contraditório e da ampla defesa, pela previsão de instrumentos de participação dos filiados, de forma a traduzir um tipo de política efetivamente democrática.

O partido se autogoverna, definindo em seus estatutos regras sobre filiação e desligamento de seus membros, direitos e deveres dos filiados, fidelidade e disciplina partidária, condições e forma de escolha dos candidatos às funções eletivas e critérios de distribuição de recursos do Fundo Partidário. O não comprometimento das estruturas partidárias com a democracia interna afasta a hipótese de efetivo desenvolvimento de competências políticas do partido, obstaculizando qualquer possibilidade de livre manifestação de opinião dos seus filiados.

A análise acerca da existência de democracia interna passa, necessariamente, pela verificação de itens regulamentados pelos Partidos político em seus estatutos, entre eles as estruturas decisórias e instâncias de recursos; o recrutamento político, tanto a filiação de novos membros quanto a seleção e definição de candidatos a cargos eletivos; a eleição e a recondução de dirigentes a cargos nos partido políticos; os critérios de distribuição de recursos entre órgãos partidários e candidatos e os critérios de distribuição de tempo da propaganda partidária e propaganda eleitoral no interior dos partidos políticos.

E não só acerca da previsão de tais instrumentos e garantias nos estatutos, mas a previsão de forma a dar-lhes efetividade, ou seja, a garantir que de fato a democracia interna ocorra, refletindo a representatividade esperada.

5. ESCOLHA DE CANDIDATOS

A escolha dos candidatos pelos partidos políticos é o momento de maior importância para a política interna, bem como deveria ser o momento de maior participação dos filiados nas decisões do partido. É a principal forma de participação popular na democracia partidária.

---

31. "Cabível a intervenção do Judiciário no processo e julgamento das causas em que membros de partido político discutem a respeito da validade de atos internos, como a violação ao estatuto partidário, podendo o judiciário exercer o controle de legalidade, observado o artigo 5º, LV, da CF/88, o direito ao devido processo legal, contraditório e ampla defesa." – TJMG – Processo 1.0000.15.086348-8/001. Data de Julgamento: 06/04/2016. Data da publicação da súmula: 15/04/2016.

A principal função dos partidos políticos é a de eleger representantes da sua ideologia e das suas diretrizes para os cargos políticos em disputa. E em razão disso a preparação para as eleições, dentro dos órgãos partidários, começa muito antes do ano em que se realizará o pleito. Os partidos se preparam para escolher os candidatos que concorrerão pela legenda aos cargos em disputa.

Respeitados os princípios constitucionais e os direitos e garantias individuais, os partidos políticos possuem liberdade, ainda que mitigada, para estabelecer critérios, requisitos, normas e regras, para o processo de escolha de seus candidatos ao pleito.

A Legislação Eleitoral também estabelece regras e requisitos para considerar um candidato apto a participar do pleito, em especial na Lei das Eleições (Lei nº 9.504/97), que nos arts. 7º, 8º e 9º dispõe sobre a realização das convenções partidárias. A imposição de regras mínimas e serem seguidas pelos partidos nas convenções, se justifica na intenção de garantir minimamente a democracia interna.

Por determinação legal, as convenções devem ocorrer entre os dias 20 de julho e 5 de agosto do ano em que será realizada a eleição, momento em que serão apresentadas as opções de filiados dispostos a concorrer, sendo permitido aos partidos políticos a utilização gratuita de prédios públicos (art. 8º, parágrafo 2º da Lei das Eleições).

Os nomes são, então, apresentados a todos os filiados que avaliarão cada um dos concorrentes e, por meio do voto, escolherão aquele que se apresente como o mais indicado a representar os ideais e as diretrizes partidárias nas urnas. Nesse momento as qualidades, projetos, propostas e posturas dos candidatos são apresentadas, até mesmo por meio de propaganda intrapartidária, permitindo a correta avaliação pelos filiados. *"Para concorrer às eleições, o candidato deverá possuir domicílio eleitoral na respectiva circunscrição pelo prazo de seis meses e estar com a filiação deferida pelo partido no mesmo prazo."* conforme dispõe o art. 9º da Lei nº 9504/97, sendo considerado domicilio eleitoral não só o local onde reside o filiado, como também onde tenha constituído vínculos de natureza política, econômica, social ou familiar[32].

Escolhido o candidato pelo maior número de votos, o resultado fica registrado no Demonstrativo de Atos Partidários, o DRAP, que será entregue pelo Partido Político á Justiça Eleitoral, no momento em que for requerer o registro dos seus candidatos.

O DRAP pode ser impugnado sempre que verificada irregularidades ou fraude na convenção, tendo legitimidade apenas os seus filiados, diretamente afetados pelas irregularidades conforme estabeleceu a jurisprudência: *"As coligações adversárias não detêm legitimidade ativa para impugnar o DRAP de outra coligação com fundamento em irregularidades nas convenções partidárias desta última, por se tratar de matéria interna corporis e não haver indícios de fraude. Precedentes."*[33]

O art. 7º da Lei das Eleições, em seu parágrafo 3º estabelece que as anulações das decisões tomadas nas convenções partidárias, definidas interna corporis, devem ser

---

32. TSE – RO nº 060238825 Acórdão de 04/10/2018 – Relator(a) Min. Luís Roberto Barroso Publicação:PSESS – Publicado em Sessão, Data 04/10/2018.
33. TSE – RESPE – Agravo Regimental em Recurso Especial Eleitoral nº 060073760 – NATAL – RN Acórdão de 23/10/2018 – Relator(a) Min. Luís Roberto Barroso Publicado em Sessão, Data 23/10/2018

informadas á Justiça Eleitoral em até 30 (trinta) dias do termo final para o oferecimento dos pedidos de registro dos candidatos. Se tal deliberação implicar na necessidade de escolher novos candidatos, o registro das candidaturas deverá ser requerido pelo partido em até 10 (dez) dias desta deliberação.

5.1. Propaganda eleitoral intrapartidária

A propaganda intrapartidária é aquela realizada pelo postulante a candidatura, direcionada aos filiados do partido político pelo qual pretende concorrer, com a finalidade de ver seu nome escolhido para concorrer ao pleito.

Nos termos do parágrafo primeiro do art. 36 da Lei das Eleições, a propaganda intrapartidária é permitida na primeira quinzena anterior á data das convenções partidárias.

Em função da sua finalidade, a propaganda intrapartidária deve ser dirigida aos filiados e restringir-se ao âmbito partidário, sendo vedado o uso de rádio, televisão e outdoor. Se extrapolar os limites estabelecidos pelo legislador, a propaganda intrapartidária irregular pode ser considerada como propaganda antecipada, desde que nela esteja contido pedido expresso de voto. Precedentes: Agravo Regimental em Recurso Especial Eleitoral nº 27983 – Acórdão de 04/09/2018, Relator(a) Min. Tarcisio Vieira De Carvalho Neto; AI nº 26047 – Acórdão de 30/08/2018, Relator(a) Min. Admar Gonzaga; Agravo Regimental em Recurso Especial Eleitoral nº 3342 – Acórdão de 02/08/2018, Relator(a) Min. Rosa Weber.

6. COLIGAÇÕES PARTIDÁRIAS

As coligações são alianças firmadas entre partidos políticos, geralmente com afinidade de objetivos, de forma a aumentar as chances de obtenção de resultado positivo nas urnas. As coligações são definidas nas convenções partidárias, entre 20 de julho e 5 de agosto e, posteriormente, são informadas á Justiça Eleitoral através do DRAP.

Entretanto, longe de unir forças em defesa de ideais comuns, muitas coligações eram feitas com a finalidades promiscuas, acabando por afastar, ainda mais os eleitores das legendas partidárias e dos seus representantes.

Importante alteração no sistema de coligações partidárias veio com a EC nº 97/17, que passou a vedar as coligações proporcionais (Deputados Federais, Deputados Estaduais e Vereadores). A finalidade, certamente, é a aproximação entre os eleitores e os partidos políticos, maior identificação destes com a agenda programática dos partidos, firmando-se apenas aqueles que efetivamente tenham representatividade popular.

Com a vedação imposta, também se busca evitar que candidatos sem qualquer expressão, sejam eleitos pelos chamados "puxadores de votos". É certo que gradativamente haverá uma redução no número de candidatos sem qualquer expressão.

Entretanto é inevitável o questionamento acerca do potencial da vedação de fortalecer apenas os partidos políticos já consagrados, afetando o pluralismo político e a representatividade das minorias.

Importa destacar que a possibilidade de coligações ficou mantida para a disputa dos cargos majoritários (Presidente, Governador, Prefeito e Senador).

7. REFERÊNCIAS

BOBBIO, Norberto. *O futuro da Democracia: uma defesa das regras do jogo*. Trad. Marco Aurélio Nogueira. 3ª ed. Rio de Janeiro: Paz e Terra, 1987.

RIBEIRO, Fávila. A Lei dos Partidos Políticos. Cadernos de Direito Constitucional e Eleitoral. *Tribunal Regional Eleitoral do Estado de São Paulo*, São Paulo, nº 36. V. 11, out/nov/dez de 1996.

SILVA, José Afonso da. *Curso de Direito Constitucional Positivo*. 14ª ed. São Paulo: Malheiros, 1997.

REGISTRO DE CANDIDATURA

João Fernando Lopes de Carvalho

Bacharel pela faculdade de Direito da Universidade de São Paulo, mestre na área de concentração de Direito do Estado pela Pontifícia Universidade Católica de São Paulo, sócio da Alberto Rollo Advogados Associados, professor universitário e autor de diversos artigos e obras jurídicas publicados.

Sumário: 1. Pedido de registro de candidatura; 1.1. Documentos exigíveis; 1.1.1. Comprovação de escolaridade; 1.1.2. Fotografia; 1.1.3. Certidão de quitação eleitoral – 2. Prazo legal – 3. Publicação da lista de candidatos; 3.1. Pedido de registro pelo candidato – 4. Tramitação do pedido de registro sem impugnação – 5. Notícia de inelegibilidade – 6. Impugnação do pedido de registro de candidatura; 6.1. Legitimidade ativa; 6.2. Legitimidade passiva; 6.3. Causa de pedir; 6.4. Rito processual; 6.4.1. Petição inicial e documentos; 6.4.2. Defesa; 6.4.3. Provas; 6.4.4. Alegações finais – 7. Julgamento do pedido de registro; 7.1. Julgamento das chapas de candidatos majoritários; 7.2. Julgamento das candidaturas de candidatos proporcionais; 7.3. Prazo para o julgamento – 8. Recursos – 9. Prazo para julgamento nas instâncias ordinárias – 10. Candidato *sub judice* – 10.1. Validade dos votos do candidato sub judice – 11. Substituição de candidatos – 12. Referências

1. PEDIDO DE REGISTRO DE CANDIDATURA

Conforme visto no capítulo anterior, a legislação brasileira entrega aos partidos políticos a escolha dos candidatos que concorrerão nas eleições de escolha dos cargos de representação política. Cabe às agremiações, na forma de seus estatutos e em conformidade com a legislação aplicável, a prática de atos internos nos quais serão selecionados os candidatos e firmadas coligações com outros partidos. Assim, cabe às agremiações partidárias a tarefa de selecionar, dentre seus filiados, aqueles que serão apresentados como candidatos nas eleições de escolha de representantes políticos, e, bem assim, são elas que têm a faculdade de formular à Justiça Eleitoral o pedido de registro das candidaturas (Lei nº 9.504/97, art. 11).

Anote-se que, de acordo com o art. 4º da Lei nº 9.504/97, somente os partidos políticos com estatutos devidamente registrados perante o Tribunal Superior Eleitoral até seis meses antes da data das eleições poderão indicar candidatos, desde que até a data das convenções respectivas, tenham órgão diretivo constituído na circunscrição do pleito.

É com o pedido de registro de candidaturas que se inicia o procedimento conduzido pela Justiça Eleitoral a ser analisado neste capítulo.

Trata-se de procedimento judicial, que poderá ou não ostentar caráter litigioso. Se não manifestada oposição ao pedido de registro de candidatura, o procedimento terá natureza de processo judicial de jurisdição voluntária. Se vier a ser formulada impugnação, converte-se em ação judicial contenciosa, na qual a parte ativa será o impugnante, e no polo passivo estará o candidato. A decisão que julgar o registro de candidatura tem natureza judicial, de "*efeitos constitutivos, o que acrescenta elementos que dantes não existiam na realidade fática*"[1].

O pedido de registro é, atualmente, formulado em processo eletrônico perante o Juiz Eleitoral ou Tribunal Eleitoral competente, sendo que a definição de tais competências obedece a definição geral encontrada no art. 2º, parágrafo único, da Lei Complementar nº 64/90, assim redigido:

> Art. 2º Compete à Justiça Eleitoral conhecer e decidir as arguições de inelegibilidade.
>
> Parágrafo único. A arguição de inelegibilidade será feita perante:
>
> I – o Tribunal Superior Eleitoral, quando se tratar de candidato a Presidente ou Vice-Presidente da República;
>
> II – os Tribunais Regionais Eleitorais, quando se tratar de candidato a Senador, Governador e Vice-Governador de Estado e do Distrito Federal, Deputado Federal, Deputado Estadual e Deputado Distrital;
>
> III – os Juízes Eleitorais, quando se tratar de candidato a Prefeito, Vice-Prefeito e Vereador.

Assim, o pedido de registro de candidatura – e, consequentemente, a arguição de inelegibilidade que poderá embasar sua impugnação – será formulado perante o Tribunal Superior Eleitoral em relação aos candidatos às eleições nacionais (visando o preenchimento dos cargos de Presidente e Vice-Presidente da República), perante o Tribunal Regional Eleitoral relativamente aos candidatos às eleições estaduais (para os cargos de Governador, Vice-Governador, Senador e seus suplentes, Deputado Federal e Deputado Estadual), e perante o Juiz Eleitoral da Zona Eleitoral para os candidatos nas eleições municipais (Prefeito, Vice-Prefeito e Vereador).

A disciplina normativa do pedido de registro não se encontra em um único diploma legal, podendo ser localizadas algumas regras gerais no Código Eleitoral (Lei nº 4.737/65, artigos 87 a 102), e outras prescrições na Lei das Eleições (Lei nº 9.504/97, artigos 10 a 16-B). No entanto o rito processual adotado em caso de impugnação ao pedido de registro de candidatura está previsto na Lei das Inelegibilidades (Lei Complementar nº 64/90, artigos 3º a 16). Por outro lado, a cada pleito eleitoral o Tribunal Superior Eleitoral expede as instruções necessárias ao cumprimento das disposições legais aplicáveis no processo de registro, fazendo uso da competência estabelecida no artigo 105 da Lei das Eleições, e ao fazê-lo fixa regulamentação mais minudente que termina por presidir o processamento e julgamento desses pedidos. Veja-se, por exemplo, que vêm do TSE as regras que ultimamente têm regulado a formulação do pedido de registro pelos partidos ou coligações em meio magnético gerado pelo Sistema de Candidaturas – Módulo Externo (CANDex), já que as leis vigentes são anteriores à adoção dos procedimentos eletrônicos pela Justiça Eleitoral.

De acordo com as instruções mais recentes, o pedido de registro de candidatura, formulado pelos partidos ou coligações partidárias será apresentado em meio magnético, como dito, mas acompanhado das vias impressas dos formulários – emitidos pelo CANDex – DRAP (Demonstrativo de Regularidade de Atos Partidários) e RRC (Requerimento de Registro de Candidatura).

---

1. VELLOSO Carlos Mário da Silva; AGRA, Walber de Moura. *Elementos de Direito Eleitoral*. São Paulo: Saraiva, 2010, p. 165. Na passagem, os autores referem-se à decisão de deferimento do registro de candidatura.

É importante salientar que o pedido de registro de candidatura desenvolve-se perante a Justiça Eleitoral, diante das autoridades judiciárias indicadas no art. 2º, parágrafo único, da Lei das Inelegibilidades, visando um fim específico, que é o de apurar se os candidatos apresentados pelos partidos reúnem condições para concorrer às eleições. O alcance dessa específica finalidade se dá pela verificação do cumprimento, pelo candidato, das condições estabelecidas na Constituição Federal e legislação complementar para o exercício dos direitos políticos passivos, e bem assim das condições formais ou instrumentais inscritas na legislação ordinária ou nas instruções expedidas pela Justiça Eleitoral.

No que toca à situação de elegibilidade, o processo resolve-se pela verificação do cumprimento, pelo candidato, das condições de elegibilidade relacionadas no art. 14, § 3º, da Carta da República, e bem assim o seu afastamento das situações de inelegibilidade previstas nos §§ 4º a 8º do mesmo artigo constitucional e ainda nos dispositivos da Lei Complementar nº 64/90 (Lei das Inelegibilidades), estes criados em atendimento à disposição constante ainda no art. 14 da Carta, agora no § 9º. Além disso, outras exigências figuram na legislação e nas instruções emitidas pelo Tribunal Superior Eleitoral cujo cumprimento é cobrado de partidos e candidatos no processo de registro, sob pena de indeferimento do pedido. Trata-se de condições formais ou instrumentais, não relacionadas à comprovação da elegibilidade, mas que apresentam utilidade para o desenvolvimento do processo eleitoral de maneira mais segura. Diante de situação em que o candidato deixa de apresentar os documentos exigidos na lei ou nas instruções da Justiça Eleitoral, será denegado o pedido de registro de candidatura, *"haja ou não impugnação contra ele"*, pois, no dizer de ADRIANO SOARES DA COSTA, *"haverá uma irregularidade formal, cuja existência inibe o seu deferimento"*[2].

Nesse contexto, pode-se afirmar que o processo de registro de candidatura tem a finalidade de verificar o cumprimento, pelo candidato, das condições de elegibilidade, bem como o afastamento das situações de inelegibilidade, de modo a caracterizar o exercício, pelo interessado dos direitos políticos passivos, mas presta-se, ainda, para exigir do interessado o cumprimento das formalidades exigidas em lei ou nas instruções do Tribunal Superior Eleitoral que sejam consideradas indispensáveis para o desempenho da candidatura e o adequado funcionamento de todo o sistema eleitoral.

A formulação do pedido de registro de candidatura conduz à judicialização de seu objeto, que é o direito de candidatura do eleitor, o exercício do *ius honorum*. Enquanto não julgada tal postulação judicial, permanece a candidatura como objeto sob apreciação judicial, *sub judice*, assim sujeita a decisão que reconheça o direito a ela pertinente, ou que o denegue. Ainda que não sobrevenha impugnação ao pedido de registro, e nem mesmo noticia ou objeção ao seu deferimento, apenas com a prolação da decisão judicial que o aprecie e respectivo trânsito em julgado, estará consolidada a situação jurídica da candidatura. Muito embora seja evidentemente desejável que o pedido de registro seja definitivamente apreciado antes da votação, sabe-se que o legislador tem cada vez mais diminuído o prazo concedido à Justiça Eleitoral para a sua apreciação, de modo que não

---

2. *Instituições de Direito Eleitoral Volume 1.* 9ª ed. Revista e ampliada. Belo Horizonte, : Forum, 2013, p. 293.

é infrequente, lamentavelmente, que a definição sobre as candidaturas venha a ocorrer após o desenvolvimento das eleições propriamente ditas, acarretando inconveniente insegurança a todo o processo. A lei eleitoral e a jurisprudência dos tribunais eleitorais têm tratado do tema, como se verá adiante, operando tentativa de acrescer certa previsibilidade ao sistema.

1.1. Documentos exigíveis

A relação dos documentos exigíveis na formulação do pedido de registro encontra-se primariamente no artigo 11, § 1°, da Lei das Eleições.

No entanto, o rol em lei estabelecido tem passado por adaptações pontuais a cada pleito eleitoral, já que as instruções expedidas pela Justiça Eleitoral nas eleições mais recentes preveem exigências distintas, mais amplas. Na prática, prevalecem as exigências contidas nas instruções emitidas pela Justiça Eleitoral no processo de registro de candidaturas. Tomando-se as mais recentes regulamentações, observa-se que o pedido será acompanhado de dois formulários impressos a partir do sistema CANDex: DRAP (Demonstrativo de Regularidade de Atos Partidários) e RRC (Requerimento de Registro de Candidatura), ambos assinados pelos representantes dos partidos ou coligações partidárias. O pedido de registro deve, ainda, apresentar os seguintes documentos:

I – relação atual de bens do candidato;

II – fotografia recente do candidato, inclusive dos candidatos a vice e suplentes, observado o seguinte:

a) dimensões: 161 x 225 pixels (L x A), sem moldura;

b) profundidade de cor: 24bpp;

c) cor de fundo uniforme, preferencialmente branca;

d) características: frontal (busto), trajes adequados para fotografia oficial e sem adornos, especialmente aqueles que tenham conotação de propaganda eleitoral ou que induzam ou dificultem o reconhecimento pelo eleitor;

III – certidões criminais fornecidas:

a) pela Justiça Federal de 1° e 2° graus da circunscrição na qual o candidato tenha o seu domicílio eleitoral;

b) pela Justiça Estadual de 1° e 2° graus da circunscrição na qual o candidato tenha o seu domicílio eleitoral;

c) pelos tribunais competentes, quando os candidatos gozarem foro por prerrogativa de função;

IV – prova de alfabetização;

V – prova de desincompatibilização, quando for o caso;

VI – cópia de documento oficial de identificação.

Há, ainda, documentos exigidos em outros dispositivos da Lei das Eleições e no Código Eleitoral, quais sejam a cópia da ata da reunião partidária de escolha de candidatos[3] e a autorização escrita da candidatura, devidamente assinada pelo candidato[4]. Por outro lado, as instruções eleitorais têm dispensado a juntada, no pedido de registro,

---

3. Ata da convenção lavrada em livro aberto, rubricado pela Justiça Eleitoral, publicada em vinte e quatro horas após sua realização em qualquer meio de comunicação acompanhada da lista de participantes com as respectivas assinaturas.
4. Documentos relacionados no art. 11, § 1°, incisos I e II da Lei n° 9.504/97 e no art. 94, § 1°, do Código Eleitoral.

dos documentos referentes à filiação partidária, domicílio eleitoral, quitação eleitoral e inexistência de crimes eleitorais, que serão aferidos com base nas informações constantes dos bancos de dados da Justiça Eleitoral, durante o desenvolvimento do processo.

Para os candidatos aos cargos de chefia do Poder Executivo (Presidente da República, Governador de Estado ou do Distrito Federal e Prefeito), consta, ainda, no art. 11, § 1º, IX, a obrigação de apresentação das suas propostas para o governo.

Algumas observações podem ser apresentadas a respeito de alguns dos documentos relacionados.

1.1.1. Comprovação de escolaridade

Estabelece o art. 14, § 4º, da Constituição Federal, que são inelegíveis os inalistáveis e os analfabetos. Esta é a razão para que as instruções expedidas pelo Tribunal Superior Eleitoral exijam a apresentação, com o pedido de registro, de documentação comprobatória da escolaridade do candidato, inobstante não existir norma legal que a institua. Trata-se de exigir do interessado a necessária comprovação de que não incide na situação de inelegibilidade constitucional, isto é, de que não é analfabeto. Nesse prisma, qualquer comprovação de cumprimento de atividade escolar em nível alfabetizado é suficiente para o atendimento da exigência.

Não é incomum, porém, a situação em que o pretendente, embora se afirme alfabetizado, não disponha de documentação comprobatória dessa condição. Neste caso, ou diante de dúvida sobre a condição de escolaridade do candidato, as instruções reiteradamente expedidas pelo Tribunal Superior Eleitoral para as eleições dos últimos anos têm determinado a possibilidade de que o eleitor comprove sua alfabetização por declaração de próprio punho, colhida de maneira individual e reservada perante servidor da Justiça Eleitoral[5]. Bastará, portanto, que o candidato, pessoalmente, compareça ao Cartório Eleitoral e, na presença de servidor daquela repartição, escreva declaração de próprio punho com o sentido de que sabe ler e escrever, para que a dúvida seja sanada. O ato deve ocorrer, tanto quanto possível, de maneira reservada, evitando a exposição desnecessária do candidato.

Sobre o tema, colhe-se da jurisprudência do Tribunal Superior Eleitoral que "*O exercício de mandato eletivo não é circunstância capaz, por si só, de comprovar a condição de alfabetizado do candidato*" (Súmula nº 15), mas "*A Carteira Nacional de Habilitação gera a presunção da escolaridade necessária ao deferimento do registro de candidatura*" (Súmula nº 55).

1.1.2. Fotografia

O art. 11, § 1º, VIII, da Lei das Eleições estabelece a obrigação de apresentação, pelo candidato, no pedido de registro, de "*fotografia do candidato, nas dimensões estabelecidas*

---

5. Tal é a solução repetidamente inserida nas instruções do TSE, adotada, dentre várias outras, nas emitidas para regular as eleições de 2016 (Resolução nº 23.455/2015, art. 27, § 11) e de 2018 (Resolução nº 23.548/2017, art. 28, § 3º).

em instrução da Justiça Eleitoral, para efeito do disposto no § 1º do art. 59". E o dispositivo legal mencionado determina que a fotografia do candidato deverá necessariamente figurar no painel da urna eletrônica no momento da votação.

Na expedição das instruções para as eleições, a Justiça Eleitoral tem multiplicado as exigências de adequação da fotografia a padrões desejados, compreendendo suas dimensões (161 x 225 pixels – L x A –, sem moldura), profundidade de cor (24bpp), cor de fundo (uniforme, preferencialmente branca), e outras características: frontal (busto), trajes adequados para fotografia oficial e sem adornos, especialmente aqueles que tenham conotação de propaganda eleitoral ou que induzam ou dificultem o reconhecimento pelo eleitor.

A jurisprudência dos tribunais eleitorais é pródiga em julgados de indeferimento de candidatura em razão da não apresentação de fotografia do candidato, ou da apresentação incorreta deste documento, considerada deste modo quando em desacordo com as exigências expressas nas instruções do TSE[6]. É certo que a apresentação de fotografia não figura no texto constitucional como condição de elegibilidade, e sua ausência não faz aparecer situação de inelegibilidade prevista na Constituição ou em lei complementar, mas trata-se de elemento identificativo do candidato na urna eletrônica, que a Justiça Eleitoral tem considerado imprescindível para prover ao sistema de votação a necessária segurança.

1.1.3. Certidão de quitação eleitoral

Decorre do art. 11, § 1º, VI, da Lei das Eleições, a necessidade de apresentação, com o pedido de registro, da certidão de quitação eleitoral do candidato, cabendo atualmente ao § 7º do mesmo artigo a definição do conteúdo de tal documento, a abranger *"exclusivamente a plenitude do gozo dos direitos políticos, o regular exercício do voto, o atendimento a convocações da Justiça Eleitoral para auxiliar os trabalhos relativos ao pleito, a inexistência de multas aplicadas, em caráter definitivo, pela Justiça Eleitoral e não remitidas, e a apresentação de contas de campanha eleitoral"*. Se o candidato, por qualquer razão, não ostentar quitação eleitoral, considera-se não cumprida a exigência legal de apresentação da respectiva certidão, situação que conduz ao indeferimento do registro.

Está quite com a Justiça Eleitoral o eleitor que cumpre as suas obrigações perante esse órgão do Poder Judiciário, alcançando, dentre outras matérias, o regular exercício do voto, o pagamento de multas impostas pela Justiça Eleitoral e a apresentação de prestação de contas de campanha eleitoral nos prazos legalmente exigidos após as eleições, para aqueles que figurem como candidatos nas eleições.

O comparecimento às seções de votação nas eleições, com a devida anotação pelos mesários, mantém o eleitor com quitação eleitoral. Da mesma forma ocorrerá se, deixando de exercer tal direito, o eleitor apresente a devida justificação, na forma da lei, ou, ainda que não justifique a ausência, se pagar a multa decorrente de tal infração. Se não votar,

---

6. Nesse sentido> TRE-SP, Reg. de Candidato nº 060466988, Rel. Des. Fed. FÁBIO PRIETO, julg em 17/09/2018, v.u.; TRE-RJ, Reg. de Candidatura nº 0603000177, Rel. Des. CRISTINA SERRA FEIJÓ, julg. em 17/09/2018, v.u.

não justificar a ausência e não providenciar o pagamento da multa correspondente, o eleitor não terá quitação.

No que toca ao pagamento de multas impostas em definitivo pela Justiça Eleitoral, estará quite o eleitor se liquidar o seu pagamento antes da apresentação do pedido de registro. Se concedido parcelamento do pagamento da multa, pela autoridade judiciária competente para a respectiva cobrança ou execução, estará quite o interessado se comprovar o adimplemento regular das parcelas, nos termos do art. 11, § 8º, I, da Lei das Eleições. E, conforme o inciso II que se segue, também deverá ter reconhecida a quitação quando liquidar a sua parte na condenação pecuniária, ainda que outros obrigados pela mesma sanção em razão dos mesmos fatos não tenham feito o mesmo. A redação do inciso I referido apresenta-se excessivamente restritiva ao prescrever que a comprovação do pagamento ou do parcelamento da multa deve ser realizado pelo candidato "*até a data da formalização do seu pedido de registro de candidatura*", o que parece afastar a possibilidade de comprovação posterior ao protocolo do procedimento registral. Tal prescrição conflita diretamente com o teor do seguinte § 10 do mesmo artigo de lei, segundo o qual a Justiça Eleitoral deverá considerar, no julgamento do registro, "*as alterações, fáticas ou jurídicas, supervenientes ao registro que afastem a inelegibilidade*". Em homenagem à maior efetividade que deve ser imprimida aos direitos fundamentais, como são os direitos políticos, a interpretação deve favorecer a aplicabilidade da permissão inscrita no § 10, permitindo-se a comprovação ou mesmo o pagamento das obrigações após a formalização do pedido de registro, e considerando tal circunstância para afastar o óbice ao seu deferimento[7]. Nesse sentido, diga-se, é a Súmula nº 50 do Tribunal Superior Eleitoral: "O pagamento da multa eleitoral pelo candidato ou a comprovação do cumprimento regular de seu parcelamento após o pedido de registro, mas antes do julgamento respectivo, afasta a ausência de quitação eleitoral".

Também é contemplada na certidão de quitação eleitoral a obrigação imposta aos candidatos de apresentarem à Justiça Eleitoral a prestação de contas de suas campanhas eleitorais, nos prazos estabelecidos em lei (até o trigésimo dia posterior à realização das eleições, em geral, e até o vigésimo dia posterior em caso de disputa de segundo turno – art. 29, incisos III e IV). Não há dúvida de que é do candidato, primariamente, a obrigação de apresentar a prestação de contas de sua campanha eleitoral, com os documentos necessários, para que a Justiça Eleitoral possa efetivamente avaliar o cumprimento das prescrições legais e regulamentares que incidem sobre a sua administração financeira, conforme, aliás, deixam claro os parágrafos 1º e 2º do art. 28 da Lei das Eleições. Assim, em caso de falta de cumprimento desta obrigação perante a Justiça Eleitoral, é certo que o candidato omisso não estará quite com a Justiça Eleitoral, do que resulta falta de cumprimento de condição formal para viabilizar uma nova candidatura em pleito eleitoral sequente

---

7. Nesse sentido: TSE, Agravo Regimental em Recurso Especial Eleitoral nº 76398-MT, Rel. Ministra MARIA THEREZA DE ASSIS MOURA, julg. em 24/10/2014, v.u.

A obrigação em questão, no entanto, é bom que se diga, é de **apresentação** da prestação de contas, e não de sua **aprovação**[8], do que resulta considerar que o julgamento pela simples desaprovação de prestação de contas de campanha eleitoral não acarreta ausência de quitação eleitoral. Apenas a completa omissão no cumprimento de tal obrigação conduz a decisão de não prestação de contas, após a devida notificação do candidato para regularização em 72 horas, referida no art. 30, IV, da Lei das Eleições. Registre-se que as mais recentes instruções expedidas pela Justiça Eleitoral têm estendido as situações em que podem ser consideradas não prestadas as contas, de modo a nelas abarcar a hipótese em que as contas, não obstante tempestivamente apresentadas, não reúnam elementos mínimos que permitam a sua análise, ou quando não tragam instrumento de mandato de advogado.[9]. Também decorrem das prescrições inseridas nas instruções emitidas pelo Tribunal Superior Eleitoral a imposições de sanções dirigidas a partidos e candidatos em razão da falta de apresentação da prestação de contas de campanha, que levam, no caso dos candidatos, a terem prorrogada a situação de falta de quitação eleitoral até o término do mandato que disputaram[10]. A sanção assim prevista tem sido aplicada pela Justiça Eleitoral aos candidatos, e está consagrada na Súmula nº 42 do TSE: "*A decisão que julga não prestadas as contas de campanha impede o candidato de obter a certidão de quitação eleitoral durante o curso do mandato ao qual concorreu, persistindo esses efeitos, após esse período, até a efetiva apresentação das contas*".

2. PRAZO LEGAL

O registro de candidatura pode ser requerido pelos partidos políticos ou coligações partidárias até as dezenove horas do dia 15 de agosto do ano em que se realizarem as eleições, conforme expressa previsão do *caput* do artigo 11 da Lei das Eleições. Atualmente, a formalização do pedido é eletrônica, o que poderia fazer supor que fosse estendido o horário previsto para o protocolo. Mas o prazo, com o respectivo horário de encerramento, é legal, e não comporta extensões.

Os cargos majoritários somente poderão ser registrados se acompanhados do pedido de registro dos seus respectivos Vices, no caso de candidatos aos cargos de Chefia do Poder Executivo, ou suplentes, no caso de candidatos ao cargo de Senador. Os candidatos aos cargos proporcionais deverão ser apresentados em lista, cabendo inicialmente o controle da Justiça Eleitoral sobre a regularidade de toda a chapa (análise do DRAP e obediência às

---

8. Nesse sentido é a Súmula nº 57 do TCE: "A apresentação das contas de campanha é suficiente para a obtenção da quitação eleitoral, nos termos da nova redação conferida ao art. 11, § 7º, da Lei nº 9.504/97, pela Lei nº 12.034/2009"
9. É o que se dá no art. 77, §§ 1º e 2º, da Resolução nº 23.533/2017, que regulou as eleições de 2018. O § 3º do mesmo dispositivo atribui à autoridade judiciária a prerrogativa de examinar "*se a ausência verificada é relevante e compromete a regularidade das contas para efeito de sua aprovação com ressalvas ou desaprovação*".
10. Resolução nº 23.533/2017, art. 83: "*A decisão que julgar as contas eleitorais como não prestadas acarreta: I – ao candidato, o impedimento de obter a certidão de quitação eleitoral até o final da legislatura, persistindo os efeitos da restrição após esse período até a efetiva apresentação das contas; II – ao partido político, a perda do direito ao recebimento da quota do Fundo Partidário e a suspensão do registro ou da anotação do órgão de direção estadual ou municipal*". A Resolução prevê a possibilidade de regularização da omissão, por meio de requerimento formulado para esse fim, mas estabelece, em relação ao candidato, que a quitação eleitoral será restituída apenas após o término da legislatura.

quotas mínimas de gênero), seguindo-se, se considerado regular o conjunto, a apreciação individual de cada um dos pedidos de registro dos candidatos.

Em todos os casos, o prazo para o protocolo do pedido de registro é peremptório, e deve compreender o encaminhamento de todos os documentos previstos na legislação e nas instruções da Justiça Eleitoral.

3. PUBLICAÇÃO DA LISTA DE CANDIDATOS

Estabelece o art. 97 do Código Eleitoral a necessidade de publicação de edital para ciência de interessados logo após o pedido de registro, por determinação do juiz eleitoral ou do Presidente do Tribunal Regional. O dispositivo não menciona as eleições nacionais, mas é certo que também neste caso o edital deverá ser publicado, neste caso por determinação do Presidente do Tribunal Superior Eleitoral. Convém referir que o Código de 1965 previa a publicação da lista de candidatos "*na Imprensa Oficial, nas capitais, e afixado em cartório, em local de costume, nas demais zonas*" (art. 97, § 1º). As instruções da Justiça Eleitoral têm determinado que a publicação se dê no Diário da Justiça Eletrônico (DJE), podendo ainda ocorrer por publicação no Cartório Eleitoral nas eleições municipais.[11]

Com a publicação do edital de candidatos, abrem-se três importantes prazos para a sequência do procedimento:

a) em 48 horas, poderá o candidato escolhido em convenção formular pedido individual de registro, no caso de o partido ou coligação não o ter formalizado no prazo que lhes cabia (Lei das Eleições, art. 7º, § 4º);

b) em 5 dias, poderá qualquer candidato, partido, coligação ou Ministério Público impugnar o pedido de registro, em petição fundamentada;

c) também em 5 dias qualquer eleitor poderá dar notícia de inelegibilidade de candidato ao tribunal ou juiz eleitoral, por petição fundamentada.

O primeiro ato a ser praticado no processamento do pedido de registro, portanto, é a publicação da lista de candidatos.

3.1. Pedido de registro pelo candidato

Como sabido, cabe aos partidos políticos a prerrogativa de requerer o registro dos candidatos escolhidos internamente para disputarem as eleições, incumbindo-lhes o cumprimento do prazo para a formalização do pedido. No entanto, situações há em que o partido, por equívoco ou não, mesmo tendo determinado candidato corretamente escolhido por deliberação convencional, deixa de requer-lhe o registro de candidatura no prazo legal. Neste caso, a publicação, pelos órgãos da Justiça Eleitoral, do edital de candidaturas, é fundamental para que o próprio interessado – o candidato escolhido pelo partido – possa tomar conhecimento da omissão, suprindo-a com o protocolo, em seu nome individual, do pedido de registro que o partido deixou de providenciar a tempo.

---

11. Mas deve ser feita preferencialmente pela imprensa eletrônica, conforme art. 34, II, da Resolução nº 23.455/2015 e art. 35, II, da Resolução nº 23.373/2011.

O prazo para a adoção dessa providência diretamente pelo candidato interessado é de 48 horas após a publicação da lista de candidatos, conforme previsão expressa do artigo 11, § 4º, da Lei das Eleições.

Efetuado o protocolo individual, seguir-se-á a publicação de edital, pela Justiça Eleitoral, do pedido de registro, a partir da qual serão contados os prazos de 5 dias para formulação de impugnação ao registro e para apresentação de notícia de inelegibilidade por qualquer eleitor. A partir daí o processo seguirá o rito adotado para os demais pedidos de registro.

4. TRAMITAÇÃO DO PEDIDO DE REGISTRO SEM IMPUGNAÇÃO

Em regra geral o pedido de registro de candidatura é formulado pelo partido político ou coligação partidária após a convenção partidária de escolha de candidatos, podendo ser apresentado até as 19:00 horas do dia 15 de agosto do ano eleitoral. Excepcionalmente o mesmo pedido pode ser apresentado autonomamente pelo candidato escolhido em convenção, se o seu partido ou convenção deixar de fazê-lo, nos 2 dias seguintes à publicação da lista de candidatos pela Justiça Eleitoral[12].

Esse pedido caracteriza-se como procedimento de jurisdição voluntária, em que não há característica de litigiosidade. Trata-se de requerimento formulado à Justiça Eleitoral em que devem ser comprovados o preenchimento das condições de elegibilidade, a ausência de incidência em situação de inelegibilidade e ainda o cumprimento das formalidades previstas em lei para o deferimento da candidatura. Em procedimento dessa natureza não há conteúdo contencioso, pois não há parte que se contraponha à pretensão de deferimento do registro, situação que somente se configura com a formulação de impugnação do registro, com a qual se delineia o surgimento de uma ação judicial litigiosa.

O pedido de registro desenvolvido sem conteúdo contencioso tem como objeto a verificação do cumprimento das condições para o exercício dos direitos eleitorais passivos, bem como a apresentação dos documentos previstos na lei ou nas resoluções do TSE. Se a Justiça Eleitoral verificar que a documentação exigível não foi devidamente apresentada, deverá intimar o partido, a coligação ou o candidato para suprir a deficiência em prazo de 72 horas, conforme previsão do art. 11, § 3º, da Lei nº 9.504/97, ou em prazo de 3 (três), dias, como estabelecido nas últimas resoluções do TSE[13].

A Resolução editada para as eleições de 2020 (nº 23.609/2019) previu inovação indevida no procedimento, ao estabelecer, no art. 36, § 2º, que o juiz poderá, *sponte propria*, determinar que os interessados se manifestem a respeito de *"impedimento à candidatura que não tenha sido objeto de impugnação ou notícia de inelegibilidade"*. Tal inovação apresenta consonância com o disposto na Súmula nº 45 do TSE, assim versada: *"Nos processos de registro de candidatura, o Juiz Eleitoral pode conhecer de ofício da existência de causas de inelegibilidade ou da ausência de condição de elegibilidade, desde que resguardados o contraditório e a ampla defesa"*. Ainda assim, há de se ponderar que tal previsão

---

12. Conforme abordado nos itens 2 e 3 retro.
13. Resolução nº 23.609/2019, art. 36; Resolução nº 23.548/2017, art. 37.

pode configurar violação à desejada imparcialidade do juiz da causa, por comprometer o primado da inércia da atividade jurisdicional.

Encerrado prazo concedido para as diligências, dar-se-á o julgamento do pedido, que deverá ser deferido quando não se verificar situação impeditiva, e indeferido se não forem cumpridas as exigências legais e regulamentares imponíveis. Neste caso poderá o partido, coligação ou o candidato formular recurso contra a decisão de indeferimento, como se verá adiante.

5. NOTÍCIA DE INELEGIBILIDADE

Qualquer eleitor pode apresentar notícia de inelegibilidade, apresentando fatos e indicando provas, quando tiver conhecimento de fatos que possam influir no julgamento de pedido de registro de candidato. A manifestação será recebida pelo Juiz da causa, que determinará sua inclusão no feito e dela dará ciência ao candidato, bem como ao partido ou coligação, para formulação de defesa.

O desenvolvimento procedimental da notícia de inelegibilidade obedecerá, tanto quanto possível, as regras procedimentais prescritas para a tramitação da ação de impugnação de registro de candidatura. No entanto, não se deve confundir uma iniciativa com outra.

A notícia de inelegibilidade pode ser formulada por qualquer eleitor, mas não acarreta modificação da natureza da lide do pedido de registro, que permanecerá como procedimento de jurisdição voluntária, sem formação de relação processual contenciosa. Já a impugnação de pedido de registro de candidatura introduz importante modificação do ponto de vista processual no pedido de registro de candidatura, eis que com ela institui-se ação judicial contenciosa cujo pedido se contrapõe à pretensão da obtenção do registro, do que resulta o surgimento da relação processual típica dos processos litigiosos.

A manifestação de qualquer eleitor deve ser estimulada como instrumento de realização democrática, e por isso, com apoio na lei, será recebida pelo Juiz Eleitoral e suas razões serão apreciadas para decidir sobre o pedido de registro de candidatura. No entanto, o autor da comunicação não se torna parte de processo judicial, assumindo a mera função de colaborador com a Justiça, de tal sorte que não lhe assistirá direito de recorrer de eventual decisão desfavorável à sua iniciativa, pois tal direito é privativo das partes no processo, dentre os quais se incluem os autores de impugnação do pedido de registro de candidatura, mas não o signatário de mera notícia de inelegibilidade.

6. IMPUGNAÇÃO DO PEDIDO DE REGISTRO DE CANDIDATURA

A partir da publicação da lista de candidatos inicia-se o prazo de 5 (cinco) dias para a apresentação de impugnação ao pedido de registro da candidatura de qualquer dos candidatos. A formulação dessa oposição configura a propositura de uma ação judicial (ação de impugnação de registro de candidatura), que tem o impugnante como autor, e o candidato que postula o registro no polo passivo, obedecendo a regras processuais específicas previstas na legislação eleitoral.

A impugnação manifesta pedido de que o registro do candidato impugnado não seja deferido, sendo de rigor a apresentação das razões que embalam tal postulação, bem como os meios de prova que o autor pretende utilizar para a comprovação de suas alegações. A ação judicial desenvolve-se com a notificação do candidato para apresentação de defesa, com a qual também deverá indicar as provas que pretende produzir no processo. Colhe-se a instrução, se necessária para a formulação de julgamento, alcançando-se afinal decisão de procedência da ação, implicando o indeferimento do registro de candidatura, ou improcedência, que conduz à aprovação do registro.

Não se trata de mera comunicação de fato, como se dá no caso de notícia de inelegibilidade, pois com a propositura da impugnação instaura-se relação jurídico-processual entre as partes, que passam a exercer com amplitude as garantias constitucionais aplicáveis ao processo judicial, nos termos da lei. Modifica-se, assim, a natureza processual da medida em trâmite, já que o pedido inicial de registro de candidatura inaugura simples processo de jurisdição voluntária, *"sem espaço para o estabelecimento de contraditório"*, no qual *"forma-se a relação processual linearmente entre requerente e juiz eleitoral"*[14], sem polo passivo. Com o ajuizamento da ação de impugnação de registo de candidatura, desenvolve-se processo judicial de jurisdição contenciosa, instalando-se relação processual tripartite (autor impugnante, juiz e impugnado).

Além disso, como lembra ADRIANO SOARES DA COSTA, dá-se que o pedido de registro (ação de jurisdição voluntária) passa correr em conjunto com a ação de impugnação de registro de candidatura, e, obedecendo ao um procedimento uniforme, são ambas julgadas na mesma sentença, *"tal qual ocorre com a sentença que julga a ação e a reconvenção"*[15]. A competência para processar e julgar a impugnação de registro de candidatura é do juiz indicado no parágrafo único do art. 2º da Lei das Inelegibilidades.

6.1. Legitimidade ativa

A legitimidade ativa para a propositura da ação de impugnação de registro de candidatura pertence aos indicados taxativamente no *caput* do artigo 3º da Lei das Inelegibilidades, que são: candidato, partido político, coligação ou Ministério Público. Não se abre possibilidade para a movimentação do instituto por parte de qualquer cidadão, que tem a seu dispor apenas a manifestação de notícia de inelegibilidade, nos termos do art. 97, § 3º, do Código Eleitoral, já examinada.

A legitimidade do Ministério Público Eleitoral, prevista no dispositivo legal indicado, decorre das altas atribuições cominadas ao órgão a partir do artigo 127 da Constituição Federal, que o caracteriza como *"instituição permanente, essencial à função jurisdicional do Estado, incumbindo-lhe a defesa da ordem jurídica, do regime democrático e dos interesses sociais e individuais indisponíveis'*. O representante do Ministério Público Eleitoral tem legitimidade para agir como parte ou como fiscal da lei, administrativa ou judicialmente. Está legitimado, portanto, para a propositura de ações de impugnação de registro de

---

14. COSTA, Adriano Soares da. *Instituições de Direito Eleitoral Volume I* 9ª ed. Revista e ampliada. Belo Horizonte, 2013: Forum, p. 294.
15. Obra citada, p. 296.

qualquer candidato, ou mesmo de uma inteira chapa de candidatos (no caso de eleições proporcionais), quando verificar circunstância a indicar que o deferimento do registro possa compreender infração à lei ou à Constituição. A legitimação do órgão ministerial deve ser compreendida de maneira abrangente, no que toca à propositura da impugnação de registro de candidatura. Porém, de acordo com o art. 3º, § 2º, da Lei das Inelegibilidades, "*não poderá impugnar o registro de candidato o representante do Ministério Público que, nos 4 (quatro) anos anteriores, tenha disputado cargo eletivo, integrado diretório de partido ou exercido atividade político-partidária*"[16]. O prazo para a interposição da impugnação conta-se a partir da publicação da lista de candidatos, e não de intimação pessoal do representante do *Parquet*, nos termos da Súmula nº 49 do Tribunal Superior Eleitoral.

Qualquer candidato está, também, legitimado para a propositura da impugnação ao registro, não sendo admissível exigir que a habilitação abarque apenas os concorrentes ao mesmo pleito eleitoral. Já decidiu o C. Tribunal Superior Eleitoral que "*não há como reconhecer a falta de interesse de candidato a vereador para impugnar pedidos de registro de candidatos a prefeito e vice-prefeito*"[17]. Assim, ainda que concorrendo em eleição diferente, pode um candidato impugnar o pedido de registro de candidatura de qualquer outro. Mas a Justiça Eleitoral já decidiu que pode ocorrer a perda superveniente de legitimidade ativa, no caso de perda da condição de candidato pelo autor da ação de impugnação[18].

No que toca a partidos e coligações partidárias, a legitimidade de uns afasta a das outras. É dizer: onde houver formação de coligação partidária, esta passa a deter com exclusividade o direito de postular judicialmente junto à Justiça Eleitoral, funcionando como um só partido, de modo a impedir a atuação judicial individual dos partidos que a compõem. É o que decorre dos termos do art. 6º, § 1º, da Lei das Eleições. Convém notar que a legitimação está dirigida aos órgãos partidários da esfera em que se desenvolve o pleito eleitoral, não cabendo, por exemplo, ao órgão municipal de partido político o direito de impugnar registro de candidatura apresentada nas eleições estaduais[19].

As questões *interna corporis* das agremiações partidárias, pertinentes à validade de seus atos internos (convenções) de escolha de candidatos ou de formação de coligações não podem ser questionados judicialmente em sede de impugnação de registro de candidatura por outros partidos ou coligações, e nem mesmo por outros candidatos[20], por ausência de legitimidade ativa. O mesmo óbice pode atingir a atuação do Ministério Público. Nesse sentido:

---

16. Convém anotar que a vedação ganhou um certo anacronismo a partir de 2004, quando o art. 128, II, "e", da Constituição Federal passou a vedar o exercício de atividade político-partidária aos membros do Ministério Público. No entanto, a prescrição constitucional não atinge os ingressados na carreira em período anterior à Constituição.
17. Tribunal Superior Eleitoral – Recurso Especial Eleitoral nº 36150-BA – Rel Min. MARCELO RIBEIRO – julg. 18/03/2010 – v.u.
18. Tribunal Superior Eleitoral – Agravo Regimental em Recurso Especial Eleitoral nº 27722-BA – Relatora Ministra ROSA WEBER – julg. em 30/05/2017 – v.u. Na espécie, o TSE apontou ocorrência de ilegitimidade ativa superveniente do candidato impugnante, "*em razão de sua renúncia à candidatura*".
19. Nesse sentido: TRE-SP – Registro de Candidato nº 060195728 – Rel. Des. Fed. FÁBIO PRIETO – julg. em 17/09/2018 – v.u.
20. Tribunal Superior Eleitoral – Agravo Regimental em Recurso Especial Eleitoral nº 35292-SC – Rel. Min. JOÃO OTAVIO DE NORONHA – julg. em 25/09/2014 – v.u. Consta da ementa recursal: "*Partido político, coligação ou candidato não tem legitimidade para impugnar a validade de coligação adversária, haja vista a inexistência de interesse próprio*".

"A jurisprudência deste Tribunal é firme no sentido de que candidatos, partidos e coligações não estão legitimados a impugnar o Demonstrativo de Regularidade de Atos Partidários de coligação adversária por carecerem de interesse próprio no debate acerca de matéria *interna corporis* de outras agremiações, salvo quando se tratar de fraude com impacto na lisura do pleito."[21]

No entanto, a Súmula nº 53 do Tribunal Superior Eleitoral assegura que "*O filiado a partido político, ainda que não seja candidato, possui legitimidade e interesse para impugnar pedido de registro de coligação partidária da qual é integrante, em razão de eventuais irregularidades havidas em convenção*".

Convém salientar que no prazo concedido para a propositura da ação de impugnação de registro podem ser apresentadas diversas postulações judiciais concomitantes, promovidas por diferentes legitimados. A situação é razoavelmente comum na prática, mas não oferece especial dificuldade para a tramitação processual. As várias ações seguirão em procedimento conjunto, sendo julgadas em uma só decisão judicial, que conterá a apreciação distinta de cada uma das impugnações formuladas, e bem assim do pedido de registro impugnado.

6.2. Legitimidade passiva

Podem contestar a ação de impugnação de registro de candidatura, assumindo assim o polo passivo da ação, candidato, partido político ou coligação, como consta no artigo 4º da Lei das Inelegibilidades. O candidato legitimado é o impugnado, e não outro, ainda que este ostente interesse indireto no deferimento do registro, como pode ocorrer nas chapas majoritárias. No que toca a partidos e coligações, permanecem as observações apresentadas no tópico anterior: onde o partido concorrer isoladamente, detém a legitimidade para atuar junto à Justiça Eleitoral; quando ocorrer a formação de coligação partidária, esta substitui os partidos que a integram, e passa a deter com exclusividade a legitimidade para praticar atos perante a Justiça Eleitoral, como já está, de resto, previsto no artigo 6º, § 1º, da Lei das Eleições.

Não há objeção para que seja formado litisconsórcio passivo entre o candidato impugnado e seu partido e coligação na ação de impugnação de registro de candidatura, situação em que cada qual exercerá seus direitos processuais com autonomia. No entanto, prescreve a Súmula nº 39 do TSE que "*não há formação de litisconsórcio necessário em processos de registro de candidatura*".

6.3. Causa de pedir

A controvérsia posta na ação de impugnação de registro de candidatura está centrada na viabilidade da candidatura do impugnado. A pretensão judicialmente deduzida pelo impugnante tem por fim o indeferimento do pedido de registro, com base em três possíveis situações: a) falta de preenchimento de condição de elegibilidade prescrita na Constituição Federal; b) incidência em situação de inelegibilidade constitucional

---

21. Tribunal Superior Eleitoral – Registro de Candidatura nº 060083163-DF – Rel. Min. TARCISIO VIEIRA DE CARVALHO NETO – julg. em 31/08/2018 – maioria de votos, no ponto.

ou legal, a englobar ausência de desincompatibilização; c) falta de cumprimento de condições formais para o deferimento do registro, estabelecidas na lei ou nas instruções da Justiça Eleitoral. Se bem-sucedida a impugnação, o resultado será o indeferimento do registro do candidato impugnado; de outro modo, se julgada improcedente a ação, deferido será a candidatura.

Caberá ao impugnante, portanto, alegar e comprovar que o candidato impugnado não ostenta elegibilidade, ou deixou de atender as exigências documentais necessárias ao registro, e este é o âmbito da discussão processual, e da instrução probatória, a partir das quais serão decididas as duas ações: pedido de registro e sua impugnação.

Registre-se que a ação de impugnação de registro não deve ser confundida com outras medidas processuais que podem destinadas à cassação do registro de candidatura, como ocorre com a ação de investigação judicial eleitoral (aije – LC 64/90, art. 22), ou com a representação por captação ilícita de sufrágio (Lei nº 9.504/97, art. 41-A) dentre outras. Tanto se dá porque na impugnação de registro argui-se apenas a **ausência de condições para o deferimento do registro**, de tal forma que, se procedente a pretensão, **o registro não chegará a ser obtido** pelo candidato. Nas outras medidas apontadas a pretensão é de imposição de **sanção** de **cassação de registro**, em razão de irregularidades diversas ocorrentes no processo eleitoral (abuso de poder econômico, abuso de poder político, uso indevido dos meios de comunicação social, no caso da aije, compra de votos no caso da captação ilícita de sufrágio) e reconhecidas pela Justiça Eleitoral, casos em que **o registro de candidatura será cassado**, ou invalidado, em razão de tais ilícitos.

Também não é dado à Justiça Eleitoral invadir a competência de outros órgãos no processo de julgamento de registro de candidatura ou abandonar os contornos específicos do exame da elegibilidade do candidato. Nesse sentido são as Súmulas nº 41[22], 51[23], 52[24] e 58[25] do Tribunal Superior Eleitoral.

6.4. Rito processual

O processamento da ação de impugnação de registro seguirá as regras estabelecidas a partir do artigo 3º da Lei das Inelegibilidades, como se verá a seguir. Além das regras inscritas na lei, também devem incidem aquelas expedidas pela Justiça Eleitoral por meio das instruções elaboradas, em cada ano eleitoral, pelo Tribunal Superior Eleitoral. Trata-se de rito célere, como é comum no direito eleitoral, dotado de prazos curtos e preclusivos para o exercício de direitos processuais.

---

22. "Não cabe à Justiça Eleitoral decidir sobre o acerto ou desacerto das decisões proferidas por outros Órgãos do Judiciário ou dos Tribunais de Contas que configurem causa de inelegibilidade."
23. "O processo de registro de candidatura não é o meio adequado para se afastarem os eventuais vícios apurados no processo de prestação de contas de campanha ou partidárias."
24. "Em registro de candidatura, não cabe examinar o acerto ou desacerto da decisão que examinou, em processo específico, a filiação partidária do eleitor."
25. "Não compete à Justiça Eleitoral, em processo de registro de candidatura, verificar a prescrição da pretensão punitiva ou executória do candidato e declarar a extinção da pena imposta pela Justiça Comum."

6.4.1. Petição inicial e documentos

A petição inicial deve estar fundamentada, é dizer: deve apresentar fatos e exposição de direito que indiquem a inviabilidade da concessão de registro de candidatura ao impugnado. A impugnação deve ter por fundamento o descumprimento de condição de elegibilidade, a incidência em situação de inelegibilidade ou a falta de atendimento de condição instrumental para o registro. De maneira geral, em se tratando de peça postulatória inicial de processo judicial, a petição deve adequar-se às exigências da legislação processual civil expressas nos artigos 319 e seguintes do Código de Processo Civil, aplicável supletivamente aos processos eleitorais.

É indispensável que o protocolo seja realizado dentro do prazo legalmente estabelecido para a impugnação, nos 5 (cinco) dias seguintes à publicação da lista de candidatos pela Justiça Eleitoral (LC 64/90, art. 3º, *caput*). A perda do prazo acarreta preclusão do direito de impugnar e bem assim de arguir perante a Justiça Eleitoral as matérias pertinentes à elegibilidade do candidato, ressalvadas as hipóteses constantes do art. 262 do Código Eleitoral[26].

Com a exordial devem seguir as provas documentais, e a indicação dos demais meios de instrução que o Autor utilizará para a comprovação de suas alegações. No particular rito adotado para a impugnação, célere e preclusivo, pode-se afirmar que a falta de requerimento de meio de instrução com a petição inicial conduz a parte à perda do direito de requere-la mais adiante, e consequentemente de colhe-la no processo. Também com a inicial deve ser apresentado o rol de testemunhas que o impugnante pretende ouvir no feito, sob pena de preclusão, até o máximo de 6 (seis). É o que prescreve o § 3º do art. 3 da Lei das Inelegibilidades.

Em se tratando de postulação judicial exercida perante a Justiça Eleitoral é indispensável que a petição inicial seja subscrita por advogado devidamente habilitado.

6.4.2. Defesa

Após a propositura da impugnação ao registro será realizada a notificação do candidato e do partido ou da coligação partidária, concedendo-lhes prazo de 7 (sete) dias para a formulação de defesa. A lei determina que seja expedida notificação para as agremiações partidárias e para os candidatos, concedendo-lhes igual direito para a formulação da manifestação processual de defesa, no prazo indicado.

O exercício da defesa há de se fazer dentro do prazo preclusivo legalmente estabelecido para sua prática, com a apresentação das razões respectivas, e bem assim o requerimento de todas as provas que se pretender produzir no processo. Prescreve o art. 4º da Lei de Inelegibilidades que com a defesa deverá o impugnado "*juntar documentos, indicar rol de testemunhas e requerer a produção de outras provas, inclusive documentais, que*

---

26. Nos termos desse dispositivo legal, as matérias pertinentes a inelegibilidades constitucionais (previstas no texto da Constituição Federal, e não na legislação complementar) e falta de condições de elegibilidade podem ser arguidas perante a Justiça Eleitoral em recurso contra a expedição de diploma. O mesmo instrumento processual também pode servir para a arguição de inelegibilidades supervenientes, que não existiam ao tempo do pedido de registro, mas vieram a surgir antes da eleição.

se encontrarem em poder de terceiros, de repartições públicas ou em procedimentos judiciais, ou administrativos, salvo os processos em tramitação em segredo de justiça". Novamente trata-se de prazo preclusivo para o requerimento de meios de prova e arrolamento das testemunhas, vencido o qual desaparece o direito de requerer a produção de provas no processo judicial em questão.

6.4.3. Provas

A instrução é regulada no art. 5º da Lei Complementar nº 64/90, assim redigido:

> Art. 5º Decorrido o prazo para contestação, se não se tratar apenas de matéria de direito e a prova protestada for relevante, serão designados os 4 (quatro) dias seguintes para inquirição das testemunhas do impugnante e do impugnado, as quais comparecerão por iniciativa das partes que as tiverem arrolado, com notificação judicial.
>
> § 1º As testemunhas do impugnante e do impugnado serão ouvidas em uma só assentada.
>
> § 2º Nos 5 (cinco) dias subsequentes, o Juiz, ou o Relator, procederá a todas as diligências que determinar, de ofício ou a requerimento das partes.
>
> § 3º No prazo do parágrafo anterior, o Juiz, ou o Relator, poderá ouvir terceiros, referidos pelas partes, ou testemunhas, como conhecedores dos fatos e circunstâncias que possam influir na decisão da causa.
>
> § 4º Quando qualquer documento necessário à formação da prova se achar em poder de terceiro, o Juiz, ou o Relator, poderá ainda, no mesmo prazo, ordenar o respectivo depósito.
>
> § 5º Se o terceiro, sem justa causa, não exibir o documento, ou não comparecer a juízo, poderá o Juiz contra ele expedir mandado de prisão e instaurar processo por crime de desobediência

Constata-se que há boa possibilidade de produção de provas na ação de impugnação de registro, desde que tenha sido tempestivamente formulado requerimento pelo impugnante na sua petição inicial (LC 64/90, art. 3º, § 3º) e pelo impugnado em sua peça de defesa (LC 64/90, art. 4º). De modo geral, as provas documentais devem também ser apresentadas pelas partes em suas primeiras manifestações processuais, facultando-se apenas a expedição de ofício judicial para recolhimento de documento que esteja em poder de terceiro.

De acordo com a regra legal, as testemunhas arroladas pelas partes comparecerão a juízo independentemente de intimação, em audiência que deverá ocorrer nos 4 (quatro) dias após o decurso do prazo para apresentação de defesa, devendo a oitiva das testemunhas de acusação e defesa ser realizada em uma só assentada. Evidentemente, partes e procuradores deverão ser devidamente intimados para o ato, na forma prevista nas resoluções emitidas pelo Tribunal Superior Eleitoral[27].

Em todo o regramento é possível perceber uma preocupação com a celeridade do procedimento, manifestada com a fixação de curtos prazos para a condução dos atos de instrução. Sem dúvida, essa característica do processo eleitoral, a agilidade, é enfatizada na regulamentação do rito da ação de impugnação de registro, e não há dúvida de que

---

27. Exemplificativamente, o art. 38 da Resolução TSE nº 23.609/2019 estabelece em seu art. 38, que "*as intimações nos processos de registro de candidatura dirigidas a partidos, coligações e candidatos serão realizadas pelo mural eletrônico*", prevendo-se, ainda, no § 1º do dispositivo, que no caso de impossibilidade de utilização desse meio, "*as intimações serão realizadas sucessivamente, por mensagem instantânea, por e-mail e por correspondência*".

se trata de primado importantíssimo, em se tratando da definição das candidaturas a ser decidida em meio a curtíssimo prazo de campanha eleitoral. No entanto, não é demais lembrar que a rapidez não deve se sobrepor à necessária observância dos princípios de regular desenvolvimento do processo judicial, em especial aqueles de prestígio constitucional, como são o do devido processo legal e do direito à ampla defesa.

Essa preocupação há de ser sopesada pelo juiz da causa na condução do processo. Assim é que, a título de exemplo, a regra que limita o número de testemunhas das partes ao máximo de 6 (seis) pode ser flexibilizada diante de indicação de que sua observância causará prejuízo à parte, o que pode ocorrer em caso de multiplicidade de fatos a serem analisados na impugnação, por exemplo. A jurisprudência eleitoral tem manifestações que privilegiam a celeridade sobre a amplitude da defesa[28], mas também apresenta decisões mais adequadas, em que prepondera a necessidade de esclarecer os fatos e assegurar o devido influxo das garantias constitucionais para permitir a pontual extrapolação do número máximo legalmente previsto[29].

6.4.4. Alegações finais

Finda a instrução, abrir-se-á prazo de 5 (cinco) dias para que as partes apresentem alegações finais, conforme ditado no art. 6º da Lei das Inelegibilidades. O prazo é comum para as partes e para o Ministério Público, que também poderá apresentar manifestação, ainda que não figure como litigante.

As alegações finais poderão não ser colhidas, no entanto, no caso de não ter sido aberta fase de instrução, situação em que o processo seguirá imediatamente para o julgamento. A falta de abertura de prazo para alegações finais nesse caso não representa irregularidade, a despeito da previsão legal para a prática desse ato[30].

7. JULGAMENTO DO PEDIDO DE REGISTRO

Ao final do trâmite do pedido de registro, com ou sem formulação de impugnação, abre-se a oportunidade para o julgamento, pelo deferimento da candidatura ou sua negativa. Quando houver formulação de impugnação ao registro, uma só decisão julgará as duas ações judiciais que tramitam em conjunto, de tal sorte que o deferimento do registro implicará na improcedência da impugnação, ao passo em que o indeferimento deverá significar a sua procedência.

---

28. Vide, em situação de analogia, o V. Acórdão do C. TSE no RCED nº 671-MA, Rel. Min. AYRES BRITTO, julg. em 25/09/2007, maioria de votos, no qual ficou assentado que *"A prova testemunhal fica limitada ao número máximo de 6 para cada parte, independentemente da quantidade de fatos e do número de recorrentes ou de recorridos".*
29. Destaque-se, nesse sentido, decisão monocrática proferida em 11/02/2015 perante o C. TSE pelo Min. LUIZ FUX no Respe nº 96307-SP, da qual se colhe: *"excepcionalmente, quando houver diversidade de fatos suscitados em um mesmo processo, admite-se a relativização da norma, isto é, que o número de testemunhas fixado no dispositivo legal supramencionado seja extrapolado".*
30. Anote-se que por força do princípio do contraditório o juiz deverá, antes do julgamento, permitir ao impugnante que se manifeste a respeito de documentos apresentados pelo impugnado em sua defesa. É o que prescreve o art. 43, § 4º, da Resolução nº 23.609/2019 do TSE.

Antes, porém, do julgamento do registro de candidatura, a Justiça Eleitoral decidirá sobre a validade dos atos partidários que os indicaram os candidatos, analisando o DRAP (Demonstrativo de Regularidade de Atos Partidários) obrigatoriamente apresentado com a apresentação do pedido. Ao analisar a documentação partidária, o juiz verificará a regularidade formal dos atos de escolha de candidatos e composição das respectivas chapas. A apreciação da regularidade dos atos partidários configura passo preliminar para o julgamento dos pedidos de registro, pois a conclusão de que a atuação partidária contém irregularidade acarreta prejuízo para o deferimento das candidaturas individuais, é dizer: o indeferimento do DRAP é fundamento suficiente para indeferir os registros de candidatura a ele vinculados[31]. Assim, no que toca às chapas de candidatos das eleições proporcionais, que devem obedecer a regra de cota mínima de gênero (Lei nº 9.504/97, art. 10, § 3º[32]), a apreciação do DRAP vai verificar o cumprimento dessa exigência, sendo indeferido o registro de todos os integrantes da chapa no caso de inobservância. O indeferimento definitivo do DRAP implica o prejuízo dos pedidos de registro de candidaturas a ele vinculados, inclusive aqueles já deferidos[33].

No momento do julgamento dos pedidos de registro, decide a Justiça Eleitoral se o eleitor que se apresenta como candidato está habilitado para concorrer nas eleições, apreciando concretamente se tal cidadão está apto a exercitar seus direitos políticos passivos, o *jus honorum*, a capacidade eleitoral de ser votado. Não é demais lembrar que tal apreciação judicial é exercida sobre a possibilidade de relevantíssimo aspecto do exercício de direitos fundamentais, como tal consagrados no texto da Constituição de 1988.

Impende registrar, desde logo, que o pleno exercício dos direitos políticos deveria ser assegurado como regra, sendo a sua privação a exceção a ser interpretada sempre restritivamente. Nesse sentido é o magistério de JOSÉ AFONSO DA SILVA que aqui se reproduz:

> "O princípio que prevalece é o da plenitude do gozo dos direitos políticos positivos, de votar e ser votado. A pertinência desses direitos ao indivíduo, como vimos, é que o erige em cidadão. Sua privação ou a restrição de seu exercício configuram exceções àquele princípio. Por conseguinte, a interpretação das normas constitucionais ou complementares relativas aos direitos políticos deve tender à maior compreensão do princípio, deve dirigir-se ao favorecimento do direito de votar e de ser votado, enquanto as regras de privação e restrição hão de entender-se nos limites mais estreitos de sua expressão verbal, segundo as boas regras de hermenêutica". [34]

O mesmo autor lembra que o pleno gozo dos direitos políticos está inserido em várias Declarações de Direitos Fundamentais, bem assim no art. 6º da Declaração Universal dos Direitos Humanos de 1948, nos seguintes termos: "Toda pessoa tem direito

---

31. Tal é a prescrição inscrita no art. 48, *caput*, da Resolução nº 23.609/2019 do TSE.
32. "*Do número de vagas resultante das regras previstas neste artigo, cada partido ou coligação preencherá o mínimo de 30% (trinta por cento) e o máximo de 70% (setenta por cento) para candidaturas de cada sexo.*"
33. Tal é o texto do art. 48, parágrafo único, da Resolução nº 23.548/2017.
34. *Curso de Direito Constitucional Positivo* 28ª edição revista e atualizada. São Paulo: Malheiros, 2007, p. 382. No mesmo sentido é a manifestação de André Ramos Tavares, para quem, em respeito às inelegibilidades, "o princípio que vigora nesta seara é o da interpretação mais benevolente. Ou seja, por tratar-se de restrição aos direitos políticos, a compreensão da norma não deve conduzir a uma intolerável e não escrita restrição" (*Curso de Direito Constitucional*, São Paulo: Saraiva, 2002, p. 546).

de participar no Governo de seu país, diretamente ou por meio de representantes" [35]. O mais abrangente exercício democrático talvez reclamasse, no julgamento dos registros de candidatura, a adoção de uma postura de deferir o registro, assegurando o exercício dos direitos fundamentais, em caso de dúvida. Mas não é essa a prática observada nos julgamentos da Justiça Eleitoral brasileira.

Duas regras legais que incidem no julgamento merecem especial menção. A primeira é a inscrita no parágrafo único do art. 7º da Lei das Inelegibilidades, segundo a qual "*O Juiz, ou Tribunal, formará sua convicção pela livre apreciação da prova, atendendo aos fatos e às circunstâncias constantes dos autos, ainda que não alegados pelas partes, mencionando, na decisão, os que motivaram seu convencimento*". Por essa regra, seria possível imaginar que o juiz pudesse tratar na sentença de mérito de apreciação do pedido de registro de candidatura de matéria jamais controvertida nos autos e não exposta previamente à manifestação das partes, apresentando verdadeira surpresa no momento da decisão terminativa para invocar fatos e razões verdadeiramente inusitados. Hão de imperar, ainda e sempre na atuação do Poder Judiciário, os princípios do contraditório e do direito à ampla defesa, para evitar o surgimento de indesejadas surpresas. Nesse sentido, aliás, é o teor da Súmula nº 45 do Tribunal Superior Eleitoral: "*Nos processos de registro de candidatura, o Juiz Eleitoral pode conhecer de ofício da existência de causas de inelegibilidade ou da ausência de condição de elegibilidade, desde que resguardados o contraditório e a ampla defesa.*" O processo judicial tem natureza dialética, assegurando-se às partes as condições para que apresentem provas e argumentos em favor dos direitos que ali postulam. Se assim não for, verifica-se irregularidade procedimental com prejuízo aos direitos das partes, suscetível de reconhecimento pelas instâncias judiciais superiores.

Outra norma de grande interesse é aquela constante no art. 11, § 10, da Lei das Eleições, que prescreve:

> "As condições de elegibilidade e as causas de inelegibilidade devem ser aferidas no momento da formalização do pedido de registro da candidatura, ressalvadas as alterações, fáticas ou jurídicas, supervenientes ao registro que afastem a inelegibilidade."

A lei estabelece aqui um importante marco temporal para aferição da elegibilidade dos candidatos, ao determinar que para esse fim seja considerada a data da formalização do pedido de registro. Excepciona-se a essa regra a data de referência para o cumprimento da idade mínima para a candidatura, que segundo o § 2º do art. 11 da Lei nº 9.504/97 será a data da posse do cargo disputado, ressalvando-se o caso da idade mínima de 18 anos, que deverá ser observada na data limite para formulação do pedido de registro. Assim, ao julgar o pedido de registro, o juiz toma por base a data em que foi protocolado o pedido, verificando o cumprimento das condições de elegibilidade e o afastamento das situações de inelegibilidade nesse momento do tempo.

Se, no entanto, surgirem, após o início do processo de registro, circunstâncias que acarretem prejuízo à elegibilidade do candidato, estas não serão apreciadas naquela ação, podendo, no entanto, se o caso, virem a ser apresentadas como óbice à

---
35. Ibidem, p. 381, nota 1.

expedição de diploma com base no art. 262 do Código Eleitoral. Assim, as situações supervenientes surgidas após a formulação do pedido de registro que prejudiquem a elegibilidade do candidato não serão examinadas no processo judicial de registro de candidatura.

Mas, em sentido inverso, as modificações fáticas que venham afastar situações de inelegibilidade podem e devem ser consideradas no julgamento do pedido de registro, por expressa determinação do art. 11, § 10, da Lei nº 9.504/97. Assim, por exemplo, se após o início do pedido de registro surge decisão judicial que suspenda os efeitos de condenação criminal até então geradora de situação de inelegibilidade do candidato, deverá o juiz eleitoral considerar a inovação fática no julgamento da candidatura, superando o óbice no julgamento do registro.

A jurisprudência do Tribunal Superior Eleitoral tem se dedicado à análise dos efeitos da regra legal citada no julgamento dos pedidos de registro de candidatura, notando-se a produção de várias súmulas que a interpretam. Assim é que a Súmula nº 43 esclarece, com pertinência, que a regra legal deve ser também aplicada para a apreciação das condições de elegibilidade, e não apenas para situações de inelegibilidade. Já as Súmulas nº 19 e 69 fixam o termo final de algumas hipóteses de inelegibilidade, sendo complementadas pelo teor da Súmula nº 70, que prescreve: "*O encerramento do prazo de inelegibilidade antes do dia da eleição constitui fato superveniente que afasta a inelegibilidade, nos termos do art. 11, § 10, da Lei nº 9.504/97*".

A Súmula nº 50 aplica o mesmo critério para o pagamento de multas eleitorais após a data do pedido de registro, mas antes de seu julgamento, determinando que o fato não gera ausência de quitação eleitoral que possa prejudicar o deferimento da candidatura.

7.1. Julgamento das chapas de candidatos majoritários

No julgamento do registro de candidatura dos candidatos aos cargos do Poder Executivo aplica-se a regra inscrita no art. 91 do Código Eleitoral, a estabelecer que se forma chapa uma e indivisível entre os candidatos aos cargos de titular e de vice. Disso decorre que não há candidatura de titular sem que o seu vice tenha sido registrado, ou seja: o indeferimento do registro de um inviabiliza o registro do outro, ainda que contra este não haja nenhuma dúvida a respeito da sua legibilidade.

O julgamento dos candidatos aos cargos majoritários e seus vices ou suplentes será feito individualmente, na mesma oportunidade.

7.2. Julgamento das candidaturas de candidatos proporcionais.

Os candidatos nas eleições proporcionais têm o julgamento do seu registro de candidatura realizado de maneira independente em relação aos demais integrantes da mesma chapa, ressalvada a apreciação do DRAP (Demonstrativo de Regularidade de Atos Partidários), anterior ao julgamento do registro individual, cuja irregularidade inviabilizará o registro de toda a chapa de candidatos proporcionais.

7.3. Prazo para o julgamento

A lei das Inelegibilidades estabelece estreitos prazos para a prolação de julgamento nos processos de registro de candidatura, tanto para o juiz eleitoral singular, no caso das eleições municipais, como para os tribunais, nos demais casos.

Com efeito, estabelece a Lei Complementar nº 64/90, após a apresentação das alegações finais o processo será remetido imediatamente ao Juiz ou Relator para julgamento (art. 7º). A partir daí o Juiz, nas eleições municipais, deverá apresentar a sentença em cartório no prazo de 3 (três) dias após a conclusão dos autos (art. 8º). Nas demais eleições, o Relator deverá providenciar o julgamento em 3 (três) dias após a apresentação de alegações finais, independentemente de publicação em pauta (art. 13).

8. RECURSOS

Cabe recurso contra a decisão que julga o registro de candidatura, cujo prazo para interposição é de 3 (três) dias. Algumas disposições muito específicas, porém, incidem na forma de contagem desse prazo.

Como visto no item anterior, há prazo, e curto, de 3 (três) dias, imposto ao juiz eleitoral para a prolação da decisão terminativa no processo de registro de candidatura. A partir dessa previsão a legislação fixou para o início de contagem de prazo recursal regras que podem mesmo prescindir da publicação da decisão recorrida. É o que se vê no *caput* do art. 8º da Lei das Inelegibilidades, a prescrever que "*o Juiz Eleitoral apresentará a sentença em cartório 3 (três) dias após a conclusão dos autos, passando a correr deste momento o prazo de 3 (três) dias para a interposição de recurso para o Tribunal Regional Eleitoral*". Essa inusitada disposição foi mitigada pela Súmula nº 10 do Tribunal Superior Eleitoral, assim redigida:

> "No processo de registro de candidatos, quando a sentença for entregue em cartório antes de três dias contados da conclusão ao juiz, o prazo para o recurso ordinário, salvo intimação pessoal anterior, só se conta do termo final daquele tríduo."

Assim, o início da contagem do prazo recursal para formulação de irresignação frente ao julgamento do pedido de registro depende do momento em que a sentença for produzida, desde o início da remessa dos autos à conclusão. Se for apresentada pelo juiz em menos de três dias, o prazo recursal inicia-se ao fim desse tríduo, independentemente de intimação; se, no entanto, a sentença vier após mais de três dias da conclusão dos autos, deverá ocorrer a intimação das partes para propiciar a formulação do recurso.

Em relação aos julgamentos proferidos pelos tribunais eleitorais, também devem ocorrer em prazo de três dias após a conclusão do processo ao Relator, em sessão de julgamento realizada independentemente de prévia publicação de pauta. Realizado o julgamento, conta-se o prazo recursal a partir da publicação do acórdão, que poderá ocorrer na própria sessão, hipótese em que o termo inicial é o dia seguinte ao da realização da sessão de julgamento.

Com essas observações, convém anotar que estão legitimadas para recorrer as partes e o Ministério Público Eleitoral, ainda que este tenha atuado apenas como fiscal da lei[36]. De resto, aquele que não participou do processo não tem legitimidade para recorrer, conforme o entendimento consagrado na Súmula nº 11 do C. TSE:

> "No processo de registro de candidatos, o partido que não o impugnou não tem legitimidade para recorrer da sentença que o deferiu, salvo se se cuidar de matéria constitucional."

Nesses termos, o autor de mera notícia de inelegibilidade não ostenta legitimidade recursal, porque sua atuação não se confunde com a de parte, mas essa mesma legitimidade é exibida pelo autor da ação de impugnação ao registro de candidatura. Partidos, coligações ou candidatos que deixaram de apresentar oportunamente a impugnação ao registro, embora estivessem legitimados para tanto, também não podem formular recurso contra o julgamento. A ressalva ao final da redação da súmula compreende a incidência na espécie do art. 259 do Código Eleitoral, que veicula regra muito particular do direito eleitoral.

No que toca às contrarrazões, têm igual prazo de 3 (três) dias. Prescreve o art. 8º, § 1º da Lei Complementar nº 64/90 que esse prazo passa a fluir da data em que seja protocolizado o recurso, sem mencionar a intimação do interessado. No entanto, as resoluções expedidas pelo Tribunal Superior Eleitoral têm estabelecido intimação do recorrido[37].

Aplicam-se, de resto, para os recursos em tela, além das regras especiais estabelecidas nas normas que regem o registro de candidatura, aquelas mais gerais, insertas no Código Eleitoral brasileiro.

O recurso cabível contra a decisão terminativa do pedido de registro proferida por juiz eleitoral, nas eleições municipais, é recorrível por meio de recurso ordinário, com efeito devolutivo pleno, a ser julgado pelo Tribunal Regional Eleitoral, em conformidade com as regras gerais dos artigos 265 e seguintes do Código Eleitoral.

O regime recursal das decisões proferidas pelos Tribunais Regionais Eleitorais está sujeito às regras estabelecidas no art. 276 do Código Eleitoral, e mais propriamente no art. 121, § 4º, da Constituição Federal, que prevê:

> "§ 4º – Das decisões dos Tribunais Regionais Eleitorais somente caberá recurso quando:
> I – forem proferidas contra disposição expressa desta Constituição ou de lei;
> II – ocorrer divergência na interpretação de lei entre dois ou mais tribunais eleitorais;
> III – versarem sobre inelegibilidade ou expedição de diplomas nas eleições federais ou estaduais;
> IV – anularem diplomas ou decretarem a perda de mandatos eletivos federais ou estaduais;
> V – denegarem *habeas corpus*, mandado de segurança, *habeas data* ou mandado de injunção."

A ideia é de que as decisões proferidas pelas Cortes Regionais sejam terminativas, com o esgotamento da atividade jurisdicional. No entanto, excepcionalmente serão ca-

---

36. Nesse sentido, dentre outros, é o julgamento proferido pelo Tribunal Superior Eleitoral nos autos do Agravo Regimental em Recurso Especial Eleitoral nº 17016-BA, Rel. Min. NAPOLEÃO NUNES MAIA, Rel. para o Acórdão Min. TARCISIO VIEIRA DE CARVALHO NETO, julg. em 06/09/2018, maioria de votos.
37. Nesse sentido: Resolução nº 23.455/2015, art. 54; Resolução nº 23.548/2017, art. 57, parágrafo único; Resolução nº 23.609/2019, art. 59, *caput*.

bíveis recursos ordinário e especial a serem apreciados pelo Tribunal Superior Eleitoral, na forma constitucionalmente prevista. Anote-se, já com vistas à disciplina inscrita no art. 276 do Código Eleitoral, que as hipóteses versadas nos incisos I e II do art. 121, § 4º, da Constituição Federal, podem ser conhecidas sob a forma de recurso especial, de formalidade mais estrita; as hipóteses indicadas nos incisos III, IV e V podem ser examinadas na forma de recurso ordinário.

Dos julgamentos proferidos pelo Tribunal Superior Eleitoral é cabível o recurso extraordinário, incidindo a previsão do art. 102, III, da Constituição Federal.

No que toca mais diretamente aos processos de julgamento de registro de candidatura, cabem as seguintes considerações:

a) nas eleições municipais (para os cargos de Prefeito, Vice-Prefeito e Vereador), sendo o processo julgado originariamente pelo Juiz Eleitoral, caberá recurso contra a sentença ao Tribunal Regional Eleitoral; contra o julgamento proferido pela Corte Regional caberá apenas recurso especial ao Tribunal Superior Eleitoral nas hipóteses dos incisos I e II do art. 121, § 4º, da Constituição Federal; o julgamento proferido pelo Tribunal Superior Eleitoral poderá ser desafiado apenas por recurso extraordinário;

b) nas eleições estaduais (para os cargos de Governador, Vice-Governador, Senador, Deputado Federal e Deputado Estadual), sendo o processo julgado originariamente pelo Tribunal Regional Eleitoral, será cabível recurso ordinário a ser conhecido pelo Tribunal Superior Eleitoral quando o julgamento versar sobre situação de inelegibilidade[38]; se o julgamento estadual tratar de outra fundamentação (cumprimento de condições de elegibilidade e condições formais) caberá apenas recurso especial ao Tribunal Superior Eleitoral nas hipóteses dos incisos I e II do art. 121, § 4º, da Constituição Federal[39]; o julgamento proferido pelo Tribunal Superior Eleitoral poderá ser desafiado apenas por recurso extraordinário;

c) nas eleições nacionais (para os cargos de Presidente e Vice-Presidente da República), sendo do Tribunal Superior Eleitoral a competência original para julgamento dos pedidos de registro, contra a decisão terminativa caberá apenas a interposição de recurso extraordinário, nas estritas hipóteses de cabimento previstas no texto constitucional.

9. PRAZO PARA JULGAMENTO NAS INSTÂNCIAS ORDINÁRIAS

O artigo 16, § 1º, da Lei nº 9.504/97, determina que "*todos os pedidos de registro de candidatos, inclusive os impugnados e os respectivos recursos, devem estar julgados pelas instâncias ordinárias, e publicadas as decisões a eles relativas*", até vinte dias antes das eleições.

---

38. Súmula nº 36 do C. TSE: "Cabe recurso ordinário de acórdão de Tribunal Regional Eleitoral que decida sobre inelegibilidade, expedição ou anulação de diploma ou perda de mandato eletivo nas eleições federais ou estaduais (art. 121, § 4º, incisos III e IV, da Constituição Federal)".
39. Confira-se a esse respeito, dentre outros, o precedente do C. TSE no Recurso Especial Eleitoral nº 596748-SP, Rel. Min. ARNALDO VERSIANI, Rel. designado Min. DIAS TOFFOLI, julg. em 30/09/2014.

Para o cumprimento dessa meta o § 2º do mesmo artigo prevê que os processos de registro terão prioridade sobre quaisquer outros, acenando ainda com possibilidade de representação contra o juiz eleitoral dirigida ao Tribunal Regional Eleitoral (art. 97) e representação ao Conselho Nacional de Justiça, tudo para fazer valer essa regra. Ainda em conformidade com o mesmo § 2º do art. 16, para assegurar o cumprimento do prazo os Tribunais poderão realizar sessões extraordinárias e convocar suplentes.

Considerando que os processos de registro de candidatura iniciam-se por volta do dia 15 de agosto, e que a marca de 20 dias antes das eleições ocorre por volta do dia 20 de setembro, constata-se que os prazos legais são ambiciosos. De qualquer forma, referem-se apenas ao esgotamento das instâncias ordinárias.

10. CANDIDATO SUB JUDICE

A Justiça Eleitoral tem como uma de suas características a celeridade de seus procedimentos. No entanto, a exiguidade do tempo a ela concedido para o processamento e julgamento dos pedidos de registro de candidatura torna muito difícil a conclusão do trabalho judicial antes da realização das eleições, o que traz indesejável dose de insegurança a todo o movimento eleitoral. De outro lado, o exercício dos direitos políticos, dentre os quais se insere o direito de candidatura, não pode ser afastado sem o prestígio ao primado constitucional do devido processo legal, nem se deve privar do cidadão o gozo de liberdade política tão intrinsecamente ligada à realização do ideal democrático sem assegurar-lhe o exercício de ampla defesa, com os meios e recursos a ela inerentes. O processo de registro de candidatura carrega consigo a realização concreta da democracia, no que toca ao exercício pelo eleitor dos seus direitos políticos passivos. Muito embora seja desejável que se desenvolva com grande velocidade, de modo a emprestar mais firmeza a todo o processo eleitoral, para alcançar esse desiderato não se deve sacrificar a imprescindível prerrogativa, entregue a cada cidadão pela carta constitucional, de candidatar-se nas eleições de escolha dos representantes políticos.

Na realidade política brasileira é comum a formulação de impugnação de registro de candidatura, mesmo quando se sabe que não há razão que a ampare. Ao mesmo tempo, é igualmente comum que um candidato sabidamente incapaz de concorrer seja apresentado como candidato às eleições. Faz parte, de certa forma, do jogo político, a despeito de revelarem atitudes egoístas, dissociadas da busca do bem comum.

O espinhoso tema é tratado nos artigos 16-A e 16-B da Lei nº 9.504/97, assim redigidos:

> "Art. 16-A. O candidato cujo registro esteja sub judice poderá efetuar todos os atos relativos à campanha eleitoral, inclusive utilizar o horário eleitoral gratuito no rádio e na televisão e ter seu nome mantido na urna eletrônica enquanto estiver sob essa condição, ficando a validade dos votos a ele atribuídos condicionada ao deferimento de seu registro por instância superior.
>
> Parágrafo único. O cômputo, para o respectivo partido ou coligação, dos votos atribuídos ao candidato cujo registro esteja sub judice no dia da eleição fica condicionado ao deferimento do registro do candidato.

Art. 16-B. O disposto no art. 16-A quanto ao direito de participar da campanha eleitoral, inclusive utilizar o horário eleitoral gratuito, aplica-se igualmente ao candidato cujo pedido de registro tenha sido protocolado no prazo legal e ainda não tenha sido apreciado pela Justiça Eleitoral."

As regras assim estatuídas prestigiam o direito de candidatura, e asseguram ao candidato impugnado o direito de fazer sua divulgação política, utilizando todos os meios para tal disponibilizados na legislação eleitoral, podendo inclusive participar dos horários de propaganda eleitoral em rede de rádio e televisão. Além disso, tem assegurado o direito de ter seu nome inserido na urna eletrônica.

Tais direitos permanecem até o final do processo judicial de análise do registro de candidatura. Apenas após o fim da tramitação do pedido de registro, ou seja, após o esgotamento de todas as instâncias judiciais cabíveis, é que a candidatura não estará mais *sub judice*, assumindo definitivamente a condição de deferida ou indeferida.

Importante acréscimo na interpretação do art. 16-A ocorreu com o julgamento, pelo Tribunal Superior Eleitoral, do Registro de Candidatura nº 060090350-DF, em que figurava como candidato impugnado o ex-Presidente da República Luiz Inácio Lula da Silva. Da ementa do julgamento extraem-se as seguintes passagens, que refletem o entendimento mais atual da matéria:

> "10. Desde o julgamento do ED-REspe nº 139-25, o Tribunal Superior Eleitoral conferiu alcance mais limitado à expressão "registro sub judice" para fins de aplicação do art. 16-A da Lei nº 9.504/1997, fixando o entendimento de que a decisão colegiada do TSE que indefere o registro de candidatura já afasta o candidato da campanha eleitoral.
>
> 11. Impugnações julgadas procedentes. Reconhecimento da incidência da causa de inelegibilidade noticiada. Registro de candidatura indeferido. Pedido de tutela de evidência julgado prejudicado.
>
> 12. Tendo esta instância superior indeferido o registro do candidato, afasta-se a incidência do art. 16-A da Lei nº 9.504/1997. Por consequência, (i) faculta-se à coligação substituir o candidato, no prazo de 10 (dez) dias; (ii) fica vedada a prática de atos de campanha presidencial pelo candidato cujo registro vem de ser indeferido; e (iii) determina-se a retirada do nome do candidato da programação da urna eletrônica."[40]

A nova orientação jurisprudencial determina que o esgotamento da jurisdição eleitoral, para efeito da manutenção do **status** de *sub judice* da candidatura impugnada, dá-se com o julgamento proferido pelo Tribunal Superior Eleitoral. Para esse fim nem mesmo a interposição de embargos declaratórios é capaz de prorrogar os direitos do candidato, que já é considerado com o registro indeferido para todos os efeitos cabíveis.

De outro lado, também o trânsito em julgado de decisão que conceda ou negue o registro de candidatura inscreve um ponto final no processo, estabilizando a situação de elegibilidade do candidato, bem como o seu direito a permanecer ou não em campanha eleitoral.

---

40. Tribunal Superior Eleitoral, Registro de Candidatura nº 060090350-DF, Rel. Min. LUIS ROBERTO BARROSO, julg. em 01/09/2018, maioria de votos.

10.1. Validade dos votos do candidato sub judice

Estabelece o art. 16-A da Lei nº 9.504/97 que a validade da votação atribuída ao candidato *sub judice* fica condicionada ao deferimento de seu registro por instância superior. O parágrafo único do mesmo dispositivo, dirigido às eleições proporcionais, esclarece que os votos somente serão contados a favor do partido no caso de ser deferido o registro pelas instâncias judiciais superiores.

No momento da apuração a Justiça Eleitoral tem computado como válidos os votos atribuídos a candidatos que, no momento da votação, ostentassem condição de registro deferido, ainda que sem trânsito em julgado. Em outro sentido, considera inválidos (nulos) os votos dirigidos a candidato que no dia da eleição tenha o *status* de indeferido, ainda que com recurso a pender de apreciação pelas cortes eleitorais. Apenas com o final dos processos de julgamento, alcançando-se o trânsito em julgado ou o julgamento definitivo pelo Tribunal Superior Eleitoral, é que a validade da votação será conhecida definitivamente. Assim, se o julgamento final acarretar alteração do *status* vigente no momento da votação, será necessária uma nova contagem de votos, com os eventuais efeitos dela decorrentes sobre o resultado do pleito.

No que toca às eleições proporcionais, o teor das disposições legais inseridas na Lei das Eleições afastou a aplicação do comando do art. 175, § 4º do Código Eleitoral, que ditava a validação da votação atribuída a candidato inelegível em favor do seu partido, se o indeferimento ocorresse após as eleições. Os votos do candidato que tiver o registro indeferido não serão mais contabilizados em favor de seu partido, para efeito de distribuição das vagas proporcionais[41].

No caso das eleições majoritárias, estabelece a atual redação do art. 224, § 3º, do Código Eleitoral, que o efeito do julgamento definitivo que venha a indeferir o registro de candidato até então considerado eleito será a realização de novas eleições, "*independentemente do número de votos anulados*".

11. SUBSTITUIÇÃO DE CANDIDATOS

Estabelece o art. 13 da Lei nº 9.594/97 que "*É facultado ao partido ou coligação substituir candidato que for considerado inelegível, renunciar ou falecer após o termo final do prazo do registro ou, ainda, tiver seu registro indeferido ou cancelado*". Constam, ainda, nas regras inscritas nesse artigo que a substituição poderá ser requerida após a data final para formalização de pedido de registro (15 de agosto), desde que o pedido seja formulado até 10 (dez) dias após a ocorrência do fato que a gerou. No caso de decisão judicial que reconheça inelegibilidade do candidato substituído, o prazo será contado a partir da respectiva intimação.

Tanto para as eleições majoritárias como para as proporcionais há uma data limite a partir da qual não mais poderá ser requerida a substituição, ressalvada a hipótese de

---

41. Nesse sentido pode-se conferir o julgamento proferido pelo TSE nos autos do Agravo Regimental no Mandado de Segurança nº 403463-AP, Rel. Min. HAMILTON CARVALHIDO, Rel. designado Min. MARCELO RIBEIRO, julg. em 15/12/2010, maioria de votos.,

falecimento. O pedido de substituição poderá ser formulado até 20 (vinte) dias antes da realização do pleito. Nestes casos há, portanto, uma duplicidade de prazos a ser observada cumulativamente: até 10 dias após o fato; até 20 dias antes da data das eleições. No caso de falecimento o candidato poderá ser substituído a qualquer tempo antes das eleições, desde que o pedido seja formulado em até 10 (dez) dias após o óbito.

A escolha do substituto será feita na forma do estatuto do partido, ressalvando-se que, de acordo com o art. 13, § 2º, da Lei das Eleições, o candidato majoritário que concorre por coligação partidária terá o substituto indicado por *"decisão da maioria absoluta dos órgãos executivos de direção dos partidos coligados, podendo o substituto ser filiado a qualquer partido dela integrante, desde que o partido ao qual pertencia o substituído renuncie ao direito de preferência"*.

É importante destacar que no caso das chapas proporcionais de candidatos a substituição não poderá afetar o cumprimento da cota de gênero, sob pena de indeferimento.

De resto, com a formulação de pedido de registro de candidato substituto inicia-se novamente o processo de registro, que passará por todas as formalidades já vistas até seu final julgamento, passando também pela possibilidade de impugnação, como nos demais casos.

12. REFERÊNCIAS

VELLOSO Carlos Mário da Silva; AGRA, Walber de Moura. *Elementos de Direito Eleitoral*. 2ª edição revista e atualizada São Paulo: Saraiva, 2010.

COSTA, Adriano Soares da. *Instituições de Direito Eleitoral Volume 1*. 9ª ed. Revista e ampliada. Belo Horizonte: Forum, 2013.

SILVA, José Afonso da. *Curso de Direito Constitucional Positivo*. 28ª edição revista e atualizada. São Paulo: Malheiros, 2007.

TAVARES, André Ramos. *Curso de Direito Constitucional*. São Paulo: Saraiva, 2002.

PROPAGANDA ELEITORAL

Arthur Luis Mendonça Rollo

Doutor e mestre em direito pela PUC-SP. Professor de direito eleitoral nos cursos de pós-graduação da Escola Paulista de Direito – EPD, da Escola Judiciária Eleitoral do TRE-SP e do Instituto Damásio da Faculdade IBEMEC. Palestrante convidado por diversos Tribunais eleitorais, inclusive para cursos de formação de juízes eleitorais. Autor de livros e artigos em direito eleitoral. Advogado na área eleitoral há 22 anos. Ex-Secretário Nacional do Consumidor do Ministério da Justiça e Segurança Pública.

Sumário: 1. Conceito de propaganda eleitoral – 2. Ilicitude da propaganda eleitoral quanto ao tempo; 2.1. Proibição de outdoors na pré-campanha; 2.2. Adesivos, faixas e outros impressos na pré-campanha; 2.3. Convenções e prévias; 2.4. Divulgação de atos parlamentares e propaganda institucional dos órgãos públicos; 2.5. Propaganda antecipada negativa; 2.6. Propaganda antecipada em festa de aniversário – equiparada a showmício; 2.7. Realização de encontros, seminários ou congressos; 2.8. Demonstração do prévio conhecimento do candidato beneficiário.; 2.9. Propaganda eleitoral veiculada após o período permitido; 2.10. Manifestação individual da vontade no dia da eleição – 3. Ilicitude da propaganda eleitoral quanto à forma; 3.1. Características gerais da propaganda eleitoral; 3.2. Comícios e reuniões em recinto aberto ou fechado; 3.3. Decoração das fachadas das sedes dos partidos e dos comitês; 3.4. Alto-falantes, amplificadores de som, carros de som e minitrios; 3.5. Proibição de brindes; 3.6. Propaganda eleitoral em bens públicos; 3.7. Propaganda eleitoral em bens particulares; 3.8. Propaganda eleitoral mediante distribuição de folhetos, volantes e outros impressos; 3.9. Proibição de outdoors; 3.10. Propaganda eleitoral na imprensa escrita; 3.11. Propaganda eleitoral na internet; 3.12. Propaganda eleitoral no rádio e na televisão e condutas vedadas a tais veículos; 3.12.1. Debates; 3.13. Permissão de paródias na propaganda eleitoral – 4. Propaganda eleitoral irregular quanto à origem dos recursos – 5. Poder de polícia na propaganda eleitoral; 5.1. Poder de polícia, remoção de conteúdo e requisição de dados eletrônicos na internet – 6. Referências

1. CONCEITO DE PROPAGANDA ELEITORAL

A propaganda eleitoral decorre da liberdade de manifestação de pensamento, prevista no art. 220 da Constituição Federal. Trata-se de um direito humano e fundamental, porque receber o conteúdo de propaganda eleitoral é direito de todos indistintamente, e aqueles que não têm seus direitos políticos suspensos também têm o poder de realizar a propaganda eleitoral e, dessa forma, de participar da política nacional.

Na lição de Joel José Cândido:

"Propaganda Política é gênero; propaganda eleitoral, propaganda intrapartidária e propaganda partidária são espécies desse gênero. Propaganda Eleitoral ou Propaganda Política Eleitoral é uma forma de captação de votos usadas pelos partidos políticos, coligações ou candidatos, em época determinada por lei, através da divulgação de suas propostas, visando à eleição de cargos eletivos."[1]

---

1. Em *Direito Eleitoral Brasileiro*. 11ª ed. 3ª tir.p. 149.

A propaganda eleitoral é espécie de propaganda política, porque enquanto a propaganda política engloba a propaganda partidária, que divulga as ações, os eventos e os ideários do partido, a propaganda eleitoral busca diretamente o voto do eleitoral, nominal no candidato ou de legenda. Não se confunde, em absoluto, com a publicidade, porque esta visa aproximar consumidores de produtos e serviços disponibilizados no mercado pelos fornecedores. A propaganda eleitoral não vende nada, nem o partido e nem o candidato. Busca o apoio e o voto dos eleitores, com base na difusão de suas ideias e opiniões, que a eles sejam simpáticas.

Conforme já dissemos em artigo publicado na "Revista do Advogado" n° 138:

> *"A propaganda eleitoral consiste na modalidade de manifestação de pensamento através da qual partidos, coligações e candidatos pedem diretamente o voto do eleitor, com vistas às eleições. Trata-se de espécie de propaganda política, juntamente com a propaganda intrapartidária e a propaganda partidária, e costumeiramente está associada à divulgação de ideias, opiniões, princípios, pensamentos, propostas e teorias, visando captar a simpatia do eleitor.*
>
> *A propaganda eleitoral visa distinguir o candidato, o partido e a coligação postulantes dos demais, mediante o destaque de suas ideias, propostas, teses, qualidades e aptidões, e também pode desmerecer seus adversários, ressaltando suas deficiências e características que os desfavoreçam. Implica certamente o convite à reflexão e ao cotejo de características dos postulantes para a elaboração do voto, dentro da consciência de cada eleitor. Sua realização está protegida pelo art. 220 da Constituição Federal (CF), desde que devidamente identificada e feita sob a responsabilidade dos partidos, coligações ou candidatos."*[2]

Divulgar amplamente as ideias dos candidatos, partidos e coligações é medida fundamental para assegurar a democracia, estabelecida pelo art. 1°, parágrafo único da Constituição Federal, porque apenas tem condição de chegar ao poder, sobretudo na nossa atual sociedade de massa, aquele que tem amplas formas de se tornar conhecido perante o eleitorado. Ainda que se saiba que algumas formas de propaganda eleitoral sejam consideradas antigas e ambientalmente incorretas, nem todos os meios de propaganda eleitoral digital são acessados por todos os eleitores. Sobretudo nas regiões mais remotas de nosso país, o sinal de internet ainda é precário e o acesso do eleitor dificultoso.

Enquanto o acesso à internet a todos não for assegurado, como piso vital mínimo para os brasileiros, as formas de propaganda eleitoral tradicionais, por meio de panfletos, volantes e outros impressos, assim como por adesivos e bandeiras deverá ser tolerada, sob pena de inviabilizar o acesso de muitos candidatos às campanhas. Restrições na propaganda eleitoral só beneficiam aqueles que já estão no Poder, muitas vezes mantendo contato com o eleitorado facilitado pelos recursos públicos de seus cargos, e também aqueles que, mercê das suas profissões, têm maior exposição e contato com o público, como locutores, apresentadores e artistas, por exemplo.

Ao longo dos últimos pleitos, houve o crescimento das restrições aos meios de propaganda eleitoral, como se atrapalhassem a vida do eleitor e prejudicassem a estética urbana. Ainda que, quando utilizados de forma contrária à legislação eleitoral, meios de propaganda eleitoral possam poluir e prejudicar o dia a dia dos eleitores, a função da propaganda eleitoral é fazer com que os eleitores saibam quem são os candidatos, quais

---

2. Em "ROLLO, Arthur. A propaganda eleitoral antecipada Revista da Associação dos Advogados de São Paulo, n. 138, junho de 2018, p. 40-41.

são suas propostas, seus méritos e suas ações passadas, de forma que sejam escolhidos os mais capazes para representar, decidir e fazer o que é melhor para a população. Quanto menos propaganda eleitoral, menos informação para o eleitor que, naturalmente, vai escolher pior. Não adianta um grande número de candidatos, se as candidaturas não chegam, de forma ampla, ao conhecimento dos eleitores.

A propaganda eleitoral é fundamental ao pleno exercício da liberdade de escolha dos eleitores. Quando ela é correta, clara e precisa influencia o eleitor para o bem. Do contrário, ela engana os eleitores e vicia sua escolha.

Como já dissemos:

"A propaganda eleitoral ampla é a arma de que dispõe o candidato para tornar-se conhecido perante o eleitorado."[3]

Propagandas eleitorais notoriamente enganosas, que são aquelas que prometem aquilo que não corresponde às atribuições dos cargos em disputa, e notoriamente abusivas, que exploram o medo, a crença e abusam da deficiência de julgamento dos mais humildes, devem ser freadas pela Justiça Eleitoral, sob a provocação das coligações, partidos e candidatos adversários e do Ministério Público.

A propaganda eleitoral tem tempo certo, porque só pode ser veiculada a partir de 16 de agosto dos anos eleitorais e não pode ocorrer no dia da eleição, e tem formas prescritas em lei, que devem ser financiadas com recursos do próprio candidato, repassados pelos partidos ou recebidos de doações de pessoas físicas.

Bem por isso, classificamos a ilicitude da propaganda eleitoral em: quanto ao tempo, quanto à forma e quanto à origem dos recursos.

2. ILICITUDE DA PROPAGANDA ELEITORAL QUANTO AO TEMPO

A propaganda eleitoral só pode acontecer a partir do dia 16 de agosto dos anos eleitorais e, no que diz respeito àquela que implique na realização de despesas, desde que já tenha sido obtido o CNPJ de campanha, aberta a conta corrente e arrecadados os recursos, porque a data da despesa é a da contratação e não a do pagamento[4].

Atendidos esses pressupostos, a propaganda eleitoral pode ser realizada, nas formas permitidas pela legislação eleitoral. Qualquer modalidade de propaganda eleitoral, ainda que expressamente autorizada pela legislação, quando realizada antes do dia 16 de agosto do ano eleitoral é ilícita quanto ao tempo, considerada "propaganda eleitoral antecipada".

Nenhum candidato pode queimar a largada, porque existem as regras eleitorais que têm por objetivo igualar, dentro do quanto possível, as condições de disputa entre os candidatos.

---

3. Em "ROLLO, Arthur. A propaganda eleitoral antecipada Revista da Associação dos Advogados de São Paulo, n. 138, junho de 2018, p. 44.
4. O §2º do art. 36 da Resolução TSE nº 23.607, que dispõe sobre a os gastos nas eleições, permite que as despesas destinadas à instalação física ou de página de internet de comitês de campanha de candidatos e de partidos políticos poderão ser contratadas a partir da data da realização da convenção partidária, para pagamento futuro.

Em tempos não tão distantes, a legislação eleitoral proibia que o pré-candidato, antes do início da propaganda eleitoral, falasse da sua intenção de ser candidato, dissesse o que fez no passado, suas propostas futuras e seus méritos e qualidades pessoais. A conjugação desses elementos configurava a propaganda eleitoral antecipada punível com multa pela lei eleitoral. Com isso, criou-se a hipocrisia de todos saberem quem seriam os futuros candidatos, sem que eles próprios pudessem manifestar claramente suas próprias intenções.

A Lei n° 13.165, de 29 de setembro de 2015, condicionou a configuração da propaganda eleitoral antecipada ao pedido direto de voto, por esse entendido o "vote em mim". Além do pedido de voto clássico, o TSE já reputou configurado o pedido de voto direto diante do emprego de "palavras mágicas" como "apoiam" e "elejam". Nesse sentido o precedente:

> "5. Na linha da jurisprudência deste Tribunal Superior, "o pedido explícito de votos pode ser identificado pelo uso de determinadas 'palavras mágicas', como, por exemplo, 'apoiem' e 'elejam', que nos levem a concluir que o emissor está defendendo publicamente a sua vitória" (AgR–AI 29–31, rel. Min. Luís Roberto Barroso, DJE de 3.12.2018). Ademais, esta Corte já teve a oportunidade de manter a multa aplicada em face de propaganda eleitoral antecipada quando o pedido de votos foi veiculado em evento partidário de livre acesso ao público em geral, tal qual ocorreu, no caso, em decorrência da transmissão ao vivo na internet. Nesse sentido: AgR–REspe 70–65, rel. Min. João Otávio de Noronha, DJE de 15.4.2015.
> 6. Na espécie, o Tribunal Regional Eleitoral concluiu pela configuração de propaganda eleitoral antecipada por entender que o agravante, de maneira explícita e sem margem de dúvida, pediu votos para si e para outros pré–candidatos ao pronunciar, em discurso proferido durante evento de apresentação de pré–candidaturas do partido Solidariedade (SD), os seguintes dizeres, transcritos no aresto recorrido: "(...) Espero que todos vocês transformem isso em voto, viu? Claro que não só pra Helena... Vocês lembrem do cristão que tá aqui [apontando para si próprio], também do Aldo e de todo mundo (...)"."
> TSE, Embargos de Declaração no Agravo de Instrumento n° 060003326, Relator Ministro Sergio Silveira Banhos, j. 14/11/2019, DJE de 10/02/2020.

No caso acima submetido a julgamento, houve a utilização das expressões: "Espero que todos vocês transformem isso em voto, viu? Claro que não só pra Helena... Vocês lembrem do cristão que tá aqui (apontando para si próprio), também do Aldo e de todo mundo...", que foram consideradas pedido direto de voto.

A partir da modificação legislativa, mesmo as manifestações no sentido de que aquele pré-candidato é o mais apto ao exercício da função pública para a qual concorrerá, não são consideradas propaganda eleitoral antecipada, quando ausente o pedido direto de voto.

Nos termos da jurisprudência do TSE, o pedido de voto não pode ser implícito. Tem que ser expresso. Nesse sentido, o precedente:

> "Eleições 2016. Agravos regimentais. Recurso especial. Representação. Propaganda eleitoral antecipada. Art. 36-A da Lei n° 9.504/97. Pedido explícito de votos. Ausência. Súmula n° 30/TSE. Incidência. Desprovimento. 1. A veiculação de expressões e frases com clara intenção de promover a reeleição de candidato, mas sem pedido explícito de votos, não encontra vedação na norma. [...]" TSE, RESPE 2564, j. 7/2/2019, Relator Ministro Tarcísio Vieira de Carvalho Neto.

O art. 36-A, introduzido na Lei n° 9504/97 pela lei n° 13.165/2015, trouxe uma definição negativa de propaganda eleitoral antecipada, afirmando que ela não restará configurada quando não houver o "pedido explícito de voto", mesmo quando forem mencionados os méritos e qualidades pessoais do pré-candidato e a sua pré-candidatura.

Esse tipo de divulgação poderá ser feito na internet e, até mesmo, nas manifestações com a cobertura dos meios de comunicação social.

Não configuram a propaganda eleitoral antecipada: a participação de filiados a partidos políticos ou de pré-candidatos em entrevistas, programas, encontros ou debates no rádio, na televisão e na internet, mesmo com a exposição de plataformas e projetos políticos; a realização de encontros, seminários ou congressos, em ambiente fechado e às expensas dos partidos políticos, para tratar da organização da eleição; a realização de prévias partidárias, com a distribuição de material informativo dos nomes e qualificações dos participantes, facultados os debates entre esses; a divulgação de atos parlamentares e debates legislativos, destituídos do pedido de voto; a divulgação de posicionamento político pessoal nas redes sociais; a realização, às expensas do partido político, de reuniões para divulgar ideias, objetivos e propostas partidárias; campanhas de arrecadação através de vaquinhas virtuais.

De outro lado, o art. 36-B da Lei nº 9504/97 afirma que configura propaganda antecipada a convocação pelo Presidente da República e pelos Presidentes da Câmara dos Deputados, do Senado e do Supremo Tribunal Federal de redes de rádio e televisão para a divulgação de atos de propaganda política ou para ataques a partidos políticos, seus filiados e às instituições.

Com a limitação de gastos da campanha eleitoral e flexibilização da pré-campanha, que passou a punir como propaganda antecipada apenas o pedido direto de voto, alguns candidatos passaram a gastar pesado na pré-campanha, superando nessa fase até mesmo o valor total dos gastos permitido para a campanha eleitoral.

A fase, que é de engajamento, organização e treinamento da militância, passou a ser utilizada como antecipação dos gastos e dos contratos típicos da campanha eleitoral, o que denota abuso do poder econômico. Existe, até hoje, dúvida em relação aos limites da pré-campanha.

No final de 2019, quando do julgamento do Recurso Ordinário nº 060161619, em 10/12/2019, Acórdão publicado no DJE de 19/12/2019, Relator o Ministro Og Fernandes, o Tribunal Superior Eleitoral manteve a cassação do *diploma* da Senadora pelo Mato Grosso, Selma Arruda, por abuso do poder econômico, partindo das seguintes premissas consignadas no voto do Relator:

> *O presente caso traz a este Tribunal Superior discussões de suma importância para o entendimento do processo eleitoral brasileiro em sua inteireza.*
>
> *Com as sucessivas reformas eleitorais, o período eleitoral em sentido estrito ficou reduzido a apenas 45 dias.*
>
> *Antes desse período, contudo, já há um pujante processo eleitoral em curso que, ordinariamente, por limitações de diversas ordens, passa ao largo da fiscalização desta Justiça especializada.*
>
> *O legislador, que metrificou cada momento do período eleitoral, claudicou em detalhar a pré-campanha. A legislação existente é esparsa e lacunosa, o que torna ainda mais complexa a atividade jurisdicional a ser realizada. O pré-candidato, que é quase uma nota de rodapé na nossa legislação, é figura central de todo esse período prévio, que, para muitos, é mais importante que o próprio período eleitoral.*
>
> *Considerando apenas o ano da eleição, a matemática é simples: são 210 dias de pré-campanha contra 45 de período eleitoral propriamente dito. Nos autos do REspe nº 0600227-31/PE, de relatoria do Ministro*

Edson Fachin, em que enfrentamos o tema da propaganda eleitoral antecipada por meio de outdoor, alguns aspectos desse processo pré-eleitoral foram descortinados.

Rememoro que expus ao Plenário desta Corte impressões a respeito da possível fragilização dos inestimáveis bens jurídicos delegados pela Constituição Federal a esta Justiça especializada na hipótese de optarmos por uma atuação excessivamente tímida na fase pré-eleitoral.

Transcrevo, entre as observações que constaram do voto, premissas que têm pertinência com o caso julgado nestes autos: [...] existem, ainda, questões de ordem prática pelas quais é de se combater a antecipação indevida das campanhas. Como se sabe, o sistema legal e nosso sistema regulamentar de controle financeiro dos gastos eleitorais pressupõe o início do período eleitoral. É dizer, não há fiscalização contemporânea desses gastos, sejam eles realizados com recursos do Fundo Partidário, sejam com recursos de outras fontes.

Dessa forma, há a possibilidade de a propaganda eleitoral extemporânea veiculada por meio de artefato eleitoral ser inteiramente patrocinada por pessoa jurídica, pública ou privada, sem que sequer haja o conhecimento desta Justiça especializada.

No limite, até mesmo entidades estrangeiras podem financiar publicidade claramente eleitoral meses antes da eleição, que, mantida inalterada nossa jurisprudência, será considerada lícita, não recaindo sobre seus autores/beneficiários a necessidade de explicar a origem de seu financiamento.

Tal fato, por si só, fragiliza a accountability exigível dos atores do processo eleitoral. (AgR-REspe nº 0600227-31/PE, rel. Min. Edson Fachin, julgado em 9.4.2019, DJe de 1º.7.2019 – grifos no original) Ao final do voto, apresentei o cenário indesejável que vislumbrava: [...] aspecto deletério da atual interpretação dada ao art. 36-A, no que toca à produção de artefatos de propaganda, é o próprio antídoto disponível para apurar eventuais casos de abuso, qual seja, a Ação de Investigação Judicial Eleitoral (AIJE).

Isso porque, com a procedência dessas ações, o resultado será a indesejável alternância na chefia do executivo e/ou das casas legislativas, além da frustração de parte do eleitorado que espontaneamente votou no candidato cassado.

No ponto, permito-me fazer a seguinte comparação: a atuação tardia desta Justiça especializada se assemelharia à atuação do médico legista. Poder-se-ia chegar a uma boa investigação das causas que levaram ao óbito, mas a morte não seria evitada. (AgR-REspe nº 0600227-31/PE, rel. Min. Edson Fachin, julgado em 9.4.2019, DJe de 1º.7.2019 – grifos no original)

Como se verá a seguir, o caso discutido nestes autos digitais, em parte, diz respeito a supostas condutas ocorridas antes e durante o período eleitoral que, para o TRE/MT, além de anteciparem indevidamente o prélio, possuíram gravidade suficiente para cassar a chapa ao Senado mais votada no Estado de Mato Grosso."

Nas razões consignadas no voto majoritário foi citada a obtenção de empréstimo pessoal na pré-campanha, correspondente à metade do limite de gastos estipulado para a campanha, bem como a realização de diversas despesas próprias da campanha eleitoral, tais como a elaboração de adesivos, banners, faixas, jingles, cards, vídeos e áudios que foram impulsionados no Facebook, bem como diversas propagandas com o nome utilizado na urna "Juíza Selma Arruda" e com slogans da propaganda eleitoral da candidata, "coragem para lutar", que configuraram, no conjunto, verdadeira campanha extemporânea com recursos não contabilizados. Vale dizer, caixa 2.

Segundo o TSE, os gastos comprovados com despesas de publicidade na pré-campanha superaram quinze por cento do limite total de gastos com a campanha e foram utilizados nos eventos de pré-campanha e na divulgação da pré-candidatura na internet, desequilibrando a disputa. Esse precedente resultou na ementa, abaixo parcialmente transcrita:

ABUSO DO PODER ECONÔMICO. CONTRATAÇÃO DE EMPRESA DE PUBLICIDADE ANTES DO PERÍODO ELEITORAL. PRODUÇÃO DE MATERIAL DE PRÉ–CAMPANHA E DE CAMPANHA. CARACTERIZAÇÃO DO ILÍCITO. ART. 30–A DA LEI Nº 9.504/1997. PAGAMENTOS REALIZADOS À MARGEM DA CONTABILIDADE DA CAMPANHA. CAIXA DOIS. CASSAÇÃO DO DIPLOMA DE TODOS OS COMPONENTES DA CHAPA. DECLARAÇÃO DA INELEGIBILIDADE DOS DIRETAMENTE ENVOLVIDOS. NECESSIDADE DE REALIZAÇÃO DE NOVAS ELEIÇÕES NA MODALIDADE DIRETA. ASSUNÇÃO PROVISÓRIA DA CHAPA QUE OBTEVE A TERCEIRA COLOCAÇÃO. IMPOSSIBILIDADE. EXECUÇÃO DO ACÓRDÃO CONDENATÓRIO COM SUA PUBLICAÇÃO. QUEBRA INDEVIDA DO SIGILO BANCÁRIO DA SEGUNDA SUPLENTE. AUSÊNCIA DE PREJUÍZO. PROVIMENTO PARCIAL DO RECURSO PARA DETERMINAR A EXCLUSÃO DOS DOCUMENTOS DOS AUTOS. ...

2. É admitida a propositura de ação que vise a apurar os ilícitos descritos no art. 30–A da Lei nº 9.504/1997 antes mesmo do pleito, considerando que não há indicação, no texto legal, do termo inicial para seu ajuizamento. ...

6. A propaganda eleitoral antecipada massiva, mesmo que não implique violação explícita ao art. 36–A da Lei nº 9.504/1997, pode caracterizar ação abusiva, sob o viés econômico, a ser corrigida por meio de ação própria.

7. A produção de farto material de pré–campanha e de campanha, no período imediatamente anterior ao eleitoral e com o investimento de grande quantia de dinheiro, caracteriza o abuso do poder econômico descrito no art. 22, XIV, da LC nº 64/1190 e, por consequência, implica a cassação de todos os beneficiários bem como a decretação da inelegibilidade dos diretamente envolvidos, porquanto possui gravidade capaz de comprometer a lisura do pleito. ...

9. A Justiça Eleitoral realiza a glosa das condutas praticadas por determinado candidato quando em desacordo com o ordenamento jurídico estabelecido, não sendo devida a realização de juízo a respeito de eventuais condutas abusivas praticadas por outros candidatos que não integraram a relação processual.

Reafirmando sua própria jurisprudência, o TSE disse que, ainda que os atos de pré-campanha não contenham pedido direto de voto e, por isso, não configurem a propaganda antecipada punível com multa, poderá restar verificado o abuso do poder econômico na realização de despesas próprias da campanha eleitoral em período vedado.

Muito embora a lei eleitoral não tenha dado com clareza os limites da pré-campanha eleitoral, se a finalidade foi reduzir os gastos e o período de campanha a quarenta e cinco dias, não há sentido em deixar que os pré-candidatos se divulguem antes de 16 de agosto, fazendo amplos gastos não contabilizados e não sujeitos a controle. O TSE afirmou nesse precedente que a representação do art. 30-A da Lei nº 9504/97 pode ser proposta antes mesmo do registro da candidatura. Vale dizer, se o candidato queimar a largada e vier a realizar gastos vultosos e despesas próprias da campanha eleitoral[5] na pré-campanha, poderá sofrer ação por abuso antes mesmo de ter requerido o registro da candidatura.

A rigor a pré-campanha é fase preparatória e não de consumação da campanha eleitoral. É época de angariar apoiadores, de planejar e organizar a campanha eleitoral, com a ajuda e mediante o pagamento das despesas pelos partidos políticos. Os gastos pessoais do pré-candidato devem ser esporádicos e de pouco valor.

---

5. Os gastos eleitorais estão definidos pelo art. 26 da Lei nº 9504/97 e compreendem, por exemplo: a confecção de material impresso, aluguel de locais para a promoção de atos de campanha, despesas de transporte e deslocamento do candidato e de seus cabos eleitorais, despesas com funcionamento de comitês eleitorais, remuneração de cabos eleitorais, realização de pesquisas e testes pré-eleitorais

O pré-candidato pode fazer amplo uso da internet para divulgar suas ideias, seu currículo, suas propostas e, até mesmo, para pedir apoio e dizer-se pré-candidato. Pode fazer vídeos e "lives", participar de entrevistas no rádio e na televisão, organizar encontros, seminários e reuniões fechadas de organização da campanha eleitoral de preparação de candidatos, desde que as despesas correspondentes sejam pagas pelo partido. Pode mandar mensagens no Whatsapp e demais aplicativos de mensagens instantâneas para seus amigos, contatos e grupos. Nesse sentido decidiu o TSE que não configura propaganda antecipada o pedido direto de voto formulado em grupo de Whatsapp, para número restrito de pessoas:

> "3. Existe na espécie certo conflito entre bens jurídicos tutelados pelo ordenamento jurídico de um lado, a igualdade de oportunidade entre os candidatos e, de outro, a liberdade de expressão e opinião do cidadão eleitor (liberdade comunicativa), de modo que a atividade hermenêutica exige, por meio da ponderação de valores, o reconhecimento de normas carregadas com maior peso abstrato, a ensejar, por consequência, a assunção por uma delas, de posição preferencial, como é o caso da liberdade de expressão.
>
> 4. Dada a sua relevância para a democracia e o pluralismo político, a liberdade de expressão assume uma espécie de posição preferencial (preferred position) quando da resolução de conflitos com outros princípios constitucionais e direitos fundamentais.
>
> 5. Quando o enfoque é o cidadão eleitor, como protagonista do processo eleitoral e verdadeiro detentor do poder democrático, não devem ser, a princípio, impostas limitações senão aquelas referentes à honra dos demais eleitores, dos próprios candidatos, dos Partidos Políticos e as relativas à veracidade das informações divulgadas (REspe n° 29-49, Rel. Min. Henrique Neves da Silva, DJe de 25.8.2014).
>
> 6. As mensagens enviadas por meio do aplicativo Whatsapp não são abertas ao público, a exemplo de redes sociais como o Facebook e o Instagram. A comunicação é de natureza privada e fica restrita aos interlocutores ou a um grupo limitado de pessoas, como ocorreu na hipótese dos autos, o que justifica, à luz da proporcionalidade em sentido estrito, a prevalência da liberdade comunicativa ou de expressão.
>
> 7. Considerada a posição preferencial da liberdade de expressão no Estado democrático brasileiro, não caracterizada a propaganda eleitoral extemporânea porquanto o pedido de votos realizado pela recorrente em ambiente restrito do aplicativo Whatsapp não objetivou o público em geral, a acaso macular a igualdade de oportunidade entre os candidatos, mas apenas os integrantes daquele grupo, enquanto conversa circunscrita aos seus usuários, alcançada, nesta medida, pelo exercício legítimo da liberdade de expressão.
>
> 8. Consignada pelo Tribunal de origem a possibilidade em abstrato de eventual "viralização" instantânea das mensagens veiculadas pela recorrente, ausente, contudo, informações concretas, com sólido embasamento probatório, resultando fragilizada a afirmação, que não pode se amparar em conjecturas e presunções.
>
> Recurso especial eleitoral a que se dá provimento para julgar improcedente a representação por propaganda eleitoral extemporânea e, por conseguinte, afastar a sanção de multa aplicada na origem." TSE, RESPE n° 13351, Relatora Ministra Rosa Weber, j. 07/05/2019, DJE de 15/08/2019, p. 51-52.

Nos termos do precedente acima, mensagens veiculadas em grupo de Whatsapp para número restrito de pessoas configuram legítimo exercício da liberdade de expressão e não ilícito eleitoral punível, sob a forma de propaganda eleitoral antecipada. Diferente seria se o conteúdo do pedido direto de voto "viralizasse", ou seja deixasse os limites do grupo para atingir número indeterminado de pessoas na internet.

A limitação ao exercício da liberdade de expressão deve ser excepcional e só se justifica quando estiver em claro confronto com a preservação da condição de igualdade entre os candidatos. A veiculação de pedido direto de voto para número restrito de interlocutores não justifica a limitação da liberdade de expressão, pois não tem o potencial de desequilibrar a disputa.

A internet, mercê do seu baixo custo e alcance, é amplamente utilizada não só na pré-campanha como também na campanha eleitoral. Sua utilização na pré-campanha, desde que ausente o pedido direto de voto, está permitida e a jurisprudência eleitoral vem reforçando essa permissão. Isso ocorreu, por exemplo, quando do julgamento, pelo TSE, do Agravo Regimental em Recurso Especial Eleitoral n° 060088630, Relator Ministro Jorge Mussi, j. 01/10/2019, DJE de 19/11/2019, onde restou decidido que:

> *"AGRAVO. RECURSO ESPECIAL. ELEIÇÕES 2018. REPRESENTAÇÃO. PROPAGANDA EXTEMPORÂNEA. PRÉVIAS PARTIDÁRIAS. CONVOCAÇÃO. MEIO PERMITIDO ANTES E DURANTE A CAMPANHA. TWITTER. LICITUDE. PROMOÇÃO PESSOAL. INEXISTÊNCIA. DESPROVIMENTO.*
>
> *1. A teor da jurisprudência desta Corte Superior definida para as Eleições 2018, caracteriza propaganda eleitoral extemporânea (arts. 36 e 36-A da Lei 9.504/97) a hipótese em que, embora inexista pedido explícito de votos, a mensagem contenha promoção pessoal do pretenso candidato e tenha sido veiculada por meio vedado durante a campanha. Nesse sentido, REspe 0600227-31/PE, Rel. Min. Edson Fachin, sessão de 9/4/2019, com ressalva de entendimento deste Relator.*
>
> *2. Na espécie, conforme a moldura fática do aresto a quo, tem-se que o segundo agravado limitou-se a noticiar, em sua página na rede social Twitter, as convenções partidárias que seriam realizadas pela respectiva legenda, contendo dizeres como "acompanhe ao vivo nas redes" e "participe da convenção partidária" e a hashtag #VemCapi.*
>
> *3. Ainda que o teor da hashtag denote promoção pessoal, o meio pelo qual veiculada é permitido no curso da campanha, encontrando guarida no art. 57-B, IV, da Lei 9.504/97. Nesse sentido, envolvendo hipótese similar, o AgR-REspe 0601418-14/PE, de minha relatoria, sessão de 15/8/2019.*
>
> *4. Considerando o entendimento firmado acerca do tema, não há falar no caso em propaganda eleitoral antecipada.*
>
> *5. Agravo regimental desprovido."*

Ainda que a hashtag veiculada no Twitter denote promoção pessoal do pré-candidato, incentivar o acompanhamento ao vivo de convenção não configura propaganda eleitoral antecipada, porque prestigia-se, na dúvida, a liberdade de expressão.

Punição

A propaganda eleitoral antecipada é punida com multa, no valor de R$5.000,00 (cinco mil) a R$25.000,00 (vinte e cinco mil reais) ou equivalente ao custo da propaganda, o que for maior. Não existe solidariedade na imposição da multa e também não cabe sua redução pelo aplicador[6]. Sendo vários os responsáveis, cada um deles será apenado individualmente, com a multa mínima de R$5.000,00 (cinco mil reais).

A aplicação da multa não impede, nos casos de abusos, que a mesma conduta seja apurada também sob esse prisma, em sede de representação do art. 22 da LC n° 64/90.

---

6. Nesse sentido decidiu o TSE, por exemplo, no julgamento do AgR-AI n° 7.826, Relator Ministro Joaquim Barbosa, DJE de 24/6/2009.

2.1. Proibição de outdoors na pré-campanha

De forma geral, existe entendimento doutrinário e jurisprudencial de que se a forma da propaganda eleitoral não é permitida nem mesmo no período regular da campanha, ou seja, a partir de 16 de agosto, muito menos será permitida durante a pré-campanha.

Outdoors entram nesse raciocínio porque são proibidos inclusive no período eleitoral, mercê de seu custo e de seu impacto visual na campanha. Justamente por isso, o conceito de outdoor foi sendo modificado ao longo dos anos para reduzir suas dimensões, até o presente momento em que se considera outdoor qualquer artefato de propaganda com dimensões superiores a 4m².

O TSE, ao julgar outdoors da pré-campanha do Presidente Jair Bolsonaro, divulgados por seus apoiadores, houve por bem proibi-los, mesmo sem qualquer alusão a pedidos diretos de votos:

> "ELEIÇÕES 2018. RECURSO INOMINADO. REPRESENTAÇÃO. PROPAGANDA ELEITORAL ANTECIPADA. OUTDOOR. CONFIGURAÇÃO DO ILÍCITO. USO DE MEIO PROSCRITO. ART. 36, § 8°, DA LEI 9.504/97. SÍNTESE DO CASO
>
> 1. Trata-se de representação ajuizada pelo Ministério Público Eleitoral, com base no art. 36, § 3°, da Lei 9.504/97, por suposta veiculação de propaganda eleitoral antecipada mediante outdoor instalado no Município de Piumhi/MG, contendo foto de Jair Messias Bolsonaro, então pré-candidato ao cargo de presidente da República nas Eleições de 2018, com os dizeres "Piumhi é Bolsonaro. A esperança de um País com Ordem e Progresso".
>
> ANÁLISE DO RECURSO
>
> 2. À luz dos critérios fixados por este Tribunal, a realização de propaganda, quando desacompanhada de pedido explícito e direto de votos, não enseja irregularidade per se. Todavia, caracteriza-se o ilícito eleitoral quando o veículo de manifestação se dá pela utilização de formas proscritas durante o período oficial de propaganda, como se depreende no caso ora analisado, cujo meio utilizado consistiu em outdoor, nos termos do art. 39, § 8°, da Lei 9.504/97.
>
> 3. A análise contextual da mensagem veiculada revela que houve promoção da figura e das qualidades de notório candidato à presidência da República por meio vedado durante o período de campanha.
>
> 4. Não houve prova segura de que o candidato beneficiário teve prévia ciência da veiculação do artefato publicitário tipo por ilegal, o que afasta a eventual aplicação da multa. CONCLUSÃO
>
> Recurso a que se dá provimento parcial, para reconhecer a propaganda eleitoral antecipada mediante outdoor, nos termos do art. 39, § 8°, da Lei 9.504/97, a fim de aplicar multa no valor de R$ 5.000,00, individualmente, aos recorridos Giuliano Carlos de Souza, Ozeias Teodoro Ferreira, Tony Tavares, Petrus dos Santos Barbosa e Bahia, Luiz Fernando Lopes e Breno Pereira Mesquita." TSE, RP 060049814, Relator Ministro Sergio Silveira Banhos, j. 12/11/2019, DJE de 21/02/2020.

O precedente acima consolida o entendimento de que, se o meio de propaganda é proibido na campanha eleitoral regular, a partir de 16 de agosto, também é proibido na pré-campanha. No tocante a outdoors, assume importância seu impacto visual. Qualquer meio de propaganda eleitoral, proibido na campanha irregular, será considerado propaganda eleitoral antecipada quando manejado por notório pré-candidato. Nesse sentido:

> "ELEIÇÕES 2018. AGRAVO REGIMENTAL. AGRAVO EM RECURSO ESPECIAL. REPRESENTAÇÃO POR PROPAGANDA EXTEMPORÂNEA. MENSAGEM EM LETREIRO LUMINOSO. EFEITO DE OUTDOOR. CONFIGURAÇÃO DO ILÍCITO. USO DE MEIO PROSCRITO.

1. *O Tribunal de origem entendeu que a divulgação de mensagem eletrônica com o nome de pré-candidato em letreiro luminoso não configura propaganda eleitoral antecipada, nos termos do art. 36-A, caput e § 2º, da Lei 9.504/97.*

2. *Este Tribunal Superior, ao analisar o Agravo Regimental no Agravo de Instrumento nº 9-24/SP, rel. Ministro Tarcisio Vieira de Carvalho, fixou alguns critérios para identificação de observância dos limites legais para a propaganda no período pré-eleitoral, a saber:*

(a) "o pedido explícito de votos, entendido em termos estritos, caracteriza a realização de propaganda antecipada irregular, independentemente da forma utilizada ou da existência de dispêndio de recursos";

(b) "os atos publicitários não eleitorais, assim entendidos aqueles sem qualquer conteúdo direta ou indiretamente relacionados com a disputa, consistem em 'indiferentes eleitorais', situando-se, portanto, fora da alçada desta Justiça Especializada";

(c) "o uso de elementos classicamente reconhecidos como caracterizadores de propaganda, desacompanhado de pedido explícito e direto de votos, não enseja irregularidade per se"; e

(d) "todavia, a opção pela exaltação de qualidades próprias para o exercício de mandato, assim como a divulgação de plataformas de campanha ou planos de governo acarreta, sobretudo, quando a forma de manifestação possua uma expressão econômica minimamente relevante, os seguintes ônus e exigências:

(i) impossibilidade de utilização de formas proscritas durante o período oficial de propaganda (outdoor, brindes, etc); e

(ii) respeito ao alcance das possibilidades do pré-candidato médio".

3. *À luz dos critérios fixados por este Tribunal quando do exame Agravo Regimental no Agravo de Instrumento nº 9-24/SP, a realização de propaganda, quando desacompanhada de pedido explícito e direto de votos, não enseja irregularidade per se. Todavia, resta caracterizado o ilícito eleitoral quando o veículo de manifestação se dá pela utilização de formas proscritas durante o período oficial de propaganda, como se depreende no caso ora analisado, cujo meio utilizado consistiu em letreiro luminoso, com efeito de outdoor.*

Agravo regimental provido, a fim de dar provimento ao recurso especial, com aplicação de multa à representada." TSE, RESPE 060033730, Relator Min. Admar Gonzaga, j. 09/04/2019, DJE de 04/11/2019, p. 58.

Existem notórios candidatos à reeleição que se dispõem, exclusivamente no ano eleitoral, a prestar contas à população, mediante o uso de outdoors. Nos termos dos precedentes acima, pouco importa que as mensagens não configurem pedido direto de voto. Basta que a divulgação seja feita em ano eleitoral, por um notório candidato, com características e impacto visual vedados durante o período regular de propaganda eleitoral.

Punição

A utilização indiscriminada de outdoors na pré-campanha, além de poder ensejar a multa por propaganda eleitoral antecipada, poderá configurar abuso do poder econômico e dos meios de comunicação social.

2.2. Adesivos, faixas e outros impressos na pré-campanha

A rigor, a jurisprudência do TSE não proíbe a confecção e distribuição de adesivos, faixas e impressos na pré-campanha eleitoral. A diferença entre o permitido e o abuso dependerá do texto, da quantidade, da qualidade e do montante gasto na sua elaboração e na sua divulgação. Não havendo o pedido direto de voto, o material não configurará a propaganda antecipada. Se a quantidade for pequena e o valor gasto for módico, igualmente não ocorrerá o abuso.

De acordo com o TSE, não há o pedido direto de voto sequer na menção à legenda partidária associada ao nome de notório candidato. Nesse sentido:

> "ELEIÇÕES 2018. AGRAVO REGIMENTAL. RECURSO ESPECIAL. PROPAGANDA ELEITORAL ANTECIPADA. ART. 36–A DA LEI Nº 9.504/97. PEDIDO EXPLÍCITO DE VOTOS. NÃO CARACTERIZAÇÃO. MENÇÃO A POSSÍVEL CANDIDATURA. PRECEDENTES. REFORMA DO ACÓRDÃO REGIONAL. DESPROVIMENTO.
>
> 1. In casu, o Tribunal a quo entendeu que houve propaganda antecipada com pedido explícito de voto no adesivo contendo a frase "Eu [desenho de um coração] Cozzolino" e nas faixas com os dizeres "Núbia é Renato Cozzolino e Garotinho #44" e "Seja bem–vindo futuro governador Garotinho #44", "Renato Cozzolino, deputado estadual, #44 Garotinho" (ID nº 561673).
>
> 2. A veiculação de mensagem com menção a possível candidatura, acompanhada da divulgação do número com o qual o pré–candidato pretende concorrer, desde que inexistente o pedido expresso de voto, não configura propaganda eleitoral antecipada. Precedentes.
>
> 3. Os argumentos lançados pelo Parquet Eleitoral não são capazes de alterar os fundamentos da decisão agravada.
>
> 4. Agravo regimental ao qual se nega provimento." TSE, RESPE 060765340, Relator Ministro Tarcisio Vieira de Carvalho Neto, j. 01/08/2019, DJE de 27/08/2019.

Ainda que o material confeccionado não contenha, em si, propaganda eleitoral antecipada, a depender do seu teor e da sua quantidade poderá ser determinada a proibição de sua confecção, distribuição e divulgação, dentro do exercício do poder de polícia. Nesse sentido:

> "ELEIÇÕES 2016. AGRAVO REGIMENTAL. RECURSO ESPECIAL. REPRESENTAÇÃO. PROPAGANDA ELEITORAL ANTECIPADA. MATERIAL PUBLICITÁRIO. PEDIDO EXPRESSO DE VOTO. INOCORRÊNCIA. NÃO PROVIMENTO.
>
> Histórico da demanda
>
> 1. Contra acórdão do TRE/GO pelo qual afastada a multa imposta ao agravado na representação por propaganda antecipada mantida a medida liminar para cessação dos atos de confecção, distribuição e/ou divulgação dos adesivos, no exercício do poder de polícia, interpôs recurso especial o Ministério Público Eleitoral.
>
> 2. Negado seguimento monocraticamente ao recurso especial – registrada a ausência de pedido explícito de voto no material publicitário -, na esteira da jurisprudência da Corte e ressalvado, no tópico, o entendimento pessoal da relatora.
>
> Do agravo regimental
>
> 3. Para as Eleições 2016, nos termos dos acórdãos deste Tribunal Superior no AgR-AI 9-24 (Rel. Min. Tarcisio Vieira) e no AgRREspe 43-46 (Rel. Min. Jorge Mussi), prevalecente a tese de que, para a configuração de propaganda eleitoral antecipada, o pedido de votos deve ser explícito, vedada a extração desse elemento a partir de cotejo do teor da mensagem e do contexto em que veiculada, ressalvado ponto de vista em sentido diverso.
>
> 4. Inexistente, na hipótese, pedido explícito de voto no conteúdo dos adesivos em questão, inocorrente a propaganda irregular nos termos do entendimento fixado. Precedentes. Conclusão. Agravo regimental não provido." TSE, RESPE 6907, Relatora Ministra Rosa Weber, j. 26/09/2019, DJE de 28/11/2019, p. 59.

Com o objetivo de assegurar a paridade entre os candidatos, embora de propaganda antecipada não se tratasse segundo o TSE, porque ausente o pedido direto de voto, foi determinada a cessação da confecção, distribuição e divulgação. Apesar de ausente o pedido explícito de votos, as condutas cessadas não são legítimas no período pré-eleitoral, porque sua permanência poderia desequilibrar a disputa.

2.3. Convenções e prévias

O §1º do art. 36 da Lei nº 9504/97 permite, na quinzena anterior à realização da respectiva convenção, a divulgação de propaganda intrapartidária, que tem por objetivo assegurar que o pré-candidato seja escolhido candidato na convenção de seu partido. Essa modalidade de propaganda restringe-se, exclusivamente, aos convencionais e não pode ser destinada ao público em geral. Essa propaganda intrapartidária também pode ser realizada durante as prévias, quando estas forem previstas e realizadas nos termos do estatuto partidário.

Nos termos da lei, a propaganda partidária deve consistir apenas na afixação de cartazes e faixas nas proximidades do local da convenção, com mensagens voltadas aos convencionais, proibida a utilização de outdoor, assim como sua veiculação no rádio e na televisão. Não é incomum também a confecção e distribuição de camisetas, em pequena quantidade e restrita aos apoiadores, com menção à candidatura e à sua escolha na convenção do partido. Essas camisetas, em geral coloridas, produzem um efeito visual importante na convenção e contribuem para essas festas democráticas.

O período de divulgação da propaganda intrapartidária compreende a quinzena anterior à realização da convenção até a sua data, devendo ser imediatamente retirada após acontecer.

Nos termos da resposta à Consulta TSE nº 1.673, permite-se na propaganda intrapartidária: a remessa de mensagens eletrônicas, exclusivamente aos convencionais; a remessa de cartas, exclusivamente aos convencionais; a utilização de faixas e cartazes, nas imediações dos locais das convenções/prévias; a distribuição de folhetos aos convencionais, nos limites do partido. Não são permitidas, de outro lado: a participação de não filiados nas prévias e convenções; a divulgação do resultado das prévias pela internet; a veiculação de matérias pagas nos meios de comunicação.

Um elemento que distingue a propaganda intrapartidária da propaganda eleitoral antecipada é a amplitude da sua divulgação. Haverá desvirtuamento daquela para a configuração da propaganda antecipada quando a divulgação alcançar não filiados ao partido e quando houver pedido direto de voto, não para ser escolhido em convenção, mas para a eleição propriamente dita.

A realização de prévias é expressamente permitida pela lei eleitoral e excepcionada quanto à configuração de propaganda eleitoral antecipada, porque facultada a distribuição de material informativo nesses eventos partidários, assim como a divulgação dos nomes dos filiados que participarão da disputa e a realização de debates entre os pré-candidatos. Esses eventos, até mesmo, podem ser divulgados pelos mecanismos de divulgação partidária, de forma restrita aos filiados.

A propaganda intrapartidária, voltada à convenção, deve ser realizada apenas nas imediações de seu local, vedada sua realização em toda a cidade, porque desnatura o objetivo que é atingir apenas os convencionais e não a população em geral. Alguns precedentes jurisprudenciais já restringiram sua divulgação a, no máximo, quatro quarteirões ou mil metros do local do evento.

Se as formas e o âmbito da divulgação revelarem o objetivo de atingir a população em geral, e não apenas os convencionais, restará configurada a propaganda antecipada, porque o pedido direto de voto terá sido feito antes da data permitida pela lei eleitoral.

2.4. Divulgação de atos parlamentares e propaganda institucional dos órgãos públicos

A divulgação de atos parlamentares e debates legislativos é expressamente excepcionada pela lei eleitoral, que permite sua divulgação pelos meios institucionais, desde que não haja pedido explícito de votos.

As casas legislativas e os parlamentares estão livres para, mesmo em período eleitoral, promover a divulgação desses atos, pelos mecanismos permitidos pela legislação. Essa difusão poderá acontecer, por exemplo, através de TVs e rádios legislativas, nos sites institucionais dos órgãos e dos próprios parlamentares, sem que isso configure propaganda eleitoral antecipada. Só não poderá haver o pedido direto de voto.

Críticas legislativas e administrativas continuam permitidas mesmo no período eleitoral, desde que desacompanhadas do pedido direto para não votar na pessoa criticada. Quem está no exercício de funções públicas, notadamente de cargos eletivos, deve estar apto para receber críticas, mesmo que ácidas e duras. Como leciona Darcy Arruda Miranda:

"O exercício de uma função pública, realmente, impõe ao indivíduo que nela se investe, a obrigação moral de um proceder correto, inatacável, por isso nas suas mãos se colocam interesses de alta monta para a vida das coletividades.

Eis porque, todo o cidadão que aceita um cargo público ou se investe numa função pública, transitória que seja, deverá colocar-se em situação alta para receber as críticas que se lhe façam. O indivíduo que exerce uma função pública e não sabe compreender o sentido de uma crítica construtiva, embora feita em tom veemente, ou de uma censura, ainda que violenta, mas justificada, não está em condições de exercer essa mesma função.

Os atos dos homens públicos e dos funcionários do Estado, mais do que quaisquer outros, precisam ser criticados para que a máquina política e administrativa do país não sofra os impactos dos crimes contra a administração ou o emperramento provocado pelos ineficientes.

Quem não estiver forrado de espírito público não aceite cargo de responsabilidade estatal.

Aquele que cumpre estritamente o seu dever funcional pode exigir da crítica, serenidade e elevação, e não deve temer aquela que aponta seus erros ou as suas imperfeições."[7]

O exercício de funções públicas pressupõe abertura e altivez para o recebimento de críticas, ainda que injustas e desproporcionais. Isso faz parte do ambiente político e se acirra consideravelmente no período eleitoral. Quem vive da política e disputa eleições deve estar preparado para isso.

---

7. Em MIRANDA, Darcy Arruda. *Comentários à Lei de Imprensa.* 2ª ed. 1994, Tomo 1, p. 269.

De outro lado, para contrapor esse direito de crítica, notadamente diante da possibilidade de reeleição sem desincompatibilização, os agentes públicos têm uma maior exposição de seus atos administrativos e particulares, que os coloca em vantagem perante os demais concorrentes. Vale dizer, estão mais expostos aos olhos dos eleitores e da população para o bem e para o mal.

Naturalmente quem está no exercício de função pública desperta o interesse dos meios de comunicação e é notícia, até mesmo nos seus atos corriqueiros do dia a dia. Essa exposição maior perante a população o torna certamente maior alvo de críticas e de todas as formas de expressão, como charges, caricaturas, sátiras, etc..

Justamente por isso que a doutrina consagra a teoria da proteção jurídica débil, segundo a qual agentes públicos e celebridades teriam menor proteção jurídica dos seus direitos da personalidade, pela natural exposição que têm aos holofotes e à população em geral. Isso não quer dizer que, em absoluto, políticos e pessoas públicas possam ser ofendidos impunemente, sem a proteção constitucional e legal de sua honra. Quer dizer que, dentro do possível e nos limites da liberdade de expressão, o direito de crítica e de manifestação de pensamento serão respeitados, porque quem resolve ocupar cargo público, ao administrar o que é de todos, está mais sujeito a críticas, ainda que equivocadas, duras e injustas.

É certo que a exposição de atos administrativos e debates legislativos desencadeará elogios e críticas aos trabalhos dos parlamentares. Uns entenderão que o trabalho está sendo bem realizado e outros entenderão que o trabalho não justifica a remuneração recebida e que não está sendo feito aquilo que a população almeja. Diferentes visões e posicionamentos, diante de um mesmo fato, fazem parte do jogo democrático e quem exerce cargo público não pode apenas esperar elogios, sobretudo em tempos de radicalização e polarização.

Assim como os parlamentares devem justificar o seu trabalho perante a população e, por isso, têm a liberdade de divulgar seus atos parlamentares, inclusive em período pré-eleitoral, quem recebe tais informações tem ampla liberdade de criticar os trabalhos divulgados e de dizer o que entende estar incorreto nele.

A divulgação de atos parlamentares deve adotar especial cuidado para não utilizar dinheiro público na promoção pessoal de parlamentares. A divulgação é dos trabalhos legislativos e aquele que os desempenha tem um papel apenas secundário nessa divulgação. A ênfase na publicação deve se dar no projeto de lei aprovado, na colheita do depoimento pela comissão parlamentar de inquérito ou no teor do discurso proferido da tribuna. O parlamentar responsável por esses atos, ainda que seja figura indissociável no momento da divulgação, tem um papel secundário na publicação institucional realizada com recursos públicos.

Possui, de outro lado, inegável interesse para promover suas divulgações pessoais, com recursos próprios, daquilo que de mais importante fez em prol da população. Ainda que pareçam a mesma coisa, as divulgações institucionais e pessoais dos atos parlamentares possuem vieses diferentes, quando feitas com recursos públicos e com recursos próprios.

divulgação institucional, paga com recursos públicos, deve enfatizar o ato parlamentar em si e não a pessoa responsável por ele, que, ainda que naturalmente participe da divulgação, o faz em um plano secundário. De outra parte, a divulgação pessoal pode ressaltar os méritos do parlamentar, que dignificou os votos outorgados pelos seus eleitores e o dinheiro público gasto com sua remuneração.

Existem entendimentos mais radicais, com os quais não concordamos, no sentido de que aquele que bem exerce seu "munus" público não pode promover a divulgação dessas realizações com conotação pessoal, porque aquele que cumpre estritamente seu dever funcional não pode exigir o reconhecimento público disso. Afinal de contas, nada mais fez do que sua obrigação, porque as realizações do mandato não são realizações pessoais, mas realizações do Legislativo.

Em tempos de vulgarização e generalização das ofensas aos integrantes da classe política, não parece exagerado permitir que, sem o emprego de recursos públicos, sejam realizadas divulgações dos bons atos e boas práticas que servirão para distinguir os bons dos maus políticos. Isso, além de contribuir para a informação da população, contribui para afastar a generalização das críticas, porque existem bons políticos que dignificam suas funções. A disseminação da ideia de que nenhum político presta apenas prejudica a democracia, porque tira o desejo de votar do eleitor e traz a desesperança da melhora de nossas instituições, através do voto.

Ainda que os feitos legislativos possam vir a ser expostos de forma exagerada e até equivocada por seu realizador, sempre haverá crítica por parte de seus receptores de contraponto, apta a colocar o conteúdo da informação em bom termo.

Situação semelhante ocorre com os feitos administrativos, embora, na prática, haja muito mais condescendência com a divulgação dos atos parlamentares do que com a divulgação dos atos, programas, obras e realizações do Executivo.

Deve o Executivo observar estritamente o disposto no art. 37, §1° da Constituição Federal, ou seja, seguir a impessoalidade na divulgação dos atos, programas, obras, serviços e campanhas dos órgãos públicos, primando pelo seu caráter informativo, educativo e de orientação social. Além de não fazer constar imagens e nomes de autoridades e servidores públicos, a propaganda institucional dos órgãos públicos deve se abster de trazer símbolos e imagens que caracterizem promoção pessoal de quem quer que seja. Traduzindo, quem faz e inaugura a obra é o ente público e não o agente público, que é um mero instrumento da realização do interesse público, por um período determinado de tempo.

Ferir a impessoalidade na propaganda institucional constitui ato de improbidade administrativa, posto que o agente público estará se promovendo às custas do erário público, locupletando-se indevidamente da coisa pública. Em ano eleitoral, todavia, esse ilícito assume contornos ainda mais severos.

O art. 74 da Lei n° 9504/97 afirma que a violação do disposto no art. 37, §1° da Constituição Federal configura *"abuso de autoridade"* punível com *"cancelamento do registro ou do diploma"*. Se, de um lado, a lei eleitoral permite a reeleição sem a necessidade de desincompatibilização, de outro, traz uma série de condutas vedadas aos agentes públicos a serem observadas, como forma de garantir a igualdade das condições de disputa entre os postulantes. Dentre essas condutas vedadas está o desrespeito ao princípio da impessoalidade, que assume contornos ainda mais graves nos anos eleitorais.

Não se deve confundir, no entanto, a divulgação institucional dos órgãos públicos, feita com dinheiro público, que deve ser rigorosamente impessoal e ter caráter educativo e informativo, com as divulgações pessoais, nas suas redes sociais e pagas com recursos próprios, que o bom administrador público pode fazer nos seus canais privados.

Embora o administrador público não possa colocar a sua marca pessoal na divulgação institucional dos atos, programas, obras, serviços e campanhas dos órgãos públicos, porque se assim fizesse estaria se locupletando da coisa pública de forma indevida, pode difundir suas realizações enquanto administrador público nas redes pessoais.

Obviamente se assim fizer estará sujeito às críticas daqueles que não vêm nas realizações propagadas os méritos que foram divulgados. Expor-se nas redes sociais, sobretudo propalando realizações administrativas à frente dos órgãos públicos, sujeita mais ainda o administrador público a críticas e discordâncias.

As divulgações privadas e pessoais não podem usar quaisquer expedientes públicos, como fotógrafos e máquinas fotográficas pertencentes ao ente público por exemplo. A foto tirada pelo fotógrafo do ente público, usando os bens desse, constituem igualmente propriedade pública que não deverá ser apropriada por qualquer pessoa privada. Ressalva-se aqui a elaboração de bancos públicos de imagens, que são disponibilizados indistintamente a apoiadores e adversários, que também poderão se valer das imagens disponibilizadas para críticas administrativas.

Tanto a divulgação dos atos parlamentares como dos atos, programas, obras, serviços e campanhas dos órgãos públicos, devem ser impessoais e, principalmente, destituídas do pedido direto de voto.

Caso a divulgação institucional venha acompanhada do pedido direto de voto, restará configurada a propaganda eleitoral antecipada punível com multa, sem prejuízo da apuração do ato de improbidade administrativa, na esfera própria, e também do abuso do poder político, pela indevida utilização de recursos públicos para a promoção pessoal.

2.5. Propaganda antecipada negativa

Da mesma forma que a lei eleitoral pune o pedido direto de voto, "vote em mim", veiculado antes do dia 16 de agosto do ano eleitoral, pune também o pedido direto para não votar em outrem, "não vote nele", veiculado antes do prazo.

Assim como as divulgações pessoais na pré-campanha possuem limites, também existem limites para as críticas, que não podem descambar para o pedido direto para não votar.

Embora a proibição da propaganda antecipada negativa não decorra diretamente da letra da lei, está consolidada em jurisprudência pacífica do C. TSE. Nesse diapasão foi a decisão do Ministro Sergio Silveira Banhos, proferida no AI n° 060165681, em 03/06/2019, DJE de 05/06/2019, da qual foram destacados os seguintes trechos:

"Destarte, diante das lições aqui trazidas, conclui–se que a recomendação em não votar configura explícita propaganda antecipada negativa, o que ocorreu no caso sub examine.

Evidentemente, pois, há o pedido explícito de não voto, que inclusive está grafado com todas as letras nas expressões que acima já foram reproduzidas, o que é vedado pela legislação eleitoral.

A respeito, confira–se a posição do TSE, reiterada em recentíssima decisão monocrática do Min. Auxiliar da Propaganda no TSE Sérgio Silveira Banhos, em 27.06.2018:

[...]

'O texto extrapola de maneira nítida a mera divulgação de posicionamento político, pois contém inequívoco pedido de voto (negativo), além de trazer inúmeras críticas ao representante com a intenção de desqualificá–lo como candidato e desprestigiar sua imagem política.

No caso, como já asseverado, não se torna necessário adentrar o conteúdo das informações contidas no site; o explícito pedido de voto, ainda que negativo, já é suficiente por si só para o deferimento da liminar, ainda mais quando considerado que a disseminação da propaganda antecipada foi potencializada pela utilização de inteligência artificial, instalada no perfil oficial do pré–candidato Geraldo Alckmin no Facebook.

Destaco que esta Corte, em sessão realizada na noite de ontem (dia 26), ao analisar dois processos em que se apontava a realização de propaganda eleitoral antecipada nos Municípios de Várzea Paulista/SP (AI n° 0000009–24.2016.6.26.0242) e de Itabaiana/SE (REspe n° 0000043–46.2016.6.25.0009) no pleito de 2016, fixou critérios sobre limites de propaganda em campanhas, tendo sido reiterado o entendimento de que o pedido explícito de votos caracteriza a realização de propaganda antecipada irregular, independentemente da forma utilizada ou da existência de gastos de recursos.

No caso concreto, portanto, o simples fato de se estar diante de pedido expresso de voto, ainda que negativo, dá azo ao reconhecimento liminar da propaganda eleitoral irregular. Ademais, em consulta ao sistema https://who.is, verifico que o site impugnado encontra–se hospedado em provedor localizado no exterior (Scottsdale, Arizona, Estados Unidos), o que sugeriria frontal violação à legislação eleitoral (art. 57–B da Lei n° 9.504/1997).'"

A exemplo do que se dá na propaganda antecipada positiva, que exige o pedido direto de voto, a propaganda eleitoral antecipada negativa exige o pedido direto para não votar em alguém. Da crítica administrativa, ainda que ácida e contundente não se infere o pedido direto de não voto. Ele deve estar explícito, porque, na dúvida, deve ser prestigiada a liberdade de manifestação de pensamento e de crítica. Esse é o entendimento do TSE, manifestado, por exemplo, quando da decisão proferida pelo Ministro Luís Roberto Barroso, nos autos do RESPE n° 060007223, decisão de 28/05/2019, DJE de 30/05/2019, da qual foram destacados os seguintes trechos:

"19. No caso, entendo que a mera veiculação de críticas ao governo do estado não configura divulgação em desfavor de candidatura futura, com aptidão de desequilibrar a disputa, a justificar a caracterização da propaganda antecipada negativa, notadamente por se tratar de um único vídeo e, consoante consta do acórdão, "o Representado excluiu a postagem ao ser notificado da decisão liminar que assim o determinou" (ID 475840). Ademais, a crítica ácida e contundente direcionada a um político, mesmo que o individualizando e identificando o seu partido político, é intrínseca à atividade e à vida pública dos mandatários. Manifestações dessa natureza estão inseridas em debate próprio de uma sociedade democrática.

20. Dessa forma, na ausência de pedido explícito de votos e de mácula ao princípio da igualdade de oportunidades, a divulgação do vídeo encontra–se protegida pela liberdade de expressão, não configurando propaganda eleitoral antecipada, nos termos do art. 36–A da Lei n° 9.504/1997."

Da mesma forma que os elogios, destituídos do pedido direto de voto, não configuram propaganda antecipada positiva, as críticas, destituídas do pedido direto para não votar em alguém, não configuram propaganda antecipada negativa.

2.6. Propaganda antecipada em festa de aniversário – equiparada a showmício

São comuns as festas de aniversários de pré-candidatos, equiparadas a showmícios, porque nelas existem, não raro, pedidos diretos de votos. Ainda que sem pedidos diretos de votos, eventos que, em grande parte, se destinam à veiculação de discursos políticos, ressaltando as realizações passadas, a pré-candidatura e as propostas futuras, com um grande número de convivas, comidas, bebidas e música, equiparam-se a showmícios, configurando propaganda eleitoral antecipada punível pela lei eleitoral.

Nesse sentido já decidiu o Ministro Sergio Silveira Banhos, no RESPE n° 060144513, em 03/10/2019, DJE de 04/10/2019, que:

> *"No caso, o Tribunal Regional Eleitoral do Rio Grande do Norte manteve a sentença que julgou procedente o pedido de aplicação de multa por propaganda antecipada, em meio proscrito, bem como o valor estipulado em R$ 15.000,00, de maneira individual, por entender que o evento realizado pelo recorrente Rivelino Câmara, então prefeito do Município de Patú/RN, para a comemoração de seu aniversário configurou showmício, no qual foram promovidas as candidaturas dos recorrentes Raimundo Nonato Pessoa Fernandes e Walter Pereira Alves aos cargos de deputado estadual e federal, respectivamente, no pleito de 2018. ...*
>
> *Conforme acima transcrito, o Tribunal de origem aplicou multa por propaganda eleitoral antecipada, decorrente da realização de showmício, no qual houve a apresentação de artistas e discursos políticos com menção expressa à campanha eleitoral vindoura dos recorrentes, assentando que a propaganda extemporânea em meio proscrito não exige o pedido expresso de voto nos termos da hipótese prevista no art. 36–A da Lei 9.504/97.*
>
> *Para entender de forma diversa, quanto à caracterização do showmício, seria necessário reexaminar o conjunto fático–probatório dos autos, o que é vedado nesta instância recursal, nos termos do verbete sumular 24 do TSE.*
>
> *No caso, os fundamentos do acórdão regional estão alinhados à atual jurisprudência desta Corte Superior, a qual "caracteriza propaganda eleitoral extemporânea (arts. 36 e 36–A da Lei 9.504/97) a hipótese em que, embora inexista pedido explícito de votos, a mensagem contenha promoção pessoal do pretenso candidato e tenha sido veiculada por meio que é vedado durante a campanha. Nesse sentido, REspe 0600227–31/PE, Rel. Min. Edson Fachin, sessão de 9/4/2019, com ressalva de entendimento deste Relator." (REspe 0601418 –14, rel. Min. Jorge Mussi, DJE de 18.9.2019).*
>
> *Sobre o tema, ressalto que, no citado julgamento do REspe 0600227–31, rel. Min. Edson Fachin, assentou-se que "a interpretação do sistema de propaganda eleitoral aponta ser incompatível a realização de atos de pré–campanha que extrapolem os limites de forma e meio impostos aos atos de campanha eleitoral, sob pena de se permitir desequilíbrio entre os competidores, em razão do início precoce da campanha ou em virtude de majorada exposição em razão do uso desmedido de meios de comunicação vedados no período crítico".*
>
> *Ademais: "A regra permissiva do art. 36–A da Lei das Eleições não legitima, no período de pré–campanha, a veiculação de propaganda por formas e meios que são proscritos durante o período eleitoral" (AgR–AI 77–86, rel. Min. Og Fernandes, DJE de 25.6.2019)."*

Nos termos da decisão acima, pouco importa, diante a realização de um showmício na pré-campanha eleitoral, que os discursos políticos venham acompanhados de pedidos diretos de voto, porque, em se tratando de meio de propaganda vedado na própria campanha eleitoral igualmente não poderia ser realizado na pré-campanha. Nesse diapasão, a simples realização de showmício na pré-campanha eleitoral já denota a configuração da propaganda eleitoral antecipada punível.

Além da multa por propaganda antecipada, condutas dessa espécie, sobretudo quando reiteradas e quando atingem grande número de eleitores, podem configurar abuso do poder econômico e cassar o registro de candidatura ou o diploma do candidato, se eleito.

Não raro, pré-candidatos comemoram não apenas os próprios aniversários como também os aniversários de amigos, realizando diversos showmícios ao longo do mês. Estratégias como essas sujeitam o candidato beneficiário à cassação do registro ou do diploma, por denotarem abuso.

2.7. Realização de encontros, seminários ou congressos

O período de pré-campanha eleitoral é uma fase de preparação para a eleição. Com a redução do período de propaganda eleitoral para 45 dias antes do pleito, para que a campanha efetivamente comece no dia 16 de agosto do ano eleitoral, várias medidas devem ser adotadas na fase preparatória.

A militância, os pré-candidatos e cabos eleitorais devem ser preparados para a campanha com cursos e treinamentos, especialmente para saberem, logo no início da campanha, o que pode e o que não pode na propaganda eleitoral, as formas de arrecadação de recursos e de realização das despesas eleitorais. Ainda que hoje praticamente todas as campanhas possuam advogado e contador, muitas questões acontecem na ponta e, quando realizadas de forma equivocada, não têm conserto.

Para permitir a preparação e o treinamento daqueles que participarão das campanhas eleitorais, o art. 36-A, II da Lei nº 9504/97 permite expressamente: *"a realização de encontros, seminários ou congressos, em ambiente fechado e às expensas dos partidos políticos, para tratar da organização dos processos eleitorais"*.

Não são incomuns nesses eventos os discursos mais exaltados e, por vezes, com pedidos diretos de voto. Tratando-se de ambientes fechados, que congregam apenas simpatizantes dos candidatos do partido promovente, não existe desequilíbrio da disputa punível, desde que, obviamente, o evento não seja transmitido ao vivo ou reproduzido posteriormente na internet. A transmissão pela internet transforma o evento fechado em aberto, para todos os que quiserem assistir.

Da mesma forma, como não podem ser realizados gastos de campanha antes do momento próprio, todas as despesas desses eventos devem ser custeadas pelos partidos, que dispõem de recursos do fundo partidário para isso.

O TSE já manteve multa aplicada por propaganda antecipada pela veiculação de pedido direto de voto em evento partidário de livre acesso ao público em geral, vale dizer: aberto. Nesse sentido foi o julgamento do AgR-Respe 70-65, Relator Ministro João Otávio de Noronha, DJE de 15/4/2015.

Quando o TSE julgou o Agravo Regimental no Agravo de Instrumento n° 3316, j. 03/10/2019, Relator o Ministro Sergio Silveira Banhos, DJE de 19/11/2019, p. 40-41, o TSE decidiu que:

> 5. O Tribunal de origem entendeu configurado pedido explícito de voto em discursos proferidos durante evento de lançamento de pré-candidatura ao cargo de prefeito, tendo sido utilizada, em um deles e com referência ao nome da pré-candidata, a expressão "vamos eleger", a qual tem similitude semântica com pedido explícito de votos e autoriza a conclusão pela ocorrência de propaganda eleitoral extemporânea. Nesse sentido: AgR-REspe 105-96, rel. Min. Edson Fachin, DJE de 9.4.2019.
>
> 6. Não assiste razão ao agravante quanto ao argumento de que o evento impugnado seria permitido pelo inc. VI do art. 36-A da Lei 9.504/97 – o qual autoriza a realização, a expensas de partido, de reuniões para divulgar ideias, objetivos e propostas partidárias, pois o Tribunal de origem, mediante premissas fáticas insuscetíveis de revisão em recurso especial, concluiu que o evento realizado não foi simples reunião para o lançamento de pré-candidatura, mas, sim, ato de campanha de grande magnitude, franqueado ao público em geral e que contou com shows de artistas, presença de figuras políticas apoiadoras e discursos inflamados, no qual, ainda, houve desbordamento do mero apoio político e foi veiculado pedido explícito de votos, configurando propaganda eleitoral antecipada.
>
> 7. O Tribunal a quo agiu com acerto ao afirmar a responsabilidade do partido agravante pela propaganda eleitoral antecipada e aplicar-lhe multa com base no § 3° do art. 36 da Lei 9.504/97, pois foi ele quem organizou e custeou o evento no qual houve extrapolação dos limites permitidos no art. 36-A do citado diploma legal, sobretudo em virtude da veiculação discurso com pedido explícito de votos em favor da pré-candidata por ele apoiada."

As reuniões partidárias devem ser fechadas a filiados e seus apoiadores. Como o TSE decidiu no precedente acima, o fato da reunião ter sido aberta ao público em geral, com a presença de figuras públicas e shows de artistas, extrapolou os limites do permissivo legal. Ainda que haja pedido de voto na reunião de organização da campanha eleitoral, o fato do evento ser fechado para convertidos minimiza seus efeitos. Ao revés, se o evento é aberto e conta com grande número de pessoas estranhas aos quadros do partido, resta configurado o desequilíbrio da disputa com a formulação de pedido direto de voto antes do período permitido pela lei.

2.8. Demonstração do prévio conhecimento do candidato beneficiário.

O art. 36, §3° da Lei n° 9504/97 sanciona os responsáveis pela propaganda eleitoral antecipada ao pagamento de multa, de R$5.000,00 a R$25.000,00 ou equivalente ao custo da propaganda, se esse for maior.

O candidato beneficiário só será responsabilizado quando demonstrado seu prévio conhecimento pelo representante ou quando esse prévio conhecimento resultar evidente das circunstâncias do caso concreto. O ônus da prova do prévio conhecimento é do representante, porque "in dubio pro reu".

Entretanto, como resulta claro da jurisprudência eleitoral, existem circunstâncias em que o candidato beneficiário não pode negar o prévio conhecimento, em razão, por exemplo, da amplitude da propaganda irregular, da sua localização ou de quem realizou, se for alguém próximo ou integrante do círculo pessoal ou da família do candidato.

O prévio conhecimento foi demonstrado, por exemplo, com a participação de candidatos a Deputado Federal e a Deputado Estadual em showmício em seu benefício, disfarçado de festa de aniversário de um de seus apoiadores[8].

A responsabilização do candidato pela propaganda eleitoral antecipada não constitui a regra, mas sim a exceção, porque depende de prova trazida pelo representante com a petição inicial ou das circunstâncias da propaganda evidenciarem o conhecimento do beneficiário.

2.9. Propaganda eleitoral veiculada após o período permitido

A propaganda eleitoral tem data para começar, 16 de agosto do ano da eleição, e data e hora para terminar, no geral não pode ser divulgada a partir das 22 horas da véspera da eleição, quando passa a incidir a proibição de forração e de boca de urna.

Além da proibição geral da propaganda eleitoral, a partir das 22 horas da véspera da eleição, existem formas de propaganda eleitoral cujo fim é estabelecido antes disso. A propaganda eleitoral gratuita no rádio e na televisão relativa ao primeiro turno, por exemplo, será veiculada até três dias antes do pleito. Da mesma forma, reuniões públicas, comícios e utilização de aparelhagem de som fixa na sua sonorização podem acontecer até três dias antes da eleição. O comício de encerramento pode terminar às duas horas do dia seguinte ao último dia do prazo para sua realização. Os debates, no rádio e na televisão podem ser realizados até três dias antes do primeiro turno, podendo se estender até as sete horas do dia seguinte.

A divulgação paga na imprensa escrita de propaganda eleitoral, ou mesmo a reprodução na internet de jornal impresso ou revista contendo propaganda eleitoral pode ocorrer até dois dias antes da realização do primeiro turno.

Na véspera da eleição, às 22 horas, devem ser cessadas as demais formas de propaganda eleitoral, quais sejam: utilização de alto-falantes ou amplificadores de som; distribuição de material gráfico, caminhada, carreata ou passeata, acompanhados por carro de som ou minitrio.

O último dia para a propaganda eleitoral na internet, feita por candidato, partido, coligação ou pelo próprio eleitor, é a véspera do pleito até as 22 horas.

Punição

As consequências para a realização da propaganda eleitoral além do prazo permitido vão de multa à configuração do crime eleitoral, a depender do dispositivo afrontado, como se exporá adiante nos comentários às formas específicas de propaganda eleitoral.

2.10. Manifestação individual da vontade no dia da eleição

Todo eleitoral tem a liberdade de manifestar sua preferência, por um candidato, partido político ou coligação no dia da eleição, desde que o faça de forma silenciosa, sem buscar influir na vontade dos demais eleitores.

---

8. TSE, RESPE nº 060144513, decisão proferida em 03/10/2019, DJE de 04/10/2019.

Pode votar com camiseta, por ele mesmo confeccionada, e com dísticos de vestuário do candidato da sua preferência. Nesse caso vota e deixa, logo após, a sessão eleitoral. Pode tremular bandeira ao longo da via pública, desde que o faça individualmente, porque a manifestação coletiva da vontade é proibida no dia da eleição.

Pode circular com o carro adesivado, estacionar o carro adesivado nas proximidades do local de votação quando for votar e, até mesmo, circular com o carro ostentando bandeira do candidato, desde que essa manifestação seja individual e silenciosa. Em eleições passadas carros foram apreendidos porque estacionados na frente dos colégios eleitorais, praticamente envelopados porque adesivados em todos os seus vidros, inclusive no vidro dianteiro, o que a legislação de trânsito e a legislação eleitoral proíbem.

A circulação do carro adesivado no dia da eleição, assim como seu estacionamento durante o período em que o eleitor está votando, pressupõem a observância estrita da legislação eleitoral e da legislação de trânsito. Estacionar o carro, por todo o dia, no entorno dos colégios eleitorais denota o objetivo de influir na vontade dos demais eleitores, o que a legislação eleitoral veda, sujeitando a infração ao exercício do poder de polícia, por parte do juiz eleitoral, e à tipificação da conduta enquanto crime de boca de urna.

A reunião de pessoas, com o objetivo de manifestar a vontade eleitoral do grupo, é proibida no dia da eleição, assim como passeatas e carreatas que, se realizadas, configuram o crime de boca de urna.

O §5º do art. 39 da Lei nº 9504/97 tipifica como crimes, no dia da eleição, as seguintes condutas tendentes a influir na vontade dos eleitores: o uso de alto-falantes e amplificadores de som, bem como a promoção de comício ou carreata; a arregimentação de eleitor ou a propaganda de boca de urna; a divulgação de qualquer espécie de propaganda de partidos políticos ou de seus candidatos; e a publicação de novos conteúdos ou o impulsionamento de conteúdos nas aplicações de internet de que trata o art. 57-B da Lei nº 9504/97, podendo ser mantidos os conteúdos publicados anteriormente.

O art. 39-A da Lei nº 9504/97, por sua vez, permite a manifestação individual e silenciosa da preferência do eleitor, no dia das eleições, revelada, exclusivamente, através do uso de bandeiras, broches, dísticos de vestuário e adesivos. Diante dessa permissão, os eleitores poderão, por exemplo, colar adesivos de candidatos nas suas camisetas para ir votar.

O §1º do dispositivo mencionado proíbe, até o término da votação, a aglomeração de pessoas portando vestuário padronizado, bem como artefatos de propaganda, o que configura manifestação coletiva proibida no dia da eleição.

Quem trabalha nas seções e colégios eleitorais no dia da eleição não pode ostentar qualquer material de campanha de candidato, partido ou coligação. Essa proibição afeta os servidores da Justiça Eleitoral, os mesários e Presidentes das mesas receptoras e também os fiscais dos partidos e coligações. Esses últimos só podem ser identificados por meio de crachás que mencionem o nome e a sigla do partido político ou da coligação, proibida a padronização de vestuário, que possa provocar um efeito visual único.

Muito embora a boca de urna seja um crime a ser coibido pelas autoridades públicas e, principalmente, por juízes e promotores eleitorais, nem sempre acontece sua coibição de forma efetiva. O candidato que for beneficiado por esse expediente ilícito, além de ser responsabilizado pelo crime, poderá ter o registro de candidatura e o diploma cassados, porque os gastos realizados com a boca de urna configuram abuso do poder econômico, diante de sua proibição.

Punição

A punição para quem realizar propaganda eleitoral no dia da eleição, buscando o convencimento do eleitor, é a configuração do crime de boca de urna, capitulado no art. 39, §5º da Lei nº 9504/97, com pena de detenção, de seis meses a um ano, com a alternativa de prestação de serviços à comunidade pelo mesmo período, e multa no valor de cinco mil a quinze mil UFIR.

3. Ilicitude da propaganda eleitoral quanto à forma

Existem formas de propaganda eleitoral permitidas e proibidas pela legislação eleitoral. As formas permitidas devem ser protegidas pela legislação eleitoral, considerando que a propaganda eleitoral constitui um direito do eleitor e um direito do candidato, decorrente da liberdade de manifestação de pensamento e do direito à informação.

Os candidatos têm o direito de informar seus eleitores e os eleitores têm o direito de se informar e, quanto mais ampla a propaganda eleitoral, maior a garantia de realização do mandamento do parágrafo único do art. 1º da Constituição Federal. Para que todo o poder emane do povo, todos devem conhecer bem os candidatos disponíveis para realizar a melhor escolha.

Bem por isso que os meios de propaganda eleitoral legitimamente empregados são protegidos pela legislação eleitoral. O Código Eleitoral tipifica, no art. 331, "caput" a conduta consistente em "inutilizar, alterar ou perturbar meio de propaganda devidamente empregado", que pune, por exemplo, as condutas daqueles que inutilizam meios de propaganda eleitoral empregados licitamente. Restará configurado o crime, por exemplo, diante da conduta de alguém que arranca adesivo de propaganda eleitoral fixado em veículo ou na residência de eleitor. Em eleições passadas, quando eram permitidas as placas de propaganda eleitoral de até 4m², eram comuns as pichações dessas placas, para impedir a sua visualização, o que também configura o crime em comento.

O art. 332, "caput" do Código Eleitoral, por sua vez, tipifica a conduta consistente em "impedir o exercício da propaganda". Esse crime, por vezes, chega a ser cometido por autoridades públicas que desconhecem a legislação eleitoral e que, por esse desconhecimento, impedem a panfletagem em locais permitidos.

As formas de propaganda eleitoral permitidas têm a proteção da lei eleitoral, que deve ser assegurada pelas autoridades públicas. Apenas as formas de propaganda eleitoral vedadas pela lei eleitoral devem ser coibidas, tanto mediante o exercício do poder de polícia, para fazer cessar imediatamente sua realização, como impondo as multas e sanções previstas, para desestimular novas infrações e educar os partidos, coligações e candidatos.

O art. 41 da Lei nº 9504/97 estabelece que não poderá ser cerceada a propaganda eleitoral sob a alegação do exercício do poder de polícia ou de violação da postura municipal. O poder de polícia deverá ser exercido em situações extremas e excepcionais, porque o caminho natural da propaganda eleitoral ilícita é a sua persecução através das representações eleitorais, que podem pedir a concessão de liminar, diante da urgência e da possibilidade do benefício ao infrator na continuidade da conduta e consequentemente de irreparável prejuízo à disputa eleitoral. Esse poder de polícia será exercido pelos juízes eleitorais e membros dos Tribunais eleitorais e se restringe a fazer cessar as práticas ilegais.

Qualquer controle da propaganda eleitoral, principalmente no exercício do poder de polícia, só pode ocorrer após a sua veiculação, porque não se admite a censura prévia, consistente na avaliação dos materiais de propaganda eleitoral antes que eles sejam divulgados.

As posturas municipais, leis municipais que disciplinam a estética urbana e os meios de expressão nas cidades, têm, no nosso entender, sua eficácia suspensa durante o período de propaganda eleitoral, compreendido entre o dia 16 de agosto do ano eleitoral até as 22 horas da véspera do pleito.

Isso ocorre porque a lei eleitoral é especial e federal, se sobrepondo às posturas municipais no período de propaganda eleitoral, até porque não são incomuns os direcionamentos das posturas municipais já planejando o benefício futuro de quem está no poder e buscará a reeleição. Terminado o pleito, após os trinta dias de retirada da propaganda eleitoral concedidos pela Justiça Eleitoral, volta a incidir a legislação de posturas.

Não obstante nosso entendimento, o Código Eleitoral afirma, no seu art. 243, VIII, que não será tolerada propaganda eleitoral: *"que prejudique a higiene e a estética urbana ou contravenha a posturas municiais ou a outra qualquer restrição de direito;"*. Ressalvados a propaganda eleitoral na internet, à qual infelizmente no nosso país de dimensões continentais ainda nem todos têm acesso, e aquela veiculada no horário eleitoral gratuito, todas as demais formas de propaganda eleitoral prejudicam a estética urbana e, algumas delas, contrariam leis municipais.

A amplitude da propaganda eleitoral, como já visto, é garantia da democracia, não se podendo cogitar que os próprios interessados, que já estão no poder e buscam a reeleição, venham a restringir meios de propaganda eleitoral legítimos segundo a lei especial federal em seu próprio benefício.

O art. 243 do Código Eleitoral proíbe a veiculação de diversos temas na propaganda eleitoral, reputados abusivos porque instabilizam o país, a vida em sociedade e ofendem a honra e a imagem das pessoas. Não pode haver propaganda eleitoral que incite a guerra, processos violentos para subverter o regime, a ordem política e social ou de preconceitos de raça ou de classe. Infelizmente temos visto, recentemente, manifestações políticas que pregam o fechamento do STF, do Congresso Nacional e a retomada do AI5. Manifestações que tais, se veiculadas na propaganda eleitoral, devem ser cessadas, porque configuram propaganda eleitoral abusiva, que incita a subversão do regime através de processos violentos, a par de poder configurar também crime contra a segurança nacional.

Igualmente não pode ser veiculada propaganda eleitoral: que provoque animosidade entre as forças armadas, contra elas ou delas contra as classes e instituições civis; que incite atentado contra pessoas ou bens; que instigue a desobediência coletiva ao cumprimento da lei de ordem pública; que implique no oferecimento de dinheiro, rifa, dádiva, sorteio ou vantagem de qualquer natureza; por meio de impressos que pessoa inexperiente possa confundir com moeda e que ofenda a honra das pessoas, órgãos ou entidades públicas, mediante calúnia, injúria ou difamação.

3.1. Características gerais da propaganda eleitoral

A propaganda eleitoral, sob quaisquer formas ou modalidades, mencionará sempre a legenda partidária, deverá ser feita em português e não pode despertar na opinião pública estados mentais, emocionais ou passionais.

Deve veicular fatos verdadeiros, especialmente quando se referir a notícias, cuja autenticidade deve ser verificada antes da sua reprodução e do seu compartilhamento. A propaganda eleitoral enganosa está sujeita à cessação através do poder de polícia e, quando apta a provocar o desequilíbrio da disputa, poderá ensejar até mesmo a cassação do registro ou do diploma do beneficiário.

A propaganda eleitoral não poderá explorar o medo, a superstição, o terror, ou mesmo abusar da deficiência de julgamento dos eleitores mais humildes e iletrados. Não pode abusar da divulgação da violência e trazer imagens e conteúdo que choque os eleitores. Não pode abusar da religiosidade do eleitor, condicionando o voto a uma dádiva divina e o não voto a uma punição.

A propaganda eleitoral não pode ofender quem quer que seja, porque a manifestação do pensamento por seu intermédio pressupõe o respeito aos direitos da personalidade das demais pessoas. As críticas, de outro lado, são extremamente importantes, porque passar para o eleitor a ideia de que o candidato divulgado é o mais apto e qualificado para o exercício do cargo passa também por desqualificar e criticar os adversários, ressaltando tudo aquilo que os desfavorece.

Faz parte da propaganda eleitoral a pesquisa da vida pregressa dos adversários e a divulgação dos seus aspectos desabonadores. Tratando-se de fato verdadeiro, ainda que desabonador, sua divulgação não pode ser entendida como excesso da manifestação do pensamento, porque o objetivo da propaganda eleitoral é enaltecer o candidato divulgado e desmerecer os demais, dentro de um contexto de crítica política.

Na dúvida, deve ser sempre prestigiada a liberdade de manifestação de pensamento, porque eventuais excessos poderão ser punidos posteriormente. Exige-se, todavia, que todos os fatos divulgados sejam verdadeiros, porque toda divulgação enganosa desinforma o eleitor, prejudica e vicia sua liberdade de escolha.

Na propaganda eleitoral do candidato majoritário a coligação usará, obrigatoriamente, as legendas de todos os partidos que a integram, sob a sua denominação. É obrigatória a menção ao nome do vice e dos suplentes, de modo claro e legível, com tamanho da fonte não inferior a 30% daquela utilizada para a divulgação do nome do candidato titular.

3.2. Comícios e reuniões em recinto aberto ou fechado

O comício consiste na reunião de grande quantidade de pessoas, geralmente em recinto aberto, para a discussão de temas políticos e para a realização de propaganda eleitoral, por meio de discursos de seus participantes. Diferentemente do showmício, que tem o objetivo de entreter o eleitor, o comício tem o objetivo de informar o eleitor e de formar sua convicção em relação a candidatos, partidos e coligações, a fim de que profira seu voto da forma mais consciente possível.

A proibição de showmícios passou a vedar o entretenimento, ou, como disseram alguns Ministros do TSE quando do julgamento dessa questão, o saracoteio, que consiste no entretenimento dos participantes durante o evento. Telões podem ser usados exclusivamente na reprodução dos comícios e a sonorização apenas para transmitir os discursos e reproduzir os jingles da campanha. Nesse sentido foi a resposta à Consulta nº 1.261, Relator Ministro César Asfor Rocha, j. 29/06/2006, que resultou na Resolução nº 22.267, no sentido de permitir a utilização de telão para transmitir comícios, a fim de assegurar que todos assistam e ouçam com conforto seu conteúdo.

A mesma Resolução ressaltou que: *"...o espírito da Lei Eleitoral é evitar que a vontade do eleitor seja manipulada de modo a se desviar da real finalidade de um comício eleitoral, que é submeter a conhecimento público o ideário e a plataforma de governo do candidato, em se tratando de candidatura a mandato executivo, ou os projetos legislativos, em se tratando de candidato a mandato eletivo de natureza proporcional."* e afirmou a impossibilidade da retransmissão de shows gravados em DVDs, porque isso conferiria ao comício *"contornos de espetáculo, tendente a atrair o público em benefício do seu realizador"* e também da utilização de shows e da presença de artistas, remunerados ao não, para atrair público para os comícios.

Essa proibição foi incorporada ao art. 39, §7º da Lei nº 9504/97, que proíbe a realização de showmício e de eventos assemelhados, com apresentação, remunerada ou não, de artistas com a finalidade de animar comício e reunião eleitoral.

O artista não pode comparecer nos comícios como forma de atrair o público, remunerado ou não, mas é livre para manifestar-se politicamente a favor do candidato da sua preferência e de forma contrária àqueles com os quais não simpatiza, inclusive comparecendo a comícios e reuniões políticas, porque não se pode restringir a participação de artistas e celebridades.

Trios elétricos, por estes entendidos os veículos automotores que usam equipamentos de som que ostentem potência nominal de amplificação superior a 20.000 watts, podem ser utilizados exclusivamente na sonorização de comícios, conforme prescreve o art. 39, §10 da Lei nº 9504/97.

Os candidatos que sejam profissionais da classe artística, como por exemplo cantores, atores e apresentadores, poderão continuar exercendo suas profissionais no período eleitoral, desde que não utilizem esses eventos profissionais para a realização de propaganda eleitoral dissimulada, ou para a divulgação da própria candidatura. A atividade profissional do artista não deve se misturar, em hipótese alguma, com a propaganda eleitoral do candidato. Apenas apresentadores de programas de rádio e de televisão têm restrição à continuidade de suas profissões em período eleitoral[9], mercê da amplitude de divulgação que esses meios proporcionam.

A realização de comício ou de evento assemelhado prescinde de autorização da Justiça Eleitoral. Deve haver a comunicação à autoridade policial pelo partido, coligação ou candidato, com antecedência mínima de vinte e quatro horas da sua realização, para que esta assegure a sua realização, preservando a segurança dos participantes, bem como para que preserve os serviços públicos e o trânsito de pessoas e veículos.

A prioridade da realização do comício será assegurada a quem comunicar primeiro, cabendo à Justiça Eleitoral dirimir eventuais questões conflituosas entre os partidos, coligações e candidatos.

Geralmente antes do início da propaganda eleitoral a autoridade policial, em conjunto com o juiz eleitoral, define, em cada cidade, quais são os locais adequados para a realização de comícios.

A realização de comícios e a utilização de aparelhagens de sonorização fixa são permitidas entre as 8 (oito) e as 24 (vinte e quatro horas), com a exceção do comício de encerramento da campanha, que poderá terminar às duas horas do dia seguinte. Os comícios e eventos assemelhados podem ser realizados até três dias antes do pleito, podendo o de encerramento da campanha ser concluído às 2 horas da antevéspera do pleito.

Punição pela realização de showmício e propaganda em trio elétrico móvel

A consequência é a representação por abuso de poder econômico, ante a ausência de cominação de multa para essa infração específica pelo legislador. A conduta também, por ser irregular, estará sujeita ao poder de polícia da Justiça Eleitoral. Em relação à ausência de previsão de multa pelo legislador, decidiu o TRE-SP que:

> "Não bastasse, cabe consignar, `ad argumentandum tantum`, que as últimas irregularidades mencionadas, isto é, showmício e trio elétrico móvel, ainda quando restam configuradas (o que não é a hipótese dos autos), carecem de previsão legal quanto à aplicação de multa. Logo, em observância ao princípio da legalidade, não poderiam ser apenadas, mesmo que comprovada sua prática no caso concreto." TRE-SP, Recurso Eleitoral n° 153-19.2016.6.26.0235, Relator Cauduro Padin, j. 17/03/2017.

Nos termos do art. 17 da Resolução TSE n°23.610, respondem os infratores pelo emprego de processo de propaganda vedada e, se for o caso, pelo abuso de poder. Na prática, o showmício

3.3. Decoração das fachadas das sedes dos partidos e dos comitês

Os partidos registrados podem decorar as fachadas de suas sedes da forma que melhor lhes parecer, conforme lhes assegura o art. 244, I do Código Eleitoral, independentemente de qualquer licença de autoridade pública ou do pagamento de taxas.

---

9. O §1° do art. 45 da Lei n° 9504/97 proíbe as emissoras de rádio e televisão transmitir, a partir de 30 de junho do ano da eleição, programa apresentado ou comentado por pré-candidato. A consequência, no caso de descumprimento, é a imposição de multa e o cancelamento do registro da candidatura do beneficiário.

O mesmo não ocorre com os comitês de campanha eleitoral, de partidos, coligações ou candidatos. Isso significa que, se a sede do partido for transformada em comitê durante a campanha eleitoral, passará a sofrer as restrições impostas para a propaganda eleitoral na forma de sua identificação.

Durante a campanha eleitoral, os partidos, coligações e candidatos poderão fazer inscrever, na sede de seu comitê central de campanha, a sua designação, assim como o nome e o número do candidato em dimensões que não excedam a 4m². O endereço desse único comitê central deverá ser informado no requerimento do registro de candidatura e também no demonstrativo de regularidade dos atos partidários.

Nos demais comitês da campanha eleitoral, que não o central, deverá ser observado o limite de 0,5 m² para afixar adesivo ou papel com a identificação do candidato, partido ou coligação. Em caso de justaposição de artefatos de propaganda eleitoral será considerada a soma das suas dimensões, em razão de seu efeito visual único, ainda que individualmente tenha sido respeitado o limite.

Punição

A punição para a inobservância dos limites acima é a sua adequação aos termos da lei, bem como a multa de R$2.000,00 (dois) a R$8.000,00 (oito).

3.4. Alto-falantes, amplificadores de som, carros de som e minitrios

A propaganda eleitoral mediante o uso de alto-falantes ou amplificadores de som, fixos ou móveis, é permitida até as 22 horas da véspera da eleição, entre as oito e as vinte e duas horas, desde que observada a distância mínima de duzentos metros: das sedes do Executivo, do Legislativo, do Judiciário, dos quartéis e outros estabelecimentos militares; dos hospitais e das casas de saúde; das escolas, bibliotecas públicas, das igrejas e dos teatros, quando em funcionamento. Quando utilizados em comícios, os alto falantes podem ser utilizados até as 24 horas.

Carros de som, veículos que usem equipamento de som com potência nominal de amplificação de até 10.000 watts, e minitrios, veículos automotores que usem equipamento de som com potência nominal de amplificação maior que 10.000 watts e de até 20.000 watts, podem ser utilizados apenas nas carreatas, caminhadas, passeatas ou durante reuniões e comícios. Na sua utilização deve ser observado o limite de 80 decibéis de nível de pressão sonora, medido a 7 metros de distância. Trios elétricos, veículos que usem equipamento de som com potência nominal de amplificação superior a 20.000 watts podem ser usados, exclusivamente, na sonorização de comícios.

Punição

A consequência é a interrupção da conduta, pelo exercício do poder de polícia, podendo também restar configurado o abuso do poder econômico, a depender da devida apuração em sede de representação.

3.5. Proibição de brindes

A lei eleitoral veda a confecção, utilização, distribuição por comitê, candidato, ou com sua autorização, de brindes e quaisquer bens e materiais que possam proporcionar vantagem ao eleitor, tais como: camisetas, chaveiros, bonés, canetas e cestas básicas. Esse rol de brindes é meramente exemplificativo, porque nada que possa trazer vantagem ao eleitor pode ser distribuído.

Nesse sentido, vale a pena observar que os candidatos estão proibidos de realizar quaisquer tipos de doações a partir dos pedidos dos registros das candidaturas até as eleições, por imposição do art. 23, §5º da Lei nº 9504/97, que proíbe que eles doem dinheiro, troféus, prêmios e façam ajudas de qualquer espécie. Ainda que o candidato seja doador assíduo e antigo de alguma entidade assistencial e de benemerência, terá que interromper essas doações no período eleitoral por determinação legal.

A proibição de distribuição alcança todos os eleitores em geral, mas não os cabos eleitorais e colaboradores da campanha, que podem receber camisetas suficientes para sua uniformização. Recomenda-se, nesse caso, que cada colaborador emita um recibo das camisetas que serão por ele utilizadas, com o compromisso da sua utilização exclusivamente durante os atos de campanha. A quantidade de camisetas deve ser proporcional ao número de cabos eleitorais, duas ou três por pessoa, no máximo.

No sentido da possibilidade de organização da campanha com a uniformização de seu pessoal com camisetas padronizadas, é o seguinte precedente:

> *"Representação. Camisetas padronizadas com cores e adesivo do tipo bottom distribuídas para cabos eleitorais. Eleitor como destinatário de camisetas distribuídas. Não comprovação. Inexistência de benefício para os cabos eleitorais. Conduta vedada. Não configuração. Recurso inominado. Desprovimento.*
>
> *A distribuição de camisetas unicamente a cabos eleitorais não caracteriza concessão de vantagem a eleitor, mas mecanismo de organização de campanha, implementado a partir da uniformização da equipe de trabalho.*
>
> *Os cabos eleitorais não obtiveram qualquer vantagem, já que as camisetas eram utilizadas no efetivo trabalho de campanha. Quando as camisetas objetivarem a uniformização da equipe de trabalho não resta caracterizada propaganda eleitoral irregular."* TRE-RO, Recurso em representação 149090, Relator Dalmo Antônio de Castro Bezerra, j. 19/08/2010, publicado em sessão.

A distribuição de camisetas, exclusivamente para a uniformização do pessoal da campanha eleitoral, não configura distribuição de brindes, porque, para que essa ocorra, a distribuição das vantagens deve ser feita indistintamente aos eleitores. A uniformização do pessoal da campanha faz parte da sua organização e não se confunde com a distribuição de brindes.

Punição

A consequência é a interrupção da conduta, pelo exercício do poder de polícia, podendo também restar configurada a captação ilícita de sufrágio, prevista no art. 41-A da Lei nº 9504/97.

3.6. Propaganda eleitoral em bens públicos

A regra é a proibição da realização de propaganda eleitoral em bens públicos, ainda que de fácil remoção. As exceções estão na possibilidade de colocação de mesas para distribuição de material de campanha, desde que móveis, nas calçadas e praças. Também estão permitidas as bandeiras ao longo das vias públicas, que não sejam fixadas e que sejam dispostas de forma a não dificultar o trânsito de pessoas e veículos. A mobilidade será inferida se o artefato de propaganda, bandeira ou mesa para a distribuição de material, for colocado entre as 6 e as 22 horas.

A colocação de bandeiras de propaganda eleitoral de modo a dificultar o trânsito de pessoas configura conduta irregular, já assim reconhecida pelo TSE:

> "AGRAVO REGIMENTAL. RECURSO ESPECIAL. ELEIÇÕES 2018. REPRESENTAÇÃO. PROPAGANDA ELEITORAL IRREGULAR. ART. 37, § 2º, I, DA LEI 9.504/97. BANDEIRA. CANDIDATO. VIA PÚBLICA. TRÂNSITO. PESSOAS. PREJUÍZO. CONFIGURAÇÃO. PRÉVIA NOTIFICAÇÃO. MITIGAÇÃO. INFRAÇÃO. INSTANTÂNEA. MULTA. INCIDÊNCIA. DESPROVIMENTO.
>
> 1. No caso, manteve-se condenação do agravante à multa de R$ 2.000,00 por propaganda irregular pelo uso de bandeiras ao longo de via pública, o que dificultou a circulação de pessoas no local.
>
> 2. O TRE/SP consignou que "as imagens apresentadas junto da exordial [...] demonstram que os cabos eleitorais portando bandeiras estavam muito próximos das pessoas que assistiam à parada cívico-militar, dificultando, assim, a circulação das pessoas e o acesso dos cidadãos interessados em ver o desfile [...]. Ademais, o [agravante], e beneficiário, tinha conhecimento do ocorrido, pois há imagens comprovando sua presença no local". Concluir de modo diverso esbarra no óbice da Súmula 24/TSE.
>
> 3. A regra do art. 37, § 1º, da Lei 9.504/97 – que exige prévia notificação do responsável pela propaganda como pressuposto para o sancionamento – pode ser mitigada quando se tratar de infração instantânea, em que não é possível regularizar a publicidade ou restaurar o bem. Precedentes." TSE, Agravo Regimental em Recurso Especial Eleitoral nº 060532897, Relator Ministro Jorge Mussi, j. 29/04/2019, DJE de 25/06/2019.

Os cabos eleitorais devem portar as bandeiras com cuidado para não dificultar o funcionamento normal das cidades, atentando, inclusive, para eventos específicos. No precedente acima, constata-se que a conduta irregular dos cabos eleitorais prejudicou o aproveitamento pelas pessoas de uma parada cívico-militar. A propaganda eleitoral deve ser compatibilizada com a vida normal das pessoas, sem prejudicar quem quer que seja.

A proibição de propaganda eleitoral em bens públicos se estende àqueles que, ainda que estejam na posse direta de particulares, tenham tido seu uso cedido ou permitido pelo poder público. Não raro clubes e estádios de futebol públicos, por exemplo, tem sua administração transferida a entes privados, passando a ter a aparência de locais particulares. Bens públicos, ainda que sob administração particular, não podem ser usados em campanhas eleitorais, nem mesmo sob locação.

> "Propaganda em bem público. Festividade realizada em Centro de Lazer para Idosos cedido pelo Poder Público. Carimbo do nome e candidato a vereador no braço das pessoas antes do ingresso no recinto. Veiculação de Propaganda. Art. 37 da Lei 9.504.
>
> Solidariedade do Partido. Artigo 241 do Código Eleitoral.
>
> Cerceamento de defesa pela não oitiva de testemunhas e falta de despacho saneador. Prova documental e admissão dos representados. Desnecessidade.

Não é só a pichação ou inscrição em bem público que se constitui em propaganda irregular mas também a veiculação que se processe em seu interior. Carimbar o braço de pessoas que irão se reunir em recinto pertencente a bem público, ainda que cedido a terceiros se constitui na veiculação vedada em lei.

A responsabilidade solidária do Partido pela multa decorre da letra do artigo 241 do Código Eleitoral." TRE-PR, Recurso Eleitoral n° 879, Relator Silvio Vericundo Fernandes Dias, j. 26.07.2002, DJ de 08/08/2002.

A lei eleitoral proíbe expressamente que a propaganda eleitoral seja veiculada em árvores, jardins, muros, cercas, tapumes, postes de iluminação pública, de sinalização de tráfego e também em viadutos, passarelas, pontes, paradas de ônibus e outros equipamentos urbanos. Proíbe, ainda, a propaganda eleitoral por meio de cavaletes, inscrição a tinta, pichação, placas, faixas, estandartes, bonecos e assemelhados.

Nas dependências do poder Legislativo, a propaganda eleitoral fica a critério da respectiva mesa diretora.

Também são equiparados a bens públicos, para fins eleitorais, os bens particulares de uso comum, aos quais a população em geral tem acesso, tais como cinemas, clubes, lojas, centros comerciais, templos, ginásios, estádios, bares, restaurantes, colégios, faculdades, entre outros. O objetivo da lei eleitoral é que os eleitores não sejam surpreendidos com propaganda eleitoral em seus momentos de lazer, de trabalho e quando não estão dispostos a recebê-la.

São comuns as visitas de candidatos às fábricas para expor as propostas de campanha aos funcionários, bem como seu comparecimento a universidades, sindicatos, clubes, etc.. Desde que respeitada a isonomia, facultando a participação e a igualdade de oportunidades entre todos os candidatos, não há qualquer problema eleitoral. De outro lado, os candidatos não podem panfletar no interior de lojas, bares e restaurantes, por exemplo, ainda que possuam autorização dos respectivos proprietários, porque o que importa é que os consumidores e os funcionários não sejam surpreendidos com a propaganda eleitoral que não estão dispostos a receber naquele momento. O TSE manteve punição a candidato que distribuiu santinhos dentro de estabelecimentos comerciais:

"ELEIÇÕES 2018. AGRAVO INTERNO EM RECURSO ESPECIAL. REPRESENTAÇÃO. PROPAGANDA ELEITORAL IRREGULAR. ART. 37, CAPUT E § 4°, DA LEI N° 9.504/1997. DISTRIBUIÇÃO DE SANTINHOS EM ESTABELECIMENTOS COMERCIAIS. PROCEDÊNCIA NA INSTÂNCIA ORDINÁRIA. BEM PARTICULAR DE USO COMUM. VEDADA PROPAGANDA DE QUALQUER NATUREZA, TRANSITÓRIA OU PERMANENTE. JURISPRUDÊNCIA DO TSE. INCIDÊNCIA DE MULTA. NOTIFICAÇÃO PRÉVIA PARA REGULARIZAÇÃO. DESNECESSIDADE. ESPECIFIDADES DO CASO CONCRETO. JURISPRUDÊNCIA DO TSE. NEGADO SEGUIMENTO AO AGRAVO INTERNO.

1. Em bens de uso comum, é vedada a distribuição de material gráfico de propaganda eleitoral de qualquer natureza (sejam panfletos e santinhos, que possuem caráter mais transitório, sejam pinturas e cartazes, cuja permanência tende a ser mais duradoura). Precedentes.

2. Conforme o art. 37, § 4°, da Lei n° 9.504/1997, estabelecimentos comerciais são equiparados a bens de uso comum para fins eleitorais, assim como as escolas públicas, os estádios de futebol, as rodoviárias, entre outros. Precedentes.

3. A distribuição de material gráfico de propaganda eleitoral em estabelecimentos comerciais (no caso: loja de sapatos, padaria, ótica, loja de presentes, lanchonete, loja de cosméticos e cafeteria) configura propaganda eleitoral irregular.

4. A despeito de o § 1º do art. 37 da Lei das Eleições condicionar a incidência de multa ao prévio descumprimento da ordem judicial de restauração do bem em que veiculada a propaganda, o caso vertente revela situação excepcional.

5. A distribuição, em bens públicos ou de uso comum, de folhetos avulsos de propaganda a eleitores configura infração de caráter instantâneo, que afasta qualquer possibilidade de restauração do bem ou retirada da publicidade e, precisamente por isso, torna-se despicienda, para a incidência da multa do art. 37, § 1º, da Lei das Eleições, a prévia notificação do responsável. Precedente.

6. A propaganda descrita no art. 38 da Lei nº 9.504/1997, veiculada por meio da distribuição de folhetos, adesivos, volantes e outros impressos, é livre, mas essa liberdade não é absoluta, uma vez que encontra limites no art. 37 do mesmo diploma normativo, conclusão a que se chega a partir de uma interpretação sistemática e harmônica da norma eleitoral." TSE, Agravo Regimental em Recurso Especial Eleitoral nº 060516095, Relator Ministro Og Fernandes, j. 04/06/2019, DJE de 07/08/2019.

Nos termos do precedente acima, a distribuição de panfletos no interior de estabelecimentos comerciais configura infração eleitoral instantânea, que não admite prévia notificação para o retorno do bem ao seu estado anterior. Nesse sentido, a multa se aplica desde logo.

Eventos de campanha podem ser realizados em bens de uso comum, desde que fechados e mediante locação do espaço, por valor de mercado, e desde que oferecidas iguais oportunidades de locação para todos os candidatos. Infelizmente, não são incomuns as locações de salões de sindicatos para partidos de esquerda, por preços irrisórios. Quando os adversários se dispõem a locar o mesmo espaço pelo mesmo valor, não existe disponibilidade. Pode-se cogitar que a locação de espaço de pessoa jurídica, por preço inferior ao seu valor, configura doação estimável da diferença de preço.

Punição

Estará sujeito o responsável, após a notificação e comprovação, à restauração do bem e, caso não cumprida no prazo, a multa no valor de R$2.000,00 (dois mil reais) a R$8.000,00 (oito mil reais). Se, desde logo, forem evidentes as ciências do responsável e do candidato beneficiário, a restauração do bem não ilidirá o pagamento da multa.

3.7. Propaganda eleitoral em bens particulares

É permitida a propaganda eleitoral em bens particulares, desde que espontânea e gratuita, vedada a locação ou compra de espaços. Só poderão ser utilizados na propaganda eleitoral bens de pessoas físicas ou de pessoas jurídicas, mediante locação devidamente comprovada.

A propaganda eleitoral poderá ser realizada nas fachadas e nas janelas das residências, mediante a outorga de autorização expressa pelo seu possuidor direto, consistente na colocação de adesivo ou papel de até 0,5 m², proibidas a pintura de muro e a justaposição.

Nos automóveis e caminhões podem ser colocados adesivos microperfurados até o limite da extensão total do vidro traseiro e, nas demais faces, um adesivo de até 50cmX40cm por face. Nas bicicletas e motocicletas também pode ser veiculado adesivo de propaganda eleitoral de até 50cmX40cm.

A justaposição, que consiste na colocação de mais de uma propaganda eleitoral no mesmo bem, ressalvadas as regras específicas dos veículos, leva à soma dos artefatos, em razão do seu efeito visual único, e configura propaganda eleitoral irregular ainda que respeitados os limites individuais.

3.8. Propaganda eleitoral mediante distribuição de folhetos, volantes e outros impressos

A propaganda eleitoral pode ser realizada mediante a distribuição de folhetos, adesivos, volantes, santinhos, colas e outros impressos, que devem sempre ser editados sob a responsabilidade do partido, coligação ou candidato, independentemente de licença municipal ou de autorização da Justiça Eleitoral. Esses materiais também poderão ser impressos em braile, desde que tragam, o mesmo texto, em língua portuguesa.

Todos os materiais impressos, adesivos inclusive, devem conter o número do CNPJ ou do CPF do responsável pela confecção, bem como de quem contratou e a respectiva tiragem. Embora não exista obrigatoriedade de que o material impresso mencione sua próprias dimensões, elas devem ser consignadas na respectiva nota fiscal, conforme estabelece a Resolução TSE n° 23.607.

Caso o material seja dividido entre candidatos, aquele que pagar as despesas fará o lançamento na própria prestação de contas. Se todos pagarem discriminarão, cada qual, o respectivo pagamento na sua prestação de contas.

Adesivos poderão ser impressos na dimensão máxima de 50cmX40cm e, quanto aos microperfurados destinados a afixação nos vidros traseiros, até o limite de sua extensão total.

A chamada "forração", que consiste no derrame ou na anuência com o derrame de material de propaganda eleitoral nas imediações dos locais de votação, geralmente na véspera do pleito, é terminantemente proibido, sujeitando o infrator a multa e também à apuração de crime. O candidato beneficiário responde, independentemente de prévia notificação, pelas circunstâncias da forração. O TSE vem reiteradamente mantendo as decisões que condenam o derramamento de santinhos:

> "2. "Derramamento de santinhos" em vias públicas próximas a locais de votação, na véspera do pleito, configura propaganda eleitoral irregular. Precedentes.
>
> 3. É possível a responsabilização pelo referido ato de publicidade "se as circunstâncias e as peculiaridades do caso específico revelarem a impossibilidade de o beneficiário não ter tido conhecimento da propaganda", nos termos do parágrafo único do art. 40–B da Lei 9.504/97. Precedentes.
>
> 4. Na hipótese, o TRE/RJ consignou que "o material foi encontrado em diversos lugares, inclusive em locais de votação situados no mesmo bairro onde reside o recorrente [ora agravante], não sendo crível que o mesmo não tivesse conhecimento do ocorrido". Concluir de modo diverso esbarra no óbice da Súmula 24/TSE.
>
> 5. O requisito da notificação como antecedente para o sancionamento, previsto no § 1° do art. 37 da Lei 9.504/97, pode ser mitigado quando o fato ocorrer na véspera do dia do pleito, a fim de se resguardar o escopo da norma, que é impedir influências no voto do eleitor e o desequilíbrio no certame. Precedentes." TSE, Agravo Regimental em Recurso Especial Eleitoral n° 060786646, Relator Ministro Jorge Mussi, j. 13/08/2019, DJE de 18/09/2019.

O fato do material de propaganda eleitoral ser encontrado derramado nas imediações de diversos locais de votação configura circunstância que impede que o candidato desconheça, ensejando sua responsabilização mediante a imposição de multa, independentemente de prévia notificação para restaurar o bem ao estado anterior, até porque isso seria impossível na situação concreta.

3.9. Proibição de outdoors

A lei eleitoral considera outdoor todo o engenho publicitário explorado comercialmente e também aqueles artefatos de propaganda eleitoral que tenham mais de 4m² ou que, dentro dessas dimensões, sejam dispostos de forma conjugada, formando um efeito visual único. O art. 39, §8° da Lei n° 9504/97 proíbe a veiculação de propaganda eleitoral por meio de outdoors, inclusive eletrônicos.

Em razão da repercussão desse tipo de propaganda eleitoral, sua veiculação prescinde de prévia notificação do infrator para a restauração do bem para a imposição de multa, porque é impossível seu desconhecimento pelo beneficiário.

Punição

Multa no valor de R$5.000,00 a R$15.000,00, sem prejuízo da representação por abuso do poder econômico e dos meios de comunicação social.

3.10. Propaganda eleitoral na imprensa escrita

É permitida, até antevéspera do pleito, a divulgação paga de propaganda eleitoral nos jornais, revistas e tabloides, na quantidade máxima de dez anúncios por veículo durante toda a campanha[10], até o limite de 1/8 de página de jornal padrão[11] e de ¼ de página de revista ou tabloide[12], por edição. A própria divulgação do anúncio deverá divulgar, de forma visível, o seu custo. Se o veículo que publicou a propaganda eleitoral tiver outras dimensões, o critério de enquadramento dos limites de tamanho da propaganda eleitoral será o da maior proximidade.

Não caracteriza propaganda eleitoral a divulgação de opinião favorável ou contrária a candidato, partido político ou coligação, ou mesmo a assinatura de coluna em jornal, mas os abusos e excessos serão punidos enquanto abuso dos meios de comunicação social, sujeitando o beneficiário à cassação do registro ou do diploma.

A lei eleitoral autoriza a reprodução virtual das páginas do jornal na internet, no sítio eletrônico do próprio jornal, independentemente do seu conteúdo, respeitados integralmente o formato gráfico e o conteúdo editorial da edição impressa.

---

10. A quantidade máxima de anúncios será aferida a partir da imagem e do nome do respectivo candidato, independentemente de quem contratou e divulgou a propaganda.
11. Tem 29,5 cm de largura e 54 cm de altura.
12. Tem 28,7 cm de largura e 31,7 cm de altura.

Punição

O descumprimento dessas regras sujeita os responsáveis pelos veículos de divulgação e os partidos, coligações ou candidatos beneficiados a multa no valor de R$ 1.000,00 a R$ 10.000,00 ou equivalente ao da divulgação, se for maior.

3.11. Propaganda eleitoral na internet

Como veículo de expressão de ideias e opiniões por excelência, a propaganda eleitoral pode ser veiculada na internet, de forma gratuita e paga, nas situações taxativamente especificadas na lei. A regra é que a propaganda eleitoral na internet se dá de forma gratuita, nos sítios, blogs, redes sociais de pessoas físicas, e também dos partidos políticos, coligações e candidatos, devidamente informados à Justiça Eleitoral. Poderá ocorrer, ainda, mediante a remessa de mensagens endereços cadastrados, gratuitamente, pelos candidatos, partidos e coligações.

Não se sabe, ainda, se a Lei Geral de Proteção de Dados[13] entrará em vigor em agosto de 2020. Se isso acontecer, como tudo indica, deverão ser observadas as suas regras na coleta, no tratamento e no uso dos dados pessoais, nele compreendidos os cadastros de informações destinadas às campanhas eleitorais.

Para evitar multas, considerando que, nos termos do art. 3º, "caput" da Lei nº 13.709/2018, a lei se aplica também a pessoas naturais e jurídicas, de direito público ou privado, estando abrangidos os partidos, coligações e candidatos, deve haver clareza na obtenção dos dados e cadastros dos eleitores, deixando especificadas, antes do consentimento emitido pelo titular, as políticas de proteção de dados adotadas.

Quem se filiar ao partido ou preencher um cadastro, para o recebimento de notícias por exemplo, estará aderindo à política de privacidade definida e não poderá reclamar das implicações nela compreendidas, como o recebimento de e-mails, ligações, mensagens de aplicativos, etc., contendo conteúdo de propaganda eleitoral ou informações partidárias. Aquele que manifestar seu consentimento deverá saber de antemão quais serão os resultados dele decorrentes, inclusive em relação ao período de utilização dos dados, compartilhamento com parceiros, processamento dos pedidos de baixa, dentre outros elementos relevantes para os filiados e demais interessados.

Certamente a entrada em vigor da lei de proteção de dados trará mais transparência na relação entre eleitores e candidatos, partidos e coligações porque esses só poderão utilizar aqueles dados pessoais obtidos mediante consentimento claro e específico dos eleitores e das demais pessoas, anuindo com a finalidade daquela coleta descrita na política de privacidade. Qualquer uso de dados obtidos de forma clandestina pelos partidos, coligações e candidatos, ou em desacordo com as finalidades delimitadas na política de privacidade respectivamente adotada, poderá ensejar as multas previstas na Lei nº 13.709/2018, que têm valores muito superiores aos valores das multas eleitorais. Nem há o que se falar em "bis in idem", porque ainda que a propaganda eleitoral seja

---
13. Lei nº 13.709, de 14 de agosto de 2018.

irregular, pela utilização dos dados sem a autorização do eleitor, a multa eleitoral apena a irregularidade da propaganda eleitoral, enquanto que a multa da Lei n° 13.709/2018, apena a utilização clandestina e irregular dos dados.

Quem realizar disparos em massa através de aplicativos de mensagens instantâneas e disseminar indiscriminadamente notícias falsas para eleitores será responsabilizado nos termos da Lei n° 13.709/2018, porque estará utilizando dados para a remessa dessas mensagens sem o consentimento do titular. Essa conduta pode ser punida na esfera individual, mas, principalmente, na esfera difusa, por meio de instauração de procedimento administrativo e/ou em sede de ação civil pública. No aspecto eleitoral, poderá ensejar até mesmo a cassação do registro ou do diploma do candidato beneficiário, se demonstrando seu envolvimento.

O art. 9° da Resolução TSE n° 23.610 afirma que os candidatos, partidos políticos e coligações deverão verificar, antes de compartilhar qualquer informação ou conteúdo, a presença de elementos que permitam concluir, com razoável segurança, pela fidedignidade do conteúdo disseminado, sob pena da concessão de direito de resposta, nos termos do art. 58 da Lei n° 9504/97, sem prejuízo da configuração do crime previsto no art. 323, "caput" do Código Eleitoral[14]. Vale dizer, responderão eles, objetivamente, pelo conteúdo falso que vierem a divulgar. Quando presente o dolo específico, consistente no objetivo deliberado de divulgar notícia falsa com o propósito de obter vantagem eleitoral, restará configurado, simultaneamente, o crime de divulgação de fatos inverídicos na propaganda eleitoral.

Notícias falsas na propaganda eleitoral são mais antigas e comuns do que se pensa e a prova disso é que sua divulgação foi definida como crime no Código Eleitoral de 1965, Lei n° 4.737/1965. As grandes diferenças, nos dias atuais, são a rapidez e a abrangência da sua disseminação, que tornam certos os prejuízos de enormes proporções.

Como diz Sinan Aral, professor da escola de negócios do Massachusetts Instituto of Technoloy (MIT), as notícias falsas se espalham 70% mais rápido do que as informações verdadeiras, especialmente aquelas que têm conteúdo político. As informações falsas atraem mais a curiosidade das pessoas e isso tende a continuar influindo nos processos eleitorais da próxima década. A Justiça Eleitoral deverá estar atenta para punir com rigor esses expedientes ilícitos, que viciam e corrompem a vontade dos eleitores, bem como para evitar que candidatos deles se beneficiem.

Os candidatos, partidos e coligações não poderão utilizar, nas eleições de 2020, os dados que obtiveram para as eleições anteriores, daquelas pessoas que não consentiram com a política de dados adotada em cumprimento à Lei n° 13.709/2018. Das duas uma, ou esses dados antigos são descartados ou serão convalidados mediante a obtenção do consentimento específico de seus titulares para adequá-los.

---

14. Art. 323. Divulgar, na propaganda, fatos que sabe inverídicos, em relação a partidos ou candidatos e capazes de exercerem influência perante o eleitorado:
    Pena – detenção de dois meses a um ano, ou pagamento de 120 a 150 dias-multa.

Sabe-se que, principalmente partidos, vão obtendo dados pessoais, repassados clandestinamente por seus filiados, e incorporando à sua base. Esses dados pessoais, clandestinos e obtidos de forma irregular, não poderão ser utilizados, porque apenas os eleitores que expressamente autorizarem o recebimento de mensagens de propaganda eleitoral poderão recebê-las.

O consentimento, nos termos do art. 5º, XII da Lei nº 13.709/2018, consiste na "manifestação livre, informada e inequívoca pela qual o titular concorda com o tratamento de seus dados pessoais para uma finalidade determinada;". Por sua vez, o uso compartilhado é previsto no art. 5º, XVI como dependente de um consentimento específico. Vale dizer, se o partido for compartilhar os dados, coletados e tratados, com seus filiados e parceiros ou vice-versa, deverá obter uma autorização específica nesse sentido do eleitor.

O art. 9º da Lei nº 13.709/2018 estabelece que os titulares dos dados, eleitores no caso, têm direito de acesso facilitado ao tratamento de seus dados, de forma clara, adequada e ostensiva, com o recebimento de uma série de informações obrigatórias, dentre as quais, por exemplo, as "informações de contato do controlador". Como o eleitor vai revogar o consentimento para o tratamento de seus dados, sem as informações de contato do partido político, coligação ou candidato, que devem estar definidas em uma política de privacidade?

A remessa de propaganda eleitoral aos eleitores, que envolve o tratamento de seus dados, pressupõe o respeito ao direito à informação, devendo constar claramente da política de privacidade: a finalidade específica do tratamento; a forma e a duração do tratamento; a identificação do controlador dos dados; as informações de contato do controlador; informações acerca do uso compartilhado de dados pelo controlador e a finalidade; responsabilidade dos agentes que realizarão o tratamento e os direitos do titular, especialmente em relação à possibilidade de revogação do consentimento a qualquer tempo.

O consentimento específico, na política de privacidade que exponha claramente as informações acima, é fundamental para evitar a responsabilidade pela remessa de mensagens a eleitores que não consentiram, de forma indiscriminada.

O art. 57-G da Lei nº 9504/97 deve ter, portanto, sua aplicação compatibilizada com a possível entrada em vigor da Lei Geral de Proteção de Dados, porque não mais bastará que a mensagem remetida ao eleitor disponha de mecanismo que permita seu descadastramento pelo destinatário, porque passa a ser condição para a remessa de mensagens de propaganda eleitoral para eleitores cadastrados pelo partido, coligação ou candidato seu consentimento prévio e específico e adesão à política de privacidade. Ausente esse consentimento, o eleitor que receber mensagens de propaganda eleitoral poderá insurgir-se tanto no aspecto eleitoral, como também invocando a Lei Geral de Proteção de Dados.

Nas situações em que a própria lei especifica, permite-se o impulsionamento de conteúdo de propaganda eleitoral apenas por partido, coligação e candidato, quando o próprio provedor de aplicação na internet, com sede, filial, sucursal ou escritório no país, disponibiliza essa ferramenta, apenas para beneficiar partidos, coligações e candidatos.

O oferecimento dessa modalidade de propaganda eleitoral paga na internet dar-se-á sob supervisão e fiscalização da Justiça Eleitoral.

Nos termos do art. 57-C, §3º da Lei nº9504/97, o impulsionamento deverá ser contratado diretamente com provedor de aplicação na internet e só poderá ser impulsionado conteúdo positivo de propaganda eleitoral. Não pode haver o impulsionamento de propaganda eleitoral negativa ou de críticas políticas, porque o impulsionamento só pode servir para beneficiar partido, coligação ou candidato.

É permitido, por exemplo, o impulsionamento de conteúdo de propaganda eleitoral no Facebook, desde que seja realizado por partido, coligação ou candidato, apenas, identificando-o como propaganda eleitoral e lançando esse gasto em um boleto de pagamento, emitido no CNPJ da campanha do candidato.

Todo o impulsionamento deverá conter, de forma clara e legível, o número do CNPJ da campanha do candidato, além da expressão "Propaganda Eleitoral".

Um dos princípios que regula a propaganda eleitoral na internet é o da sua identificação. A propaganda eleitoral deve ser claramente identificada como tal, a fim de que o eleitor não seja enganado com a falsa aparência de notícia ou de conteúdo isento. O leitor, sabendo que se trata de uma propaganda eleitoral, emprestará a devida importância e o devido crédito, dependendo daquele que a veicular.

Também é princípio da propaganda eleitoral, especialmente na internet, a vedação do anonimato. Propagandas eleitorais devem, sempre, ser veiculadas sob a responsabilidade de partido, coligação, candidato ou de pessoa física. Todos têm a possibilidade de veicular a propaganda eleitoral, forma de expressão do pensamento, mas igualmente respondem por eventuais abusos, excessos e pelo conteúdo que foi veiculado.

A Resolução TSE nº 23.610, no seu art. 27, §1º afirma a liberdade de manifestação de pensamento do eleitor "identificado ou identificável", porque considera que todos aqueles que têm seus dados de navegação armazenados pelos provedores de aplicação na internet, que a Justiça Eleitoral pode obter, não estão anônimos.

Realizar propaganda eleitoral, atribuindo sua autoria indevidamente a terceiros, configura infração eleitoral punível com a multa prevista no art. 57-H, "caput" da Lei nº 9504/97.

Constitui crime a contratação, direta ou indireta, de pessoas para emitir mensagens ou comentários na internet visando ofender a honra e denegrir a imagem de candidato, partido ou coligação. Aqueles que são contratados para essa finalidade também cometem crime.

Os candidatos, partidos e coligações podem realizar propaganda eleitoral nos seus próprios sítios na internet, que estejam hospedados em provedores nacionais e informados à Justiça Eleitoral, assim como por meio de blogs, redes sociais, sítios e aplicativos de mensagens instantâneas próprios ou que tenham conteúdo gerado por pessoas físicas.

É vedada a realização de propaganda eleitoral via telemarketing, em qualquer horário, bem como por meio de disparo em massa de mensagens instantânea, sem o consentimento do destinatário.

Punição

O que não pode na propaganda eleitoral na internet? Sob pena de multa de R$5.000,00 a R$30.000,00 ou de valor equivalente ao dobro da quantia despendida, se maior.
Realizar propaganda em blogs, redes sociais, sítios de mensagens instantâneas e aplicações na internet de pessoas jurídicas. **Fundamento:** Art. 57-B da Lei 9504/97.
Remeter mensagens de propaganda eleitoral, indiscriminadamente ou para endereços e números de telefones cadastrados por pessoas jurídicas, obtidos mediante pagamento ou não. **Fundamento:** Art. 57-B da Lei 9504/97.
Veicular conteúdo de cunho eleitoral na internet falseando a própria identidade. **Fundamento:** Art. 57-B, §2° da Lei 9504/97.
Impulsionar conteúdos e ferramentas digitais de propaganda eleitoral não disponibilizados pelo provedor de aplicação na internet, ainda que gratuitamente, para alterar o teor e a repercussão da propaganda, própria ou de terceiros. **Fundamento:** Art. 57-B, §3° da Lei 9504/97.
Realizar qualquer outra modalidade de propaganda paga na internet, além dos impulsionamentos de conteúdos disponibilizados pelos provedores de aplicação. **Exemplo:** pagar para influenciador fazer propaganda eleitoral nas suas redes pessoais. **Fundamento:** Art. 57-C, "caput" da Lei 9504/97.
Realizar propaganda em sítios de pessoas jurídicas, com ou sem fins lucrativos, e naqueles oficiais ou hospedados por órgãos ou entidades da administração pública direta ou indireta da União, dos Estados, do Distrito Federal e dos Municípios. **Fundamento:** Art. 57-C, §1° da Lei 9504/97.
Realizar propaganda anônima na internet. **Fundamento:** Art. 57, D, "caput" da Lei 9504/97.
Ceder gratuitamente, doar ou vender cadastros eletrônicos para a realização de propaganda eleitoral. **Fundamento:** Art. 57-E, "caput" da Lei 9504/97.
Deixar o provedor de conteúdo, após a devida notificação da Justiça Eleitoral e o decurso "in albis" do prazo concedido, de retirar o conteúdo de propaganda eleitoral da internet. **Fundamento:** Art. 57-F, "caput" da Lei 9504/97.
Realizar propaganda eleitoral na internet, atribuindo indevidamente sua autoria a terceiro. **Fundamento:** Art. 57-H, "caput" da Lei 9504/97.
Realizar a pessoa física, que não seja candidato, propaganda eleitoral mediante impulsionamento de conteúdo. **Fundamento:** Art. 57-C, "caput" da Lei 9504/97

3.12. Propaganda eleitoral no rádio e na televisão e condutas vedadas a tais veículos

Não existe propaganda eleitoral paga no rádio e na televisão, veículos em que só pode ser veiculada a propaganda eleitoral gratuita. Existem restrições também para as emissoras de rádio e televisão, que devem emprestar aos candidatos, no período eleitoral, tratamento isonômico.

A propaganda eleitoral gratuita na televisão deverá utilizar a linguagem brasileira de sinais, que deverá constar obrigatoriamente do material entregue às emissoras, e, tanto no rádio quanto na televisão, não pode destinar-se à utilização comercial ou ser desnaturada para a publicidade de produtos e serviços oferecidos no mercado de consumo.

A partir do dia 6 de agosto as emissoras de rádio e televisão têm algumas vedações, na sua programação normal e nos seus noticiários. Ao julgar a ADI n° 4451, relativa ao tema, o STF decidiu que:

> 2. Não cabe ao Estado, por qualquer dos seus órgãos, definir previamente o que pode ou o que não pode ser dito por indivíduos e jornalistas. Dever de omissão que inclui a própria atividade legislativa, pois é vedado à lei dispor sobre o núcleo duro das atividades jornalísticas, assim entendidas as coordenadas de tempo e de conteúdo da manifestação do pensamento, da informação e da criação lato sensu. Vale dizer:

não há liberdade de imprensa pela metade ou sob as tenazes da censura prévia, pouco importando o Poder estatal de que ela provenha. Isso porque a liberdade de imprensa não é uma bolha normativa ou uma fórmula prescritiva oca. Tem conteúdo, e esse conteúdo é formado pelo rol de liberdades que se lê a partir da cabeça do art. 220 da Constituição Federal: liberdade de "manifestação do pensamento", liberdade de "criação", liberdade de "expressão", liberdade de "informação". Liberdades constitutivas de verdadeiros bens de personalidade, porquanto correspondentes aos seguintes direitos que o art. 5° da nossa Constituição intitula de "Fundamentais": a) "livre manifestação do pensamento" (inciso IV); b) "livre [...] expressão da atividade intelectual, artística, científica e de comunicação" (inciso IX); c) "acesso a informação" (inciso XIV).

3. Pelo seu reconhecido condão de vitalizar por muitos modos a Constituição, tirando-a mais vezes do papel, a imprensa mantém com a democracia a mais entranhada relação de interdependência ou retroalimentação. A presente ordem constitucional brasileira autoriza a formulação do juízo de que o caminho mais curto entre a verdade sobre a conduta dos detentores do Poder e o conhecimento do público em geral é a liberdade de imprensa. A traduzir, então, a ideia-força de que abrir mão da liberdade de imprensa é renunciar ao conhecimento geral das coisas do Poder, seja ele político, econômico, militar ou religioso.

4. A Magna Carta Republicana destinou à imprensa o direito de controlar e revelar as coisas respeitantes à vida do Estado e da própria sociedade. A imprensa como a mais avançada sentinela das liberdades públicas, como alternativa à explicação ou versão estatal de tudo que possa repercutir no seio da sociedade e como garantido espaço de irrupção do pensamento crítico em qualquer situação ou contingência. Os jornalistas, a seu turno, como o mais desanuviado olhar sobre o nosso cotidiano existencial e os recônditos do Poder, enquanto profissionais do comentário crítico. Pensamento crítico que é parte integrante da informação plena e fidedigna. Como é parte do estilo de fazer imprensa que se convencionou chamar de humorismo (tema central destes autos). A previsível utilidade social do labor jornalístico a compensar, de muito, eventuais excessos desse ou daquele escrito, dessa ou daquela charge ou caricatura, desse ou daquele programa.

5. Programas humorísticos, charges e modo caricatural de pôr em circulação ideias, opiniões, frases e quadros espirituosos compõem as atividades de "imprensa", sinônimo perfeito de "informação jornalística" (§ 1° do art. 220). Nessa medida, gozam da plenitude de liberdade que é assegurada pela Constituição à imprensa. Dando-se que o exercício concreto dessa liberdade em plenitude assegura ao jornalista o direito de expender críticas a qualquer pessoa, ainda que em tom áspero, contundente, sarcástico, irônico ou irreverente, especialmente contra as autoridades e aparelhos de Estado. Respondendo, penal e civilmente, pelos abusos que cometer, e sujeitando-se ao direito de resposta a que se refere a Constituição em seu art. 5°, inciso V. A crítica jornalística em geral, pela sua relação de inerência com o interesse público, não é aprioristicamente suscetível de censura. Isso porque é da essência das atividades de imprensa operar como formadora de opinião pública, lócus do pensamento crítico e necessário contraponto à versão oficial das coisas, conforme decisão majoritária do Supremo Tribunal Federal na ADPF 130. Decisão a que se pode agregar a ideia de

que a locução "humor jornalístico" enlaça pensamento crítico, informação e criação artística.

6. A liberdade de imprensa assim abrangentemente livre não é de sofrer constrições em período eleitoral. Ela é plena em todo o tempo, lugar e circunstâncias. Tanto em período não eleitoral, portanto, quanto em período de eleições gerais. Se podem as emissoras de rádio e televisão, fora do período eleitoral, produzir e veicular charges, sátiras e programas humorísticos que envolvam partidos políticos, pré-candidatos e autoridades em geral, também podem fazê-lo no período eleitoral. Processo eleitoral não é estado de sítio (art. 139 da CF), única fase ou momento de vida coletiva que, pela sua excepcional gravidade, a Constituição toma como fato gerador de "restrições à inviolabilidade da correspondência, ao sigilo das comunicações, à prestação de informações e à liberdade de imprensa, radiodifusão e televisão, na forma da lei" (inciso III do art. 139).

7. O próprio texto constitucional trata de modo diferenciado a mídia escrita e a mídia sonora ou de sons e imagens. O rádio e a televisão, por constituírem serviços públicos, dependentes de "outorga" do Estado e prestados mediante a utilização de um bem público (espectro de radiofrequências), têm

um dever que não se estende à mídia escrita: o dever da imparcialidade ou da equidistância perante os candidatos. Imparcialidade, porém, que não significa ausência de opinião ou de crítica jornalística. Equidistância que apenas veda às emissoras de rádio e televisão encamparem, ou então repudiarem, essa ou aquela candidatura a cargo político eletivo.

8. Suspensão de eficácia do inciso II do art. 45 da Lei 9.504/1997 e, por arrastamento, dos §§ 4° e 5° do mesmo artigo, incluídos pela Lei 12.034/2009. Os dispositivos legais não se voltam, propriamente, para aquilo que o TSE vê como imperativo de imparcialidade das emissoras de rádio e televisão. Visa a coibir um estilo peculiar de fazer imprensa: aquele que se utiliza da trucagem, da montagem ou de outros recursos de áudio e vídeo como técnicas de expressão da crítica jornalística, em especial os programas humorísticos.

9. Suspensão de eficácia da expressão "ou difundir opinião favorável ou contrária a candidato, partido, coligação, a seus órgãos ou representantes", contida no inciso III do art. 45 da Lei 9.504/1997. Apenas se estará diante de uma conduta vedada quando a crítica ou matéria jornalísticas venham a descambar para a propaganda política, passando nitidamente a favorecer uma das partes na disputa eleitoral. Hipótese a ser avaliada em cada caso concreto. 10. Medida cautelar concedida para suspender a eficácia do inciso II e da parte final do inciso III, ambos do art. 45 da Lei 9.504/1997, bem como, por arrastamento, dos §§ 4° e 5° do mesmo artigo." ADI n° 4451, Relator Ministro Alexandre de Moraes, j. 21/06/2018.

A decisão acima, que teve sua ementa parcialmente reproduzida, suspendeu a eficácia do art. 45, II e III, bem como de seus §§4° e 5° da Lei 9504/97, diminuindo as restrições às programações normais do rádio e da televisão no período eleitoral. Persistiram, apesar da suspensão da eficácia desses dispositivos pelo STF algumas vedações. Não podem as emissoras de rádio e televisão, a partir do dia 6 de agosto:

I – transmitir, ainda que sob a forma de entrevista jornalística, imagens da realização de pesquisas ou qualquer outro tipo de consulta popular de natureza eleitoral em que seja possível identificar o entrevistado ou em que haja manipulação de dados;

Desde 1° de janeiro de 2020 todas as pesquisas de intenções de votos devem, obrigatoriamente, ser registradas no sistema da Justiça Eleitoral, com antecedência mínima de cinco dias da sua veiculação. Pesquisas de opinião possuem critérios científicos, planos amostrais e metodologias que devem ser submetidas, previamente à divulgação de seus resultados, a registro perante a Justiça Eleitoral.

Pesquisas podem ser divulgadas pelos veículos de comunicação, desde que tenham sido registradas e observem o quinquídio de precedência do registro previsto em lei, sem que sejam identificados os entrevistados. Da mesma forma, na divulgação de outras espécies de consulta popular de natureza eleitoral, enquetes por exemplo que não possuem critério científico, não devem ser identificados os entrevistados e tampouco manipulados os resultados.

IV – dar tratamento privilegiado a candidato, partido ou coligação;

A proibição de concessão de tratamento privilegiado não quer dizer que os candidatos devam receber tratamentos idênticos dos veículos de comunicação, porque isso vai depender dos fatos, do interesse jornalístico e do destaque que cada candidato tenha no pleito, principalmente levando em consideração os resultados das pesquisas eleitorais. Naturalmente quem já ocupa cargo público desperta maior interesse da mídia, até pelo que faz pelo ente público. Candidatos de primeira campanha e desconhecidos, de outro lado, despertam menos interesse.

A cobertura dos veículos de comunicação não pode destacar apenas um determinado candidato, mas também não precisa destacar obrigatoriamente todos, nos mesmos dias, no mesmo espaço e nas mesmas condições. As programações do rádio e da televisão têm tempo escasso e a cobertura dos candidatos vai levar em conta, principalmente, os resultados das pesquisas de opinião. Candidatos melhor pontuados despertam mais interesse da população do que candidatos sem qualquer pontuação e, por isso, tendem a receber cobertura mais ampla.

É pacífica a jurisprudência do TSE no sentido de que o tratamento por parte do rádio e da televisão não precisa ser rigorosamente idêntico entre os candidatos. Nesse sentido:

"... merece reforma a decisão de primeiro grau, em função da incidência dos princípios vertentes à liberdade de expressão e opinião, como valores albergados pela ordem constitucional vigente. Tal conclusão advém da ausência, no caso em apreço, de manifesto favorecimento político direcionado a uma das partes na disputa eleitoral, como restou consignado nas razões de decidir na referida ação direta de inconstitucionalidade. Assim, a despeito de se perceber certo tom preferencial a um dos candidatos, nas palavras do locutor da emissora de radiodifusão, tenho que, em decorrência da entrevista em tela, não se pode seguramente afirmar haver, na hipótese, circunstância capaz de afetar diretamente o equilíbrio eleitoral em Pirapora. [... Nesse panorama, entendo que a empresa de rádio, ora recorrente, não infringiu o disposto no art. 45, III – na parte ainda em vigor -, da Lei das Eleições, desmerecendo qualquer sanção. Isto porquanto o uso da liberdade de expressão, opinião e informação não ultrapassou quaisquer dos limites que se querem ver protegidos, ante à perspectiva do equilíbrio das eleições municipais, restando, no caso concreto dos autos, inabalado o conteúdo nuclear do Estado Democrático de Direito (art. 10, caput, CFRB). Da totalidade do conjunto probatório, o Tribunal de origem inferiu inexistir preferência a candidato que descambe para a vedação legal prevista no art. 45 da Lei n° 9.504/97, bem como '[...] circunstância capaz de afetar diretamente o equilíbrio eleitoral em Pirapora' (fl. 115). Para acolher a tese sustentada pelo recorrente de que houve evidente tom preferencial a um dos candidatos, possível de ensejar a aplicação do ad. 45 da mencionada lei, é necessário reexaminar fatos e provas. Inviável em sede de recurso especial. Incidência das Súmulas n°37 do STJ e 279 do STF na espécie. Pelo exposto, conheço do agravo para negar seguimento ao recurso especial, nos termos do ad. 36, § 60, do Regimento Interno do Tribunal Superior Eleitoral."[15]

"PROGRAMA DE RÁDIO. FILIADO A PARTIDO POLÍTICO. ENTREVISTA. DEBATE POLÍTICO. PROPAGANDA ELEITORAL EXTEMPORANEA. DESCARACTERIZAÇÃO. ART. 36-A DA LEI 9.504197. RECURSO NÃO PROVIDO. – O art. 36-A da Lei n° 9.504197 estabelece que não será considerada propaganda eleitoral antecipada a participação de filiados a partidos políticos em entrevistas ou programas de rádio, inclusive com a exposição de plataformas e projetos políticos, desde que não haja pedido de votos, observado, pelas emissoras, o dever de conferir tratamento isonômico. II – A entrevista concedida a órgão de imprensa, com manifesto teor jornalístico, inserida num contexto de debate político, com perguntas formuladas aleatoriamente pelos ouvintes, não caracteriza a ocorrência de propaganda eleitoral extemporânea, tampouco tratamento privilegiado. III — Negado provimento ao recurso."[16]

Quando o enfoque é nitidamente jornalístico e possui tom crítico àqueles que colocarão seus nomes ao crivo popular, não há o que se falar em tratamento privilegiado, na medida em que os candidatos, sobretudo no período eleitoral, despertam interesse da população e da mídia. Se a entrevista trata do estado de saúde de candidato ou de outros

---

15. TSE, AgRg no Respe n° 1210-28.2012.6.13.0218, Relator Ministro Luiz Fux, j. 1.02.2015, destaques nossos.
16. TSE, Recurso na Representação n° 1655-52.2010.6.00.0000, Relatora Ministra Nancy Andrighi, j. 5.08.2010, publicado em sessão, destaques nossos.

temas que interessam aos eleitores, a imprensa tem não só o direito como o dever de noticiar. Na mesma esteira, como ensina João Fernando Lopes de Carvalho:

> "... não se há de exigir que os meios de comunicação abram espaço de cobertura jornalística rigorosamente igual para todos os candidatos. Durante a campanha, alguns candidatos se sobressaem, e é mesmo natural que mereçam mais atenção da imprensa, em comparação àqueles que mal se fazem conhecer pelo eleitorado. O que se quer é que não haja um único candidato a merecer atenção da mídia, desprezando-se completamente os demais. A cobertura jornalística deverá ser equilibrada, destacando-se o dia-a-dia dos principais candidatos e os fatos mais importantes que envolvam as eleições em geral, embora seja admissível que alguns candidatos tenham maior atenção da imprensa, exatamente porque seus atos despertam mais interesse no público em geral, ou porque envolvidos em fatos de significado jornalístico. Nesse prisma, é certo que não representa infração ao inc. IV do art. 45 da Lei 9.504/1997 a recorrente prática das emissoras de rádio e televisão de informar a agenda diária de alguns dos candidatos aos cargos majoritários, desprezando a divulgação dos compromissos dos demais concorrentes, desde que o procedimento não se preste para a exposição especial de um só dos pretendentes.
>
> Em outras palavras, a cobertura jornalística deve refletir o interesse público a respeito dos fatos da campanha ou da atualidade política. Tanto quanto estejam dando cobertura a eventos de interesse da sociedade, é legítima a atuação das emissoras quando, porém, agem diferente desse padrão, incidem na infração em estudo."[17]

Não se deve confundir isonomia formal com isonomia real, que pressupõe o tratamento desigual dos candidatos na medida de suas desigualdades determinadas pelo interesse da população e dos eleitores. Existindo, naturalmente e em todos os pleitos, desigualdades entre os concorrentes, pode ser dado tratamento jornalístico desigual, desde que existam razões no plano fático para isso.

V – veicular ou divulgar filmes, novelas, minisséries ou qualquer outro programa com alusão ou crítica a candidato ou partido político, mesmo que dissimuladamente, exceto programas jornalísticos ou debates políticos;

Nos termos da decisão do C. STF, programas humorísticos podem satirizar ou criticar, desde que façam predominar o humor. O objetivo da lei eleitoral é evitar que o meio de comunicação influa na condição de igualdade entre os candidatos, para o bem e para o mal.

VI – divulgar nome de programa que se refira a candidato escolhido em convenção, ainda quando preexistente, inclusive se coincidente com o nome do candidato ou com a variação nominal por ele adotada. Sendo o nome do programa o mesmo que o do candidato, fica proibida a sua divulgação, sob pena de cancelamento do respectivo registro.

Como os apresentadores de programas de rádio e televisão têm que se afastar a fim de que possam ser candidatos, não haveria qualquer sentido em determinar esse afastamento e permitir a manutenção de seu nome no programa, que continuaria sendo divulgado maciçamente pelo veículo de comunicação, em manifesto desequilíbrio da disputa.

Apresentadores, naturalmente, despertam o interesse da população e têm mais chances de se eleger. A fim de buscar mitigar os efeitos dessa exposição pública, é que existe a determinação de afastamento do programa, conjugada com a necessidade de troca de seu nome, caso coincida com o nome daquele que irá se candidatar.

---

17. Em *Propaganda Eleitoral Teoria e Prática*. ROLLO, Alberto (Coord.). 2ª ed. São Paulo: RT, 2004, p. 93-94.

A consequência para quem descumprir essa regra é o cancelamento do registro da candidatura, para impedir que o beneficiário saia candidato e concorra beneficiando-se da conduta proibida.

A partir de 30 de junho do ano eleitoral, aqueles que serão candidatos estão proibidos de apresentar ou comentar programas de rádio e televisão, sob pena de, caso venham a ser escolhidos na convenção partidária, cancelamento do registro da candidatura. Da mesma forma, as emissoras não poderão transmitir programas apresentados ou comentados por pré-candidatos, sob pena do pagamento de multa de R$21.282,00 a R$106.410,00, duplicada em caso de reincidência, sem prejuízo da suspensão de sua programação normal em casos extremos, conforme prevê o art. 56, "caput" da Lei n° 9504/97.

As emissoras de rádio e de televisão e os canais de televisão por assinatura sob a responsabilidade das Câmaras Municipais reservarão, nos trinta e cinco dias anteriores à antevéspera das eleições, horário destinado à divulgação, em rede, da propaganda eleitoral gratuita.

Nas eleições para Prefeito, o horário eleitoral gratuito será veiculado, em bloco, de segunda a sábado: das sete horas às sete horas e dez minutos e das doze horas às doze horas e dez minutos, no rádio; das treze horas às treze horas e dez minutos e das vinte horas e trinta minutos às vinte horas e quarenta minutos, na televisão. Também será veiculado por meio de inserções de trinta e sessenta segundos, no rádio e na televisão, no total de 42 minutos, distribuídas ao longo da programação.

Nas eleições para Vereador, o horário eleitoral gratuito será veiculado apenas por meio de inserções, de trinta e sessenta segundos, no rádio e na televisão, no total de 28 minutos, distribuídas ao longo da programação.

A distribuição do bloco e das inserções será feita da seguinte forma:

a – 10% distribuídos igualitariamente para todos os partidos;

b – 90% distribuídos proporcionalmente ao número de representantes na Câmara dos Deputados, considerados, no caso de coligação para as eleições majoritárias, o resultado da soma do número de representantes dos seis maiores partidos que a integrem. Como não mais existem coligações para as eleições proporcionais, cada partido terá o tempo correspondente ao seu número de Deputados Federais somado ao tempo distribuído igualitariamente.

Nas cidades em que houver segundo turno e onde haja emissora de rádio e televisão, passará a ser veiculado horário eleitoral gratuito, a partir da sexta-feira seguinte à realização do primeiro turno e até a antevéspera da eleição.

A lei proíbe a invasão de horário, ou seja, a utilização do horário destinado à campanha de Prefeito para a realização de propaganda eleitoral para Vereadores, e vice-versa.

3.12.1. Debates

Os debates na internet são livres. Quanto forem transmitidos por emissoras de rádio e televisão, deverão ocorrer conforme as regras estabelecidas em acordo celebrado entre os partidos políticos e a pessoa jurídica interessada na realização do evento, dando-se ciência à Justiça Eleitoral.

Participarão, obrigatoriamente, dos debates transmitidos por emissoras de rádio e de televisão os candidatos dos partidos com representação no Congresso Nacional de, no mínimo, cinco parlamentares. A emissora, caso haja interesse jornalístico, poderá convidar os candidatos dos partidos que não atendam a essas regras. Se houver o convite, mesmo em caso de arrependimento de quem convidou ou de oposição dos demais candidatos, aquele que foi convidado passará a ter o direito de participar.

Não poderá haver a exclusão de nenhum candidato que tenha o direito de participar do debate, por atender o seu partido ao critério legal, mesmo que isso corresponda à vontade dos demais.

Para os debates que se realizarem no primeiro turno das eleições, serão consideradas aprovadas as regras que obtiverem a concordância de, pelo menos, 2/3 dos candidatos aptos para as eleições majoritárias. Se o debate for realizado com candidatos proporcionais, suas regras deverão ser aprovadas por, pelo menos, 2/3 dos partidos políticos que tenham candidatos aptos[18].

Os debates transmitidos na televisão deverão utilizar subtitulação por meio de legenda oculta, janela com intérprete de LIBRAS e audiodescrição.

Não havendo acordo quanto às regras, nos termos acima, só poderão ser realizados debates, nas eleições majoritárias, com a presença de todos os candidatos a um mesmo cargo eletivo ou, em grupos, de no mínimo três candidatos. Nas eleições proporcionais, deverá ser assegurada a presença de número equivalente de candidatos de todos os partidos políticos a um mesmo cargo eletivo, ainda que eles levem mais de um dia.

Será possível a realização do debate sem a presença de candidato de algum partido político ou coligação, desde que a emissora responsável comprove tê-lo convidado com a antecedência mínima de 72 horas da sua realização.

Candidatos à eleição proporcional só podem comparecer a um debate realizado por cada emissora. Se apenas um candidato comparecer ao debate, desde que todos tenham sido convidados, poderá ser realizada entrevista com quem compareceu.

3.13. Permissão de paródias na propaganda eleitoral

As paródias, imitações parciais e jocosas da obra original e que não acarretam o seu descrédito, são permitidas pelo art. 47 da Lei nº 9.610/1998 e muito utilizadas na propaganda eleitoral. Quando realizadas nos termos da permissão legal, dispensam a autorização do titular.

Nas eleições do ano de 2014, o Deputado Federal Tiririca, então candidato à reeleição, fez uma paródia na sua propaganda eleitoral da música "O Portão", de Roberto e Erasmo Carlos. O refrão da letra original da música foi alterado para: "eu votei, de novo

---

18. Serão considerados aptos os candidatos que concorram pelos partidos com representação no Congresso Nacional de, no mínimo, cinco parlamentares.

vou votar / Tiririca, Brasília é seu lugar" e foi cantado pelo então candidato, com roupas e características que imitavam a aparência do cantor Roberto Carlos.

A gravadora entrou com ação de indenização, afirmando violação dos direitos autorais, que foi julgada procedente pelo TJ-SP. Ao julgar o recurso especial, o STJ consignou ser o humor protegido e que a propaganda eleitoral se amoldava à permissão de paródias prevista pelo art. 47 da Lei nº 9.610/1998. Do corpo do Acórdão merecem destaque os seguintes trechos:

> "Nos termos do art. 5º, VIII, i, da Lei n. 9.610/1998, a obra audiovisual é aquela que resulta da fixação de imagens, com ou sem som, com a finalidade de criar, por meio de sua reprodução, a impressão de movimento. A incorporação de obra lítero-musical em trilha sonora de obra audiovisual é, portanto, uma nova e particular utilização que, a princípio, depende de autorização.
>
> Desse modo, ainda que a música tenha sido previamente utilizada na composição prévia de uma outra obra audiovisual, a nova utilização, em nova obra audiovisual, demandaria igualmente nova autorização ou novo enquadramento em situação que afastasse essa necessidade.
>
> Por conseguinte, tratando-se a hipótese dos autos de referência musical, clara e incontroversa, em propaganda eleitoral veiculada pelos recorrentes, é irrelevante que a mesma música já houvesse sido objeto de utilização anterior, ou que a obra audiovisual parodiada a contivesse em sua composição total.
>
> Caracterizada a nova remissão à música "O Portão", materializada em sua utilização em nova composição audiovisual, estaria sujeita a nova e específica autorização pelo detentor dos direitos patrimoniais relacionados, ressalvadas as exceções legais, entre as quais a paródia.
>
> Diante desse panorama, a discussão dos autos não implica verificação de fatos, muito menos em reexame de provas, mas em definir se a finalidade eleitoral da utilização dessa intertextualidade é juridicamente relevante para se aferir a ilicitude da paródia, tal qual reconhecido pelo Tribunal de origem.
>
> A propaganda eleitoral tem o fito de angariar votos, apresentando o nome de um determinado candidato a cargo eletivo, no contexto de uma eleição concreta. Logo, sua finalidade específica é o convencimento do eleitor para a escolha de uma certa candidatura, esclarecendo Adriano Soares da Costa que a liberdade de expressão dos candidatos deve observar os limites da informação de má qualidade, a fim de repelir abusos prejudiciais à democracia (Instituições de direito eleitoral. 5ª ed. rev e ampl. Belo Horizonte: Del Rey, 2002, p. 738-739).
>
> Insere-se inegavelmente no gênero propaganda cujo "elemento característico é a a intenção de influenciar na conduta ou na opinião a quem é direcionada, sugerindo, propondo, instigando, dessa forma, uma decisão num ou noutro sentido" (FONTELLA, Cláudio Dutra. Propaganda eleitoral: uma síntese atual. In: Temas de direito eleitoral no século XXI. André de Carvalho Ramos (org.) Brasília: ESMPU, 2012, p. 398). Convém observar que, no mundo moderno, as propagandas são verdadeiras obras de arte, não se podendo ignorar a atividade criativa e inventiva que encerram, ainda que muitas vezes destinadas à promoção de produtos ou, no caso da eleitoral, de candidatos políticos.
>
> Com efeito, no caso vertente, ficou consignado que a propaganda eleitoral se utilizou de obra anterior, com alterações no trecho da letra explorada, a fim de comunicar ao público mensagem destinada a influenciar sua decisão. Todavia, não se discutiu nenhum conteúdo ofensivo a outros candidatos, tampouco ao titular da música original. Também não se alegou que a alteração da obra tenha resultado em descrédito à primeira. Além disso, embora não altere a conclusão do acórdão, não se deve ignorar que o candidato em questão é artista popular que se destacou justamente no meio humorístico, utilizando-se corriqueiramente de paródias. Vê-se, portanto, que nenhuma alegação ou fundamento utilizado pelo acórdão recorrido infirma a caracterização da paródia, nem é suficiente para afastar a incidência do art. 47 da Lei n. 9.610/1998.
>
> Desse modo, é de rigor o afastamento da condenação dos recorrentes ao pagamento de indenização, ficando prejudicados os pedidos subsidiários." STJ, RESPE nº 1.810.440, Relator Ministro Marco Aurélio Ballizze, j. 12/11/2019, DJE de 21/11/2019

O precedente acima passa a ser um "leading case" em questões envolvendo paródias na propaganda eleitoral, possibilitando que elas sejam realizadas, desde que com caráter humorístico, sem copiar integralmente a obra original e sem degradá-la. Ainda que a avaliação desses elementos dependa do caso concreto, sem dúvida nenhuma passa a ser uma decisão importante permitindo paródias na propaganda eleitoral.

4. PROPAGANDA ELEITORAL IRREGULAR QUANTO À ORIGEM DOS RECURSOS

O art. 23 da Lei nº 9504/97 faculta apenas às pessoas físicas a realização de doações, em dinheiro e estimáveis em dinheiro, para as campanhas eleitorais, limitadas a 10% dos rendimentos brutos auferidos pelo doador no ano anterior à eleição. A utilização de recursos próprios na campanha eleitoral pelo candidato igualmente está, a partir dessa eleição, limitada a 10% do limite de gastos definido pelo TSE para o cargo que concorrer.

O art. 24 da Lei nº 9504/97 traz um extenso rol de pessoas jurídicas, que já estavam proibidas de doar para as campanhas eleitorais antes da modificação introduzida pela Lei nº 13.878/2019. Vale dizer, se nenhuma pessoa jurídica pode doar para as campanhas, quaisquer doações realizadas por aquelas descritas no rol do art. 24 da Lei nº 9504/97 assumem ainda maior gravidade.

Se sequer a pessoa jurídica pertencente ao próprio candidato pode doar para a sua campanha eleitoral, ainda que não esteja relacionada no art. 24 da Lei nº 9504/97, obviamente que sindicatos, igrejas, entidades ou governos estrangeiros, concessionários e permissionários de serviços públicos, por exemplo, têm ainda mais restrição.

Os carros das empresas do candidato não podem ser utilizados a serviço da campanha eleitoral, por constituírem doações estimáveis em dinheiro de pessoas jurídicas. Muito embora a despesa com o veículo automotor destinado ao uso pessoal do candidato não constitua gasto eleitoral, não é recomendável sua utilização se integrar o patrimônio da sua pessoa jurídica.

Qualquer propaganda eleitoral realizada com bens de pessoas jurídicas, que não constituam objeto de locação realizada por preço de mercado, é irregular quanto à origem dos recursos, ainda que a sua forma seja expressamente permitida pela legislação eleitoral. Por exemplo, se o sindicato coloca um carro de som a serviço de campanha eleitoral, de forma gratuita, essa doação estimável em dinheiro torna essa propaganda eleitoral, em princípio legal, ilícita pela origem dos recursos.

Bens e recursos de pessoas jurídicas, quaisquer que sejam eles, não podem ser colocados a serviço de campanhas eleitorais. Se isso ocorrer, além de tornar ilícita a propaganda eleitoral realizada, ainda possibilita que os responsáveis sejam acionados por abuso do poder econômico, porque essas propagandas eleitorais irregulares foram pagas com recursos de origem vedada pela legislação eleitoral, caracterizando a figura do abuso, pela utilização de recursos na campanha de origem vedada.

Sendo assim, ainda que a propaganda eleitoral seja regular porque feita nos prazos estabelecidos pela lei e nas formas nela prescritas, poderá ser irregular também em razão do fato dos recursos nela empregados terem origem ilícita.

Punição

A punição para a propaganda eleitoral quanto à origem dos recursos é a proibição da sua veiculação, podendo ainda desencadear representação eleitoral por abuso do poder econômico.

5. PODER DE POLÍCIA NA PROPAGANDA ELEITORAL

A rigor, todas as autoridades públicas possuem poder de polícia, para evitar e punir condutas irregulares. Isso se, aplica, notadamente às polícias civil e militar, ao Ministério Público e ao Judiciário. A restrição do exercício do poder de polícia, portanto, aos "juízes eleitorais e membros dos Tribunais eleitorais"[19] teve por fim uniformizar os entendimentos, assegurar a igualdade de oportunidades entre os candidatos e proporcionar segurança jurídica.

Isso porque, embora autoridades públicas, mais do que o cidadão comum, tenham por dever conhecer a legislação, inclusive a eleitoral, as interpretações emprestadas em campo nem sempre estão de acordo com jurisprudência. Na prática, principalmente policiais acabam impedindo o exercício regular de propaganda eleitoral por interpretação equivocada da lei. Não que isso também não possa acontecer com juízes eleitorais, mas é menos comum.

Entretanto, nenhuma autoridade pública pode ficar inerte diante de crimes eleitorais evidentes, como, por exemplo, a calúnia, a injúria e a difamação na propaganda eleitoral. Se crimes na propaganda eleitoral chegarem ao conhecimento de quaisquer autoridades públicas, elas têm obrigação de atuar, nem que seja notificando os juízes eleitorais e membros dos Tribunais eleitorais.

O Código Tributário Nacional traz a definição de poder de polícia, no seu art. 78:

> Art. 78. Considera-se poder de polícia atividade da administração pública que, limitando ou disciplinando direito, interesse ou liberdade, regula a prática de ato ou abstenção de fato, em razão de interesse público concernente à segurança, à higiene, à ordem, aos costumes, à disciplina da produção e do mercado, ao exercício de atividades econômicas dependentes de concessão ou autorização do Poder Público, à tranquilidade pública ou ao respeito à propriedade e aos direitos individuais ou coletivos.
>
> Parágrafo único. Considera-se regular o exercício do poder de polícia quando desempenhado pelo órgão competente nos limites da lei aplicável, com observância do processo legal e, tratando-se de atividade que a lei tenha como discricionária, sem abuso ou desvio de poder.

O poder de polícia eleitoral visa preservar, antes de mais nada, as condições de disputa entre os candidatos. Protege, antes de mais nada, a democracia, porque visa impedir que ilegalidades praticadas durante o processo eleitoral influam e alterem o resultado da disputa. Atua, portanto, não só na propaganda eleitoral, como também em todas as disposições das leis eleitorais. O objetivo do poder de polícia confunde-se, portanto, com a própria atuação da Justiça Eleitoral, porque zela pelas regras eleitorais e para que as condições de disputa sejam, dentro do quanto possível, iguais.

---

19. Art. 41, §1º da Lei nº 9504/97: "O poder de polícia sobre a propaganda eleitoral será exercido pelos juízes eleitorais e pelos juízes designados pelos Tribunais Regionais Eleitorais.".

O art. 61, "caput" da Resolução TSE n° 23.607, por exemplo, estabelece que, quando o candidato usar na campanha eleitoral recursos próprios, a Justiça Eleitoral poderá exigir que ele apresente documentos comprobatórios da respectiva origem e disponibilidade. Havendo fundados indícios de utilização irregular de recursos, dentro do exercício do poder de polícia, o juiz eleitoral poderá determinar a realização de diligência na residência do candidato para, por exemplo, constatar ou não a existência dos recursos próprios em dinheiro declarados na sua declaração de bens apresentada à Justiça Eleitoral, bem como para confirmar que não têm origem em fonte vedada.

A regra estabelecida pela legislação eleitoral, em relação ao poder de polícia, é o seu exercício excepcional, diante de circunstâncias evidentes e graves, que não podem esperar a atuação ordinária na seara das representações eleitorais. Mesmo para circunstâncias graves, o mais recomendável é oferecer a representação eleitoral, com o pedido de liminar.

O exercício do poder de polícia, de ofício pelos juízes eleitorais e pelos membros dos Tribunais eleitorais, deve, portanto, ser excepcional. Deve ser reservado a hipóteses extremas, em que a permanência da propaganda eleitoral irregular por mais tempo poderá desequilibrar a disputa e render dividendos ilegais ao candidato beneficiário.

O poder de polícia consiste apenas em fazer cessar a propaganda irregular, podendo resultar, posteriormente, em uma representação eleitoral, que não pode ser iniciada de ofício pelos juízes eleitorais[20]. Para tanto, os juízes eleitorais informarão os membros do Ministério Público Eleitoral. Não pode, em hipótese alguma, haver censura prévia. O poder de polícia e o controle judicial da propaganda eleitoral devem ser exercidos após a sua veiculação. Não cabe censura prévia de propagandas eleitorais, programas de rádio e televisão e matérias jornalísticas.

Ainda que se saiba que existem veículos de comunicação que só surgem em período eleitoral, financiados por partidos, coligações e candidatos, a regra é o controle judicial pela via da representação eleitoral, que faculta o pedido de liminar. Medidas extremas, que proíbem a continuidade da circulação de jornais e a nova veiculação de matérias do rádio e televisão, devem ser evitadas, especialmente, de ofício e no exercício do poder de polícia.

A regra é a liberdade da propaganda eleitoral nas formas, com os recursos e no tempo permitidos pela lei. Deve haver especial cuidado na atuação do poder de polícia, porque um dos deveres das autoridades públicas é assegurar o exercício das formas lícitas de propaganda eleitoral, configurando crimes eleitorais previstos no Código Eleitoral "impedir" ou "perturbar" os meios de propaganda eleitoral legitimamente empregados[21]. Qualquer pessoa, inclusive autoridades públicas, podem cometer tais crimes.

---

20. Nos termos do art. 96 da Lei n° 9504/97, as representações eleitorais podem ser oferecidas por partidos, coligações, candidatos e Ministério Público.
21. Art. 331. Inutilizar, alterar ou perturbar meio de propaganda devidamente empregado:
    Pena – detenção de seis meses ou pagamento de 90 a 120 dias-multa.
    Art. 332. Impedir o exercício de propaganda:
    Pena – detenção ate seis meses e pagamento de 30 a 60 dias-multa.

5.1. Poder de polícia, remoção de conteúdo e requisição de dados eletrônicos na internet

A internet é o território em que a divulgação das formas de expressão assume maior proporção. Nesse sentido, deve haver todo o cuidado na restrição aos conteúdos divulgados na internet, para não coibir formas de expressão legítimas, protegidas pelo art. 220 da Constituição Federal.

Justamente por isso, no que diz respeito à intervenção da Justiça Eleitoral na internet, o legislador adotou, no art. 57-J da lei nº 9504/97, o princípio da mínima intervenção. Se as mesmas armas estão à disposição de todos, na internet, aquele que se sentir ofendido, além da representação regular à Justiça Eleitoral para coibir os abusos, tem os mesmos expedientes para esclarecer e contrapor as críticas que lhe forem feitas. As disputas eleitorais não constituem batalhas de confete. Quem se dispõe a concorrer nas eleições deve estar preparado para que sejam mostrados os seus maiores defeitos, porque, naturalmente, a disputa política implica no revolvimento da vida pregressa de quem concorre.

A rigor, portanto, a Justiça Eleitoral permanece como mera observadora, sem intervir. As intervenções, por provocações dos interessados, acontecerão de forma excepcional quando, por exemplo, lançado na internet conteúdo anônimo, sabidamente inverídico ou manifestamente ofensivo. Aliás, diante da veiculação de conteúdo anônimo, poderá haver a atuação até do poder de polícia da Justiça Eleitoral, de ofício, porque nem a Constituição Federal, nem a lei eleitoral toleram conteúdos anônimos veiculados na internet, relacionados às eleições.

Quem quer participar do debate democrático deve estar identificado para que, nos casos de abusos, possa ser responsabilizado por seus atos. Manifestações anônimas de qualquer espécie não devem ser toleradas na propaganda eleitoral, especialmente na internet, justificando a atuação imediata e de ofício da Justiça Eleitoral.

Não obstante isso, a Resolução TSE nº 23.610, estabelece, no seu art. 38, §§2º e 3º, que:

> §2º A ausência de identificação imediata do usuário responsável pela divulgação do conteúdo não constitui circunstância suficiente para o deferimento do pedido de remoção de conteúdo da internet.
>
> §3º A publicação somente será considerada anônima caso não seja possível a identificação dos usuários após a adoção das providencias previstas no art. 40 desta Resolução.

Nos termos do art. 40 da citada Resolução, os candidatos, partidos, coligações e ofendidos, porque a lei em certas circunstâncias concede direitos de resposta também a não candidatos, poderão requerer à Justiça Eleitoral que ordene aos provedores responsáveis pela guarda dos dados que forneçam aqueles que permitam a identificação pessoal dos usuários[22], a fim de que possam ser responsabilizados. Se a identificação for possível, a partir dessas providências, a publicação não será anônima.

---

22. O art. 39 da Resolução TSE 23.610 faculta a obtenção dos registros de conexão e de acesso, assim como dados cadastrais, dados pessoais e quaisquer outras informações que contribuam para identificar o usuário.

Nesses moldes, a maior parte das postagens na internet poderá ser associada a usuários devidamente identificados e não será considerada anônima, para fins eleitorais. Nesse sentido, dispõe o art. 38, §2° da Resolução TSE n° 23.610, que: "A ausência de identificação imediata do usuário responsável pela divulgação do conteúdo não constitui circunstância suficiente para o deferimento do pedido de remoção de conteúdo da internet.".

A publicação só será considerada anônima caso o provedor de aplicação não disponha de dados que permitam a identificação dos usuários.

O objetivo da Justiça Eleitoral também é assegurar a liberdade de expressão, tanto na crítica política quanto na propaganda eleitoral. Expressar-se pressupõe estar devidamente identificado. A atuação da Justiça Eleitoral, regular e no exercício do poder de polícia, deve impedir a censura e fundamentar as ordens judiciais de remoção de conteúdo na internet em graves descumprimentos da Constituição Federal e das leis eleitorais, como, por exemplo, ofensas a direitos fundamentais das pessoas que participam do processo eleitoral.

Os juízes eleitorais competentes poderão determinar a imediata retirada de conteúdo na internet que, na sua forma ou meio de veiculação, contrariem as leis eleitorais e as resoluções do TSE. Em se tratando de questionamento relacionado ao teor da propaganda eleitoral, via de regra, não será admitido o exercício do poder de polícia, porque, nos termos do art. 19 da Lei n° 12.965/2014, os provedores de aplicações da internet devem ser notificados, previamente, para retirar o conteúdo considerado ilícito e isso depende de uma avaliação criteriosa, ainda que em sede de liminar, por parte da Justiça Eleitoral e não se compreende em providências administrativas de ofício.

Visando uniformizar as decisões judiciais, para conferir segurança jurídica às eleições, o poder de polícia na internet será exercido: nas eleições gerais, por um ou mais juízes designados pelo Tribunal Eleitoral competente para o exame do registro alcançado pela propaganda; nas eleições municipais, pelo juiz eleitoral do município e, havendo mais de um, por aquele designado pelo Tribunal Regional Eleitoral.

A remoção de conteúdo da internet deve acontecer mediante decisão fundamentada e diante de clara violação às regras eleitorais ou de ofensas pessoais aos participantes do processo eleitoral.

Os pedidos de remoção de conteúdo da internet devem especificar as violações legais e as URLs específicas daqueles conteúdos que se busca retirar do ar.

O provedor responsável pela guarda dos dados é obrigado a disponibilizá-los, mediante ordem judicial fundamentada da Justiça Eleitoral, quando eles possam contribuir para a identificação dos usuários que têm suas condutas perseguidas nas representações eleitorais.

Sob pena de indeferimento, o requerimento de retirada de conteúdo da internet endereçado à Justiça Eleitoral deve conter: fundados indícios da ocorrência do ilícito eleitoral; justificativa motivada da utilidade dos dados solicitados para a instrução probatória e o período ao qual se referem os registros. Poderá ser determinado pela Justiça Eleitoral o fornecimento dos dados de registro de conexão e de acesso a aplicações da internet, associados a dados cadastrais e a dados pessoais, dentre outras informações que permitam a identificação dos usuários que têm suas condutas perseguidas nas representações eleitorais.

6. REFERÊNCIAS

CÂNDIDO, Joel José. *Direito Eleitoral Brasileiro*. 11ª ed. São Paulo: Edipro, 2005, 3ª tir.

CARVALHO João Fernando Lopes de. *Propaganda Eleitoral Teoria e Prática*. ROLLO, Alberto (Coord.). 2ª ed. São Paulo: RT, 2004.

MIRANDA, Darcy Arruda. *Comentários à Lei de Imprensa*. 2ª ed. São Paulo: RT, 1994, Tomo 1

ROLLO, Arthur. A propaganda eleitoral antecipada Revista da Associação dos Advogados de São Paulo, n. 138, junho de 2018

PESQUISAS E TESTES PRÉ-ELEITORAIS

Alberto Luís Mendonça Rollo

Advogado, Mestre em Direito Constitucional pela PUC de São Paulo, Professor de Direito Eleitoral e de Ética Profissional na Faculdade de Direito da Universidade Presbiteriana Mackenzie

Sumário: 1. Pesquisa sujeita a prévio registro; 1.1. Pesquisas e enquetes; 1.2. Data a partir da qual é necessário o registro; 1.3. Proibição de simulação de pesquisas na propaganda eleitoral e divulgação de pesquisa não registrada; 1.4. Dados mínimos na divulgação da pesquisa registrada – 2. Registro da pesquisa eleitoral; 2.1. Competência para realização do registro; 2.2. Informações necessárias; 2.3. Impugnação de pedido de registro de pesquisa eleitoral – 3. Punições

1. PESQUISA SUJEITA A PRÉVIO REGISTRO

1.1. Pesquisas e enquetes

Há alguns anos não se prestava muita atenção nas diferenças peculiares entre pesquisas eleitorais e enquetes. Mais recentemente, constatando-se a importância das pesquisas eleitorais para as campanhas, e, principalmente, constatando-se que muitos eleitores ainda acabam definindo seu voto com base nelas, o legislador e a Justiça Eleitoral vêm dando a necessária importância à sua regulamentação.

Restou proibida, por exemplo, a divulgação de enquetes, após o início do prazo para a realização de propaganda eleitoral ou melhor, como diz a lei, durante a campanha eleitoral (Lei 9.504/97, art. 33, par. 5º.).

Doutrinariamente enquete é um levantamento de opinião pública sobre determinado assunto de interesse. A enquete não tem metodologia científica, isto é, não leva em conta as ponderações estatísticas de sexo, idade, grau de instrução, local de vinculação física, etc., de modo que seus resultados traduzem mais uma curiosidade de momento, sem qualquer pretensão.

Já a pesquisa, pelo contrário, além de também ser um levantamento de opinião pública sobre determinado assunto de interesse, tem metodologia científica rigorosa, com parâmetros estatísticos, ponderações e critérios, para que seus resultados possam refletir, o mais fielmente possível, aquilo que pensa ou quer a sociedade ou os cidadãos.

Aqui a pretensão é de antecipar os resultados.

Muito embora as pesquisas eleitorais reflitam a opinião do eleitor naquele momento da coleta de dados, como se fosse uma fotografia, que pode ser alterada no quadro seguinte, sabe-se da influência negativa que pode causar.

Para evitar a manipulação da realização das pesquisas e dos próprios resultados, no caso das pesquisas eleitorais, os requisitos estão previstos na Lei número 9.504/97, a partir do artigo 33, assim redigido:

> "Art. 33. As entidades e empresas que realizarem pesquisas de opinião pública relativas às eleições ou aos candidatos, para conhecimento público, são obrigadas, para cada pesquisa, a registrar, junto à Justiça Eleitoral, até cinco dias antes da divulgação, as seguintes informações:
>
> I – quem contratou a pesquisa;
>
> II – valor e origem dos recursos despendidos no trabalho;
>
> III – metodologia e período de realização da pesquisa;
>
> IV – plano amostral e ponderação quanto a sexo, idade, grau de instrução, nível econômico e área física de realização do trabalho a ser executado, intervalo de confiança e margem de erro;
>
> V – sistema interno de controle e verificação, conferência e fiscalização da coleta de dados e do trabalho de campo;
>
> VI – questionário completo aplicado ou a ser aplicado;
>
> VII – nome de quem pagou pela realização do trabalho e cópia da respectiva nota fiscal."

1.2. Data a partir da qual é necessário o registro

A norma jurídica acaba sendo complementada por Resolução do Tribunal Superior Eleitoral que, para as eleições de 2020, repetindo textos anteriores, fixou como marco inicial para a obrigação do registro de pesquisas eleitorais para posterior divulgação, o dia 01º. de janeiro (do ano de cada eleição).

Trata-se da Resolução TSE número 23.600, de 12 de dezembro de 2019.

Assim, a partir de 01º. de janeiro deste ano de 2020, todas as pesquisas eleitorais realizadas, para serem divulgadas, deverão ter registro prévio na Justiça Eleitoral, com pelo menos 5 dias de antecedência entre o pedido de registro e a sua divulgação.

Em algum momento anterior já dissemos da incoerência da necessidade do registro das pesquisas eleitorais ser feito a partir de 1º. de janeiro do ano da eleição, quando os candidatos e as candidaturas só serão oficializados mais tarde, quando das convenções.

Importante destacar que eventuais pesquisas feitas para consumo interno das campanhas eleitorais ou para o direcionamento do trabalho a ser desenvolvido pelo candidato, e portanto, que não serão divulgadas para o público, não necessitam de registro.

O Tribunal Superior Eleitoral desenvolveu um sistema específico para o registro das pesquisas, o que facilita, em muito, o trabalho.

1.3. Proibição de simulação de pesquisas na propaganda eleitoral e divulgação de pesquisa não registrada

Com todos os cuidados que a realização e a divulgações das pesquisas eleitorais exigem, qualquer espécie de manipulação de resultados, de simulação de pesquisas, torna-se ilegal.

Pesquisa eleitoral é aquela, como vimos, que exige metodologia rigorosa e científica.

Apresentar simplesmente dados e informações, sem prévio registro, simulando um resultado verdadeiro, além de multa pecuniária, sujeita os responsáveis a processo criminal.

É o que diz a lei 9.504/97, com esta redação, repetida na Res. TSE 23.600/19:

"Art. 33:

...

§ 3° A divulgação de pesquisa sem o prévio registro das informações de que trata este artigo sujeita os responsáveis a multa no valor de cinqüenta mil a cem mil UFIR.

§ 4° A divulgação de pesquisa fraudulenta constitui crime, punível com detenção de seis meses a um ano e multa no valor de cinqüenta mil a cem mil UFIR.

1.4. Dados mínimos na divulgação da pesquisa registrada

Atualmente todo eleitor, quando conhece a divulgação de uma pesquisa eleitoral, sabe que terá que ouvir ou ler as informações mínimas, exigidas pela lei.

O artigo 10, da Res. TSE 23.600/19 faz as seguintes exigências:

"Art. 10. Na divulgação dos resultados de pesquisas, atuais ou não, serão obrigatoriamente informados:

I – o período de realização da coleta de dados;

II – a margem de erro;

III – o nível de confiança;

IV – o número de entrevistas;

V – o nome da entidade ou da empresa que a realizou e, se for o caso, de quem a contratou;

VI – o número de registro da pesquisa."

Exatamente por esta razão, jornais e jornalistas famosos ou não, seguem um roteiro rigoroso quando da divulgação dos resultados de pesquisas eleitorais.

Como já dissemos, de posse destas informações exigidas no momento da divulgação dos resultados da pesquisa eleitoral e das demais disponíveis no respectivo processo de registro, qualquer eleitor, qualquer eventual adversário, pode questionar os resultados então divulgados.

É o princípio da transparência eleitoral aplicado à realização de toda e qualquer pesquisa eleitoral.

2. REGISTRO DA PESQUISA ELEITORAL

2.1. Competência para realização do registro

A competência para a realização do registro é daquele mesmo órgão da Justiça Eleitoral competente para os atos da eleição, isto é, para as eleições municipais de 2020 o órgão competente para a realização dos registros é a Zona Eleitoral definida, em cada Município, pelo Tribunal Regional Eleitoral.

2.2. Informações necessárias

A lei exige e a resolução repete, que sejam fornecidas no pedido de registro, informações relevantes e que, ao final, permitem a verificação da idoneidade do resultado final do trabalho, caso exista algum tipo de desconfiança.

Nesse sentido é que se exige a informação prévia de quem contratou a pesquisa (seja pessoa física ou pessoa jurídica), qual o valor efetivamente desembolsado para a realização do trabalho, bem como a origem desses recursos.

Nesse primeiro ponto fica claro – e a partir do pedido de registo a informação é de amplo acesso público – quem contratou a pesquisa, quanto pagou e de onde vêm os recursos.

Mais à frente a norma exige a informação de quem efetivamente pagou pelo trabalho, já que, não necessariamente quem contratou a pesquisa eleitoral é a mesma pessoa que pagou pelo trabalho.

Com essas informações o eleitor pode fazer seu próprio juízo de valor.

É exigida também a informação sobre a metodologia utilizada para a realização da pesquisa eleitoral, bem como o período de coleta de dados, que será informado, expressamente, quando da divulgação pelos órgãos de imprensa, bem como o plano amostral com as ponderações de sexo, idade, grau de instrução e área física. Estas exigências técnicas de informação da metodologia utilizada para a coleta de dados, do plano amostral com as ponderações, permitem, se for o caso, a conferência dos resultados.

Também refletem a preocupação com a forma de realização das pesquisas e seus critérios técnicos, a exigência da informação da margem de erro, do sistema interno de controle e verificação, da conferência e fiscalização da coleta de dados e do trabalho de campo.

Isto é, a lei e a resolução exigem, detalhadamente, como os dados coletados foram tratados e porque se chegou àqueles resultados que serão divulgados. Complementando as exigências é necessário exibir uma cópia do questionário que foi aplicado, bem como da nota fiscal com as informações respectivas.

A Resolução TSE número 23.600/19 vai mais além, quando exige informações pormenorizadas da empresa responsável pela realização da pesquisa eleitoral:

"I – nome de pelo menos um (e no máximo três) dos responsáveis legais;

II – razão social ou denominação;

III – número de inscrição no CNPJ;

IV – número do registro da empresa responsável pela pesquisa no Conselho Regional de Estatística, caso o tenha;

V – telefone móvel que disponha de aplicativo de mensagens instantâneas para recebimento de notificações ou quaisquer outras comunicações da Justiça Eleitoral, na forma do art. 13, § 4º e seguintes, desta Resolução, bem como da resolução que disciplina o processamento das representações, reclamações e dos pedidos de direito de resposta;

VI – endereço eletrônico para recebimento de notificações ou quaisquer outras comunicações da Justiça Eleitoral, na forma do art. 13, § 4º e seguintes, desta Resolução, bem como da resolução que disciplina o processamento das representações, reclamações e pedidos de direito de resposta;

VII – endereço completo para recebimento de notificações ou quaisquer outras comunicações da Justiça Eleitoral, na forma do art. 13, § 4° e seguintes, desta Resolução, bem como da resolução que disciplina o processamento das representações, reclamações e dos pedidos de direito de resposta;

VIII – telefone fixo;

IX – arquivo, no formato PDF, com a íntegra do contrato social, estatuto social ou inscrição como empresário, que comprove o regular registro.

Reforçando aquilo que já dissemos, isto revela a preocupação e a importância que o tema – pesquisas eleitorais – ganhou com o passar dos anos, tanto por parte do legislador, quanto pelo lado da Justiça Eleitoral.

Sempre é importante lembrar que, pese embora o poder regulamentador da Tribunal Superior Eleitoral, previsto no Código Eleitoral, para disciplinar a aplicação e a interpretação da lei eleitoral, que essas últimas exigências não estão no texto legal.

Isso permite questionamentos sobre os limites do poder de regulamenta-ção e até se o Tribunal Superior Eleitoral pode exigir mais do que a lei exige.

2.3. Impugnação de pedido de registro de pesquisa eleitoral

Para o registro de pesquisa eleitoral, é obrigatória a utilização do sistema de Registro de Pesquisas Eleitorais (PesqEle), disponível nos sítios da Justiça Eleitoral. Todas as entidades e empresas deverão realizar o cadastramento no sistema de Registro de Pesquisas Eleitorais (PesqEle) e aquelas que tiverem realizado registro de pesquisa em eleições anteriores não precisam efetuar novo cadastramento.

O registro das pesquisas eleitorais é procedimento estritamente eletrônico, realizado via Internet e a qualquer tempo, independentemente do horário de funcionamento das secretarias dos tribunais eleitorais.

Uma vez acessados os dados, dentro do prazo do intervalo para a divulgação, qualquer candidato, partido político ou o Ministério Público Eleitoral, poderá representar ao órgão competente da Justiça Eleitoral, questionando a veracidade dos resultados a serem divulgados ou a omissão de algum dado obrigatório.

A previsão da impugnação do pedido de registro das pesquisas eleitorais está expressa na Res. TSE 23.600/19, artigo 16, que por sua vez remete ao procedimento próprio das representações eleitorais, assim redigida:

"Art. 16. O pedido de impugnação do registro de pesquisa deve ser protocolizado por advogado e autuado no Processo Judicial Eletrônico (PJe), na classe Representação (Rp), a qual será processada na forma da resolução do Tribunal Superior Eleitoral que dispõe sobre as representações, as reclamações e os pedidos de direito de resposta.

§ 1° Considerando a relevância do direito invocado e a possibilidade de prejuízo de difícil reparação, poderá ser determinada a suspensão da divulgação dos resultados da pesquisa impugnada ou a inclusão de esclarecimento na divulgação de seus resultados."

Ou seja, como as informações e os dados registrados no sistema ficarão à disposição de qualquer interessado pelo prazo de 30 dias, as impugnações tanto podem ocorrer antes da divulgação dos resultados, com possibilidade expressa de pedido de suspensão daquela divulgação, como posteriormente, para punir alguma ilegalidade.

3. PUNIÇÕES

Como já mencionado, a divulgação de pesquisa eleitoral sem o prévio registro das informações necessárias, sujeita o responsável a uma multa que varia entre o mínimo de R$ 53.205,00 e R$ 106.410.00.

Constitui crime a divulgação de pesquisa fraudulenta, punível com detenção de seis meses a um ano e multa no valor de R$ 53.205,00 (cinquenta e três mil, duzentos e cinco reais) a R$ 106.410,00, ou seja, em caso de fraude, além da sanção de natureza pecuniária, o infrator fica sujeito a processo criminal.

A Res. TSE 23.600/19 trouxe como inovação, outra punição, para aquele que dificultar a ação fiscalizatória nas pesquisas eleitorais, da seguinte forma:

> "Art. 19. O não cumprimento do disposto no art. 34 da Lei nº 9.504/1997 ou a prática de qualquer ato que vise retardar, impedir ou dificultar a ação fiscalizadora dos partidos políticos constitui crime, punível com detenção de seis meses a um ano, com a alternativa de prestação de serviços à comunidade pelo mesmo prazo, e multa no valor de R$ 10.641,00 (dez mil, seiscentos e quarenta e um reais) a R$ 21.282,00 (vinte e um mil, duzentos e oitenta e dois reais)."

Aqui também a punição é dupla, na medida em que os atos tipificam crime, além da sanção de natureza pecuniária.

DIREITO DE RESPOSTA

Alberto Luís Mendonça Rollo

Advogado, Mestre em Direito Constitucional pela PUC de São Paulo, Professor de Direito Eleitoral e de Ética Profissional na Faculdade de Direito da Universidade Presbiteriana Mackenzie

Sumário: 1. Hipóteses de cabimento – 2. Ofensa veiculada na programação normal das emissoras de rádio e de televisão – 3. Ofensa veiculada no horário eleitoral gratuito – 4. Ofensa veiculada na imprensa escrita – 5. Ofensa veiculada na internet – 6. Recursos e sanções aplicáveis – 7. Casuísmos

1. HIPÓTESES DE CABIMENTO

O legislador sempre se preocupou, durante a período de campanha eleitoral, com o possível prejuízo que qualquer candidato, partido político ou coligação possam experimentar ao serem atingidos, ainda que de forma indireta, por conceito, imagem ou afirmação caluniosa, difamatória, injuriosa ou sabidamente inverídica, difundidos por qualquer veículo de comunicação social.

Por esta razão é que os artigos 58 e 58-A da Lei 9.504/97 tratam da matéria com detalhes, complementados os dispositivos pela Resolução TSE número 23.068/2019.

A norma é taxativa ao permitir o exercício do direito de resposta após a escolha dos candidatos em convenção partidária, sendo que a competência para conhecer e decidir o pedido será sempre do mesmo órgão da Justiça Eleitoral responsável por aquela eleição. Na eleição de 2020 o juízo competente é o de cada Zona Eleitoral responsável pela eleição. Nas eleições gerais a competência será dos Tribunais Regionais Eleitorais e será competência do Tribunal Superior Eleitoral o julgamento dos pedidos em face da eleição presidencial

PRAZO

O prazo para o exercício do direito de resposta é bastante curto, como são os prazos do processo eleitoral:

- 1 dia quando se tratar de ofensa veiculada no horário eleitoral gratuito;
- 2 dias quando se tratar de ofensa na programação normal das emissoras de rádio e televisão;
- 3 dias quando se tratar de órgão da imprensa escrita, contados da data informada no próprio veículo de imprensa
- a qualquer tempo, quando se tratar de conteúdo que esteja sendo divulgado na internet, ou em 3 dias após a sua retirada.

É incabível a cumulação de pedido de direito de resposta com pedido de aplicação de multa por propaganda eleitoral irregular, ainda que diga respeito aos mesmos fatos, sob pena de indeferimento da petição inicial então manejada.

Os pedidos de direito de resposta tramitarão preferencialmente em relação aos demais processos em curso na Justiça Eleitoral.

2. OFENSA VEICULADA NA PROGRAMAÇÃO NORMAL DAS EMISSORAS DE RÁDIO E DE TELEVISÃO

A hipótese aqui tratada é a ofensa ter sido veiculada ao longo da programação normal das emissoras de rádio e televisão, isto é, ao longo de qualquer programa ao vivo ou gravado, ao longo dos noticiários, ao longo de programas de auditório, por exemplo.

Na prática a Justiça Eleitoral vai notificar imediatamente o responsável pela emissora que realizou o programa para que entregue em 1 dia, sob as penas do art. 347 da Lei nº 4.737, de 15 de julho de 1965 – Código Eleitoral, cópia da fita da transmissão, que será devolvida após a decisão.

O responsável pela emissora, ao ser notificado pela Justiça Eleitoral ou informado pelo reclamante ou representante, por cópia protocolada do pedido de resposta, preservará a gravação até a decisão final do processo.

No caso de deferimento do pedido, a resposta será dada em até 2 dias após a decisão, em tempo igual ao da ofensa, porém nunca inferior a um minuto e, preferencialmente, deverá veiculá-la no mesmo dia da semana e horário, de maneira a garantir a mesma visibilidade e audiência.

3. OFENSA VEICULADA NO HORÁRIO ELEITORAL GRATUITO

Algumas vezes determinados candidatos ou seus partidos políticos decidem, por estratégia da campanha eleitoral ou até por indicação do profissional de marketing, fazer propaganda negativa (tecendo desconsiderações a respeito dos adversários), ao invés de fazer propaganda positiva, de suas qualidades pessoais, realizações passadas ou propostas para o futuro.

Nesse caso, se as afirmações atingirem a previsão do "caput" do artigo 58, da Lei 9.504/97, caberá pedido de direito de resposta.

Nessa hipótese o ofendido usará, para a resposta, tempo igual ao da ofensa, mas nunca inferior a um minuto, sendo a resposta veiculada no horário destinado ao partido ou coligação responsável pela ofensa, devendo necessariamente dirigir-se aos fatos nela veiculados.

O pedido deverá ser instruído com cópia do trecho considerado ofensivo em mídia gravada e com a respectiva transcrição do conteúdo.

Se o tempo reservado ao partido ou coligação responsável pela ofensa for inferior a um minuto, a resposta será levada ao ar tantas vezes quantas sejam necessárias para a sua complementação.

Não existe previsão legal para a veiculação de direito de resposta deferido, por conta de ofensa praticada dentro do horário eleitoral gratuito, em outro espaço que não seja o mesmo horário eleitoral gratuito, respeitando-se os dias e horários da exibição de cada eleição.

4. OFENSA VEICULADA NA IMPRENSA ESCRITA

No caso de veículo de imprensa escrita, jornais e revistas, no prazo de 3 dias contados da data informada na publicação, o pedido deverá ser instruído com uma cópia eletrônica da publicação e o texto para resposta e uma vez deferido o pedido, a divulgação da resposta ocorrerá no mesmo veículo, espaço, local, página, tamanho, caracteres e outros elementos de realce usados na ofensa, em até 2 dias após a decisão ou, tratando-se de veículo com periodicidade de circulação maior que quarenta e oito horas, na primeira vez em que circular.

O representante pode requerer que a divulgação da resposta seja feita no mesmo dia da semana em que a ofensa foi divulgada, ainda que fora do prazo de quarenta e oito horas.

5. OFENSA VEICULADA NA INTERNET

Sem qualquer dúvida esta modalidade de propaganda ganhou maior relevância nas últimas eleições e por isso mesmo, também merece atenção quando se falar em pedido de direito de resposta.

A norma jurídica, buscando ao máximo garantir a eficiência da resposta para diminuir o prejuízo eleitoral do ofendido, uma vez deferido o pedido, determina que o usuário ofensor divulgue a resposta do ofendido em até 2 dias após sua entrega em mídia física e ainda que deverá empregar nessa divulgação o mesmo impulsionamento de conteúdo eventualmente contratado nos termos referidos no art. 57-C da Lei 9.504/97 e o mesmo veículo, espaço, local, horário, página eletrônica, tamanho, caracteres e outros elementos de realce usados na ofensa.

A resposta deverá ficar disponível para acesso pelos usuários do serviço de internet por tempo não inferior ao dobro em que esteve disponível a mensagem considerada ofensiva, sendo que os custos de veiculação da resposta correrão por conta do responsável pela propaganda original.

6. RECURSOS E SANÇÕES APLICÁVEIS

Caberá recurso em face de decisão que deferiu o direito de resposta no prazo de 24 horas (Lei 9.504/97, art. 58, par. 5º.), contado da ciência oficial da decisão, pela publicação em mural, mural eletrônico ou em sessão de julgamento.

O descumprimento integral ou em parte da decisão que conceder a resposta sujeitará o infrator ao pagamento de multa no valor de R$ 5.320,50 a R$ 15.961,50, duplicada em caso de reiteração de conduta, sem prejuízo do disposto no art. 347 da Lei nº 4.737, de 15 de julho de 1965 – Código Eleitoral.

7. CASUÍSMOS

Como o tema permite muitas reflexões sobre cada caso concreto, trazemos aqui alguns exemplos de julgados do Tribunal Superior Eleitoral.

Entrevista de candidata em horário normal de programação de emissora que não mereceu o deferimento do pedido de direito de resposta, como se constata na seguinte decisão:

> "ELEIÇÕES 2018. RECURSO. REPRESENTAÇÃO. DIREITO DE RESPOSTA. PROGRAMA NORMAL DAS EMISSORAS DE TELEVISÃO. PRELIMINARES REJEITADAS. ENTREVISTA JORNALÍSTICA COM CANDIDATA. OFENSA. FATOS CALUNIOSOS E INVERÍDICOS. DIREITO À TUTELA DA HONRA E IMAGEM. LIBERDADE DE EXPRESSÃO E IMPRENSA. CONFLITO ENTRE BENS JURÍDICOS. DEBATE DEMOCRÁTICO. RAZOABILIDADE E PREPONDERÂNCIA DO INTERESSE PÚBLICO. NÃO JUSTIFICADA A HIPÓTESE EXCEPCIONAL PARA O EXERCÍCIO DO DIREITO DE RESPOSTA. NÃO PROVIMENTO.
>
> *1. Afastada as preliminares suscitadas referentes à incompetência da Justiça especializada para julgar a representação, uma vez que os veículos de comunicação e os eleitores em geral estão submetidos à jurisdição eleitoral quando suas ações são potencialmente lesivas a candidatos, coligações ou partidos políticos.*
>
> *2. A empresa de comunicação possui legitimidade passiva, porquanto "em se tratando de pedido de direito de resposta que se originou por meio de matéria veiculada em jornal cuja ofensa é atribuída a terceiro, é recomendável que o veículo de comunicação figure na relação processual, a fim de lhe assegurar a ampla defesa, além do que, tal providência objetiva que ele assuma sua responsabilidade quanto à veiculação de matérias que possam ter repercussão no pleito" (REspe nº 24387/RJ, rel. Min. Carlos Eduardo Caputo Bastos, DJ de 16.9.2005).*
>
> *3. Não se sustenta a preliminar relacionada à impossibilidade jurídica do pedido, porquanto o direito de resposta quando decorrente de ofensa veiculada em programação normal das emissoras de rádio e televisão – como alegadamente na hipótese dos autos –, caso deferido, será realizado no mesmo veículo de comunicação, no mesmo espaço, bem como no mesmo horário. Assim, é legítimo assentar que o direito de resposta também possa ser exercido por essa mesma via.*
>
> *4. O exercício do direito de resposta, além de pressupor a divulgação de mensagem ofensiva ou afirmação sabidamente inverídica, reconhecida prima facie ou que extravase o debate político-eleitoral, deve ser concedido excepcionalmente, tendo em vista a liberdade de expressão dos atores sociais envolvidos.*
>
> *5. Na espécie, onde a representada manifesta sua opinião sobre fatos amplamente noticiados, deve prevalecer o interesse público e a liberdade de expressão no debate democrático, os quais não abarcam somente as opiniões inofensivas ou favoráveis, mas também aquelas que possam causar transtorno ou inquietar pessoas, pois a democracia se assenta no pluralismo de ideias e pensamentos (ADI no 4439/DF, rel. Min. Luís Roberto Barroso, red. p/ ac. Min. Alexandre de Moraes, Tribunal Pleno, DJe de 21.6.2018).*
>
> *6. O princípio da razoabilidade e da preponderância do interesse público são dois nortes relevantes para o julgador, em cada caso submetido ao seu exame, o que leva a concluir, no caso em julgamento, pela deferência à liberdade de expressão e de imprensa, agasalhadas nos arts 5º, IV, e 220 da Constituição Federal, não justificada a hipótese excepcional para o exercício de direito de resposta.*
>
> *7. Ressalva de fundamentação da douta maioria, que considera apenas o fato de já haver a representante exercido a contento o direito de resposta pleiteado nos autos, pois oportunizado espontaneamente pela emissora recorrida, por meio da leitura de nota produzida pela própria recorrente, em espaço e horário equivalentes ao que foi utilizado para articular as alegadas ofensas.*
>
> *8. Recurso desprovido."*
>
> TSE número 0601048-09.2018.6.00.0000
>
> Rp – Recurso em Representação nº 060104809 – BRASÍLIA – DF

Acórdão de 25/09/2018

Relator(a) Min. Luís Felipe Salomão

Publicação: PSESS – Publicado em Sessão, Data 25/09/2018

Culto religioso transmitido pela programação normal de rádio e televisão que não mereceu o deferimento do direito de resposta:

"RÁDIO E TELEVISÃO – PROGRAMAÇÃO NORMAL E NOTICIÁRIO – CULTO RELIGIOSO – TRANSMISSÃO DIRETA – ARTIGO 45, INCISOS III E IV, DA LEI N° 9.504/1997. Descabe enquadrar, nos incisos III e IV do artigo 45 da Lei n° 9.504/1997, transmissão ao vivo de missa na qual, em homilia, o sacerdote haja veiculado ideias contrárias a certo Partido, tendo em vista que a norma pressupõe o elemento subjetivo, ou seja, a vontade livre e consciente de atuar de modo a favorecer ou prejudicar candidato, partido, coligação ou respectivos órgãos ou representantes.

Decisão:

O Tribunal, por maioria, julgou improcedente a representação, nos termos do voto do Relator. Vencidos os Ministros Dias Toffoli, Luciana Lóssio e Cármen Lúcia (presidente)."

TSE número 0004125-56.2010.6.00.0000

Rp – Representação nº 412556 – BRASÍLIA – DF

Acórdão de 21/02/2013

Relator(a) Min. Marco Aurélio

Publicação: RJTSE – Revista de jurisprudência do TSE, Volume 24, Tomo 2, Data 21/02/2013, Página 244

DJE – Diário de justiça eletrônico, Tomo 078, Data 26/04/2013, Página 51

Ofensa divulgada através de carro de som, que não é hipótese contemplada na lei nem na Resolução, mas que mereceu o deferimento do pedido de direito de resposta:

"ELEIÇÕES 2016. OFENSA. CARRO DE SOM. DIREITO DE RESPOSTA. POSSIBILIDADE. FUNDAMENTO CONSTITUCIONAL. PREVALÊNCIA.

SÍNTESE DE CASO

1. Trata-se de recurso especial interposto em face de acórdão do Tribunal Regional Eleitoral que, à unanimidade, deu provimento ao recurso e reformou a decisão do Juízo Eleitoral, a fim de julgar improcedente o pedido concessivo de direito de resposta formulado por ofensa ocorrida mediante carro de som, tornando insubsistente, ainda, a multa por descumprimento de ordem judicial, aplicada em primeiro grau e consistente em R$ 5.320,50.

ANÁLISE DO RECURSO ESPECIAL

CORRENTE VENCIDA.

2. O legislador, no âmbito da Lei das Eleições, contemplou como meios aptos à concessão de direito de resposta o horário eleitoral gratuito (inciso I), a programação normal de emissoras de rádio e televisão (inciso II), a imprensa escrita (inciso III) e o conteúdo na internet (inciso IV), regulando exaustivamente o tema, com a adoção de prazos e procedimentos distintos em razão de cada ofensa irrogada por tais meios (art. 58, § 3°, I e IV, da Lei 9.504/97), não se abrangendo o direito de resposta em face de propaganda realizada por modalidades distintas, notadamente carros de som, alto-falantes, meios sonoros ou por formas diversas de publicidade de campanha.

3. Diante da opção legislativa de abandonar o cabimento do direito de resposta por alto-falante, preconizado no Código Eleitoral, o que sinaliza revogação tácita do art. 243, § 3°, da Lei 4.737/65, descabe à Justiça Eleitoral acolher a pretensão deduzida, à míngua de expressa previsão legal e com o fito de assegurar o desagravo ao ofendido no âmbito da disputa.

CORRENTE VENCEDORA. TESE PREVALECENTE.

4. O direito de resposta tem assento constitucional (art. 5°, inciso V, da Carta da República), que assegura a todos os cidadãos da República "o direito de resposta, proporcional ao agravo, além da indenização por dano material, moral ou à imagem", razão pela qual o Estado-Juiz deve empenhar todos os esforços possíveis para assegurar a maior efetividade aos direitos e garantias fundamentais contidos na Carta Magna, realizando interpretação da legislação por meio de filtragem constitucional.

5. Em face da densificação direta e imediata da Constituição sobre a matéria, bem como reputando, ainda, a análise do caso concreto e a própria interpretação do caput do art. 58 da Lei das Eleições, é cabível a veiculação de direito de resposta por ofensa irrogada por carro de som.

6. Ainda que se trate de meio distinto daqueles elencados no art. 58 da Lei n° 9.504/97, incumbe à Justiça Eleitoral, na hipótese específica de ofensa veiculada por carro de som, assegurar o exercício da referida garantia constitucional, sendo-lhe lícito – e encorajado – que busque na legislação a hipótese normatizada que mais se assemelha à ofensa perpetrada e aquilate, por analogia, o procedimento de reparação do aviltamento da honra do cidadão da República.

CONCLUSÃO

Recurso especial a que se nega provimento."

TSE número 0000222-74.2016.6.05.0093

RESPE – Recurso Especial Eleitoral n° 22274 – CACULÉ – BA

Acórdão de 24/09/2019

Relator(a) Min. Sergio Silveira Banhos

Publicação: DJE – Diário de justiça eletrônico, Data 12/11/2019

ELEIÇÃO

Mariangela Corrêa Tamaso

Advogada; Sócia do escritório ALBERTO ROLLO ADVOGADOS ASSOCIADOS. Graduação em Direito pela Faculdade de Direito de São Bernardo do Campo; Pós Graduação em Direito Processual Civil pela UNI-FMU e Pós Graduação em Direito Constitucional pela PUCSP. Tem experiência na área de Direito, com ênfase em DIREITO ELEITORAL e Direito Administrativo. Membro da Comissão de Direito Eleitoral da OABSP.

Sumário: 1. Votação; 1.1. Apuração; 1.2. Fiscalização por partidos e candidatos; 1.3. Divulgação dos resultados; 1.4. Diplomação dos eleitos; 1.5. Nulidades da votação – 2. Referências

1. VOTAÇÃO

O substantivo eleição tem sua origem na expressão latina *eligere*, que significa escolher, sendo, portanto, o modo como são escolhidos os governantes ou qualquer outra autoridade. O eleitor é o cidadão brasileiro que esteja em pleno gozo dos direitos políticos, alistado e nos termos do art. 14 da Constituição Federal, apto a exercer o sufrágio universal pelo voto.

Dizem-se diretas as eleições em que o eleitor vota nominalmente no candidato ou partido que melhor lhe aprouver e indiretas aquelas em que os representantes do povo são escolhidos por um colégio eleitoral, composto por delegados escolhidos pelo povo para em seu nome eleger seus representantes. Podem ser majoritárias ou proporcionais, conforme as regras de definição dos candidatos eleitos, se por maioria de votos ou se considerada a proporção dos votos obtidos. Podem ser Nacionais, Estaduais e Municipais, de acordo com a circunscrição em que são realizadas, enfim, muitas são as definições para o termo eleição, entretanto, em todas elas há um elemento comum e essencial: o voto.

O voto é o instrumento de manifestação de vontade do eleitor, para a escolha de seus dirigentes. Embora por vezes o termo sufrágio seja empregado como sinônimo de voto, tratam-se de termos diferentes: enquanto um indica o direito do cidadão de eleger, ser eleito e participar da organização do Estado, o outro se refere ao próprio exercício desse direito, na forma ativa. Segundo André Ramos Tavares "*o sufrágio é um direito presente nas repúblicas democráticas, a ser implementado por meio do voto. Este define-se, pois, como o exercício efetivo de um direito, no caso, o de sufrágio.*"[1]

O art. 14 da Constituição Federal afirma que a soberania popular será exercida pelo sufrágio universal e em seus §§ 1º e 2º, determina que no Brasil o alistamento eleitoral e o voto são obrigatórios para os brasileiros maiores de 18 anos, e facultativos para os maiores de 16 e menores de 18 anos, bem como para os maiores de 70 anos e para os

---
1. TAVARES, André Ramos. *Curso de Direito Constitucional*. São Paulo: Saraiva. 2002, p.541

analfabetos. É vedado o exercício dos direitos políticos aos estrangeiros e aos conscritos, durante a prestação do serviço militar.

De acordo com Luiz Carlos dos Santos Gonçalves, "*a facultatividade do voto aos 16 anos é uma tentativa constitucional de aproximar a juventude da atuação política. É um reconhecimento da maturidade que, nas gerações mais recentes, uma pessoas de 16 anos já possui.*"[2]

O Código Eleitoral, em seu art. 82, reforça o preceito constitucional do sufrágio universal e do voto obrigatório, ao afirmar que "*O sufrágio é universal e direto; o voto, obrigatório e secreto.*"

O sufrágio universal indica que todas as pessoas com capacidade eleitoral ativa podem votar. E, ao estabelecer que o voto é obrigatório, o legislador estabelece que o exercício desse direito é, na verdade, um dever. O voto obrigatório é tradicional no Brasil, e desde sempre levantou debates acerca da incoerência entre a obrigatoriedade e o "direito de escolher seus representantes", entretanto, hoje, a previsão constitucional obriga o eleitor, apto, a ir ás urnas e depositar ou "digitar" seu voto.

O eleitor vota diretamente e pessoalmente no candidato de sua escolha (sufrágio direto), sendo o voto secreto, garantia constitucional de que o voto não sofrerá interferência de terceiros, a atuação maligna de candidatos ou agremiações no sentido de afetar a liberdade de escolha do eleitor.

Assim, no primeiro domingo de outubro, simultaneamente, em todo território nacional, ocorrem as eleições. Nessa data, os eleitores vão aos locais previamente determinados, denominados seções de votação[3], e cumprem seu dever de votar nos candidatos para os cargos que estão em disputa.

Os servidores da Justiça Eleitoral responsáveis pela condução dos trabalhos no dia da votação (mesários), farão a identificação do eleitor a partir de seu título de eleitor (hoje já existente na forma eletrônica) e um documento de identificação pessoal. O eleitor será conduzido ao local de votação, reservado, para depositar na urna sua opção de voto.

Se o eleitor não puder comparecer às urnas, deverá apresentar justificativa para a Justiça Eleitoral, em até 30 (trinta) dias contados da votação, conforme dispõe o art. 7º do Código Eleitoral. Caso não cumpra o dever de votar, tampouco apresente justificativa, o eleitoral será punido com a aplicação de uma multa, e ficará impedido, até a regularização de realizar diversos atos da vida civil, entre eles o de "obter passaporte ou carteira de identidade; receber vencimentos, remuneração, salário ou proventos de função ou emprego público, autárquico ou paraestatal, bem como fundações governamentais, empresas, institutos e sociedades de qualquer natureza, mantidas ou subvencionadas pelo governo ou que exerçam serviço público delegado, correspondentes ao segundo mês subsequente ao da eleição; participar de concorrência pública ou administrativa da União, dos estados, dos territórios, do Distrito Federal, dos municípios ou das respectivas autarquias; obter empréstimos nas autarquias, nas sociedades de economia mista, nas caixas econômicas federal e estaduais, nos institutos e caixas de previdência social,

---

2. GONÇALVES, Luiz Carlos dos Santos. *Direito Eleitoral*. 2ª ed. São Paulo: Atlas, 2012, p.28.
3. Código Eleitoral – Art. 148. O eleitor somente poderá votar na seção eleitoral em que estiver incluído seu nome.

bem como em qualquer estabelecimento de crédito mantido pelo governo, ou de cuja administração este participe, e com essas entidades celebrar contratos; inscrever-se em concurso ou prova para cargo ou função pública, e neles ser investido ou empossado; renovar matrícula em estabelecimento de ensino oficial ou fiscalizado pelo governo; praticar qualquer ato para o qual se exija quitação do serviço militar ou imposto de renda; obter Certidão de Quitação Eleitoral, conforme disciplina a Res.-TSE nº 21.823/2004; obter qualquer documento perante repartições diplomáticas a que estiver subordinado" (§1º, incisos I a VII do art. 7º da Lei nº 4737/65).

1.1. Apuração

A apuração é o ato por meio do qual os dados contidos nas urnas eletrônicas ou nas urnas de papel, são conhecidos e contabilizados, revelando a vontade popular, manifestada nas urnas com a declaração dos candidatos eleitos.

Encerrada a votação o presidente da mesa dá o comando próprio para que a urna realize a apuração e emita o Boletim de Urna – BU, que encerra a apuração da seção (art. 179 do Código Eleitoral). Este boletim é um relatório, contendo as informações de identificação da urna e da seção respectiva, que servirá como prova do resultado parcial de votação. Esse documento é assinado pelo presidente da mesa e pelos fiscais dos paridos, se ainda presentes e será afixado em local visível da seção, dando publicidade do resultado (§3º do art. 179 do Código Eleitoral).

Após a emissão do BU, a urna gera uma mídia, com informações criptografadas, que será encaminhada para a o órgão da Justiça Eleitoral responsável pela centralização das informações (TRE ou TSE), onde será conferida a sua autenticidade e terá seus dados acrescidos ao sistema de totalização.

Atualmente com o uso da urna eletrônica e o aperfeiçoamento dos sistemas eleitorais, a apuração tem sido cada vez mais célere, possibilitando ao eleitor conhecer os candidatos eleitos horas e ás vezes minutos após o encerramento do pleito.

1.2. Fiscalização por partidos e candidatos

Tão importante quanto às regras atinentes à realização das eleições, é a regulamentação da fiscalização, pelos partidos e candidatos, da votação e da apuração.

O Código Eleitoral garante aos partidos e candidatos o direito de fiscalizar a votação nos termos do art. 132. A Lei Geral das Eleições (Lei nº 9.504/97) vai no mesmo sentido ao dispor no art.66 que *"Os partidos e coligações poderão fiscalizar todas as fases do processo de votação e apuração das eleições e o processamento eletrônico da totalização dos resultados."*

A fiscalização do processo eleitoral por parte dos partidos políticos tem inicio muito antes do dia do pleito. O §2º do artigo 66 da Lei das Eleições prevê que os partidos políticos podem indicar técnicos para acompanhar o desenvolvimento e o a especificação dos programas que serão empregados pela Justiça Eleitoral na coleta dos votos e na apuração dos resultados. Vinte dias antes do pleito os mesmo sistemas serão também apresentados aos representantes credenciados pelo partido e após a conferência serão lacradas suas cópias. A partir daí os partidos têm 5 (cinco) dias para apresentar impugnação fundamentada à Justiça Eleitoral.

No momento de carga e preparação das urnas os partidos terão nova oportunidade de fiscalizar os programas. No dia da eleição será realizada auditoria nas urnas, por amostragem, também com a participação dos fiscais designados pelos partidos. A Lei das Eleições permite, ainda, a realização de auditorias independentes pelos partidos políticos, por empresas previamente credenciadas junto à Justiça Eleitoral, nos termos do §7º do art. 66 da Lei Geral das Eleições.

Para a fiscalização dos locais de votação, no dia do pleito, os partidos podem nomear até 2 (dois) fiscais e delegados por seção eleitoral, desde que maiores de 18 (dezoito) anos e que não tenham sido nomeados para atuar nas mesas receptoras (art. 65 da Lei nº 9.504/97). Os fiscais deverão portar credenciais emitidas por integrante do partido, previamente registrada junto a Justiça Eleitoral.

Insta esclarecer que os Delegados atuam diretamente nas Zonas Eleitorais, podendo percorrer todas as Seções de qualquer dos locais de votação. Os fiscais, por sua vez, atuam perante a Seção Eleitoral (Mesa Receptora) e poderão fiscalizar mais de uma Seção na mesma Zona Eleitoral, desde que tenha credencial para cada Seção podendo ser substituído (a) no curso dos trabalhos eleitorais. O candidato tem a prerrogativa de atuar perante qualquer Seção Eleitoral. Não precisa de credencial, uma vez que seu nome consta da lista de candidatos (as). No entanto, precisa se identificar perante o presidente da Mesa Receptora.

Como se pode notar, a Legislação Eleitoral visa garantir da forma mais ampla possível a participação dos partidos e a fiscalização do processo eleitoral como um todo, de maneira a rechaçar qualquer sorte de questionamentos relativos à credibilidade do sistema de votação e de apuração, que possam afetar a legitimidade dos mandatos conferidos a partir do resultado do pleito.

1.3. Divulgação dos resultados

Como já abordado em capítulos anteriores, nas eleições majoritárias, de maneira geral, serão considerados eleitos aqueles que obtiverem a maioria absoluta dos votos, desconsiderados os votos brancos e nulos. Se nenhum candidato atingir a marca, realizar-se á novo pleito, no qual concorrerão os dois candidatos mais votados, consagrando-se vencedor aquele que obtiver a maioria dos votos válidos.

O resultado das eleições proporcionais, por sua vez, depende da verificação pela Justiça Eleitora do quociente partidário e, posteriormente e se for o caso, do cálculo das sobras. A partir do resultado dessa equação consideram-se eleitos aqueles que obtiverem o maior número de votos dentro de cada partido, em ordem decrescente da lista de votação.

Cabe à Justiça Eleitoral, anunciar oficialmente o resultado das eleições, sendo competente o TSE para divulgar o resultado das eleições Presidenciais, os TREs para divulgar os resultados das eleições para Governador, Senador, Deputado Federal e Deputado Estadual e as Juntas Eleitorais para anunciar os resultados das eleições municipais.

Importa destacar, neste ponto, que ao tempo da realização do pleito podem estar pendentes de julgamento registro de candidatos que tenham concorrido ao pleito, são os chamados candidatos *sub judice* , cujo deslinde da demanda poderá influenciar no resultado do pleito.

O art. 16-A da Lei nº 9.504/97, autoriza expressamente a participação nas eleições de candidatos que estejam com o registro pendente de julgamento, inclusive com a realização de os atos de campanha e manutenção do seu nome na urna.

E nesse ponto o que deve ser levado em consideração é a "fotografia" da situação jurídica do candidato no momento da eleição: se está com o registro deferido com recurso ou se está com o registro indeferido com recurso. Como leciona José Jairo Gomes *"O deferimento do registro pela Justiça Eleitoral induz o sentimento de confiança no eleitor, confiança de que a situação do candidato é regular e a opção por ele não será vã, mas válida e eficaz. Por isso poderá ser diplomado e investido no mandato enquanto a matéria não for definitivamente resolvida pelo Tribunal Eleitoral."*[4]

A validade dos votos atribuídos ao candidato sub judice fica condicionada ao deferimento de seu registro. Vale salientar que o C. TSE uniformizou entendimento no sentido de que *"A condição de candidato sub judice, para fins de incidência do artigo 16-A da Lei 9.504/1997, cessa, nas eleições gerais: 1 – com o trânsito em julgado da decisão de indeferimento do registro; ou 2 – com a decisão de indeferimento do registro proferida pelo Tribunal Superior Eleitoral."*[5] considerada esta última aquela proferida pelo plenário do Tribunal[6].

No caso das eleições majoritárias, estabelece o art. 224 do Código Eleitoral que *"§ 3º A decisão da Justiça Eleitoral que importe o indeferimento do registro, a cassação do diploma ou a perda do mandato de candidato eleito em pleito majoritário acarreta, após o trânsito em julgado, a realização de novas eleições, independentemente do número de votos anulados."*, ficando estabelecido na jurisprudência do C. TSE que *"7. O indeferimento do registro do candidato mais votado para o cargo de prefeito acarreta, com a publicação do acórdão, a realização de novas eleições. Inconstitucionalidade da locução "após o trânsito em julgado" constante do § 3º do art. 224 do Código Eleitoral (ADI 5.525, rel. Min. Roberto Barroso, DJe de 19.3.2018)."*[7]. Vale mencionar, ainda, a *"9. Impossibilidade de participação do candidato que deu causa à nulidade da eleição ordinária nas eleições suplementares realizadas com fundamento no art. 224, § 3º, do Código Eleitoral, nas hipóteses de decisões*

---

4. GOMES, José Jairo. *Direito Eleitoral*. 11ª ed. São Paulo: Atlas, 2015, p.526.
5. TSE – RECURSO ORDINÁRIO – 0600919-68.2018.6.12.0000 – JULGADO EM: 9/10/2018 RELATOR(A): MINISTRO(A) TARCISIO VIEIRA DE CARVALHO NETO.
6. "No ponto, insta frisar que esta Corte Superior, ao tratar do tema nos autos do AgR-AI nº281-77/MT, rel. Min. Luís Roberto Barroso, publicado no DJe de 14.6.2018, reafirmou o entendimento de que o TSE é a instância final para executar decisão de indeferimento de registro de candidatura." Ac. 601163-35.2018.6.07.0000 – Relator: Ministro Og Fernandes – Acórdão de 11/12/2018.
7. TSE – RESPE – Embargos de Declaração em Recurso Especial Eleitoral nº 24213 – Acórdão de 04/06/2019, Relator(a) Min. Admar GonzagaRelator(a) designado(a) Min. Tarcisio Vieira De Carvalho Neto – Publicação:DJE – Data 26/04/2019.

que importem o indeferimento do registro, a cassação do diploma ou a perda do mandato de candidato eleito em pleito majoritário."[8]

É importante destacar que as novas eleições a serem realizadas com base no §3º do art. 224 do Código Eleitoral serão indiretas, se a vacância do cargo ocorrer a menos de seis meses do final do mandato ou serão diretas, nos demais casos (§4º), valendo mencionar que o C. STF definiu em sede de controle de constitucionalidade, ADI nº 5225, dando interpretação conforma a constituição para o § 4º do art. 224 do Código Eleitoral para afastar sua incidência nos casos de vacância dos cargos de Presidente, Vice-Presidente e Senador da República[9].

No caso das eleições proporcionais, concorrendo o candidato com o seu registro *sub judice*, "*Na hipótese de indeferimento, após o pleito, de candidatura a cargo proporcional, os votos serão computados em favor da respectiva grei, nos termos do art. 175, § 4º, do Código Eleitoral.*"[10]. Haverá, portanto, retotalização dos resultados da votação, com a readequação da lista de candidatos eleitos.

1.4. Diplomação dos eleitos

A diplomação é o ato oficial pelo qual a Justiça Eleitoral atesta que o candidato que concorreu ao pleito foi, de fato, eleito pelo povo. É o ato que encerra o processo eleitoral, já que a posse dos eleitos é de competência do Poder Executivo. A partir deste ato os eleitos estão habilitados a se investirem nos respectivos mandatos.

A diplomação é um ato solene, realizado em sessão pública, onde cada eleito recebe o diploma, pessoalmente ou por um representante, sendo diplomados, no mesmo ato, os suplentes, conforme estabelece expressamente o art. 215 do Código Eleitoral, firmando posição o C. TSE no sentido de que "*A diplomação de suplentes deve ocorrer até a terceira colocação, facultando-se aos demais suplentes o direito de solicitarem, a qualquer tempo, os respectivos diplomas.*"[11]

A competência para a entrega dos diplomas, no caso das eleições presidenciais, é do C. TSE. Para os eleitos aos demais cargos federais (Deputado Federal e Senador), estaduais (Deputados Estaduais e Governadores) e distritais, assim como para os suplentes, a entrega do diploma é de competência dos TREs. Já nas eleições municipais (Prefeito e Vereadores), a competência é das juntas eleitorais.

A diplomação é o marco inicial para a contagem do prazo decadencial para a propositura do Recurso Contra Expedição de Diploma, previsto no art. 262 do Código Eleitoral, que deverá ser interposto em até 3 (três) dias contados do dia seguinte ao da diplomação, valendo destacar entendimento jurisprudencial no sentido de que "2. A

---

8. TSE – RESPE – Recurso Especial Eleitoral nº 4297 – Acórdão de 11/12/2018 – Relator(a) Min. Napoleão Nunes Maia Filho – Relator(a) designado(a) Min. Tarcisio Vieira De Carvalho Neto.
9. STF – AÇÃO DIRETA DE INCONSTITUCIONALIDADE 5.525 – RELATOR: Min. Roberto Barroso. Julg. 08/03/2018 – Pub. DJE 29.11.2019.
10. TSE – RESPE – Agravo Regimental em Recurso Especial Eleitoral nº 14402 – Acórdão de 15/12/2016 – Relator(a) Min. Herman Benjamin - Publicação:PSESS – Publicado em Sessão, Data 15/12/2016.
11. TSE – PA_ – Processo Administrativo nº 19175 – Relator(a) Min. Ricardo Lewandowski – Publicação: DJE -, Data 21/09/2009.

jurisprudência do TSE firmou-se no sentido de que o termo inicial para o ajuizamento do RCED é o dia seguinte à diplomação, sendo autorizada a prorrogação do prazo decadencial para o primeiro dia útil subsequente ao término do recesso forense. Precedentes."[12] Da mesma forma inicia-se a partir da diplomação o prazo de 15 (quinze) dias para a propositura da Ação de Impugnação de Mandato Eletivo (AIME), fundamentada no art. 14, §10 da Constituição Federal[13] e as Ações de Investigação Judicial fundamentadas no art. 30-A da Lei das Eleições.

A diplomação é o termo final para a propositura de ações como a Ação de Investigação Judicial (AIJE), fundamentada no art. 22 da LC nº 64/90, a Ação fundamentada no art. 41-A da Lei nº 9.504/97 e para a propositura de ações fundamentadas no art. 73 da Lei nº 9.504/97 (condutas vedadas).

Também é a diplomação considerada como termo final para a apresentação de fatos supervenientes capazes de afastar a inelegibilidade reconhecida no registro, como bem estabeleceu a jurisprudência do C. TSE: *"1. Na linha da jurisprudência do Tribunal Superior Eleitoral, as circunstâncias fáticas e jurídicas supervenientes ao registro de candidatura que afastem a inelegibilidade, com fundamento no que preceitua o art. 11, § 10, da Lei 9.504/97, podem ser conhecidas até a data da diplomação, última fase do processo eleitoral, entendimento reiteradamente aplicado nos pleitos de 2012, 2014, 2016 e 2018."*[14]

1.5. Nulidades da votação

A nulidade é o vicio impregnado em determinado ato que não tenha respeitado a forma prevista em lei, podendo gerar como consequência a sua inutilidade. Pode ser absoluta, que afeta diretamente relevante interesse público e o devido processo legal ou relativa, que somente será reconhecida se questionada pela parte prejudicada, se demonstrado o prejuízo (principio da *pas de nullite sans grief*), conforme art. 219 do Código Eleitoral.

De acordo com José Jairo Gomes *"No Direito Eleitoral, a nulidade absoluta funda-se em motivos de ordem constitucional; por isso não sofre os efeitos da preclusão temporal se não for alegada em dado momento, poderá sê-lo em outro.(...) Por sua vez, a nulidade relativa baseia-se em motivos de natureza infraconstitucional, devendo ser declarada ou alegada desde logo, assim que se tornar pública, sob pena de não se poder discuti-la nas fases ulteriores do processo eleitoral"*[15] afirmação que está de acordo com a jurisprudência *"A nulidade processual só pode ser pronunciada quando demonstrado o efetivo prejuízo para a parte (art. 219 do CE), devendo ser suscitada na primeira oportunidade que couber ao interessado se manifestar nos autos, sob pena de preclusão."*[16]

---

12. TSE – RCED – Agravo Regimental em Recurso Contra Expedição de Diploma nº 060002931 – Acórdão de 24/09/2019 – Relator(a) Min. Luís Roberto Barroso – Publicação: DJE – Data 12/11/2019.
13. Art. 14 da CF "§ 10. O mandato eletivo poderá ser impugnado ante a Justiça Eleitoral no prazo de quinze dias contados da diplomação, instruída a ação com provas de abuso do poder econômico, corrupção ou fraude."
14. TSE – RO – Embargos de Declaração em Agravo Regimental em Recurso Ordinário nº 060105362 – Acórdão de 27/08/2019 – Relator(a) Min. Sergio Silveira Banhos – Publicação: DJE – Data 10/10/2019.
15. GOMES, José Jairo. *Direito Eleitoral*. 11ª ed. São Paulo: Atlas, 2015, p.503.
16. TSE – ED-PC 901-76, Rel. Min.. Luciana Lóssio, DJE de 6.10.2016

O processo eleitoral, entendido este como o conjunto de atos organizativos de todas as fases das eleições, tem como finalidade a proteção do ato de votar, garantindo a legitimidade das eleições e do exercício do poder político-estatal. Assim o Código Eleitoral destacou o Capítulo VI para tratar das nulidades da votação, visando garantir o cumprimento da forma em todos os atos destinados à realização das eleições.

O art. 220 do Código Eleitoral afirma que é nula a votação *"I – quando feita perante mesa não nomeada pelo juiz eleitoral, ou constituída com ofensa à letra da lei; II – quando efetuada em folhas de votação falsas; III – quando realizada em dia, hora, ou local diferentes do designado ou encerrada antes das 17 horas; IV – quando preterida formalidade essencial do sigilo dos sufrágios; V – quando a seção eleitoral tiver sido localizada com infração do disposto nos §§ 4º e 5º do art. 135."*, sendo que tais nulidade são intransponíveis, como determina o parágrafo único.

O art. 221 descreve as circunstâncias em que a votação é anulável, sendo elas *"I – quando houver extravio de documento reputado essencial; II – quando for negado ou sofrer restrição o direito de fiscalizar, e o fato constar da ata ou de protesto interposto, por escrito, no momento; III – quando votar, sem as cautelas do art. 147, § 2º: a) eleitor excluído por sentença não cumprida por ocasião da remessa das folhas individuais de votação à mesa, desde que haja oportuna reclamação de partido; b) eleitor de outra seção, salvo a hipótese do art. 145; c) alguém com falsa identidade em lugar do eleitor chamado."*, sendo que na hipótese prevista no inciso III, *"A impugnação relativa à identidade do eleitor deve ser feita no momento da votação, sob pena de preclusão"* [17]

A nulidade da votação pode ser decretada de ofício pela Junta, entretanto, caso isso não ocorra, deve ser objeto de arguição pelo prejudicado no ato de sua ocorrência, sendo que a inércia do prejudicado implicará na preclusão do direito. Exceção ocorre quando a nulidade se refere a fato superveniente, que deverá ser alegada assim que conhecida, ou quando se refira a questão de ordem constitucional, quando pode ser arguida a qualquer tempo. Isso é o que determina o art. 223 do Código Eleitoral e, de acordo com Paulo Henrique dos Santos Lucon e José Marcelo Menezes Vigliar *"Entende-se que o presente dispositivo aplica-se mesmo àquelas hipóteses de nulidade absoluta da votação, previstas pelo art. 220. Se a nulidade não for reconhecida de ofício pela Junta, deverá ser alegada antes da abertura da urna, sob pena de não mais poder ser alegada."*[18]

As nulidades alegadas incidem apenas nas seções em que tenham ocorrido e o dispositivo supra citado não apresenta *numerus clausus*, podendo ocorrer outras nulidades em razão da inobservância de aspectos formais estabelecidos em outros dispositivos, como ocorre no caso do art. 175, §3º do Código Eleitoral e do art. 16-A da Lei das Eleições.

O reconhecimento das nulidades apontadas nos arts. 220 e 221 do Código Eleitoral, se atingir mais da metade dos votos no âmbito em que foi realizada (do país, do Estado ou do Município), implicará no prejuízo das demais votações e na designação de nova

---

17. TSE – RESPE – Agravo Regimental em Recurso Especial Eleitoral nº 25556 – Acórdão de 06/03/2007 – Relator(a) Min. Gerardo Grossi – Publicação: Data 22/03/2007.
18. LUCON, Paulo Henrique dos Santos; VIGLIAR, José Marcelo Menezes. *Código eleitoral interpretado*. 2ª ed. São Paulo: Atlas, 2011.

data, no período entre 20 e 40 dias, para a realização de eleições suplementares, conforme determina o caput do art. 224 do Código Eleitoral.

Já nos casos da nulidade prevista no art. 175, § 3º do Código Eleitoral e no art. 16-A da Lei Geral das Eleições, os efeitos da nulidade na votação dependerão, em grande parcela, da situação do candidato no dia da realização do pleito, se concorreu com registro deferido ou indeferido.

Nos casos de nulidade dos votos dos candidatos eleitos em eleições majoritárias, que tenham concorrido com registro deferido, trará como consequência a realização de novas eleições, nos termos do art. 224, § 3º do Código Eleitoral, independentemente do número de votos anulados, conforme jurisprudência firmada no C. TSE[19]: *"14. Mantida a decisão de cassação dos diplomas dos recorrentes, deve haver a convocação imediata de novas eleições diretas (art. 224, § 4º, II, do CE) para os cargos de prefeito e vice-prefeito no Município de Tianguá/CE, a partir da publicação deste acórdão, independentemente do trânsito em julgado da decisão. Precedentes."*

Nas eleições proporcionais, os votos considerados nulos em função do indeferimento após o pleito, do registro daquele candidato que tenha concorrido com registro deferido, ou da cassação do diploma ou da perda do mandato, serão computados para o partido pelo qual concorreu o candidato, conforme determinação contida no art. 175, § 3º do Código Eleitoral e a jurisprudência ao afirmar que *"... ainda que invalidados os votos obtidos pelo candidato, estes são computados em favor do partido pelo qual concorreu, uma vez que, na data da eleição, o registro de candidatura estava deferido, o que atrai o disposto no art. 175, § 4º, do CE (art. 218, I, da Res.–TSE n. 23.554/2017)."*[20]

Merece destaque que o C. TSE firmou posição no sentido de que a nulidade causada em virtude de condições pessoais do candidato, e não de ilícito que fulmine o pleito, permite ao candidato cujo registro tenha sido indeferido, cujo diploma ou mandato tenha sido cassado, a participação no leito suplementar. De acordo com voto proferido nos autos do RESPE nº 42-97.2017.6.09.0065 *"... o cidadão declarado inelegível para determinada eleição por condição pessoal, e não por ilícito que fulmine o pleito, poderá, se assim o preferir, lançar sua candidatura e participar de qualquer pleito, ordinário ou extraordinário, a se realizar após exaurido o óbice."*[21]

Vale destacar que tais nulidades (arts. 175, §3º do Código Eleitoral e art. 16-A da Lei das Eleições) têm caráter absoluto, operando-se automaticamente, sem a necessidade de provocação da parte prejudicada, decorrendo logicamente da decisão de indeferimento do registro, da cassação do diploma ou da perda do mandato, proferida pelo C. TSE.

---

19. RESPE – Recurso Especial Eleitoral nº 060052529 – Acórdão de 24/09/2019 – Relator(a) Min. Tarcisio Vieira De Carvalho Neto – Publicação:DJE – Data 04/02/2020.
20. TSE – RO – Agravo Regimental em Recurso Especial Eleitoral nº 060047259 – Acórdão de 22/11/2018 Relator(a) Min. Tarcisio Vieira De Carvalho Neto – Publicação: PSESS 22/11/2018.
21. TSE – RECURSO ESPECIAL ELEITORAL Nº 42-97.2017.6.09.0065 – Relator originário: Ministro Napoleão Nunes Maia Filho – j. 11.12.2018.

2. REFERÊNCIAS

GOMES, José Jairo. *Direito Eleitoral*. 11ª ed. São Paulo: Atlas, 2015.

GONÇALVES, Luiz Carlos dos Santos. *Direito Eleitoral*. 2ª ed. São Paulo: Atlas, 2012.

LUCON, Paulo Henrique dos Santos; VIGLIAR, José Marcelo Menezes. *Código eleitoral interpretado*. 2ª ed. São Paulo: Atlas, 2011.

TAVARES, André Ramos. *Curso de Direito Constitucional*. São Paulo: Saraiva, 2002.

REPRESENTAÇÕES ELEITORAIS

Alexandre Luis Mendonça Rollo

Doutor e Mestre em Direito das Relações Sociais pela PUC-SP, Professor da Escola Judiciária Eleitoral Paulista (EJEP-TRESP), Professor Convidado da Escola Superior da Magistratura do Maranhão (ESMAN) e da Escola da Magistratura do Estado de Rondônia (EMERON), Coordenador do Curso de Pós-Graduação em Direito Eleitoral da Damásio Educacional, Conselheiro Estadual (2013-2021) e Diretor Cultural (2019-2021) da OABSP, Advogado Especialista em Direito Eleitoral com 27 anos de atuação na área.

Sumário: 1. Introdução – 2. O Código de Processo Civil se aplica ao processo eleitoral? – 3. Competência – 4. Legitimidade – 5. Cumulação de pedidos – 6. Tramitação prioritária – 7. Hipóteses de cabimento e sanções aplicáveis – 8. Petição inicial – 9. Prazos – 10. Citação – 11. Intimação – 12. Arquivamento de procuração – 13. Procedimento processual – 14. Recurso para o Tribunal Regional eleitoral nas Eleições Municipais – 15. Embargos de declaração – 16. Recurso contra a Decisão Final Proferida por Juiz Auxiliar – 17. Recurso para o Tribunal Superior Eleitoral – 18. Recurso extraordinário – 19. Representações especiais

1. INTRODUÇÃO

Trataremos, no presente capítulo, das representações eleitorais que seguem o rito sumaríssimo previsto no art. 96 da lei das eleições (n°. 9.504/97). Mas antes que dela falemos, importante ressaltar que no processo civil eleitoral há um pequeno número de remédios processuais a serem trabalhados pelos operadores do Direito.

São eles:

a) Representação do art. 96 da Lei 9.504/97

b) Direito de Resposta

c) Ação de Investigação Judicial Eleitoral – AIJE

d) Ação para decretação de perda de mandato por infidelidade partidária

e) Ação declaratória de justa causa para desfiliação partidária

f) Reclamação

g) Representações Especiais que tenham por causa de pedir as hipóteses previstas nos arts. 23, 30-A, 41-A, 45, VI, 73, 74, 75 e 77 da Lei n° 9.504/1997 (que seguirão o procedimento do art. 22 da Lei Complementar n° 64/1990 e, supletiva e subsidiariamente, o Código de Processo Civil)

h) Ação de Impugnação a Pedido de Registro de Candidatura – AIRC

i) Ação de Impugnação de Mandato Eletivo – AIME

j) Recurso contra a Expedição de Diploma – RCED

k) Ação Rescisória Eleitoral

Se esses onze remédios processuais eleitorais forem comparados com a gama de ações previstas no Código de Processo Civil, chegaremos à conclusão de que, no processo civil eleitoral, realmente temos um número pequeno de ações que podem ser propostas o que, de alguma forma, facilita a atuação dos profissionais ligados a essa área do conhecimento.

Mas o foco do nosso estudo nesse momento, repita-se, é a representação mencionada no item "a", supra.

2. O CÓDIGO DE PROCESSO CIVIL SE APLICA AO PROCESSO ELEITORAL?

Esse tema é tratado pela Resolução TSE nº. 23.478/2016, que traz as diretrizes gerais para a aplicação do Código de Processo Civil nas lides eleitorais. Referida resolução estabelece que, em razão da especialidade da matéria, as ações, os procedimentos e os recursos eleitorais permanecem regidos pelas normas específicas previstas na legislação eleitoral e nas instruções do TSE, com a aplicação do Código de Processo Civil apenas em caráter subsidiário, desde que haja compatibilidade sistêmica.

Isso significa dizer que não valem, no processo eleitoral em geral, ou seja, em todas as ações anteriormente relacionadas, os prazos previstos no CPC, nem a sua contagem em dias úteis.

3. COMPETÊNCIA

Tratando especificamente das representações eleitorais temos que, nas eleições municipais, o juiz que exerce a jurisdição eleitoral no município (Juiz Eleitoral local), e, naqueles com mais de uma zona eleitoral, os juízes eleitorais designados pelos respectivos Tribunais Regionais Eleitorais terão competência para o julgamento das representações. Assim, se o ilícito eleitoral envolver as eleições do Município "A", a representação eleitoral respectiva será ajuizada, pela parte legitimada, na Zona Eleitoral local (que pode ser a Zona Eleitoral do próprio Município "A", ou a Zona Eleitoral responsável pelas eleições do Município "A").

Tal situação ocorre porque o número de Zonas Eleitorais de um Estado não corresponde ao número de Municípios daquele mesmo Estado, havendo Municípios com várias Zonas Eleitorais (Ex.: São Paulo, Belo Horizonte, Florianópolis, Recife, Natal, Porto Velho etc), e Municípios pequenos que ficam sob a jurisdição de uma mesma Zona Eleitoral (Ex.: 10ª. Zona Eleitoral do Estado de São Paulo responsável pelas eleições realizadas nos Municípios de Barra do Chapéu, Itapirapuã Paulista, Apiaí e Ribeira).

Assim, no primeiro exemplo (de Municípios mais populosos com várias Zonas Eleitorais), o operador do Direito deverá se informar, em qualquer uma das Zonas Eleitorais do Município, qual delas foi designada, pelo TRE local para o julgamento daquele tipo de demanda eleitoral. Em Municípios com três ou quatro Zonas Eleitorais, por exemplo, uma fica competente para julgar os pedidos de registro de candidatura, a outra pela propaganda eleitoral e a outra pelo julgamento das prestações de contas, tudo definido por resolução de cada Tribunal Regional Eleitoral.

Já no segundo exemplo (de Municípios menos populosos com mais de um Município sob a Jurisdição da mesma Zona Eleitoral), bastará que a demanda eleitoral envolva um dos Municípios atendidos pela mesma Zona Eleitoral, para que se possa ajuizar a representação perante a Zona Eleitoral responsável pela eleição do município envolvido.

Em se tratando de eleições gerais (Presidente/Vice, Govenador/Vice, Senador/Suplentes, Deputados Federais, Estaduais e Distritais), a competência para o exame da representação eleitoral será dos juízes auxiliares, que deverão ser designados pelos tribunais eleitorais respectivos dentre seus integrantes substitutos, em número de 3 (três), até o dia 19 de dezembro do ano anterior à eleição.

A curiosidade aqui é que, com a figura dos juízes auxiliares cria-se uma instância dentro do Tribunal Eleitoral respectivo, tendo em vista que do julgamento monocrático do juiz auxiliar, caberá recurso ao plenário do Tribunal respectivo, em respeito ao princípio do duplo grau de jurisdição.

Assim, por exemplo, contra decisão proferida pelo juiz auxiliar da propaganda do TSE, caberá recurso ao plenário do TSE e assim sucessivamente em relação aos Regionais.

A atuação dos juízes auxiliares encerrar-se-á em 19 de dezembro do ano em que se realizarem as eleições gerais. Encerrada a atuação dos juízes auxiliares, as representações pendentes de julgamento serão redistribuídas, de ofício, aos membros efetivos do respectivo tribunal eleitoral.

Ainda em relação às eleições gerais se a representação envolver a eleição presidencial será competente para o seu julgamento, de forma originária, o TSE, na figura de um de seus juízes auxiliares. Nas demais eleições (Governador, Senador e Deputados), a competência originária será do TRE do respectivo Estado/DF de onde se origina a demanda eleitoral.

4. LEGITIMIDADE

As representações, as reclamações e os pedidos de direito de resposta poderão ser ajuizados por qualquer partido político, coligação, candidato e ainda pelo Ministério Público Eleitoral. Temos aqui, então a legitimidade ativa para o manejo da representação eleitoral, devendo ser observado que o eleitor não possui tal legitimidade. Querendo denunciar algum ilícito eleitoral, o eleitor poderá procurar algum dos legitimados para o manejo da representação. Isso também vale para as demais ações eleitorais.

Também deve ser observado que as coligações majoritárias (lembramos aqui que não existem mais coligações proporcionais), passam a existir após o encontro de vontades manifestado na convenção respectiva, por cada partido que integrará a coligação. Assim, em janeiro do ano da eleição (por exemplo), não existirão coligações que possam ajuizar representações eleitorais, se lembrarmos que as convenções para escolha dos candidatos e para formalização das coligações ocorrem entre os dias 20 de julho e 05 de agosto do ano eleitoral (art. 8º., *caput*, da Lei 9.504/97). Na dúvida sobre o aperfeiçoamento ou não da coligação, sugere-se o ajuizamento da demanda em nome da coligação e, também, em nome do partido (neste caso, será reconhecida a legitimidade ativa de um dos postulantes, ainda que não o seja do outro).

Uma vez criada a coligação, somente ela terá legitimidade ativa, ou seja, os partidos coligados não poderão ajuizar isoladamente representações, tendo em vista que, em seu lugar, surgiu a coligação que atuará em substituição a todos os partidos coligados, com a única exceção do que dispõe o art. 6º., §4º., da Lei 9.504/97.

Ainda em relação à legitimidade ativa, tem-se que candidatos existem apenas após a apresentação do respectivo pedido de registro de candidatura. Assim, o pré-candidato que vier a ajuizar representação em fevereiro do ano da eleição, correrá o risco de ter contra si reconhecida a hipótese de ilegitimidade ativa, tendo em vista que o art. 96, *caput*, da Lei 9.504/97, trata do candidato, não do pré-candidato que pode, inclusive, desistir de se candidatar quando o momento do registro chegar. Neste caso, menos risco correrá quem se valer de um partido para o ajuizamento da representação.

Já com relação à legitimidade passiva, enganam-se aqueles que pensam que apenas os candidatos, partidos e coligações poderão sofrer representação eleitoral. A legitimidade passiva na representação eleitoral é de qualquer pessoa (física ou jurídica), que vier a desrespeitar, por exemplo, as regras da propaganda eleitoral. Assim, se qualquer eleitor (ou se uma pessoa jurídica), realizar propaganda eleitoral indevida de candidato de sua preferência ou de si próprio na qualidade de pré-candidato, estará sujeito à representação que poderá desaguar em sanção pecuniária. Podem ser réus em representações eleitorais os institutos de pesquisa, as emissoras de rádio e televisão, os provedores de acesso à internet etc, todos exemplos de pessoas jurídicas.

5. CUMULAÇÃO DE PEDIDOS

É incabível a cumulação de pedido de direito de resposta com pedido de aplicação de multa por propaganda eleitoral irregular, ainda que diga respeito aos mesmos fatos. Isso ocorre, senão por outras razões, porque os ritos da representação eleitoral e do direito de resposta são diferentes. Ademais, ainda que fosse adotado o rito processual mais benéfico ao réu, para a cumulação de pedidos de direito de resposta e multa, teríamos como dificuldade intransponível o fato de o art. 58 da Lei 9.504/97 simplesmente não prever a aplicação de multa nas situações de autorizam o manejo do direito de resposta.

A única exceção a essa regra é a prevista no § 8º., do mesmo art. 58 da lei das eleições, que prevê a possibilidade de imposição de sanção pecuniária apenas na hipótese de *"não cumprimento integral ou em parte da decisão que conceder a resposta"*. Ou seja, apenas o não cumprimento da decisão concessiva do direito de resposta é que sujeitará o infrator ao pagamento de multa no valor de cinco mil a quinze mil reais (aproximadamente), duplicada em caso de reiteração de conduta, sem prejuízo da verificação da eventual prática do crime de desobediência.

6. TRAMITAÇÃO PRIORITÁRIA

Os pedidos de direito de resposta e as representações por propaganda eleitoral irregular em rádio, televisão e internet tramitarão com prioridade em relação aos demais processos em curso na Justiça Eleitoral (Lei nº 9.504/1997, art. 58-A).

Cabe aqui anotar que "*os feitos eleitorais, no período entre o registro das candidaturas até cinco dias após a realização do segundo turno das eleições, terão prioridade para a participação do Ministério Público e dos Juízes de todas as Justiças e instâncias, ressalvados os processos de habeas corpus e mandado de segurança*" (art. 94 da Lei 9.504/97).

Importante tal observação porque, nos casos aqui tratados, temos uma espécie de prioridade dentro dos "*demais processos em curso na Justiça Eleitoral*", que, por sua vez, já são prioritários. É a prioridade entre os processos prioritários.

7. HIPÓTESES DE CABIMENTO E SANÇÕES APLICÁVEIS

As representações eleitorais que seguem o rito do art. 96 da Lei 9.504/97 apresentam como hipóteses de cabimento, geralmente, qualquer violação às regras de direito material previstas na própria lei das eleições. A grande maioria de tais representações versam sobre propaganda eleitoral indevida e sobre pesquisas eleitorais. Ou seja, em havendo a prática de alguma ilicitude na propaganda eleitoral, o remédio processual será a representação em estudo, o mesmo podendo ser dito em relação a algum vício relacionado a pesquisas eleitorais.

Mas, há duas exceções a essa regra. A primeira envolve as hipóteses previstas nos arts. 23, 30-A, 41-A, 45, VI, 73, 74, 75 e 77 da Lei nº 9.504/1997, onde o remédio processual respectivo seguirá o procedimento do art. 22 da Lei Complementar nº 64/1990 e, supletiva e subsidiariamente, o Código de Processo Civil. São as chamadas representações especiais, que serão tratadas em item próprio.

A segunda exceção envolve os pedidos de direito de resposta (art. 58 da Lei 9.504/97), que seguem rito próprio diferente daquele no qual estamos a nos ocupar.

Quanto às sanções aplicáveis nas representações eleitorais "comuns" são elas, basicamente, a pecuniária e a imposição de obrigação de fazer ou não fazer (como a determinação de retirada de propaganda eleitoral indevida, a determinação de exclusão de conteúdo indevido na internet, ou, ainda, a não distribuição de propaganda impressa que não tenha observado os requisitos legais quando de sua confecção, a não realização de comício em determinado local etc).

8. PETIÇÃO INICIAL

A petição inicial das representações, subscrita por advogado ou por representante do Ministério Público Eleitoral (ou seja, exige-se capacidade postulatória, não podendo a inicial da representação ser subscrita, por exemplo, por eleitor sem tal capacidade), deverá qualificar as partes e informar os endereços por meio dos quais será realizada a citação (CPC, art. 319, II). Além disso deverão ser relatados os fatos, indicando provas, indícios e circunstâncias (Lei nº 9.504/1997, art. 96, § 1º). Caso o autor não disponha dos nomes, prenomes, estado civil, a profissão, o número de inscrição no Cadastro de Pessoas Físicas ou no Cadastro Nacional da Pessoa Jurídica, o endereço eletrônico, o domicílio e a residência do réu, poderá, na petição inicial, requerer ao juiz diligências necessárias à sua obtenção (CPC, art. 319, § 1º).

Se a representação tiver por objeto a prática de propaganda eleitoral irregular a respectiva inicial será instruída, sob pena de não conhecimento, com prova da autoria ou do prévio conhecimento do beneficiário, caso este não seja por ela responsável. Isso se dá porque nem toda prática de propaganda eleitoral indevida pode ser creditada, de forma automática, à responsabilidade do candidato beneficiário, valendo para se demonstrar isso o seguinte exemplo: em eleição presidencial, um apoiador de determinada candidatura resolve contratar a divulgação da candidatura de sua preferência através de "*outdoor*", em bairro remoto de Município Paraense. Neste caso teremos um ato de propaganda eleitoral indevida, que beneficia determinada candidatura que, por sua vez, sequer tem ciência da prática ilícita perpetrada por terceira pessoa. Daí a necessária exigência da prova da autoria ou do prévio conhecimento do beneficiário. Sem ela, não será conhecida a representação. Ainda sobre essa questão, vale observar os termos do parágrafo único do art. 40-B da Lei 9.504/97: "*A responsabilidade do candidato estará demonstrada se este, intimado da existência da propaganda irregular, não providenciar, no prazo de quarenta e oito horas, sua retirada ou regularização e, ainda, se as circunstâncias e as peculiaridades do caso específico revelarem a impossibilidade de o beneficiário não ter tido conhecimento da propaganda*".

Já se a representação tiver por objeto a prática de propaganda eleitoral irregular veiculada no rádio e na televisão, sua inicial deverá ser instruída com a informação de dia e horário em que ela foi exibida e com a respectiva transcrição da propaganda ou trecho impugnado.

Se o objeto da representação for a prática de propaganda eleitoral indevida na internet, a inicial identificará o endereço da postagem (URL ou, caso inexistente esta, URI ou URN), e a prova de que a pessoa indicada para figurar como representado é o seu autor. A comprovação da postagem em ambiente de internet pode ser feita por qualquer meio de prova admitido em Direito, não se limitando à ata notarial, cabendo ao juízo competente aferir se ficou demonstrada a efetiva disponibilização do conteúdo quando acessada a página da internet. Desconhecida a autoria da propaganda (perfil falso, por exemplo), a petição inicial poderá ser endereçada contra o provedor de acesso à internet com poderes para retirada do conteúdo e com pedido exclusivo nesse sentido.

Também deve ser observado que a representação eleitoral pode ser ajuizada até a data da eleição, não se cogitando de seu manejo após a sua realização.

9. PRAZOS

Questão de primordial importância para quem atua perante a Justiça Eleitoral é saber que os prazos processuais não seguem a regra do CPC que leva em conta apenas os dias úteis. No Direito Eleitoral, temos regras processuais próprias.

Uma delas é de que os prazos relativos a representações, reclamações e pedidos de direito de resposta são contínuos e peremptórios e não se suspendem aos sábados, domingos e feriados, entre 15 de agosto do ano da eleição e as datas fixadas no calendário eleitoral. Ou seja, dentro deste período, todo o dia é útil para a Justiça Eleitoral. Prazo encerrado no domingo demanda protocolo no domingo (ou antes). Prazo encerrado no feriado do dia 12 de outubro impõe protocolo neste mesmo dia (no máximo), já que todos esses dias são considerados úteis no período acima noticiado com pleno funcionamento da Justiça Eleitoral.

10. CITAÇÃO

Outro diferencial do processo civil eleitoral em relação ao processo civil comum é que no período de 15 de agosto a 19 de dezembro do ano em que se realizarem as eleições, a citação dos representados, quando dirigida a candidato, partido político, coligação, emissoras de rádio e televisão e demais veículos de comunicação, inclusive provedores de aplicações de internet, será realizada por mensagem instantânea e, frustrada esta, sucessivamente por e-mail, por correspondência e pelos demais meios previstos no Código de Processo Civil, nos endereços de correspondência e e-mail, no número de telefone móvel que disponha de aplicativo de mensagens instantâneas ou por procurador com procuração arquivada perante a Justiça Eleitoral, dados esses que deverão ser informados nos pedidos de registro de candidatura e nos Demonstrativos de Regularidade dos Atos Partidários (DRAPs).

Já a citação de pessoa diversa daquelas indicadas acima, como por exemplo, um eleitor, será feita no endereço físico indicado pelo autor, nos termos do art. 319 do Código de Processo Civil.

Do instrumento de citação, deverá constar cópia da petição inicial, acompanhada da transcrição da mídia de áudio ou vídeo, se houver, e indicação do acesso ao inteiro teor dos autos digitais no endereço do sítio eletrônico do PJe no respectivo tribunal.

11. INTIMAÇÃO

Também deve ser observado que no mesmo período referido no item anterior (ou seja, de 15 de agosto a 19 de dezembro do ano eleitoral), as intimações das partes nas representações fundadas no art. 96 da Lei nº 9.504/1997, nas reclamações e nos pedidos de direito de resposta serão realizadas através de mural eletrônico, fixando-se o termo inicial do prazo na data de publicação. Sendo impossível, por alguma razão, a utilização do mural eletrônico, as intimações serão realizadas sucessivamente por mensagem instantânea, por e-mail e por correspondência.

As intimações realizadas por mural eletrônico destinam-se aos advogados e às partes que, validamente citadas ou chamadas ao processo, deixarem de constituir advogado, devendo conter a identificação das partes e do processo e, quando constituídos, dos advogados.

Já os acórdãos proferidos nas representações fundadas no art. 96 da Lei n°. 9.504/1997, nas reclamações e nos pedidos de direito de resposta, no período entre 15 de agosto a 19 de dezembro do ano eleitoral, serão publicados em sessão de julgamento, passando a correr, dessa data, os prazos recursais para as partes e para o Ministério Público Eleitoral.

De se observar, portanto, que o operador do Direito que atuar perante a Justiça Eleitoral, durante o período aqui já referido, não poderá esperar por intimações via Diário da Justiça eletrônico, tendo em vista que tal hipótese ocorrerá apenas antes do dia 15 de agosto e após o dia 19 de dezembro do ano das eleições.

12. ARQUIVAMENTO DE PROCURAÇÃO

Para que não haja a necessidade de juntada de procuração em cada processo poderão os candidatos, os partidos, as coligações, as emissoras de rádio e televisão, os provedores de aplicações de internet, demais veículos de comunicação, empresas e entidades realizadoras de pesquisas eleitorais requerer o arquivamento, em meio físico, na instância de origem, de procuração outorgada a seus advogados, com poderes gerais para o foro e para receber citações.

Com isso, em cada processo, a Justiça Eleitoral certificará a existência de procuração arquivada em juízo o que, repita-se, dispensará sua juntada do instrumento de mandato em cada processo de forma individual. Imaginemos aqui uma eleição presidencial. O candidato (e seus advogados), ficarão dispensados de juntar procuração em dezenas de representações diferentes (tanto para oferecer petição inicial, como defesa), caso optem pelo arquivamento da procuração.

A procuração, arquivada ou juntada em cada processo, deverá conter os endereços de e-mail e números de telefones com aplicativo de mensagens instantâneas dos advogados constituídos, tudo em prol do princípio da celeridade que norteia o processo eleitoral.

Constatado vício de representação processual do autor, o juiz eleitoral ou juiz auxiliar determinará a respectiva regularização no prazo de 1 (um) dia, sob pena de extinção do processo sem resolução do mérito, sendo certo que o arquivamento de procuração em cartório evita a ocorrência de tal vício.

13. PROCEDIMENTO PROCESSUAL

Já dissemos antes, e aqui reiteramos, que a representação eleitoral segue rito sumaríssimo onde inexiste, inclusive, dilação probatória. Assim, uma vez recebida a petição inicial (que dispensa o pagamento de custas processuais em razão do princípio da gratuidade), a Justiça Eleitoral providenciará a imediata citação do representado ou do seu advogado, se houver procuração com poderes específicos para receber citação, preferencialmente por meio eletrônico, para apresentar defesa no prazo de 2 (dois) dias.

Apresentada a defesa ou decorrido o prazo de 2 (dois) dias, o Ministério Público Eleitoral, quando estiver atuando exclusivamente como "*custus legis*", será intimado para emissão de parecer no prazo de 1 (um) dia, findo o qual, com ou sem parecer, o processo será imediatamente concluso ao juiz eleitoral ou juiz auxiliar.

Ultrapassado o prazo ministerial de 1 (um) dia, o juiz eleitoral ou juiz auxiliar decidirá e fará publicar a decisão em 1 (um) dia, contado do dia seguinte à conclusão do processo (art. 96, § 7º, da Lei nº 9.504/1997). Ou seja, o juiz terá 1 (um) dia para sentenciar.

Em suma, em menos de uma semana se encerra o primeiro julgamento da representação eleitoral aqui estudada onde, repita-se, não há instrução processual, sendo as provas pré-constituídas anexadas à inicial e à defesa.

14. RECURSO PARA O TRIBUNAL REGIONAL ELEITORAL NAS ELEIÇÕES MUNICIPAIS

Contra sentença proferida pelo juiz eleitoral nas eleições municipais é cabível recurso, no prazo de 1 (um) dia, assegurado ao recorrido o oferecimento de contrarrazões em igual prazo, a contar da sua intimação para tal finalidade (Lei nº 9.504/1997, art. 96, § 8º). O recurso aqui possui o nome de "recurso eleitoral", "recurso inominado" ou apenas "recurso". Pode-se denominá-lo de "apelação" (não é o que se verifica na prática, mas é possível), desde que o prazo de 1 (um) dia seja observado. Ou seja, mais importante do que o nome a ser dado ao recurso é oferecê-lo no prazo correto, nunca no prazo de 15 dias úteis previsto do CPC. Como não cabe agravo contra decisões interlocutórias proferidas no processo civil eleitoral, neste recurso pode-se abrir um capítulo para se impugnar eventual decisão interlocutória anterior que, para todos os efeitos, não restará preclusa.

Referido recurso não conta com efeito suspensivo, nos termos do art. 257 do Código Eleitoral. Assim, em tese, caberá execução provisória da sentença proferida nas representações eleitorais. O efeito suspensivo apenas possui cabimento/aplicabilidade nas hipóteses de cassação de registro de candidatura, afastamento do titular ou perda de mandato eletivo (art. 257, §2º.), situações essas que não envolvem as representações eleitorais aqui tratadas, ou em casos excepcionais onde sua eventual concessão será fundamentada.

De se notar ainda ser *"inadmissível recurso cuja deficiência de fundamentação impossibilite a compreensão da controvérsia"*[1].

Oferecidas contrarrazões ou decorrido o prazo respectivo, os autos serão imediatamente remetidos ao Tribunal Regional Eleitoral, para reexame da matéria. Recebidos os autos no TRE, o feito será distribuído e remetido ao Ministério Público Eleitoral (procuradoria regional eleitoral), para manifestação no prazo de 1 (um) dia, exceto quando houver pedido de efeito suspensivo ou de tutela provisória, hipótese na qual será imediatamente concluso ao relator.

Após a vista do Ministério Público, os autos serão conclusos ao relator, que poderá dele não conhecer por ser inadmissível, estar prejudicado ou por não ter impugnado especificamente os fundamentos da decisão recorrida. Poderá ainda o relator negar provimento a recurso que for contrário a súmula do Supremo Tribunal Federal, do Tribunal Superior Eleitoral ou de tribunal superior, ou a acórdão proferido pelo Supremo Tribunal Federal, pelo Tribunal Superior Eleitoral ou por tribunal superior em julgamento de recursos repetitivos. Pode também o relator dar provimento ao recurso se a decisão recorrida for contrária às situações acima mencionadas.

Contra a decisão monocrática proferida pelo relator caberá agravo interno, no prazo de 1 (um) dia, assegurado o oferecimento de contrarrazões em igual prazo, recurso esse a ser julgado pelo plenário do Tribunal respectivo.

---

1. TSE, Súmula 27.

Não estando presentes os requisitos para julgamento monocrático pelo relator, o recurso será apresentado em mesa para julgamento em 2 (dois) dias, independentemente de publicação de pauta, contados da conclusão dos autos (Lei nº 9.504/1997, art. 96, § 9º).

Durante a sessão de julgamento é assegurado ao advogado de cada parte o uso da tribuna, para sustentação oral de suas razões, na forma regimental.

Os acórdãos serão publicados na sessão em que os recursos forem julgados, salvo determinação do plenário em sentido diverso.

15. EMBARGOS DE DECLARAÇÃO

Não há, na Lei 9.504/97, previsão para o manejo de embargos de declaração nas representações eleitorais. As perguntas que ficam, então, são duas: são cabíveis embargos de declaração nas representações eleitorais? Em sendo cabíveis, qual será o seu prazo?

A resposta à primeira pergunta é afirmativa, ou seja, são admissíveis embargos de declaração, em representações eleitorais, nas hipóteses previstas no Código de Processo Civil, nos termos do art. 275 do Código Eleitoral.

Referido recurso não está sujeito a preparo (nenhum recurso eleitoral demanda preparo em razão do princípio da gratuidade que norteia o Direito Eleitoral), interrompendo o prazo para a interposição de eventual outro recurso. Sendo manifestamente protelatórios os embargos de declaração, como por exemplo na hipótese de segundos ou terceiros embargos sucessivos, pode o embargante ser condenado a pagar ao embargado multa processual de valor não excedente a 2 (dois) salários-mínimos, sendo certo ainda que a reiteração de embargos de declaração manifestamente protelatórios, poderá elevar o valor da multa para até 10 (dez) salários-mínimos.

Respondida a primeira pergunta, resta enfrentarmos a segunda, que envolve o prazo para o manejo dos embargos de declaração. Conforme estabelece o art. 275, § 1º., do Código Eleitoral, *"os embargos de declaração serão opostos no prazo de 3 (três) dias, contado da data de publicação da decisão embargada, em petição dirigida ao juiz ou relator, com a indicação do ponto que lhes deu causa"*. Por esse preceito legal, portanto, o prazo para o manejo dos embargos seria de 03 dias. Ocorre que, como estamos diante de processo que segue o rito sumaríssimo, tanto da sentença proferida por Juiz Eleitoral ou Juiz Auxiliar, como de acórdão proferido pelo TSE ou pelos TREs em representações eleitorais, caberão embargos de declaração que deverão ser manejados no prazo de 1 (um) dia, facultado o oferecimento de contrarrazões em igual prazo. Deve-se esquecer, portanto, o prazo previsto no art. 275 do Código Eleitoral, que não se aplica ao procedimento sumaríssimo aqui tratado.

16. RECURSO CONTRA A DECISÃO FINAL PROFERIDA POR JUIZ AUXILIAR

Neste ponto, cabe reiterarmos o quanto afirmado no item 17.14 supra (prazo de 01 dia para razões de contrarrazões recursais), com o acréscimo de que esse recurso é dirigido ao plenário (interposto no juízo *"a quo"*, mas julgado no juízo *"ad quem"* que será o plenário do Tribunal respectivo). Oferecidas contrarrazões ou decorrido o prazo respectivo, os autos serão conclusos ao relator, o qual deverá apresentá-los em mesa para julgamento em 2 (dois) dias, independentemente de publicação de pauta, contados da conclusão dos autos (Lei nº 9.504/1997, art. 96, § 9º).

Somente serão julgados os recursos relacionados até o início de cada sessão plenária, ou seja, a "publicação da pauta" é feita no quadro de avisos do plenário (momentos antes do início da sessão), ou em pauta virtual no sítio eletrônico do Tribunal respectivo.

Também deve ser dito que o juiz auxiliar que proferiu a sentença recorrida funcionará como relator do recurso e tomará assento no plenário no lugar correspondente ao juiz titular de mesma classe, sendo ainda assegurada eventual sustentação oral pelos Advogados das partes, na forma regimental. Por fim, não se deve esperar a publicação do acórdão no Diário da Justiça, uma vez que referida publicação ocorre na própria sessão de julgamento, sendo o dia seguinte o primeiro dia para eventual manejo de embargos de declaração ou recurso especial para o TSE.

17. RECURSO PARA O TRIBUNAL SUPERIOR ELEITORAL

Do acórdão do Tribunal Regional Eleitoral caberá recurso especial para o Tribunal Superior Eleitoral, no prazo de 3 (três) dias, assegurado o oferecimento de contrarrazões pelo recorrido em igual prazo (art. 276, § 1º., do Código Eleitoral). Oferecidas contrarrazões ou decorrido o prazo respectivo, os autos serão conclusos ao presidente do tribunal de origem que, no prazo de 3 (três) dias, deverá proferir decisão fundamentada admitindo ou não o recurso.

O recurso especial possui como hipóteses de cabimento eventual infração a lei federal (nunca lei municipal, estadual ou regimento interno de Tribunal[2]), e/ou divergência na interpretação de lei entre dois ou mais Tribunais Eleitorais, nos termos do art. 276 da Código Eleitoral. A alegação de infração legal deve envolver tema devidamente prequestionado (ou seja, discutido no curso da representação), não cabendo nesta seara a inovação de teses recursais. Já o dissídio jurisprudencial deve envolver decisões conflitantes proferidas por Tribunais diferentes, tendo em vista que a *"divergência entre julgados do mesmo Tribunal não se presta a configurar dissídio jurisprudencial apto a fundamentar recurso especial eleitoral"*[3]. Outro cuidado envolvendo alegação de dissídio é que ele *"somente estará demonstrado mediante a realização de cotejo analítico e a existência de similitude fática entre os acórdãos paradigma e o aresto recorrido"*[4]. Não se pode esquecer também, no caso de dissídio, de se juntar o acórdão paradigma ao recurso especial interposto.

No recurso especial não é possível o reexame de fatos e de provas[5], ou seja, a discussão a ser travada em tal recurso é exclusivamente jurídica. Importante ainda que se diga que o esgotamento das instâncias ordinárias é indispensável para o manejo do recurso especial[6], não se admitindo recurso (seja ele especial ou não), *"que deixa de*

---

2. TSE, Súmula 32.
3. TSE, Súmula 29.
4. TSE, Súmula 28.
5. TSE, Súmula 24.
6. TSE, Súmula 25.

impugnar especificamente fundamento da decisão recorrida que é, por si só, suficiente para a manutenção desta"[7].

Admitido o recurso especial eleitoral e publicada a respectiva decisão, os autos serão imediatamente remetidos ao Tribunal Superior Eleitoral. Em caso de não admissão, caberá agravo nos próprios autos para o Tribunal Superior Eleitoral, no prazo de 3 (três) dias. Interposto o agravo, será intimado o agravado para oferecer resposta no prazo de 3 (três) dias, que deverá envolver tanto o agravo, quando o recurso especial, nos termos da Súmula 71 do TSE.

Como se vê, com exceção do prazo, não há diferenças entre o recurso especial previsto no CPC e aquele previsto no Código eleitoral, tendo em vista que os mesmos filtros existentes aqui, também valem para o recurso especial cível.

Após parecer da Procuradoria Geral eleitoral, os autos serão conclusos ao relator, que, de forma monocrática, poderá não conhecer de recurso inadmissível, prejudicado ou que não tenha impugnado especificamente os fundamentos da decisão recorrida. Poderá ainda, também de forma isolada, negar ou dar provimento a recurso que esteja em acordo ou desacordo com súmula do Supremo Tribunal Federal, do Tribunal Superior Eleitoral ou de tribunal superior, ou com acórdão proferido pelo Supremo Tribunal Federal, pelo Tribunal Superior Eleitoral ou por tribunal superior em julgamento de recursos repetitivos.

Da decisão monocrática proferida pelo relator caberá agravo interno, no prazo de 1 (um) dia, assegurado o oferecimento de contrarrazões, em igual prazo.

Não sendo o caso de decisão monocrática, o relator poderá apresentar o recurso em mesa para julgamento em 2 (dois) dias, independentemente de publicação de pauta, contados da conclusão dos autos (Lei nº 9.504/1997, art. 96, § 9º).

Lembra-se ainda que não cabe recurso especial contra acórdão que decide pedido de liminar, nem se conhece de recurso especial por dissídio, quando a decisão recorrida estiver em conformidade com a jurisprudência do TSE, nos termos das Súmulas 30 e 31 do Tribunal Superior Eleitoral.

Os acórdãos proferidos pelo TSE serão publicados na sessão em que os recursos forem julgados, salvo determinação do plenário em sentido diverso.

18. RECURSO EXTRAORDINÁRIO

Dos acórdãos proferidos nos Tribunais Regionais Eleitorais não cabe recurso extraordinário. Essa via recursal caberá, em tese, contra acórdão proferido pelo TSE, em havendo afronta direta à Constituição Federal (com repercussão geral).

O extraordinário eleitoral deve ser interposto no prazo de 3 dias, com contrarrazões em igual prazo, também estando sujeito a juízo de admissibilidade e a agravo de despacho denegatório, tal como ocorre com o recurso especial, uma vez que, também aqui, há filtros para o seu manejo.

---

7. TSE, Súmula 26.

19. REPRESENTAÇÕES ESPECIAIS

As representações especiais são aquelas que tenham por causa de pedir as hipóteses previstas nos arts. 23, 30-A, 41-A, 45, VI, 73, 74, 75 e 77 da Lei n° 9.504/1997. Em tais casos não se adota o procedimento sumaríssimo das representações eleitorais "comuns", mas sim o procedimento previsto no art. 22 da Lei Complementar n° 64/1990 (mesmo procedimento da AIJE), com aplicação, supletiva e subsidiaria, do Código de Processo Civil.

As representações especiais poderão ser ajuizadas até a data da diplomação, exceto as fundadas nos arts. 23 e 30-A da Lei n° 9.504/1997, que poderão ser propostas, respectivamente, no prazo de 15 (quinze) dias da diplomação e até 31 de dezembro do ano posterior à eleição. Já as representações eleitorais "comuns" (ou não especiais), podem ser ajuizadas até a data da eleição.

O juízo eleitoral do domicílio civil do doador será o competente para processar e julgar as representações por doação de recursos para campanha eleitoral acima do limite legal de que trata o art. 23 da Lei n° 9.504/1997.

Os despachos, as decisões e os acórdãos proferidos nas representações especiais serão publicados no DJe.

INVESTIGAÇÃO JUDICIAL ELEITORAL (AIJE)

Alexandre Luis Mendonça Rollo

Doutor e Mestre em Direito das Relações Sociais pela PUC-SP, Professor da Escola Judiciária Eleitoral Paulista (EJEP-TRESP), Professor Convidado da Escola Superior da Magistratura do Maranhão (ESMAN) e da Escola da Magistratura do Estado de Rondônia (EMERON), Coordenador do Curso de Pós-Graduação em Direito Eleitoral da Damásio Educacional, Conselheiro Estadual (2013-2021) e Diretor Cultural (2019-2021) da OABSP, Advogado Especialista em Direito Eleitoral com 27 anos de atuação na área.

Sumário: 1. Introdução – 2. Objeto; 2.1. Abuso do poder econômico; 2.2. Abuso do poder político; 2.3. Abuso dos meios de comunicação social; 2.4. Forma atípica de abuso – 3. Sanções possíveis – 4. Pressupostos – 5. Legitimidade – 6. Litisconsórcio passivo necessário – 7. Assistência simples – 8. Competência – 9. Procedimento processual – 10. Recurso – 11. Agravo de instrumento – 12. Mandado de Segurança – 13. Embargos de declaração – 14. Recurso ordinário – 15. Recurso especial – 16. Agravo de despacho denegatório – 17. Recurso extraordinário – 18. Resumo dos recursos; 18.1. Eleições municipais; 18.2. Eleições estaduais e federais; 18.3. Eleição presidencial

1. INTRODUÇÃO

A ação de investigação judicial eleitoral constitui-se em mecanismo jurídico que visa proteger a lisura das eleições, através do combate das várias formas de abuso de poder. Referida ação tem por objetivo assegurar as condições de igualdade entre os candidatos durante a disputa eleitoral e a própria legitimidade do pleito.

Ela tem base infraconstitucional, uma vez que sua regulamentação consta da Lei Complementar n°. 64/90 – conhecida como Lei das Inelegibilidades -, lei essa que foi "turbinada" pela Lei Complementar 135/2010 (denominada Lei da Ficha Limpa).

A AIJE não é uma simples investigação, mas sim uma ação cível típica do Direito Eleitoral, com consequências graves na hipótese de procedência.

2. OBJETO

Nos termos do art. 22, *caput*, da Lei Complementar 64/90, a AIJE terá por objeto o combate à prática do abuso do poder econômico, do abuso do poder político e do abuso dos meios de comunicação social.

No plano eleitoral a intenção buscada pelo emprego abusivo do poder é flagrante: a acumulação do maior número de votos possível, a fim de se vencer a disputa eleitoral. O abuso é algo perverso no cenário eleitoral, já que ele afeta a liberdade da escolha do eleitor e mina a paridade de chances que deve existir entre os "*players*", alterando artificialmente o resultado do pleito e, assim comprometendo a legitimidade do próprio processo eleitoral. Daí a importância do combate aos abusos e da existência de ação que cuide do tema.

2.1. Abuso do poder econômico

O abuso do poder econômico se configura quando ocorre o mau uso de recursos patrimoniais, exorbitando os limites legais, de modo a desequilibrar a disputa eleitoral em benefício dos candidatos beneficiários. Para o TSE, o abuso do poder econômico é a utilização, em benefício eleitoral de candidato, de recursos patrimoniais ou pecuniários em excesso, desnivelando o pleito[1]. Também podemos encontrar esse tipo de abuso no descumprimento de regras atinentes à arrecadação e ao uso de fundos de campanha.

Assim, por exemplo, quem gasta mais do que o teto de gastos fixado pelo TSE em sua campanha eleitoral (Resolução TSE 23.459 de 15/12/2015), poderá, em tese, praticar abuso do poder econômico (desde que haja a gravidade das circunstâncias no caso concreto). Quer-se com isso dizer que se o excesso de gasto foi de apenas poucos reais (praticado, quem sabe, por algum equívoco da contabilidade da campanha), esses poucos reais não configurarão a prática abusiva aqui tratada.

Situação diversa ocorrerá, em outro exemplo, se o teto de gasto de uma determinada campanha é de cem mil reais e a pessoa se elege gastando o dobro do limite autorizado. Nessa situação, restando clara a gravidade da conduta, capaz de ferir de morte a igualdade de oportunidades entre os candidatos, estará configurado o abuso do poder econômico.

Ainda nesse particular é preciso que se diga que a pré-campanha está permitida pela Lei 9.504/97, nos termos de seu artigo 36-A. Se, durante a pré-campanha houver pedido explícito de votos, configurar-se-á a propaganda eleitoral antecipada, por "queima da largada", sujeitando-se o infrator a sanção pecuniária. Mas, para que não compense essa relação custo-benefício (a pessoa prefere pagar algumas "multinhas" se o benefício for a vitória eleitoral), há casos reiterados de propaganda antecipada que podem, a depender de cada caso concreto, configurar abuso do poder econômico[2].

Por exemplo, se a pessoa, durante uma pré-campanha a vereador, investe cem mil reais para divulgar a sua imagem no primeiro semestre do ano eleitoral, mediante contratação de diversos "*outdoors*" no município e, em agosto, pede o registro de sua candidatura, pode essa conduta ser analisada não apenas sob o viés da propaganda antecipada, como também sob o viés do abuso do poder econômico, tendo em vista que atos de divulgação proibidos durante a campanha, também o são ao longo da pré-campanha.

2.2. Abuso do poder político

Conforme tem sido constantemente decidido pelo Tribunal Superior Eleitoral, "*o abuso do poder político caracteriza-se quando determinado agente público, valendo-se*

---

1. "*...Consoante a jurisprudência desta Corte Superior, o abuso de poder econômico ocorre pelo uso exorbitante de recursos patrimoniais, sejam eles públicos ou privados, de forma a comprometer a isonomia da disputa eleitoral e a legitimidade do pleito em benefício de determinada candidatura...*"
   (Recurso Especial Eleitoral nº 105717, Acórdão, Relator(a) Min. Jorge Mussi, Publicação: DJE – Diário de justiça eletrônico, Tomo 240, Data 13/12/2019, Página 41-42);

2. "*...A propaganda eleitoral antecipada massiva, mesmo que não implique violação explícita ao art. 36–A da Lei nº 9.504/1997, pode caracterizar ação abusiva, sob o viés econômico, a ser corrigida por meio de ação própria...*"
   (Recurso Ordinário nº 060161619, Acórdão, Relator(a) Min. Og Fernandes, Publicação: DJE – Diário de justiça eletrônico, Tomo 244, Data 19/12/2019);

de sua condição funcional e em manifesto desvio de finalidade, compromete a igualdade da disputa eleitoral e a legitimidade do pleito em benefício de sua candidatura ou de terceiros".[3]

Estamos aqui diante do chamado uso da máquina administrativa, onde o agente público se vale indevidamente do poder que detém perante a administração pública em geral (direta ou indireta), para, com desvio de finalidade, ferir o princípio da neutralidade estatal, em seu próprio benefício, ou em benefício de alguma candidatura por ele apoiada.

As condutas vedadas pelos artigos 73 e seguintes da Lei 9.504/97 são espécies do gênero abuso do poder político. Assim, ainda que a conduta praticada pelo agente público não se amolde aos termos dos artigos 73 e seguintes da Lei 9.504/97 (que, por se tratarem de normas restritivas de direito não comportam interpretação extensiva), pode-se ter a prática do abuso do poder político que é gênero (e, portanto, possui maior abrangência), em relação às espécies de abuso tipificadas nas condutas vedadas aos agentes públicos em campanhas eleitorais.

Também deve ser dito que pode praticar esse abuso qualquer agente público, e não apenas os chamados agentes políticos, considerando-se agente público aquela pessoa que exerça "*ainda que transitoriamente ou sem remuneração, por eleição, nomeação, designação, contratação ou qualquer outra forma de investidura ou vínculo, mandato, cargo, emprego ou função nos órgãos ou entidades da administração pública direta, indireta, ou fundacional*" (art. 73, §1°., da Lei 9.504/97)

2.3. Abuso dos meios de comunicação social

Configura-se esse abuso através da utilização dos meios de comunicação, incluídas as emissoras de rádio, televisão, a imprensa escrita e a internet, de modo relevante, com objetivo de beneficiar ou prejudicar determinada candidatura. Como em qualquer abuso, há que ficar claro ter havido excesso na utilização do meio de comunicação[4].

Não se discute que, no Brasil, impera a liberdade de imprensa. Essa prática abusiva, contudo, não se confunde com o legítimo exercício da liberdade de imprensa. A liberdade de imprensa (assim como qualquer direito), não pode ser exercida abusivamente.

Assim, por exemplo, se um determinado jornal impresso, pertencente a determinado candidato, passa a fazer campanha negativa sistemática contra o adversário do proprietário deste mesmo jornal nas eleições, não estaremos diante de exercício regular de um direito (liberdade de imprensa), mas sim diante de uma prática abusiva capaz de acabar com a igualdade de oportunidades entre os "*players*".

---

3. TSE-AgR Respe n°. 83.302, 19.08.2014, Rel. Min. João Otávio Noronha;
4. "*...O uso indevido dos meios de comunicação se configura quando há um desequilíbrio de forças decorrente da exposição massiva de um candidato nos meios de comunicação em detrimento de outros, de modo apto a comprometer a normalidade e a legitimidade do pleito (REspe n°. 4709-68/RN, Rel. Min. Nancy Andrighi, j. em 10.05.2012). Tal desequilíbrio pode ser causado quando há uma exposição excessiva de caráter positivo (favorecimento) ou negativo (desfavorecimento). De acordo com o TSE, "o uso indevido dos meios de comunicação social não pode ser presumido e requer que se demonstre a gravidade em concreto da conduta, com mácula à lisura do pleito" (REspe n° 225-04/BA, Rel. Mm. Jorge Mussi, j. em 26.06.2018). Além disso, na análise da gravidade, deve ser considerada a diferença de regimes jurídicos entre os meios de comunicação, do que decorre maior liberdade dos veículos de comunicação escrita...*".
(TSE, RESPE – Recurso Especial Eleitoral n° 97229 – SETE LAGOAS – MG, Acórdão de 28/05/2019, Relator(a) Min. Luís Roberto Barroso, Publicação: DJE – Diário de justiça eletrônico, Data 26/08/2019)

2.4. Forma atípica de abuso

Um abuso que está ganhando muito espaço na atualidade, mas que não está contemplado pelo legislador é o abuso do poder religioso ou abuso de poder da autoridade religiosa.

O abuso de poder religioso nas campanhas eleitorais se verifica com a efetiva utilização da posição de vantagem proporcionada por autoridades eclesiásticas, para subverter a vontade dos eleitores congregados, ocasionando assim um desequilíbrio na isonomia eleitoral.

No entanto, a dificuldade prática em relação ao reconhecimento jurídico do abuso do poder religioso (ou do abuso do poder sindical, ou do abuso do poder educacional etc), é que referidos abusos não se encontram disciplinados pelo art. 22 da Lei Complementar 64/94 que, por envolver norma restritiva de direitos, não pode receber interpretação extensiva.

Portanto, naquilo que toca às formas atípicas de abuso, e, especialmente, naquilo que toca ao poder religioso, o que a Justiça Eleitoral vem decidindo é que como os candidatos e os partidos políticos não podem receber, direta ou indiretamente, doação em dinheiro ou estimável em dinheiro, inclusive por meio de publicidade de qualquer espécie proveniente de entidades religiosas (art. 24, VIII, da Lei nº. 9.504/97), se uma dessas entidades se empenha em eleger determinado fiel, esse empenho pode ser classificado como abuso do poder econômico, caso toda uma estrutura da entidade religiosa venha a ser posta à disposição de determinada candidatura, de forma reiterada.

O mesmo pode ser dito em relação ao abuso dos meios de comunicação. Assim, se a entidade religiosa publica determinado jornal a seus milhares de fiéis e, ao longo da campanha eleitoral, transforma tal veículo de comunicação em material de campanha eleitoral, essa conduta poderá configurar abuso. O TSE já decidiu que "...*O discurso proferido durante ato religioso está protegido pela garantia de liberdade de culto celebrado por padres, sacerdotes, clérigos, pastores, ministros religiosos, presbíteros, epíscopos, abades, vigários, reverendos, bispos, pontífices ou qualquer outra pessoa que represente religião. Tal proteção, contudo, não atinge situações em que o culto religioso é transformado em ato ostensivo ou indireto de propaganda eleitoral, com pedido de voto em favor dos candidatos*"[5].

Essas formas atípicas de abusos, portanto, serão sempre analisadas pela Justiça Eleitoral sob o viés do abuso do poder econômico ou dos meios de comunicação.

3. SANÇÕES POSSÍVEIS

Se a AIJE for julgada procedente ela poderá resultar em declaração de inelegibilidade dos representados pelo prazo de 8 anos subsequentes à eleição em que o ilícito se verificou + cassação do registro ou do diploma do candidato beneficiado pelo abuso +

---

[5]. TSE, Recurso Ordinário nº 265308, Relator(a) Min. Henrique Neves Da Silva, Publicação: DJE – Diário de justiça eletrônico, Data 05/04/2017, Página 20/21;

remessa de cópias ao MPE para eventuais outras providências, tudo nos termos do art. 22, inciso XIV da Lei Complementar nº. 64/90.

4. PRESSUPOSTOS

A AIJE deve veicular acusações ligadas à prática de abuso do poder econômico, do poder político ou dos meios de comunicação social. Além disso, exige-se dolo (já que não existe abuso culposo), atuação direta do réu ou, no mínimo, sua anuência quanto à prática ilícita (ou seja, a conduta do réu pode ser comissiva ou omissiva).

Deve-se demonstrar ainda a *"gravidade das circunstâncias"* caracterizadoras do ato abusivo (art. 22, inciso XVI da LC 64/90), tendo em vista que abuso sem gravidade não é abuso, valendo repetir que a razão de ser do combate aos abusos é a garantia da isonomia entre os "players" e da legitimidade das eleições, legitimidade essa que não se corrompe com a prática de condutas que, ainda que ilícitas, são de menor potencial ofensivo aos valores tutelados pela norma repressiva.

5. LEGITIMIDADE

Poderão ajuizar a AIJE, ou seja, serão legitimados ativos os candidatos ou ex-candidatos (não é necessária identidade de cargos, uma vez que não há exigência de que resultado da ação lhe seja particularmente útil), os partidos (ainda que não esteja disputando a eleição em que o abuso se verificou[6]), as coligações (mesmo se a AIJE vier a ser ajuizada após a eleição), e o Ministério Público Eleitoral. O eleitor não possui legitimidade ativa para o ajuizamento de ações eleitorais[7]. Importante ainda anotar que a legitimidade ativa do partido político fica limitada aos limites da circunscrição. Ou seja, o Partido "A" do Estado de Goiás não terá legitimidade ativa para o manejo de AIJE envolvendo as eleições do Estado do Acre. Além disso, os Diretórios Municipais terão legitimidade ativa para o manejo de AIJE em eleições municipais. Já os Diretórios Estaduais poderão atuar nas eleições municipais, estaduais e federais e os Diretórios Nacionais poderão atuar em todas essas eleições e, também, na presidencial.

Tratamos do tema legitimidade ativa nas representações eleitorais no capítulo anterior, para onde remetemos o leitor tendo em vista que aquilo que lá foi dito, se aplica aqui, em complementação.

Já em relação à legitimidade passiva há diferença entre a AIJE e a representação eleitoral. Isso porque a AIJE pode ser ajuizada contra candidato (ou pré-candidato), e contra aqueles que hajam contribuído para a prática do ato (ou seja, qualquer eleitor ou não eleitor – sempre pessoas físicas), não cabendo o manejo da ação aqui estudada contra partido, coligação ou pessoas jurídicas em geral já que eles não se sujeitam às sanções aplicáveis pela AIJE (não se pode cogitar, por exemplo, de inelegibilidade de pessoa jurídica que, por natureza, já é inelegível).

---

6. TSE, RESPE Nº 26.012, REL. MIN. JOSÉ DELGADO, DE 29.6.2006;
7. *"O mero eleitor não é parte legítima para ajuizar pedido de abertura de investigação judicial"* (TSE, EMBARGOS DE DECLARAÇÃO NA RP Nº 3176-32, REL. MIN. NANCY ANDRIGHI, DE 9.8.2011).

6. LITISCONSÓRCIO PASSIVO NECESSÁRIO

Em eleições majoritárias é imperiosa a formação de litisconsórcio passivo entre o titular e seu respectivo vice/suplente de Senador. Trata-se de litisconsórcio unitário e necessário tendo em vista a indivisibilidade da chapa majoritária (art. 91, CE). Não sendo citado o litisconsorte, há nulidade na constituição da relação processual, o que redundará na extinção da AIJE sem exame do seu mérito.

Nos termos da Súmula 38 do TSE: *"Nas ações que visem à cassação de registro, diploma ou mandato, há litisconsórcio passivo necessário entre o titular e o respectivo vice da chapa majoritária"* (tal verbete, portanto, também se aplica à AIME e ao RCED). Já a Súmula 40 do TSE atesta que o partido político *"não é litisconsorte passivo necessário em ações que visem à cassação do diploma"*.

Outra questão que suscitou muitas discussões seria a necessidade de formação de litisconsórcio passivo entre o candidato beneficiado pelo abuso e o agente por ele responsável, tendo o TSE fixado a tese de que *"é desnecessária a formação de litisconsórcio entre candidato beneficiário e agente executor da conduta vedada, quando atua na qualidade de simples mandatário. Precedentes. 4. No caso dos autos, os Secretários Municipais de Moju/PA agiram na condição de longa manus na realização das contratações temporárias, sendo desnecessário que fossem chamados a compor o polo passivo da lide"*[8].

Na dúvida, de forma pragmática, recomenda-se ao operador do direito que inclua responsáveis e beneficiários do abuso no polo passivo da ação, para que se evitem extinções da AIJE sem exame do mérito (lembrando aqui que não há sucumbência na Justiça Eleitoral).

7. ASSISTÊNCIA SIMPLES

O partido pode ainda ser assistente simples da parte, recebendo o processo no estado em que se encontra. O assistente simples atua como auxiliar da parte principal, podendo produzir provas, requerer diligências, apresentar razões, participar de audiências, não podendo essa atuação ser isolada (TSE-AR-AI 49960-CE, DJE 03.08.2015, Rel. Min. Luciana Lóssio).

8. COMPETÊNCIA

Nas eleições municipais o juízo competente será a Zona Eleitoral local (art. 24 da LC 64/90). Nas eleições federais, estaduais e distritais a competência será originária do TRE. Já na eleição presidencial a competência será do TSE.

9. PROCEDIMENTO PROCESSUAL

As representações eleitorais, conforme já visto, seguem o rito sumaríssimo do art. 96 da Lei 9.504/97. Naquele rito sumaríssimo não há instrução processual, tal como

---

8. Recurso Especial Eleitoral nº 41514, Acórdão, Relator(a) Min. Edson Fachin, Publicação: DJE – Diário de justiça eletrônico, Tomo 228, Data 27/11/2019, Página 22;

ocorre, por exemplo, com o rito do mandado de segurança. Já a AIJE segue um rito mesmo sumário (até porque ela pode redundar em inelegibilidade e cassação de registro ou de diploma, consequências muito mais graves do que aquelas que possam decorrer de uma "mera" representação eleitoral). O rito da AIJE encontra-se previsto no art. 22 da Lei Complementar 64/90, onde, como veremos agora, o prazo de defesa é maior, há dilação probatória, alegações finais e os prazos recursais também são mais largos.

A petição inicial de uma AIJE, que deve ser subscrita por Advogado (ou seja, exige-se capacidade postulatória), e que dispensa o recolhimento de custas processuais em homenagem ao princípio da gratuidade, deve relatar fatos, indicando provas indícios e circunstâncias (art. 22, *caput*). Além disso, cabe pedido de tutela cautelar cujo deferimento dependerá do preenchimento dos requisitos previstos no art. 22, inciso I, alínea "b" da Lei Complementar 64/90. Caso o autor queira produzir prova testemunhal em audiência, deverá oferecer o respectivo rol na própria petição inicial, sob pena de preclusão. O prazo final para o ajuizamento desta ação é a data da diplomação[9].

Após ela não se pode mais cogitar da utilização de tal remédio processual. Como as ações eleitorais envolvem direitos indisponíveis e interesse público, o autor de uma AIJE até pode dela desistir, uma vez que seria impossível obrigá-lo a prosseguir em litígio. Não há previsão legal para tanto de maneira que se aplica, por analogia, o artigo 9.º da Lei n.º 4.717/65 (Lei da Ação Popular), segundo a qual se o autor desistir da ação, será assegurado ao Ministério Público dar seguimento, tendo em conta os altos valores para o Estado Democrático de Direito, tese essa já acolhida pelo TSE[10].

Uma vez ajuizada a ação, o requerido deve ser notificado pessoalmente, recebendo a segunda via da petição com todos os documentos que a instruíram para oferecer defesa em 5 dias, com rol de testemunhas caso queira produzir prova testemunhal, sob pena de preclusão (art. 22, I, "a"). Como as ações eleitorais envolvem direitos indisponíveis (vale repetir), não incidem os efeitos da revelia em caso de oferecimento tardio ou não oferecimento da defesa.

Após os 5 dias, com ou sem defesa, inicia-se novo prazo de 5 dias para a oitiva de todas as testemunhas (esse prazo é do Juiz, responsável que é pelas oitivas), que, por sua vez, deverão comparecer independentemente de intimação (ainda que a testemunha seja hostil), em homenagem ao princípio da celeridade processual e em uma só assentada para se evitar o fracionamento da produção da prova oral. Nesse ponto, vale anotar que o ministério público eleitoral tem recebido, constantemente, tratamento privilegiado (e *contra legem*), da Justiça eleitoral, uma vez que são comuns acolhimentos de pleitos ministeriais para que suas testemunhas (quando autor da ação), sejam intimadas. A lei não prevê tal situação, pelo contrário, afirma textualmente que as testemunhas comparecerão (todas elas) independentemente de intimação. Caso as testemunhas ministeriais sejam intimadas para audiência, caberá pedido idêntico pela defesa do réu, com força

---

9. "...A data da diplomação é o termo final para ajuizamento da ação de investigação judicial eleitoral e da representação por captação ilícita de sufrágio...".
(Recurso Especial Eleitoral nº 71881, Acórdão, Relator(a) Min. Luís Roberto Barroso, Publicação: DJE – Diário de justiça eletrônico, Tomo 66, Data 05/04/2019, Página 76/77);
10. TSE, Acórdão n.º 15.085 de 16.05.2000;

no princípio da paridade de armas. Ainda no campo probatório, deve ser dito que são inadmissíveis provas unilaterais (que sequer provas são), tais como declarações firmadas por eleitores contra seus adversários políticos. A procedência da AIJE exige prova robusta. Na dúvida deve prevalecer o princípio "in dubio pro voto". Na dúvida não se cassam mandatos ou se impõem inelegibilidades. Na dúvida a improcedência é a melhor solução em prestígio ao princípio da soberania popular.

Encerrado o prazo de 5 dias para as oitivas das testemunhas, abrem-se mais 3 dias (incisos VI e VII), para eventuais novas diligências *ex officio* ou em atendimento a requerimentos formulados pelas partes/MP. Ex.: requisição de documentos, oitiva de terceiros, perícia.

Aqui também, assim como nas representações e em todas as demais lides eleitorais, quando ministério público eleitoral não for autor da demanda, ele dela participará obrigatoriamente na qualidade de fiscal da lei, sob pena de nulidade.

Encerrada a dilação probatória abre-se o prazo comum de 2 dias para alegações finais (inciso X). Como esse prazo é comum, nele está incluído o ministério público eleitoral.

Após as alegações finais os autos seguem conclusos para sentença.

Se a AIJE se iniciar no TRE/TSE (eleições gerais ou presidenciais), após as alegações finais o processo segue para o relator para elaboração de "relatório conclusivo" (incisos XI e XII). Após o relatório a AIJE segue para a PRE, que terá 48 horas para se pronunciar (inciso XIII).

10. RECURSO

Contra a sentença/acórdão (sentença se a AIJE envolver eleições municipais ou acórdão se a AIJE for de competência originária dos tribunais), caberá recurso (que não precisa ser nominado), no prazo de 3 dias (art. 258 do Código Eleitoral), para o TRE/TSE, seguindo contrarrazões em igual prazo.

Os recursos eleitorais, por força do art. 257, *caput*, do Código Eleitoral, não terão efeito suspensivo. Somente o recurso, de natureza ordinária "*interposto contra decisão proferida por juiz eleitoral ou por Tribunal Regional Eleitoral que resulte em cassação de registro, afastamento do titular ou perda de mandato eletivo será recebido pelo Tribunal competente com efeito suspensivo*" (§2º., do art. 257, do mesmo código)

11. AGRAVO DE INSTRUMENTO

Não cabe agravo de instrumento contra decisão interlocutória proferida em processo eleitoral. O rito do recurso de agravo (principalmente o seu prazo), é incompatível com a celeridade dos processos eleitorais. Nesse sentido: "*...A matéria não ficará preclusa, podendo ser objeto de exame no julgamento do recurso que impugne o provimento de que resulte o fim do processo*"[11].

---

11. TSE, RESPE nº. 16.047, Rel. Min. Eduardo Ribeiro;

12. MANDADO DE SEGURANÇA

Conforme reiteradas decisões do TSE, "*...não cabe recurso de decisão interlocutória proferida em processo de investigação judicial. Na falta de recurso próprio, admite-se o uso do Mandado de Segurança...*"[12]. Ou seja, contra decisão interlocutória que fira direito líquido e certo da pessoa, até por ausência de recurso, será cabível a impetração de mandado de segurança.

13. EMBARGOS DE DECLARAÇÃO

Não há, na Lei Complementar 64/90, previsão para o manejo de embargos de declaração nas AIJEs. As perguntas que ficam, então, são duas: são cabíveis embargos de declaração em AIJE? Em sendo cabíveis, qual será o seu prazo?

Pois bem, a resposta à primeira pergunta é afirmativa, ou seja, são admissíveis embargos de declaração, em AIJE, nas hipóteses previstas no Código de Processo Civil, nos termos do art. 275 do Código Eleitoral.

Referido recurso não está sujeito a preparo (nenhum recurso eleitoral demanda preparo em razão do princípio da gratuidade que norteia o Direito Eleitoral), interrompendo o prazo para a interposição de eventual outro recurso. São inadmissíveis, todavia, embargos de declaração contra decisão monocrática de relator. Para essas hipóteses, o recurso correto será o agravo interno.

Vencida a primeira pergunta, resta enfrentarmos a segunda, que envolve o prazo para o manejo dos embargos de declaração. Conforme estabelece o art. 275, § 1º., do Código Eleitoral, "*os embargos de declaração serão opostos no prazo de 3 (três) dias, contado da data de publicação da decisão embargada, em petição dirigida ao juiz ou relator, com a indicação do ponto que lhes deu causa*".

14. RECURSO ORDINÁRIO

Dos acórdãos proferidos pelos Tribunais Regionais Eleitorais nos casos de competência originária (envolvendo as eleições gerais), cabe recurso ordinário no prazo de 3 dias, com contrarrazões (art. 121, § 4º., III, CF). O recurso ordinário é irmão gêmeo da apelação cível, sendo diferentes apenas os respectivos prazos processuais. Assim, ele é interposto perante o tribunal "a quo" (Tribunal Regional Eleitoral), que colhe as contrarrazões e remete o processo ao tribunal "ad quem" (Tribunal Superior Eleitoral), para julgamento. Aqui não há o juízo de admissibilidade (filtro), que existe nos recursos especial e extraordinário, está permitido o reexame de fatos e de provas, não há necessidade de repercussão geral etc. Todos esses filtros, aqui inexistentes, são aplicados apenas nos recursos especial e extraordinário que são recursos de caráter excepcional, utilizados já após o duplo grau de jurisdição. No Recurso ordinário ainda não houve o duplo grau, tendo em vista que a AIJE era da competência originária do Regional Eleitoral.

---

12. TSE, Arespe 25.281, DJ 28/10/2005;

15. RECURSO ESPECIAL

Dos acórdãos proferidos nos Tribunais Regionais Eleitorais envolvendo eleições municipais cabe recurso especial, no prazo de 3 dias, recurso esse que somente pode ser fundado em infração legal e/ou dissídio jurisprudencial (art. 276, I do Código Eleitoral). As contrarrazões da parte recorrida serão apresentadas no mesmo prazo. O recurso especial, assim como o extraordinário, é um recurso excepcional, interposto após o segundo grau de jurisdição, ou seja, já houve uma sentença, um acórdão em grau recursal e contra esse acórdão se oferece recurso especial.

Por ser um recurso de natureza não ordinária, ele conta com alguns filtros que, na prática, são praticamente intransponíveis. Esses filtros são realizados em juízo de admissibilidade que é feito pela presidência do tribunal "a quo". Em sede especial, por exemplo, exige-se prequestionamento. Isso significa que a matéria de direito envolvendo questão federal (afronta a lei federal), já deve ter sido discutida anteriormente e estar constando no acórdão recorrido, ou seja, não se admitem inovação na instância excepcional.

Outro filtro desse recurso é que nele não se admite o reexame ou rediscussão de fatos e de provas. A matéria fático-probatória fica cristalizada nas instâncias ordinárias, não cabendo incursão do TSE nestas questões. Assim, se o TRE decidir que restou provada a prática abusiva, porque o réu teria se valido de robôs para divulgarem fake news na internet contra seus adversários, esse fato não poderá mais ser discutido. O que se poderia dizer em situação como essa e, lógico, a depender do caso concreto, é que tal conduta não teria tido a gravidade suficiente pelas razões tal e qual, reconhecidas no próprio acórdão recorrido. Em tal exemplo, a discussão seria jurídica, não fático-probatória.

16. AGRAVO DE DESPACHO DENEGATÓRIO

Denegado o Recurso Especial (em juízo de admissibilidade), caberá agravo de instrumento contra o despacho denegatório, no prazo de 3 dias (art. 279, CE), com contrarrazões em igual prazo. Conforme a Súmula 182 do STJ: "*É inviável o agravo do Art. 545 do CPC que deixa de atacar especificamente os fundamentos da decisão agravada*" (atual art. 1042, do CPC). Isso significa dizer que o agravo de despacho denegatório de recurso especial possui requisitos próprios, sendo atacada a decisão agravada (denegatória do recurso especial), não o acórdão do TRE, a ser impossível a utilização na mesma peça do recurso especial, agora com mudança de nome para agravo de despacho denegatório. O que precisa ser mudado é o conteúdo do recursal, não apenas o seu nome.

17. RECURSO EXTRAORDINÁRIO

Dos acórdãos proferidos nos Tribunais Regionais Eleitorais não cabe recurso extraordinário. Essa via recursal caberá, em tese, contra acórdão proferido pelo TSE, em havendo afronta direta à Constituição Federal (com repercussão geral). O extraordinário eleitoral deve ser interposto no prazo de 3 dias, com contrarrazões em igual prazo, também estando sujeito a juízo de admissibilidade e a agravo de despacho denegatório, tal como ocorre com o recurso especial, uma vez que, também aqui, há filtros praticamente intransponíveis para o seu manejo.

18. RESUMO DOS RECURSOS

18.1. Eleições municipais

Sentença (Zona Eleitoral – 1ª. Instância) → Embargos declaração ou recurso no juízo "a quo" para o TRE (art. 265, CE) → Acórdão do TRE → Embargos de declaração ou Recurso especial no TRE para o TSE → juízo de admissibilidade pelo Presidente → se admitido vai para TSE se não, cabe Agravo contra o despacho denegatório que sobe para TSE sem juízo de admissibilidade → TSE julga → Recurso extraordinário para o STF.

18.2. Eleições estaduais e federais

Acórdão do TRE (competência originária) → Embargos de declaração ou Recurso ordinário no TRE para TSE (art. 121, § 4º., III, CF) → Acórdão TSE Recurso Extraordinário para o STF.

18.3. Eleição presidencial

Acórdão do TSE (competência originária) → recurso extraordinário ao STF → juízo de admissibilidade do Presidente do TSE → se admitido vai para STF, se não, cabe agravo de despacho denegatório que vai para STF sem juízo de admissibilidade.

CAPÍTULO 20 – Representação por captação ilícita de sufrágio (art. 41-A da Lei 9.504/97)

CONDUTAS VEDADAS AOS AGENTES PÚBLICOS DURANTE A CAMPANHA ELEITORAL

João Fernando Lopes de Carvalho

Bacharel pela faculdade de Direito da Universidade de São Paulo, mestre na área de concentração de Direito do Estado pela Pontifícia Universidade Católica de São Paulo, sócio da Alberto Rollo Advogados Associados, professor universitário e autor de diversos artigos e obras jurídicas publicados.

Sumário: 1. Contornos – 2. Tipos infracionais; 2.1. Ceder ou usar bens móveis ou imóveis pertencentes à administração em favor de campanha eleitoral.; 2.2. Usar materiais ou serviços, custeados pelos Governos ou Casas Legislativas, que excedam as prerrogativas consignadas nos regimentos.; 2.3 Usar servidor público em prol de campanha eleitoral durante o seu horário de expediente.; 2.4. Fazer ou permitir uso promocional de distribuição gratuita e serviços de caráter social; 2.5. Praticar atos de administração de pessoal durante o período de vedação; 2.6. Realizar transferência voluntária de recursos entre as entidades da Federação nos três meses anteriores ao pleito; 2.7. Fazer publicidade institucional de atos, programas, obras, serviços e campanhas dos órgãos públicos nos três meses anteriores às eleições; 2.8. Fazer pronunciamento em rede de rádio e televisão nos três meses anteriores à eleição sem autorização da Justiça Eleitoral; 2.9. Realizar despesas com publicidade institucional acima da média em ano eleitoral; 2.10. Fazer, na circunscrição do pleito, revisão geral da remuneração dos servidores públicos em percentual superior à reposição inflacionária; 2.11. Realizar distribuição gratuita de bens, valores ou benefícios no ano da eleição; 2.12. Execução de programa social por entidade nominalmente vinculada a candidato ou por este mantida; 2.13. Infringir o disposto no § 1º do art. 37 da Constituição Federal; 2.14. Realizar shows artísticos em inauguração de obra pública nos três meses anteriores ao pleito; 2.15. Comparecimento de candidato a inauguração de obras públicas nos três meses anteriores ao pleito – 3. Rito processual – 4. Sanções aplicáveis

1. CONTORNOS

A organização dos sistemas eleitorais brasileiros parte das regras inicialmente inscritas na Constituição Federal. Dentre tais normas, destaca-se o teor do art. 14, § 9º, do Texto, assim redigido:

> "Lei complementar estabelecerá outros casos de inelegibilidade e os prazos de sua cessação, **a fim de proteger** a probidade administrativa, a moralidade para exercício de mandato considerada vida pregressa do candidato, e **a normalidade e legitimidade das eleições contra a influência do** poder econômico ou o **abuso do exercício de função, cargo ou emprego na administração direta ou indireta**." (destacamos)

A partir dessas determinações iniciais, a legislação eleitoral define várias condutas tidos como ilícitas, por comprometerem, ao menos potencialmente, a normalidade e legitimidade do processo de captação da vontade eleitoral, por comprometerem a igualdade entre os candidatos em disputa. Assim, a lei pune diversas irregularidades não penais, como os abusos de poder econômico e político, a captação ilícita de sufrágio e as irregularidades pertinentes à arrecadação e gastos de recursos utilizados na campanha eleitoral. Em cada uma dessas previsões o legislador está a dar efetividade às previsões constitucionais acima anotadas, atuando para preservar a higidez das eleições e afastar as influências indevidas que poderiam descaracterizar sua legitimidade.

As condutas vedadas aos agentes públicos durante a campanha eleitoral inserem-se nesse rol de ilicitudes não penais estabelecidas em lei com o objetivo de proteger a regularidade das eleições, dando cumprimento e efetividade concreta às normas inicialmente inscritas na Constituição Federal. Cuida-se de condutas desenvolvidas por integrantes da administração pública que a lei aponta como causadoras de desequilíbrio das condições da disputa eleitoral, tratadas na Lei nº 9.504/97, nos seus artigos 73 a 78, sujeitas às sanções previstas nos mesmos dispositivos. Convém destacar que as condutas em comento configuram ilícitos eleitorais, mas não têm caráter de infração criminal, sendo perseguidas por meio de representações (ações) eleitorais de competência da Justiça Eleitoral.

As condutas vedadas estão dirigidas contra a atuação irregular de administradores públicos durante a época da disputa eleitoral, apresentando rol de atuações típicas que, na expressão legislada, configuram ações "*tendentes a afetar a igualdade de oportunidade entre candidatos nos pleitos eleitorais*"[1]. Assim, trata-se de atos aos quais a lei atribui capacidade de influência indevida na disputa eleitoral, estabelecendo-se presunção legal de que a simples prática dos tipos é suficiente para acarretar prejuízo à igualdade entre os candidatos.

Os tipos infracionais em questão compreendem restrições dirigidas à atuação dos agentes públicos em geral durante o período imediatamente anterior às eleições, impostas na lei, e sujeitas a severas penalidades. Esta é, também, uma característica que distingue as condutas vedadas de outras ilicitudes eleitorais: as irregularidades podem ser praticadas sem a participação do candidato, que pode ser punido apenas na condição de beneficiário. Nessa esteira, para a configuração de atuação típica dessa natureza é preciso identificar a ação administrativa irregular correspondente aos atos ilícitos relacionados na lei, bem como o agente administrativo por ela responsável. Por outro lado, não é necessário comprovar a influência dos fatos na disputa eleitoral para a configuração do ilícito, pois esta, como visto, parte de presunção expressamente inscrita no texto legal.

Os responsáveis ficam sujeitos a pena de multa de cinco a cem mil Ufir, ficando os candidatos beneficiados sujeitos à cassação do registro ou do diploma eleitoral. Além disso, todos poderão sofrer inelegibilidade por 8 anos a contar da eleição em que se verificou o ilícito, nos termos do art. 1º, I, "j", da Lei Complementar nº 64/90.

É bem de ver que as condutas vedadas podem restar configuradas a partir da simples acomodação da atuação de agente público aos tipos infracionais estabelecidos nos artigos 73 a 78 da Lei das Eleições, sem que seja necessário perquirir a respeito da intenção do agente infrator para a caracterização do ilícito. Por isso mesmo, ainda que sobrevenha condenação imposta pela Justiça Eleitoral em razão da prática de qualquer das condutas vedadas em estudo, não é admissível dela extrair a configuração de ilícitos outros,

---

1. Tal é a expressão utilizada no *caput* do artigo 73 da Lei nº 9.504/97.

não eleitorais, como os previstos na Lei de Improbidade Administrativa ou mesmo os de natureza criminal, já que nestes casos, além da tipificação objetiva, exige-se para a respectiva punição a demonstração de atuação subjetiva própria pelo agente infrator, de que não se cuida no âmbito eleitoral.

Para bem aquilatar as peculiaridades das características que cercam a configuração das condutas vedadas em apreço no âmbito do direito eleitoral, vale a reprodução de ementa jurisprudencial sobre o tema:

> "A configuração da prática de conduta vedada independe de potencialidade lesiva para influenciar o resultado do pleito, bastando a mera ocorrência dos atos proibidos para atrair as sanções da lei.
>
> O elemento subjetivo com que as partes praticam a infração não interfere na incidência das sanções previstas nos arts. 73 a 78 da Lei nº 9.504/97.
>
> O juízo de proporcionalidade incide apenas no momento da fixação da pena. As circunstâncias fáticas devem servir para mostrar a relevância jurídica do ato praticado pelo candidato, interferindo no juízo de proporcionalidade utilizado na fixação da pena."[2]

Colhe-se ainda da lei eleitoral, no § 1º do art. 73, a definição bastante abrangente do agente público sujeito às restrições previstas na lei, qual seja:

> Reputa-se agente público, para os efeitos deste artigo, quem exerce, ainda que transitoriamente ou sem remuneração, por eleição, nomeação, designação, contratação ou qualquer outra forma de investidura ou vínculo, mandato, cargo, emprego ou função nos órgãos ou entidades da administração pública direta, indireta ou fundacional.

Como se vê, as vedações atingem até mesmo os servidores que estejam a exercer serviço público sem nomeação ou contratação formal, o que alarga consideravelmente o rol de agentes submetidos às restrições e que podem ser responsabilizados nas ações eleitorais próprias.

2. TIPOS INFRACIONAIS

Passamos a tecer considerações a respeito das condutas arroladas nos incisos e parágrafo 10 do artigo 73 da Lei das Eleições.

2.1. Ceder ou usar bens móveis ou imóveis pertencentes à administração em favor de campanha eleitoral.

Estabelece o inciso I do art. 73 da Lei nº 9.504/97 a vedação, dirigida aos agentes públicos, de *"ceder ou usar, em benefício de candidato, partido político ou coligação, bens móveis ou imóveis pertencentes à administração direta ou indireta da União, dos Estados, do Distrito Federal, dos Territórios e dos Municípios, ressalvada a realização de convenção partidária"*. O núcleo da vedação, portanto, incide sobre a utilização de bens públicos móveis ou imóveis pertencentes ao poder público em favor de campanha eleitoral. Persegue-se,

---

2. TSE – Ag-Respe nº 27896 – Rel. Min. Joaquim Barbosa – Rel. designado Min. FELIX FISCHER – julg. em 08.10.2009 – maioria de votos – publ. na RJTSE – Revista de jurisprudência do TSE, Volume 20, Tomo 4, Data 08/10/2009, Página 214.

com toda a razão, a mobilização do patrimônio público (bens móveis e imóveis) em favor de candidatura, partido político ou coligação partidária, durante o período de campanha eleitoral, a caracterizar a dissolução das fronteiras entre o público e o privado. Trata-se da utilização de bem público para sede de campanha, ou para realização de reuniões ou atos de divulgação de campanha eleitoral, ou de bens móveis de qualquer forma para turbinar a divulgação eleitoral de determinado candidato, partido político ou coligação.

A concretização do ilícito exige a utilização, em benefício de candidato, partido político ou coligação, de bens móveis ou imóveis pertencentes à administração direta ou indireta da União, dos Estados, do Distrito Federal, dos Territórios e dos Município. Meras ações episódicas, que não representem verdadeira mobilização dos bens públicos em favor de candidatura, não configuram o tipo em questão, pois o dispositivo contido no art. 73, I, da Lei nº 9.504/97 *"veda uso real e efetivo do aparato do Estado em prol de campanha"*, mas *"não alcança condutas inexpressivas em termos eleitorais, sem nenhum potencial para comprometer o bem jurídico tutelado pela norma, a saber, a isonomia entre candidatos e a legitimidade do pleito"* [3].

Saliente-se, ainda, que o tipo do art. 73, I, pune o desvio de utilização de bens públicos se praticado com finalidade específica *"em benefício de candidato, partido político ou coligação"*. Se não caracterizada essa circunstância do tipo, não se configura o ilícito. A Justiça Eleitoral já deixou de punir candidato diante da constatação da *"ausência de elemento indispensável à configuração do ilícito, qual seja, a utilização intencional do imóvel, por parte de agente público ou dirigente da autarquia, em favor de partido, coligação ou candidato, o que afasta a subsunção dos fatos ao tipo legal"* [4].

No entanto, tratores e motos do poder público expostos em avenida de grande circulação com *slogans* de propaganda já foram considerados elementos suficientes para a configuração do ilícito [5], bem como *"o transporte gratuito de materiais de construção em favor de munícipes, utilizando veículos pertencentes à prefeitura, ou a serviço dela, ausente justificativa legal "* [6].

Reunião em órgão público conduzida por agente da administração, com o objetivo de promover candidatura, tem merecido punição [7], assim como a realização de atos de campanha no interior de obra pública [8].

---

3. TSE – Representação nº 329675-DF – Relatora Ministra MARIA THEREZA DE ASSIS MOURA – Rel. designado Min. HERMAN BENJAMIN – julg. em 09/02/2017 – maioria de votos. Nesse sentido, precedente das Eleições 2014: *"mera utilização de linha telefônica do Palácio do Planalto, para único telefonema, e o uso de computador do mesmo local para envio de apenas uma mensagem eletrônica, de conta pessoal e não institucional, não têm o condão de repercutir no bem jurídico tutelado, qual seja, a lisura e a isonomia do pleito eleitoral"* (Rp 665-22/DF, por maioria, DJE de 3.12.2014). Confiram-se, também, Rp 590-80/DF, Rel. Min. Maria Thereza de Assis Moura, DJE de 25.8.2014; Rp 3267-25/DF, Rel. Ministro Marcelo Ribeiro, DJE de 21.5.2012.
4. TSE – Agravo Regimental em Recurso Ordinário nº 213566-ES – Rel. Min. TARCISIO VIEIRA DE CARVALHO NETO – julg. em 31/10/2017 – v.u.
5. TSE – Recurso Especial Eleitoral nº 93887-TO – Rel. Min. ARNALDO VERSIANI – julg. em 25/08/2011- v.u.
6. TSE – Agravo Regimental em Recurso Especial Eleitoral nº 50961-RN – Rel. Min. TARCISIO VIEIRA DE CARVALHO NETO – julg. em 06/08/2019 – v.u.
7. TRE-SP – Recurso 19444 – Rel. MARLI MARQUES – julg. em 06/06/2017 – maioria de votos.
8. TSE – Agravo Regimental no Agravo de Instrumento nº 39824-SP – Rel. Min. ADMAR GONZAGA – julg. em 11/12/2018 – v.u.

Ponto que tem despertado controvérsia está relacionada com a utilização de imagens de prédios públicos em peças de publicidade eleitoral. Entendemos, com ADRIANO SOARES DA COSTA, que *"não há proibição de filmagens dos prédios e monumentos públicos, nem de obras públicas, para serem as imagens utilizadas em campanha eleitoral, porque aí não haverá utilização ou cessão do bem em sentido próprio, que tenha qualquer teor de ilicitude"*, pois a atuação punível é a de *"usar e ceder bens públicos em favor de alguma candidatura é liberá-lo para ser convertido em meio, instrumento ou apoio para o partido ou candidato, beneficiando-o irregularmente. É o uso da sala de aula como comitê de campanha; é o uso do ginásio de esportes para realizar reuniões; é o uso do carro de som para fazer comício; é o uso do carro para transportar eleitores, etc."*[9].

No entanto, é necessário apontar que a jurisprudência tem apresentado decisões de punição à utilização de imagens de prédios públicos para fins de propaganda eleitoral, quando há *"utilização de bens públicos (gabinete, linha telefônica e página eletrônica), bem como de servidor comissionado, para produção e divulgação de vídeos institucionais visando à promoção de candidatura majoritária municipal"* [10]. A modificação da regular rotina de funcionamento ordinário dos serviços públicos para encenação de peça de propaganda eleitoral também configura a prática da conduta vedada no art. 73, I, da Lei nº 9.504/97[11].

Relativamente a esse inciso do art. 73, vale a ressalva prevista no § 2º do mesmo dispositivo: não se aplicam as vedações ao transporte do Presidente da República quando candidato à reeleição, e às reuniões de Chefes do Executivo candidatos a reeleição ocorridas em suas residências oficiais, desde que não tenham caráter público.

Anote-se, ainda, no que toca ao tipo inscrito no dispositivo legal em comento, que a sua prática não apresenta período de tempo específico para a respectiva configuração, não ficando restrita ao período de três meses que antecedem o pleito[12].

A prescrição legal do inciso I do art. 73 contém uma importante exceção, na parte final de sua redação, para permitir a realização, em prédios públicos, das convenções partidárias para escolha de candidatos, ratificando, nesse ponto, a previsão já previamente inserida no § 2º do artigo 8º da mesma Lei nº 9.504/97, segundo a qual *"para a realização das convenções de escolha de candidatos, os partidos políticos poderão usar gratuitamente prédios públicos, responsabilizando-se por danos causados com a realização do evento"*. Assim, por expressa autorização legal, os bens imóveis pertencentes à administração poderão ser utilizados gratuitamente para abrigar as convenções partidárias indicadas. É a única hipótese de utilização regular de tais bens em prol das campanhas eleitorais.

---

9. *"Instituições de Direito Eleitoral"*, 6ª edição, revista, ampliada e atualizada, Ed. Del Rey, 2006, p. 867.
10. TSE – Agravo Regimental no Recurso Especial Eleitoral nº 36971-SP – Rel. Min. ADMAR GONZAGA – julg. em 22/05/2018 – v.u.
11. TSE – Agravo Regimental em Recurso Ordinário nº 1768936-SC – Rel. Min. HENRIQUE NEVES – julg. em 28/11/2013 – v.u.
12. TSE – Recurso Especial Eleitoral nº 93887-TO – Rel. Min. ARNALDO VERSIANI – julg. em 25/08/2011- v.u.

2.2. Usar materiais ou serviços, custeados pelos Governos ou Casas Legislativas, que excedam as prerrogativas consignadas nos regimentos.

A vedação estabelecida no inciso II do art. 73 da Lei das Eleições dirige-se ao desvio na utilização de prerrogativas franqueadas aos titulares de poder administrativo, descaracterizando suas lícitas finalidades para torna-las instrumento de vantagem indevida, induzindo o desequilíbrio na disputa eleitoral. A restrição inscrita no inciso II do art. 73 da Lei nº 9.504/97 impede o uso de *"materiais ou serviços, custeados pelos Governos ou Casas Legislativas, que excedam as prerrogativas consignadas nos regimentos e normas dos órgãos que integram"*.

A ação típica desenvolve-se com o mau uso de direitos ou prerrogativas inerentes à função pública exercida pelo agente infrator, custeadas pelo poder público, quando se verificar que a utilização se afastou de suas finalidades legais para propiciar indevido benefício de candidato, partido político ou coligação. Embora a redação do texto legal preveja a punição por uso excessivo das prerrogativas do cargo, a configuração do ilícito na realidade se dá pelo desvio de finalidade, ou seja, pelo direcionamento de tais benesses para o inaceitável proveito eleitoral. Assim, exemplificativamente, configura o ilícito em tela a utilização de cota de envio de correspondência se as mensagens contiverem divulgação eleitoral paga com dinheiro público, mas a simples extrapolação do número de cartas que poderiam ser enviadas não se presta, necessariamente, à mesma tipificação, se o excesso não é especialmente significativo e o conteúdo da mensagem não tem cunho de promoção pessoal. Consta na jurisprudência do Tribunal Superior Eleitoral que *"O uso de uma única folha de papel timbrado da administração não pode configurar a infração do art. 73, II, da Lei nº 9.504/97, dada a irrelevância da conduta, ao se tratar de fato isolado e sem prova de que outros tenham ocorrido"*[13].

O tipo estabelecido no inciso II do art. 73 da Lei das Eleições tem grande incidência sobre as atividades do Poder Legislativo, pois é sabido que os parlamentares gozam de várias prerrogativas no exercício de seus cargos, mesmo quando em disputa eleitoral, e a extrapolação desses benefícios caracteriza o cometimento da conduta vedada. São mais frequentes hipóteses de má utilização de cota de correspondência na prática do ilícito[14], mas há outras hipóteses de incidência, como a de *"transporte, por assessor parlamentar, em horário de expediente, de material de campanha"*[15].

A Justiça Eleitoral já emitiu julgamento no sentido de que a mera reprodução, em canal oficial de divulgação das atividades do Legislativo, de discurso de parlamentar,

---

13. TSE – Recurso Especial Eleitoral nº 25073-BA – Rel. Min. Caputo Bastos – julg. em 28.06.2005, maioria de votos – publ. RJTSE, Vol. 17, Tomo 4, p. 244. Em sentido aproximado é o julgamento proferido pelo TSE no Agravo Regimental em Recurso Ordinário nº 358880-BA – Rel. Min. TARCISIO VIEIRA DE CARVALHO NETO – julg. em 08/08/2017 – v.u.. Neste caso o reconhecimento de que pelo menos parte do conteúdo divulgado tinha caráter meramente informativo, sendo de menor extensão o conteúdo de exclusiva promoção pessoal, contribuiu para a eliminação da pena de cassação de registro.
14. Nesse sentido: Configura abuso de autoridade a utilização, por parlamentar, para fins de campanha eleitoral, de correspondência postada, ainda que nos limites da quota autorizada por ato da Assembléia Legislativa, mas cujo conteúdo extrapola o exercício das prerrogativas parlamentares." (TSE – Respe nº 16067 – Rel. Min. Maurício Corrêa – julg. em 25.04.2000).
15. TSE – Agravo Regimental em Recurso Especial Eleitoral nº 26523-GO – Rel. Min. JORGE MUSSI – julg. em 29/05/2018 – v.u.

quando este está em disputa eleitoral, não configura o ilícito em tela, nem mesmo se o candidato insere a reprodução em site pessoal. Nesse caso ficou asseverado que a incidência na conduta prevista no art. 73, II, ocorreria apenas se a emissora oficial *"produzisse, diretamente, material de propaganda em benefício"* do parlamentar, *"excedendo as prerrogativas que lhe são atribuídas"*[16].

Mas não há dúvida de que a vedação também atinge os servidores do Poder Executivo, como no caso de *"uso de Rádio estatal para veiculação de propaganda positiva dos candidatos à reeleição e de publicidade negativa do seu opositor no segundo turno das eleições"*, em que se considerou haver ocorrido *"extrapolação do exercício da liberdade de expressão"*[17]. Importa, para a caracterização da ilicitude em tela, a demonstração da má utilização de prerrogativas inerentes ao exercício de função pública, e seu direcionamento para o proveito de candidato, partido político ou coligação com a finalidade de gerar influência na disputa entre os candidatos às eleições. Caracterizado o desequilíbrio na competição, faz-se presente a conduta punível.

2.3 Usar servidor público em prol de campanha eleitoral durante o seu horário de expediente.

A participação de servidor público em atos de divulgação eleitoral não é, em si, ilícita, pois evidentemente o agente da administração dispõe, como qualquer outro cidadão, de direitos políticos, que lhe permitem, além de votar, exercer com liberdade o direito de manifestar apoio a qualquer partido ou candidato, durante o processo eleitoral ou fora dele. No entanto, a externalização de preferência política não pode ocorrer no local de prestação de serviço, durante o expediente funcional ou o exercício de qualquer função pública. No momento em que exerce suas funções administrativas, não é dado ao servidor manifestar preferência política, por qualquer forma ou mecanismo, pois se o fizesse estaria a atuar contra o princípio da impessoalidade, um daqueles arrolados na Constituição Federal para presidir toda a atuação da administração pública em nosso país.

Fora do horário de expediente, quando afastado do serviço público, o servidor, seja ele titular de cargo estável ou comissionado, é livre para praticar todos os atos que bem quiser em favor de candidato, partido político ou coligação, desde que o faça com liberdade, sem qualquer tipo de comando ou imposição por parte de seus superiores. É intolerável o constrangimento imposto a servidor público para que manifeste apoio político.

> 3 . Para a incidência da vedação do art. 73, III, relativa à cessão de servidores ou utilização de seus serviços em benefício de candidato, partido político ou coligação, é necessário que se verifique o uso efetivo do aparato estatal em prol de determinada campanha. O mero engajamento eleitoral de servidor público, fora do exercício das atribuições do cargo, não caracteriza a prática de conduta vedada.
>
> 4. No caso, a exteriorização de apoio político nos perfis pessoais dos servidores na rede social Facebook, ainda que durante o horário de expediente, não configurou a conduta vedada prevista no art. 73, III, da Lei nº 9.504/1997. Isso porque não ficou demonstrado que teriam: (i) se ausentado do local

---

16. TSE – Recurso Especial Eleitoral nº 156036-PR – Rel. Min. HERMAN BENJAMIN – julg. em 28/11/2017 – v.u.
17. TSE – Agravo Regimental em Recurso Especial Eleitoral nº 207279-AP – Relatora Ministra ROSA WEBER – julg. em 25/06/2018 – v.u.

de trabalho ou se deslocado do serviço para a campanha do candidato; (ii) utilizado bens públicos (computadores) do município; e (iii) apoiado candidato por ordem da chefia.[18]

É bom também registrar que os servidores públicos, nomeados por concurso ou em comissão, são livres para realizar doações financeiras ou estimáveis em dinheiro a qualquer candidato, obedecidos os limites legais, não existindo nenhuma irregularidade na prática, ainda que efetuada por vários agentes públicos concomitantemente. Não há restrição legalmente imponível à contribuição em favor de campanha formulada por agente público, desde que firmada em ambiente de liberdade individual, e desvinculada do exercício das funções públicas. Esse é o entendimento colhido na jurisprudência eleitoral, como segue, exemplificativamente:

Postas essas premissas, observa-se que a restrição em comento é encontrada no art. 73, inciso III, da Lei nº 9.504/97, dirigida ao ato de *"ceder servidor público ou empregado da administração direta ou indireta federal, estadual ou municipal do Poder Executivo, ou usar de seus serviços, para comitês de campanha eleitoral de candidato, partido político ou coligação, durante o horário de expediente normal, salvo se o servidor ou empregado estiver licenciado"*.

O tipo infracional veda a utilização de servidores, durante o horário de seu expediente, ou em meio à prestação de serviços públicos, para realizar atos de propaganda eleitoral ou de qualquer forma participar da divulgação de candidato, partido ou coligação. A conduta punida é a de servidor que abandona suas funções e passa a dedicar-se a atos de campanha eleitoral durante o horário de prestação de seus serviços públicos. A participação em atos de campanha durante o horário de expediente é uma faceta bem visível dessa irregularidade, bem como a atuação em comitês ou escritórios políticos em detrimento da atuação pública. A ilicitude é cometida pelo servidor envolvido, diretamente, podendo também ser praticada pelo superior hierárquico que a determinou ou que com ela consentiu.

Tal situação foi punida pela Justiça Eleitoral, por exemplo, em caso de *"realização de atos de campanha no interior de obra pública"* e *"utilização de servidores públicos em atos de campanha durante o horário de expediente"*[19]. Registre-se que a supressão parcial do horário de expediente, visando possibilitar que servidores participem de ato de divulgação eleitoral, também configura o ilícito.

Consta, ainda, na jurisprudência dos tribunais eleitorais, punição em razão da utilização de servidores públicos durante sua atuação funcional, uniformizados e portando utensílios próprio do serviço, para filmagem de cenas de propaganda eleitoral gratuita[20], bem como pela atuação de Procurador-Geral do Município com regime de dedicação exclusiva que advoga em favor de candidato e coligação[21].

---

18. TSE – Agravo Regimental em Agravo de Instrumento nº 12622-PR – Rel Min. LUIS ROBERTO BARROSO – julg. em 13/06/2019 – v.u.
19. TSE – Agravo Regimental em Agravo de Instrumento nº 39824-SP – Rel. Min. ADMAR GONZAGA – julg. em 11/12/2018 – v.u.
20. TSE – Agravo Regimental no Recurso Ordinário nº 189673-AM – Rel. Min. JORGE MUSSI – julg. em 28/06/2018 – v.u.
21. TSE – Agravo Regimental em Agravo de Instrumento nº 69714-RS – Rel. Min. ADMAR GONZAGA – julg. em 28/06/2018 – v.u.

Por outro lado, registra-se situação em que não se entendeu configurada a conduta vedada, com a indicação que *"o uso de serviço de servidores públicos na campanha eleitoral não se confunde com a prestação de segurança à autoridade que se candidata à reeleição"*[22]. Com efeito, a possibilidade de reeleição carrega consigo a criação de situações de conflito entre a atuação do agente político, comumente cercado de auxiliares públicos, e a do candidato que pratica atos de campanha. Muito embora o julgado colacionado afaste e ilicitude em caso específico, é comum que fatos dessa natureza desbordem para a prática da conduta vedada.

2.4. Fazer ou permitir uso promocional de distribuição gratuita e serviços de caráter social

De todas as condutas vedadas aos agentes públicos tratadas, talvez seja esta a que carrega em si mais gravidade e conteúdo de reprovabilidade, porque está carregada de um traço muito infeliz da realidade brasileira: o assistencialismo personalista, ou seja, a associação entre a prestação de medidas governamentais de assistência social e a divulgação eleitoral de candidato. Um verdadeiro coronelismo do século XXI, infelizmente ainda comum em nossa sociedade, em que é premente a necessidade de medidas de amparo de subsistência para uma grande parcela da população. Sem dúvida esse desvio deve ser firmemente combatido, juntamente com a igualmente lamentável prática da compra de votos, por representarem ambas a pura e simples exploração da miséria para obtenção de ganhos políticos.

A conduta está tipificada no art. 73, inciso IV da Lei das Eleições, com redação destinada a impedir *"fazer ou permitir uso promocional em favor de candidato, partido político ou coligação, de distribuição gratuita de bens e serviços de caráter social custeados ou subvencionados pelo Poder Público"*. Esta não é a única medida prevista nessa lei destinada a impedir o uso político das ações assistenciais, pois também os parágrafos 10 e 11 do mesmo artigo 73, cada qual sob um diferente aspecto, dedicam-se ao mesmo objetivo.

A ação típica é aquela de entregar bens ou serviços de assistência social acompanhada de divulgação eleitoral, como a cesta básica em cujo interior segue santinho de propaganda do candidato, como se fosse este o responsável pela benesse prestada pelo poder público em obediência à legislação. A indevida associação entre a figura do candidato e o benefício entregue pela administração induz o destinatário da ação social à errônea conclusão de que o candidato é o responsável pela benesse, daí decorrendo o natural desejo de que este se eleja, para que não se perca a tão necessária ajuda.

Com efeito, colhe-se da jurisprudência do Tribunal Superior Eleitoral que pela vedação instituída no art. 73, IV, da Lei das Eleições *"não se exige a interrupção de programas nem se inibe a sua instituição. O que se interdita é a utilização em favor de candidato, partido político ou coligação"*[23]. Registre-se que outro dispositivo da lei, o § 10 deste mesmo artigo 73, coíbe a instituição de novos programas sociais em ano eleitoral.

---

22. TSE – Agravo de Instrumento nº 4246-MS – Rel. Min. Luiz Carlos Madeira – julg. em 24.05.2005 – vu. – publ. RJTSE, Vol 16, Tomo 2, p. 138
23. TSE – Embargos Declaratórios no Re curso Especial Eleitoral nº 21320-RR – Rel. Min. Luiz Carlos Madeira – julg. em 09.11.2004 – v.u. – publ. na RJTSE, Vol. 16, Tomo 4, p. 196.

Convém destacar que a tipificação não está direcionada para uma época definida, incidindo, portanto, a qualquer tempo, mesmo antes da escolha ou registro de candidaturas, desde que se verifique o indevido direcionamento da ação assistencial.

O ilícito em questão refere-se às distribuições de benefícios gratuitos efetuados pelo poder público, não se aplicando quando "*verificada a contraprestação por parte do beneficiado que recebe bens ou serviços de caráter social subvencionados pelo Poder Público*"[24]. Efetivamente, a existência de contraprestação descaracteriza a ação governamental como de natureza assistencial, razão suficiente para afastar a tipificação da conduta.

Por outro lado, evidente a prática da ilicitude em situação na qual "*o candidato procedeu à 'distribuição de material de construção, às vésperas da eleição de 2012, pelo então Prefeito ..., cuja entrega dos bens beneficiou pessoas que não estavam inscritas no programa [habitacional], mas sim, aquelas que ostentavam na fachada de suas casas peças de propaganda eleitoral daqueles candidatos*'"[25]. Da mesma forma mereceu punição a distribuição de cestas básicas "*somente às vésperas do pleito, no início do mês de outubro, apesar de os gêneros estarem disponíveis há mais de 40 dias, ... Além disso, os 1.800 quilos de feijão e 3.600 quilos de farinha de mandioca foram distribuídos sem obedecer aos critérios do cadastramento*", e com a presença dos candidatos[26]. Na mesma toada segue caso em que houve "*vinculação de concessão de benefício social – redução da tarifa de água – destinado a população de baixa renda à imagem dos recorrentes ... por meio de divulgação de apoio político nos edifícios beneficiados, mediante a afixação de placas de propaganda eleitoral, bem como de panfletos distribuídos nessas unidades habitacionais com pedido explícito de voto para fins de dar 'continuidade' ao referido 'trabalho*'"[27].

Registre-se, ainda, a prática mais sutil de associação das benesses ofertadas pelo poder público ao interesse eleitoral, quando se observa no cadastramento dos interessados a exigência de informações a respeito do domicílio eleitoral dos pleiteantes dos benefícios no Município como condição para a sua obtenção, quase sempre sem justificativa razoável para amparar essa vinculação além do interesse eleitoral.

2.5. Praticar atos de administração de pessoal durante o período de vedação

O inciso V do artigo 73 da Lei das Eleições estabelece uma ampla série de limitações impostas ao administrador público durante o ano em que se disputam eleições. A redação do dispositivo aplica a seguinte vedação aos agentes públicos:

> V – nomear, contratar ou de qualquer forma admitir, demitir sem justa causa, suprimir ou readaptar vantagens ou por outros meios dificultar ou impedir o exercício funcional e, ainda, *ex officio*, remover, transferir ou exonerar servidor público, na circunscrição do pleito, nos três meses que o antecedem e até a posse dos eleitos, sob pena de nulidade de pleno direito, ressalvados:

---

24. TSE – Agravo Regimental no Recurso Ordinário nº 159535-PR – Relatora Ministra ROSA WEBER – julg. em 07/02/2019 – v.u.
25. TSE – Agravo Regimental em Recurso Especial Eleitoral nº 19733-MS – Relatora Ministra ROSA WEBER – julg. em 10/04/2018 – v.u.
26. TSE – Agravo Regimental em Agravo de Instrumento nº 33481-BA – Rel. Min. TARCISIO VIEIRA DE CARVALHO NETO – julg. em 10/10/2017 – v.u.
27. TSE – Agravo Regimental em Recurso Ordinário nº 1041768-RJ – Rel. Min. GILMAR MENDES – julg. em 25/02/2016 – v.u.

a) a nomeação ou exoneração de cargos em comissão e designação ou dispensa de funções de confiança;

b) a nomeação para cargos do Poder Judiciário, do Ministério Público, dos Tribunais ou Conselhos de Contas e dos órgãos da Presidência da República;

c) a nomeação dos aprovados em concursos públicos homologados até o início daquele prazo;

d) a nomeação ou contratação necessária à instalação ou ao funcionamento inadiável de serviços públicos essenciais, com prévia e expressa autorização do Chefe do Poder Executivo;

e) a transferência ou remoção *ex officio* de militares, policiais civis e de agentes penitenciários;

A previsão legal é larga, abarcando praticamente qualquer medida de administração de pessoal adotada desde três meses antes das eleições até a posse dos eleitos. No entanto, o texto legal esclarece que a restrição é aplicada apenas na circunscrição do pleito, atingindo apenas as entidades vinculadas ao ente federativo cujos cargos sejam, naquele ano, sujeitos a eleição.

Convém lembrar, ainda, que a imposição das vedações aos agentes públicos parte da presunção legal de que as condutas discriminadas na lei, em especial nos incisos do artigo 73, acarretam prejuízo à igualdade de condições de disputa entre os candidatos, e por isso devem ser punidas, sem que seja necessário o apontamento de efetivo prejuízo às eleições. Nesse sentido: *"A jurisprudência do TSE consigna a orientação de que 'as condutas vedadas possuem natureza objetiva, sendo desnecessária a análise de potencialidade lesiva para influenciar no pleito (AI 474-11, rel. Min. Rosa Weber, DJE de 22.8.2018)' (AgR-REspe 452-20, rel. Min. Edson Fachin, DJE de 31.10.2018). No mesmo sentido: AgR-AI 515-27, rel. Min. Luciana Lóssio, DJE de 25.11.2014"*[28]. Há julgamentos que consideram ocorrido o ilícito em razão da remoção ou transferência de um servidor público[29], ou pela *"dificuldade imposta ao exercício funcional de uma servidora consubstanciado em suspensão de ordem de férias, sem qualquer interesse da administração"*[30]. Deste último caso destaca-se a afirmação segundo a qual *"afigura-se mais recomendável a adoção do princípio da proporcionalidade e, apenas naqueles casos mais graves, em que se cogita da cassação do registro ou do diploma, é cabível o exame do requisito da potencialidade, de modo a se impor essas severas penalidades"*. A remoção de apenas três servidores durante o período de vedação foi também entendida suficiente para a configuração do ilícito[31].

A jurisprudência apresenta, ainda, a caracterização da prática em caso de efetuação de contratações temporárias, ou sua renovação, pela administração, dentro dos três meses anteriores ao pleito, como se vê:

> 1. A renovação de contratos de servidores públicos temporários, nos três meses que antecedem as eleições, configura conduta vedada, nos termos do art. 73, inciso V, da Lei nº 9.504/1997.
>
> 2. Teleologicamente, a conduta vedada do art. 73, inciso V, da Lei das Eleições busca evitar que o agente público abuse da posição de administrador para auferir benefícios na campanha, utilizando os cargos

---

28. TSE – Agravo Regimental em Recurso Especial Eleitoral nº 56079-SE – Rel. Min. SÉRGIO SILVEIRA BANHOS – julg. em 12/09/2019 – v.u.
29. TSE – Recurso em Mandado de Segurança nº 410-SP – Rel. Min. José Delgado – julg. em 02.05.2006 – v.u. – publ. RJTSE, Vol. 17, Tomo 3, p. 58
30. TSE – Agravo Regimental em Agravo de Instrumento nº 11207-MG – Rel. Min. Arnaldo Versiani – julg. em 17.11.2009 – v.u.
31. TSE – Agravo Regimental em Recurso Especial Eleitoral nº 33258-SE – Rel. Min. OG FERNANDES – julg. em 16/05/2019 – v.u.

ou empregos públicos, sob sua gestão, como moeda de troca eleitoral. Sendo assim, é indiferente que se trate de contratação originária ou de renovação, pois a "promessa de permanência" no cargo pode ser tão quanto ou ainda mais apelativa que a promessa de contratação.

3. A renovação contratual, ao modo de prorrogação, encontra-se contida no campo semântico do verbo "contratar", pois, na realidade, o contrato por prazo determinado é extinto e substituído por um novo; este, ainda que venha a ter o mesmo conteúdo, constitui novo vínculo entre as partes contratantes.

4. A contratação de servidores por tempo determinado pressupõe necessidade temporária de excepcional interesse público (art. 37, IX, da CF/88). Após cada período, a necessidade de contratação e o excepcional interesse público devem ser reavaliados, de forma a fundamentar a renovação dos contratos. Portanto, a renovação constitui ato administrativo diverso da contratação originária, com fundamentação nova e atualizada, não podendo ser considerada mera extensão de vínculo anterior.

5. A jurisprudência do Tribunal Superior Eleitoral não faz distinção entre a contratação originária e a renovação dos contratos temporários. Precedente.

6. O legislador excepcionou a regra apenas para os casos em que a contratação seja necessária à instalação ou ao funcionamento inadiável de serviços públicos essenciais, com prévia e expressa autorização do chefe do Poder Executivo (art. 73, inciso V, alínea "d", da Lei nº 9.504/1997). Nesse sentido, não está contida na ressalva legal a contratação de temporários para o trabalho em obras que já se estendem há mais de dois anos, ainda que venham a se destinar, posteriormente, a serviço essencial.

7. O conceito de "serviço público essencial" é interpretado pela jurisprudência do Tribunal Superior Eleitoral de maneira restritiva, abarcando apenas aqueles relacionados à sobrevivência, saúde ou segurança da população. Exclui-se, portanto, a contratação de profissionais das áreas de educação e assistência social. Precedentes.

8. Embora os serviços de educação sejam de relevante interesse público, o legislador optou por critério diverso para excepcionar a regra do art. 73, inciso V, da Lei das Eleições. Não pode o julgador, diante da opção legislativa, substituí-la por regra que, em seu juízo, lhe parece mais justa ou adequada, sob pena de ofensa ao princípio democrático (art. 2º da CF/88).

9. A análise consequencialista da decisão judicial não pode conduzir à negativa de aplicação da lei vigente. O chefe do Poder Executivo possui inúmeras alternativas durante sua administração, devendo a responsabilidade pela programação da gestão abarcar a duração dos contratos firmados e a existência de condutas vedadas durante o curso do mandato.

10. As condutas vedadas são cláusulas de responsabilidade objetiva, dispensando a comprovação de dolo ou culpa do agente. Dispensam, por igual razão, a análise da potencialidade lesiva para influenciar no pleito. Precedente.[32]

Também a contratação temporária de servidores sem que os cargos fossem preenchidos por candidatos aprovados em concurso público homologado foi compreendido como prática da conduta vedada em análise[33].

Como exceções à tipificação da conduta vedada, o inciso V do art. 73 apresenta cinco hipóteses, tratadas nas alíneas "a" a "e" do dispositivo. Dentre estas, está a possibilidade de nomeação de servidores aprovados em concurso público cujo resultado tenha sido homologado antes do período de vedação, ou seja, anteriormente a três meses das eleições. Se a homologação não se der antes desse prazo, os aprovados em concurso somente poderão ser contratados após a posse dos eleitos. Outra exceção, estabelecida na alínea "d", permite "*a nomeação ou contratação necessária à instalação ou ao funcionamento inadiável de serviços públicos essenciais, com prévia e expressa autorização do Chefe*

---
32. TSE – Recurso Especial Eleitoral nº 38704-PB – Rel. Min. EDSON FACHIN – julg. em 13/08/2019 – v.u.
33. TSE – Recurso Especial Eleitoral nº 29410-RS – Rel. Min. OG FERNANDES – julg. em 11/06/2019 – v.u.

do Poder Executivo"; a jurisprudência eleitoral, no entanto, tem fixado que a previsão não deve ser aplicada para os serviços de educação pois estes *não se enquadram na ressalva da alínea d do inciso V da Lei 9.504/97, "por não integrarem serviço público essencial, pois, ainda que a descontinuidade da educação acarrete prejuízos, não haverá dano irreparável à "sobrevivência, saúde ou segurança da população" (Respe 275-63/MG, Rel. Min. Ayres Britto, DJ de 12.2.2007)"*[34].

2.6. Realizar transferência voluntária de recursos entre as entidades da Federação nos três meses anteriores ao pleito

Transferência voluntária de recursos financeiros entre entidades federativas é definida no artigo 25 da Lei de Responsabilidade Fiscal como a *"entrega de recursos correntes ou de capital a outro ente da Federação, a título de cooperação, auxílio ou assistência financeira, que não decorra de determinação constitucional, legal ou os destinados ao Sistema Único de Saúde"*. Em suma, trata-se de remessa de recursos realizada por um entre da federação em caráter não compulsório, ou seja, por decisão discricionária dos gestores envolvidos, no que difere substancialmente das transferências obrigatórios de recursos previstas no artigo 159 da Constituição Federal. A forma mais comum de instrumentalização de tais transferências de recursos se dá com a celebração de convênios entre as entidades, nos quais são estabelecidos a destinação dos recursos e as obrigações reciprocamente assumidas pelas as partes.

Pois bem. O art. 73 da Lei nº 9.504/97, em seu inciso VI, letra "a", determina a proibição da realização de tais repasses a partir de três meses das eleições, estabelecendo como conduta vedada, nos três meses que antecedem o pleito, *"realizar transferência voluntária de recursos da União aos Estados e Municípios, e dos Estados aos Municípios, sob pena de nulidade de pleno direito, ressalvados os recursos destinados a cumprir obrigação formal preexistente para execução de obra ou serviço em andamento e com cronograma prefixado, e os destinados a atender situações de emergência e de calamidade pública"*.

O primeiro traço da ilicitude perseguida reside em seu caráter voluntário, ou seja, estabelecido livremente entre as entidades federativas envolvidas. Nesse aspecto, a Justiça Eleitoral já decidiu pela não caracterização da infração quando a transferência decorrer de lei impositiva, circunstância que retira a facultividade da remessa[35].

Embora a redação do dispositivo seja abrangente, e mesmo a despeito de não constar a ressalva no § 2º do artigo 73, entendemos que a vedação incide apenas sobre os entes federativos em que há disputa eleitoral, de tal forma que não são prejudicadas as transferências realizadas entre a União e Estados em ano em que ocorrem eleições municipais.

É importante, porém, considerar a ressalva final na redação da alínea "a", que excepciona a continuidade de repasses quando a obra ou a prestação de serviços previstos no convênio já tenham sido iniciados antes de três meses das eleições. Neste caso

---

34. TSE – Agravo Regimental em Recurso Especial Eleitoral nº 46166-MG – Rel. Min. JORGE MUSSI – julg. em 01/08/2018 – v.u.
35. TSE – Agravo Regimental em Recurso Ordinário nº 154648-PA – Rel. Min. HENRIQUE NEVES – julg. em 18/12/2015 – v.u.

permanecem a remessa periódica de recursos, na forma prevista nos documentos que os fizeram surgir, não ficando prejudicados os objetivos dos convênios em andamento. Se iniciadas as obras após a data fixada como limite, fica proibido o repasse, sob pena de configurar-se a prática vedada, pois "*a literalidade do art. 73, VI, a, da Lei nº 9.504/1997 indica que é necessária a existência de obras em andamento, e não apenas de cronograma de execução das obras, para que se configure exceção à conduta ilícita*"[36]. Nestes casos é preciso comprovação de que a obra ou serviço já está em execução antes do período de vedação, para autorizar a transferência.

Da jurisprudência do Tribunal Superior Eleitoral extrai-se, ainda, caso no qual ficou apontado que "*a garantia oferecida pela União em empréstimo do Estado do Tocantins com instituição financeira não configura transferência voluntária*"[37].

Também convém salientar que a vedação em tela está dirigida a repasses realizados entre entidades da administração pública, não atingindo, portanto, as entregas de recursos dirigidas por estas a entidades privadas.

2.7. Fazer publicidade institucional de atos, programas, obras, serviços e campanhas dos órgãos públicos nos três meses anteriores às eleições

A vedação estabelecida no artigo 73, inciso VI, letra "b" traz importante restrição a ser observada pelos agentes públicos nos três meses anteriores às eleições. A formulação da norma legal proíbe, "*com exceção da propaganda de produtos e serviços que tenham concorrência no mercado, autorizar publicidade institucional dos atos, programas, obras, serviços e campanhas dos órgãos públicos federais, estaduais ou municipais, ou das respectivas entidades da administração indireta, salvo em caso de grave e urgente necessidade pública, assim reconhecida pela Justiça Eleitoral*". Veda-se, portanto, a divulgação de publicidade institucional das entidades públicas nos três meses anteriores às eleições.

Na espécie ocorre uma ponderação entre diferentes princípios constitucionais, preponderando, momentaneamente, aqueles atinentes à proteção do processo eleitoral contra abusos. Nesse sentido: "*a previsão legal específica, de restrição temporal da publicidade institucional tendente a desequilibrar as eleições, concretiza a ponderação necessária entre a transparência dos atos do poder público (art. 37, caput, da CF/88) e a garantia da isonomia e paridade de armas entre os candidatos nos pleitos eleitorais (art. 14, caput, da CF/88). A invocação do princípio constitucional da transparência não é hábil a afastar a ilicitude da conduta que descumpre frontalmente a regra do art. 73, VI, b, da Lei nº 9.504/1997*"[38].

Alguns contornos devem desde logo ser apresentados. Em primeiro lugar, por expressa disposição inscrita no § 3º do artigo 73 da Lei das Eleições, é certo que a vedação atinge apenas os agentes públicos "*das esferas administrativas cujos cargos estejam em disputa na eleição*".

---

36. TSE – Agravo Regimental em Agravo de Instrumento nº 62448-MG – Rel. Min. LUIS ROBERTO BARROSO – julg. em 24/09/2019 – v.u.
37. TSE – Recurso Ordinário nº 1513-TO – Rel. Min. José Delgado – julg. em 25.03.2008 – v.u.
38. TSE – Recurso em Representação nº 177034-DF – Rel. Min. Luis Roberto Barroso – julg. em 08/08/2019 – v.u.

Em segundo lugar, a redação defeituosa do dispositivo legal não pode ser empregada para retirar efetividade da proibição. Isto porque o texto está dirigido ao ato de "autorizar" a divulgação de publicidade institucional, o que poderia ser compreendido como uma vedação que não atingiria a publicação, mas apenas a autorização de novas mensagens publicitárias no período de vedação. A interpretação literal, no entanto, já foi de há muito derrubada pela jurisprudência eleitoral, como no seguinte precedente: "*A infração ao art. 73, VI, b, da Lei nº 9.504/97 <u>aperfeiçoa-se com a veiculação</u> da publicidade institucional, <u>não sendo exigível que haja prova de expressa autorização da divulgação no período vedado</u>, sob pena de tornar inócua a restrição imposta na norma atinente à conduta de impacto significativo na campanha eleitoral*"[39]. Além disso, afirmam os tribunais que "*é irrelevante a data de início da veiculação de publicidade prevista no art. 73, VI, b, da Lei 9.504/97, caso esta permaneça durante o período vedado*"[40].

Em outro aspecto, é preciso enfatizar que a publicidade institucional é aquela realizada pela administração pública, com seus recursos, não se confundindo com os elogios ou divulgações de responsabilidade de entidades fora do poder público, cuja ocorrência poderá ensejar apuração de outros ilícitos – abuso, eventualmente – mas não são aptos a configurar a incidência da tipificação em questão. Nesse sentido: "*a conduta vedada prevista no art. 73, inciso VI, letra b, da Lei nº 9.504/97, somente se caracteriza nas hipóteses de publicidade institucional, o que implica necessariamente <u>dispêndio de recursos públicos</u> autorizado por agentes públicos*"[41].

Acresça-se, ainda que a prática da veiculação de publicidade institucional nos três meses anteriores à eleição "*afeta, por <u>presunção legal</u>, a igualdade de oportunidades entre os candidatos nos pleitos eleitorais*", daí resultando a constatação de que "*é desnecessária a verificação de intuito eleitoreiro*"[42]. Além disso, é certo que "*<u>a divulgação do nome e da imagem do beneficiário</u> na propaganda institucional <u>não é requisito indispensável</u> para a configuração da conduta vedada pelo art. 73, VI, b, da Lei nº 9.504/97*"[43].

A restrição atinge todos os meios de divulgação institucional das entidades públicas, na imprensa, nos meios de comunicação, na internet, por impressos, por publicidade visual de qualquer tipo, como é o caso das placas de obras públicas, pois "*configura propaganda institucional vedada a manutenção de <u>placas de obras públicas colocadas anteriormente ao período previsto no art. 73, VI, b</u>, da Lei das Eleições, <u>quando delas constar expressões que possam identificar autoridades, servidores ou administrações cujos cargos estejam em disputa</u> na campanha eleitoral*"[44].

---

39. TSE – Agravo Regimental em Recurso Especial Eleitoral nº 35590-SP – Rel. Min. Arnaldo Versiani – julg. em 29.04.2010 – v.u.
40. TSE – Agravo Regimental em Recurso Especial Eleitoral nº 4203-BA – Rel. Min. JORGE MUSSI – julg. em 28/08/2018 – v.u.
41. TSE – Agravo Regimental em Agravo de Instrumento nº 410905-PR – Rel. Min. Marcelo Ribeiro – julg. em 21.06.2011 – v.u.
42. TSE – Agravo Regimental em Agravo de Instrumento nº 71990-MS – Rel. Min. Marcelo Ribeiro – julg. em 04.08.2011 – v.u.
43. TSE – Agravo Regimental em Recurso Especial Eleitoral nº 999897881-MG – Rel. Min. Aldir Passarinho Junior – julg. em 31.03.2011 -v.u. – pub. RJTSE – Revista de jurisprudência do TSE, Volume 22, Tomo 3, Data 31/03/2011, Página 182.
44. TSE – Embargos de Declaração em Embargos de Declaração em Agravo Regimental em Agravo de Instrumento nº 10783-PA – Rel. Min. Marcelo Ribeiro – julg. em 15.04.2010 – v.u.

Outro ponto de atenção reside na divulgação institucional das entidades públicas por meio das páginas de internet ou redes sociais. Tal prática deve ser interrompida durante o período de vedação, sob pena de configurar a prática da conduta vedada. Assim, a inserção de vídeos com propaganda institucional durante o período vedado configura a ilicitude[45]. Da mesma forma, a divulgação de "*notícias de conteúdo publicitário institucional*" na mesma época também caracteriza a incidência da norma[46], bem como a "*distribuição de convites para diversos eventos promovidos ou apoiados pelo Poder Executivo Municipal por meio da conta da Prefeitura na rede social Facebook e do aplicativo particular WhatsApp*"[47].

No que toca especificamente à divulgação de notícias, destaca-se julgamento em que se assentou que "*não há como dizer, em abstrato, se a veiculação de notícias em sítios mantidos na internet por entes públicos nos três meses que antecedem o pleito constitui ou não a conduta vedada prevista no art. 73, VI, b, da Lei nº 9.504/1997. O exame deve ser feito caso a caso, de forma a identificar-se a existência de simples informação sobre as atividades do órgão ou verdadeira publicidade institucional*"[48]. É inegável o conteúdo de subjetivismo que se insere na avaliação, a trazer insegurança para a divulgação de qualquer notícia da administração durante o período de vedação.

Em sentido mais restritivo é o julgamento que se transcreve parcialmente:

"1. O fato narrado na ação de investigação judicial eleitoral consiste na veiculação de notícias referentes ao governo do Distrito Federal no *site* da Agência Brasília, canal institucional do GDF e em página do Facebook, nos três meses que antecederam o pleito.

2. Ainda que se alegue que as publicações questionadas veicularam meras notícias, resultado de atividades jornalísticas da administração pública, a publicidade institucional não se restringe apenas a impressos ou peças veiculadas na mídia escrita, radiofônica e televisiva, porquanto não é o meio de divulgação que a caracteriza, mas, sim, o seu conteúdo e o custeio estatal para sua produção e divulgação.

3. O art. 73, VI, b, da Lei 9.504/97 veda, no período de 3 meses que antecede o pleito, toda e qualquer publicidade institucional, excetuando-se apenas a propaganda de produtos e serviços que tenham concorrência no mercado e os casos de grave e urgente necessidade pública, reconhecida previamente pela Justiça Eleitoral.

4. As notícias veiculadas não se enquadram nas duas exceções legais, estando caracterizada a conduta vedada que proíbe a veiculação de publicidade institucional no período proibitivo.

5. É evidente que o governo do Distrito Federal, no período crítico vedado pela legislação eleitoral, prosseguiu com a divulgação na internet (rede social e sítio eletrônico) de inúmeras notícias que consistiram em publicidade institucional, sem passar pelo crivo da Justiça Eleitoral, que poderia, em caráter preventivo, examinar se elas se enquadravam na hipótese de grave e urgente necessidade pública exigida para a pretendida veiculação em plena campanha eleitoral."[49]

---

45. TSE – Agravo Regimental em Recurso Especial Eleitoral nº 84195-MG – Rel. Min. OG FERNANDES – julg. em 25/06/2019 – v.u.
46. TSE – Agravo Regimental em Recurso Especial Eleitoral nº 9071-BA – Rel. Min. EDSON FACHIN – julg. em 11/06/2019 – v.u.
47. TSE – Recurso Especial Eleitoral nº 41584-SP – Rel. Min. NAPOLEÃO NUNES MAIA FILHO – julg. em 19/06/2018 – v.u.
48. TSE – Agravo Regimental em Recurso Ordinário nº 187415-AM – Relatora Ministra ROSA WEBER – julg. em 29/05/2018 – v.u.
49. TSE – Recurso Ordinário nº 172365-DF – Rel. Min. ADMAR GONZAGA – julg. em 07/12/2017 – v.u.

Ainda a respeito da comunicação eletrônica, deve-se considerar que "*os agentes públicos devem zelar pelo conteúdo a ser divulgado em sítio institucional, ainda que tenham proibido a veiculação de publicidade por meio de ofícios a outros responsáveis, e tomar todas as providências para que não haja descumprimento da proibição legal*"[50].

Também a exibição "*do símbolo e slogan da administração*" em prédios públicos, durante o período de vedação, atrai a aplicação do art. 73, VI, "b", da Lei das Eleições[51].

A divulgação positiva em página de relacionamento pessoal do candidato exercente de cargo público, para cuja veiculação não contribuem recursos públicos, não incide na ilicitude[52].

A restrição não atinge, porém, a comunicação de atos oficiais, como a publicação de leis e atos normativos, ou mesmo a divulgação de concursos públicos[53]. A realização de campanhas publicitárias consideradas inadiáveis, para divulgação de campanhas de saúde, por exemplo, dependerá de prévia autorização da Justiça Eleitoral. Excepciona-se de todas essas restrições a "*propaganda de produtos e serviços que tenham concorrência no mercado*", expressamente referida no texto legal, compreendida esta como a divulgação de atividade de entidades estatais no mercado em igualdade de condições com entidades da iniciativa privada, como ocorre, por exemplo, no caso dos bancos públicos ou de empresas petrolíferas, que podem desenvolver ações de propaganda durante o período de vedação.

2.8. Fazer pronunciamento em rede de rádio e televisão nos três meses anteriores à eleição sem autorização da Justiça Eleitoral

A hipótese fática tem pouca incidência prática no processo eleitoral, dada a especificidade da redação da norma legal que a veda. Encontra-se no artigo 73, VI, "c", da Lei nº 9.504/97 a proibição, vigente nos três meses anteriores às eleições, de "*fazer pronunciamento em cadeia de rádio e televisão, fora do horário eleitoral gratuito, salvo quando, a critério da Justiça Eleitoral, tratar-se de matéria urgente, relevante e característica das funções de governo*".

Anote-se que a vedação atinge somente os "*agentes públicos das esferas administrativas cujos cargos estejam em disputa na eleição*", conforme previsão do § 3º do citado artigo 73.

Entendeu o legislador que o uso indiscriminado do recurso na época eleitoral acarretaria desequilíbrio na disputa, razão pela qual condicionou a utilização dessa forma de comunicação a um exame prévio e autorização da Justiça Eleitoral. Assim, se ocorrido o pronunciamento em cadeia de rádio e televisão sem autorização prévia do Judiciário,

---

50. TSE – Agravo Regimental em Recurso Especial Eleitoral nº 35590-SP – Rel. Min. Arnaldo Versiani – julg. em 29.04.2010 – v.u.
51. TSE – Agravo Regimental em Agravo de Instrumento nº 164508-MG – Rel. Min. Marcelo Ribeiro – julg. em 15.02.2011 – v.u.
52. TSE – Agravo Regimental em Recurso Especial Eleitoral nº 151990-MG – Rel. Min. LUIS ROBERTO BARROSO – julg. em 23/04/2019 – v.u.
53. No que toca a concursos públicos: TSE – Petição 225743-DF – Rel. Min. Aldir Passarinho Junior – julg. em 25.08.2010 – v.u.

dar-se-á a prática da conduta vedada, dotada de presunção legal de trazer indevida influência à igualdade entre os candidatos.

De seu lado, a Justiça Eleitoral, na apreciação do pedido de autorização para veiculação de mensagem pública em cadeia de rádio e televisão durante o período vedado, deverá ater o julgamento aos critérios legalmente estabelecidos, verificando se se trata de matéria urgente, relevante e característica das funções de governo. Reconhecidos esses requisitos no pedido, há de ser ele autorizado pelo Judiciário.

2.9. Realizar despesas com publicidade institucional acima da média em ano eleitoral

A lei eleitoral coíbe a realização de publicidade institucional nos três meses anteriores às eleições, pela regra do artigo 73, VI, "b", da Lei das Eleições, mas, no inciso seguinte do mesmo artigo impõe limites aos gastos publicitários dos entes administrativos durante o primeiro semestre do ano eleitoral. Com efeito, o inciso VII do artigo 73 da Lei nº 9.504/97 estabelece vedação de *"realizar, no primeiro semestre do ano de eleição, despesas com publicidade dos órgãos públicos federais, estaduais ou municipais, ou das respectivas entidades da administração indireta, que excedam a média dos gastos no primeiro semestre dos três últimos anos que antecedem o pleito"*. A redação do dispositivo foi alterada em 2015, pela Lei nº 13.165, trazendo previsões mais adequadas em comparação com o antigo teor da norma.

Completam-se as duas normas, e seus efeitos: no primeiro semestre, por força do art. 73, VII, a publicidade institucional deve não deve superar a média verificada nos primeiros semestres dos três anos anteriores; no segundo semestre, agora em razão do disposto no art. 73, VI, "b", a publicidade institucional não pode ocorrer nos três meses anteriores ao pleito, incidindo, portanto, a partir dos primeiros dias do mês de julho. A intenção da norma é clara: evitar que os detentores do poder administrativo efetuem em seu favor, ou em favor dos candidatos que apoiam, vultosos gastos publicitários no ano eleitoral. Vale a presunção legal de que a violação da restrição legal, por si só, acarreta desequilíbrio na disputa eleitoral, e assim caracteriza o cometimento do ilícito, independentemente do conhecimento do teor da publicidade levada ao público, impondo por isso a cominação das sanções legalmente previstas para os agentes responsáveis e os candidatos beneficiados.

Desde que obtida a prova documental da extrapolação, no primeiro semestre do ano eleitoral, da média de gastos publicitários dos primeiros semestres dos três anos anteriores, a incidência na tipificação aparece. Tal comprovação deverá partir dos dados oficiais que indiquem os valores gastos com publicidade nos períodos indicados na legislação.

Para aclarar a interpretação da vedação, esclarece a jurisprudência que o vocábulo "despesas", inserido no texto legal, *"deve ser entendido como liquidação, isto é, o atesto oficial de que o serviço foi prestado, independentemente da data do respectivo empenho ou pagamento (arts. 62 e 63, § 2º, III, da Lei 4.320/64)"*[54]. No caso em apreço, o serviço publici-

---

54. TSE – Agravo Regimental em Recurso Especial Eleitoral nº 37820-CE – Rel. Min. JORGE MUSSI – julg. em 17/10/2019 – v.u.

tário havia sido contratado, empenhado e liquidado nos últimos dias de dezembro do ano anterior à eleição, mas a exibição das peças publicitárias ocorreu já no ano eleitoral. Daí o apontamento de que, para a aferição da ilegalidade, deve ser tomada a data em que foi atestada a realização do serviço. Extrai-se do julgamento: "*Todas as etapas para contratar e fornecer a propaganda aconteceram com celeridade incomum, realizando-se o pregão em 14/12/2015, assinando-se os inúmeros contratos em 15/12 ..., tudo de forma a evitar que a liquidação ocorresse em 2016, quando então o montante deveria ser computado para aferir a média de gastos comparativamente com os primeiros semestres de 2013, 2014 e 2015*".

A restrição atinge apenas as unidades federativas no ano em que se realizam as eleições para preenchimento de seus cargos políticos, sem afetar as que não as realizam naquele ano.

2.10. Fazer, na circunscrição do pleito, revisão geral da remuneração dos servidores públicos em percentual superior à reposição inflacionária

A restrição está abrigada no inciso VIII do artigo 73 da Lei nº 9.504/97, dirigida ao ato de "*fazer, na circunscrição do pleito, revisão geral da remuneração dos servidores públicos que exceda a recomposição da perda de seu poder aquisitivo ao longo do ano da eleição, a partir do início do prazo estabelecido no art. 7º desta Lei e até a posse dos eleitos*".

Convém, desde logo, destacar que cuida-se de regulamentação imposta à implementação de **revisão geral** da remuneração dos servidores públicos, a significar a adoção de um único índice de reajuste da remuneração a ser aplicado de uma só vez em benefício de todos os prestadores, sem distinção, daí o caráter geral de sua incidência, **medida que não deve ser confundida com a eventual concessão de aumentos dirigidos a carreiras ou categorias específicas destacadas do quadro geral de servidores**. Neste caso, não se tratando de revisão geral de remuneração, mas simplesmente de atribuição de melhoria salarial a um grupo definido de servidores, aplica-se a previsão do inciso V do artigo 73 para verificar as restrições imponíveis ao administrador durante o período eleitoral. Nesse sentido: "*A aprovação, pela via legislativa, de proposta de reestruturação de carreira de servidores não se confunde com revisão geral de remuneração e, portanto, não encontra obstáculo na proibição contida no art. 73, inciso VIII, da Lei nº 9.504, de 1997*"[55].

Anote-se, porém, que a jurisprudência indica que a imposição de índice de revisão a parcela significativa dos servidores por configurar a incidência na vedação, como se vê:

> A interpretação estritamente literal do aludido artigo – de modo a entender que revisão geral apta a caracterizar ilícito eleitoral é somente aquela que engloba todos os servidores da circunscrição do pleito – não é a que melhor se coaduna com a finalidade precípua da norma de regência, que é a de proteger a normalidade e a legitimidade do prélio eleitoral da influência do poder político. Assim, revela-se defeso ao agente público conceder reajuste remuneratório que exceda a recomposição da perda do poder aquisitivo, no período vedado, a servidores que representem quantia significativa dos quadros geridos.[56]

---

55. TSE – Consulta nº 772-DF – Rel. Min. FERNANDO NEVES – julg. em 02/04/2002 – v.u. – publ. RJTSE – Revista de jurisprudência do TSE, Volume 13, Tomo 3, Página 345
56. TSE – Recurso Ordinário nº 763425-RJ – Rel. Min. JOÃO OTÁVIO DE NORONHA – Rel. des. Min. TARCISIO VIEIRA DE CARVALHO NETO – julg. em 09/04/2019 – maioria de votos.

O direito de todos os servidores públicos à *"revisão geral, anual, sempre na mesma data e sem distinção de índices"* é assegurado no art. 37, X, da Constituição Federal. A lei eleitoral não pode obstar o cumprimento da norma constitucional, sob pena de incidir no vício da inconstitucionalidade, mas determina limites para a sua efetivação nos anos em que se realizam eleições, visando a proteção de outros valores constitucionais, como são o regime democrático e a disputa eleitoral livre de abusos econômicos e políticos, conforme consagrado no art. 14, § 9º, da mesma Carta.

Assim, o inciso VIII impõe restrições para a concessão dessa revisão geral desde 180 dias antes das eleições[57] até a posse dos eleitos, daí decorrendo que a revisão geral da remuneração dos servidores concedida durante o ano eleitoral em momento anterior ao desse período não está sujeita a qualquer limitação do ponto de vista da legislação eleitoral.

A restrição legal está dirigida, nos anos eleitorais, apenas às esferas administrativas que tenham seus respectivos cargos submetidos ao preenchimento por meio da escolha popular, ou seja: em ano de eleições municipais a vedação não atinge a administração pública federal e a estadual; quando forem disputadas as eleições estaduais e a nacional, não é aplicável aos Municípios;

A revisão geral deve ser implementada por meio de lei específica de iniciativa da autoridade competente, conforme estabelecido, como regra geral, no art. 37, X, da Constituição Federal.

2.11. Realizar distribuição gratuita de bens, valores ou benefícios no ano da eleição

A vedação em tela, bem como as suas respectivas e importantes exceções, estão previstas no § 10 do artigo 73 da Lei nº 9.504/97, que tem a redação seguinte:

> No ano em que se realizar eleição, fica proibida a distribuição gratuita de bens, valores ou benefícios por parte da Administração Pública, exceto nos casos de calamidade pública, de estado de emergência ou de programas sociais autorizados em lei e já em execução orçamentária no exercício anterior, casos em que o Ministério Público poderá promover o acompanhamento de sua execução financeira e administrativa.

A realização dos processos de escolha de representantes políticos não pode ser compreendida como situação que justifique ou propicie a interrupção da atuação do Estado nas diversas formas em que ela deve ocorrer. Em especial no que toca à prestação de assistência aos mais necessitados, pelo fornecimento de bens materiais ou prestação de serviços diversos, certamente não pode ser interrompida a indispensável ação estatal, muitas vezes essencial para a subsistência daqueles que são por ela beneficiados. No entanto, a lei eleitoral combate, com decisão, a utilização eleitoral da prestação de auxílio assistencial, em especial no inciso IV e nos parágrafos 10 e 11 do artigo 73 da Lei nº 9.504/97.

No caso do § 10 do artigo 73, em harmonia com essas ideias, a lei não proíbe o administrador público de dar continuidade a todos os programas sociais em execução

---

57. A pouco clara redação do inciso VIII do art. 73 indica a aplicação do *"prazo estabelecido no artigo 7º desta Lei"*. No § 1º desse dispositivo encontra-se menção a prazo de 180 dias antes das eleições, reconhecido como aplicável para o termo inicial da vedação em tela.

antes do início do ano eleitoral, mas impede a distribuição gratuita de bens, valores ou benefícios que se iniciem durante o ano em que se disputam as eleições, se não houver previsão legal e execução orçamentária presentes desde o ano anterior, ressalvados os casos de calamidade pública ou emergência. Percebe-se, assim, que o mote da vedação não se dirige contra a regular continuidade da prestação de serviços públicos já executados no mínimo desde o ano anterior às eleições; a proibição atinge as ações de distribuição de bens ou vantagens de caráter geral iniciados no ano eleitoral, em redação normativa bastante aberta e de amplo alcance.

As sanções aplicáveis no caso de infração a tais proibições são aquelas previstas nos parágrafos 4º e 5º do mesmo artigo 73, compreendendo, além da aplicação de multa aos agentes administrativos responsáveis pela ilicitude e aos candidatos beneficiados, a possível cassação de registro ou de diploma dos candidatos.

A casuística tocante ao tema apresenta-se variada. Assim, a distribuição gratuita de cestas básicas em data municipal festiva, e bem assim a entrega de ferramentas agrícolas e sorteio de eletrodomésticos e prêmios em dinheiro no Dia do Trabalhador configuraram a incidência no tipo legal em tela, além de abuso de poder político, considerando-se que: *"(i) o custeio na aquisição dos bens foi eminentemente público; (ii) a entrega se deu a título gratuito; (iii) não se tratou de programa social em execução orçamentária prévia; (iv) as edições festivas em questão assumiram viés eleitoral; (v) o então prefeito teve participação direta e efetiva; e (vi) os fatos apurados assumiram notas de gravidade no contexto do pleito"*[58]. Também a distribuição de bens e serviços em data próxima à eleição, para a realização de 50 (cinquenta) casamentos em escola pública, com isenção de emolumentos e utilização de funcionários públicos foi compreendida como cometimento da conduta vedada em análise, além de abuso de poder político[59]. Também a edição de decreto de isenção de tarifa no transporte público em ano eleitoral foi reputada grave, à consideração de que *"toda a população municipal foi beneficiada"*[60].

A realização de shows artísticos gratuitos em ano eleitoral pode configurar a ilicitude[61], mas não quando se tratar de evento tradicional, ou quando a gratuidade dos ingressos derivar de contrapartida cobrada dos organizadores do evento[62]. Ressalve-se, porém, que em casos extremos pode restar configurada a prática de abuso de poder político[63].

O aspecto da anterioridade da execução fiscal dos programas de distribuição de bens ou vantagens é decisivo para a caracterização do ilícito. Assim, diante de situação de entrega gratuita de títulos de direito real de uso durante o ano eleitoral, configurou-se a ilicitude porque *"embora o programa de regularização fundiária estivesse autorizado em*

---

58. TSE – Recurso Especial Eleitoral nº 57611-CE – Rel. Min. TARCISIO VIEIRA DE CARVALHO NETO – julg. em 19/03/2019 – v.u.
59. TSE – Agravo Regimental em Recurso Especial Eleitoral nº 29411-ES – Rel. Min. EDSON FACHIN – julg. em 05/11/2019 – v.u.
60. TSE – Agravo Regimental em Recurso Especial Eleitora nº 35239-SP – Rel. Min. TARCISIO VIEIRA DE CARVALHO NETO – julg. em 09/10/2018 – v.u.
61. TSE – Agravo Regimental em Agravo de Instrumento nº 27173-MT – Relatora Ministra ROSA WEBER – julg. em 07/06/2018 – v.u.
62. TSE – Recurso Especial Eleitoral nº 4535-MG – Rel. Min. JORGE MUSSI – julg. em 19/06/2018 – v.u.
63. TSE – Recurso Especial Eleitoral nº 24389-MG – Rel. Min. TARCISIO VIEIRA DE CARVALHO NETO – julg. em 12/02/2019 – v.u.

lei, não houve comprovação de dotação orçamentária específica relativa ao programa nos exercícios anteriores"[64].

Não há dúvida de que a proibição de concessão de benesses em ano eleitoral pode atingir, também, a instituição de isenções tributárias. Nessa esteira, a edição de lei municipal, de iniciativa do prefeito, em ano eleitoral, *"concedendo a isenção de ITBI a 272 famílias, sem estimativa orçamentária específica, foi suficiente, por si só, para gerar benefício aos moradores, independentemente do registro das escrituras na matrícula dos imóveis"*[65], situação que atraiu a incidência do artigo 73, § 10, da Lei das Eleições. No entanto, a jurisprudência vem estabelecendo a necessidade de exame das circunstâncias específicas de cada caso concreto, para verificar se houve justificativa de interesse público a justificar a concessão de isenção tributária em ano eleitoral. Nesse sentido, vale a pena destacar:

> "1. Conforme reiterada orientação deste Tribunal, "a análise da configuração ou não de conduta vedada somente é possível a partir dos fatos concretos que revelem suas circunstâncias próprias e o contexto em que inseridos" (Cta nº 154-24/DF, Rel. Min. Henrique Neves da Silva, *DJe* de 5.6.2014). No mesmo sentido: Cta nº 415-18/DF, Rel. Min. Rosa Weber, *DJe* de 12.12.2016; Cta nº 1036-83/DF, Rel. Min. Luciana Lóssio, *DJe* de 7.10.2014; Cta nº 98-59, de 26.4.2012, Rel. Min. Arnaldo Versiani, *DJe* de 30.5.2012.
>
> 2. As concessões de benefícios tributários apresentam diversas nuances e, por implicarem renúncia ou redução da receita pública, sofrem vários condicionamentos e limitações, devendo basear-se em motivação que reflita a satisfação do interesse público e a consecução das finalidades previstas em diplomas específicos, por exemplo, o desenvolvimento de determinado setor econômico ou região. Desta feita, não há como examinar, pela via abstrata da consulta, ante a simples premissa de estar previsto em legislação específica vigente no ano que antecede a eleição, que determinado benefício tributário escaparia ao alcance da norma prevista no art. 73, § 10, da Lei das Eleições."[66]

Há de se considerar, ainda, que os tribunais eleitorais têm afirmado que *"A continuidade – ou mesmo a intensificação – da prestação dos serviços públicos essenciais durante o ano eleitoral não pode ser considerada distribuição de benefícios pela Administração, sobretudo consideradas as necessidades da população local, no tocante à prestação desse tipo de serviço"*[67]. Também já se afirmou que *"a reformulação, no ano das eleições, de programa social já autorizado em lei e em execução no exercício anterior não caracterizava a prática de conduta vedada pelo art. 73, §10, da Lei nº 9.504/1997"*[68]. Com todas as vênias, entendemos que é necessário ter muita atenção com práticas desse tipo, que facilmente podem desaguar em direta afronta aos preceitos legais em estudo.

---

64. TSE – Agravo de Instrumento nº 28656-RJ – Rel. Min. LUIS ROBERTO BARROSO – julg. em 23/04/2019 – v.u. No mesmo sentido, compreendendo incidência na infração por falta de execução orçamentária no ano anterior às eleições: TSE – Agravo Regimental em Recurso Especial Eleitoral nº 3611-SC – Relatora Ministra ROSA WEBER – julg. em 24/05/2018 – v.u.
65. TSE – Recurso Especial Eleitoral nº 82203-PR – Rel. Min. HERMAN BENJAMIN – julg. em 09/08/2018 – v.u.
66. TSE – Consulta nº 060424166-DF – Rel. Min. TARCISIO VIEIRA DE CARVALHO NETO – julg. em 20/02/2018 – v.u.
67. TSE – Agravo Regimental em Recurso Especial Eleitoral nº 41811-MG – Relatora Ministra ROSA WEBER – julg. em 26/09/2019 – v.u. Nesse mesmo sentido são os seguintes precedentes, citados no julgado: REspe nº 555-47/PA, Rel. Min. João Otávio de Noronha, *DJE* de 21.10.2015; REspe nº 1522-10/MG, Rel. Min. Henrique Neves da Silva, *DJE* de 04.12.2015.
68. TSE – Agravo Regimental em Agravo de Instrumento nº 42465-SC – Rel. Min. LUIS ROBERTO BARROSO – julg. em 30/10/2018 – v.u.

Em todos os casos será salutar o acompanhamento da execução da entrega de bens ou vantagens por membro do Ministério Público, conforme prescreve a lei eleitoral. Destaque-se, ainda, que a atuação administrativa lastreada em estado de calamidade ou emergência deve ser precedida de ato governamental que formalmente reconheça a situação excepcional, devidamente justificado.

2.12. Execução de programa social por entidade nominalmente vinculada a candidato ou por este mantida

A última vedação instituída no artigo 73 da Lei nº 9.504/97, em seu § 11, tem ainda como tema a execução de programas sociais pela administração pública em ano eleitoral. Estabelece a direta redação do § 11 do artigo 73 que *"nos anos eleitorais, os programas sociais de que trata o § 10 não poderão ser executados por entidade nominalmente vinculada a candidato ou por esse mantida"*.

Algumas observações iniciais merecem ser formuladas a respeito da redação do dispositivo. A primeira é no sentido de ressaltar a desnecessária e inadequada remissão, no texto, aos *"programas sociais de que trata o § 10"*. Nada indica que a vedação estabelecida no § 11 deva ser aplicada apenas aos programas sociais iniciados no ano eleitoral, tratados no § 10 do artigo 73. Isto porque a proibição assim instituída seria inócua, face ao teor do parágrafo anterior, que já veda completamente a execução de tais programas em ano eleitoral. A melhor exegese do § 11 deve considerar a vedação nele veiculada aplicável a qualquer programa social executado pelo poder público em ano eleitoral, incluindo aqueles que já se encontravam em execução nos anos anteriores[69].

Além disso, em razão dos termos da vedação, não se pode considera-la incidente apenas na esfera administrativa cujos cargos sejam preenchidos naquele ano pelo processo eleitoral, sendo mais indicado, para obter maior efetividade do dispositivo, estender sua aplicação a todas as entidades públicas de todos os entes federativos, que ficam vedadas de executar programas sociais por meio de entidades vinculadas a candidatos. Nesse sentido, não faria sentido proibir, em ano de eleição municipal, que um candidato fosse beneficiado com a execução de programas sociais municipais, mas pudesse obter vantagens em razão de sua vinculação com programas estaduais ou federais. Ora, se o sentido das condutas vedadas é propiciar a paridade de armas entre todos os candidatos, deve-se buscar a interpretação que melhor se amolde a esse objetivo.

Convém ressaltar que esta é a única conduta vedada aos agentes públicos que não sujeita os candidatos beneficiados à cassação de registro ou diploma, visto que tal consequência está direcionada no § 5º do artigo 73 às demais infrações ali previstas, e as que constam nos artigos seguintes explicitamente a preveem. Assim, mostra-se aplicável a tais ilícitos apenas a sanção de multa prevista nos §§ 4º e 8º do artigo 73, já que *"diante da ausência de norma autorizadora, a sanção de cassação dos diplomas deve ser afastada, pois as condutas vedadas e as respectivas sanções são de legalidade estrita"*[70].

---

69. Nesse sentido: TSE – Consulta nº 95139-DF – Rel. Min. MARCO AURÉLIO – julg. em 08/06/2010 – v.u.
70. TSE – Recurso Especial Eleitoral nº 39792-SC – Rel. Min. HENRIQUE NEVES – julg. em 04/08/2015 – v.u.

A vedação em tela proíbe as entidades públicas, em ano eleitoral, de executar programas sociais por intermédio de entidade privada vinculada ou mantida por candidato. Veda-se, portanto, a execução de eventual convênio ou qualquer espécie de colaboração instituída entre o poder público e associação particular dotadas das características descritas na lei, visando a distribuição de bens, serviços ou vantagens de caráter social. Trata-se, como de resto ocorre com todas as demais condutas vedadas, de ilícito que se configura com a atuação incidente no tipo infracional estabelecido na lei, sem que seja necessário considerar as efetivas consequências eleitorais dos atos, "*os quais, por presunção legal, são tendentes a afetar a isonomia entre os candidatos*"[71]. Assim, "*repasses financeiros realizados por prefeito a entidade vinculada a candidato caracterizam a vedação prevista no § 11 do art. 73 da Lei das Eleições*", ainda que se refiram a programas sociais "*autorizados em lei e já em execução orçamentária no exercício anterior*"[72].

Também a prestação de assessoria nos trâmites burocráticos para pessoas de baixa renda no programa habitacional Minha Casa Minha Vida pode caracterizar a prática do ilícito, se ocorrer "*a exploração dessa atividade com fins nitidamente eleitoreiros*"[73].

2.13. Infringir o disposto no § 1º do art. 37 da Constituição Federal

Deixando o artigo 73 da Lei das Eleições, encontramos já no artigo seguinte uma previsão proibitiva, assim redigida:

"Configura abuso de autoridade, para os fins do disposto no art. 22 da Lei Complementar nº 64, de 18 de maio de 1990, a infringência do disposto no § 1º do art. 37 da Constituição Federal, ficando o responsável, se candidato, sujeito ao cancelamento do registro ou do diploma."

A rigor, não se trata de hipótese de conduta vedada aos agentes públicos, que se caracteriza pela presunção legalmente instituída de que tais práticas acarretem prejuízo à igualdade entre os candidatos na disputa eleitoral. O artigo 74 apresenta, na verdade, hipótese de configuração de abuso de poder de autoridade ou político, punível nos termos do artigo 22 da Lei Complementar nº 64/90.

Nesse prisma, a eventual imposição de cassação de registro ou diploma dos candidatos beneficiados dependerá dos critérios fixados na Lei das Inelegibilidades, não se considerando "*a potencialidade de o fato alterar o resultado da eleição, mas apenas a gravidade das circunstâncias que o caracterizam*", nos termos do art. 22, XVI, da referida lei. A discussão a respeito da caracterização dos abusos eleitorais escapa do âmbito deste estudo dirigido exclusivamente à análise das condutas vedadas.

Importa aqui enfatizar que o tipo infracional inscrito no artigo 74 da Lei nº 9.504/97 deve ser compreendido como explicitação legalmente instituída de uma hipótese de caracterização de abuso de poder político ou de autoridade, sujeito à ação de investigação judicial eleitoral regulada no artigo 22 da Lei Complementar nº 64/90.

---

71. TSE – Recurso Especial Eleitoral nº 39306-PE – Relatora Ministra LUCIANA LOSSIO – julg. em 10/05/2016 – v.u.
72. TSE – Recurso Especial Eleitoral nº 39306-PE – Relatora Ministra LUCIANA LOSSIO – julg. em 10/05/2016 – v.u.
73. TSE – Agravo Regimental em Recurso Ordinário nº 317348-PA – Rel. Min. JORGE MUSSI – julg. em 17/04/2018 – v.u.

A conduta típica aqui tratada reside na infração ao princípio da impessoalidade na propaganda dos bens e serviços da administração pública, cuja formulação está expressa no art. 37, § 1º, da Constituição Federal[74]. Acresça-se que a caracterização de tal ilícito *"requer seja demonstrada, de forma objetiva, afronta ao disposto no art. 37, § 1º, da CF, ou seja, exige que haja ruptura do princípio da impessoalidade com a menção na publicidade institucional a nomes, símbolos ou imagens que caracterizem promoção pessoal ou de servidores públicos"*[75]. E além disso, para a configuração do ilícito é essencial que se trate de publicidade paga com recursos públicos e autorizada por agente público, tal como ocorre relativamente ao artigo 73, VI, "b", da Lei das Eleições[76].

A jurisprudência já entendeu caracterizada tal infração por Prefeito Municipal *"por meio da veiculação não apenas na conta de Facebook, como também no sítio oficial da Prefeitura de publicidade institucional contendo clara promoção pessoal em prol de suas candidaturas, com gravidade suficiente para desequilibrar a disputa eleitoral"* [77]. Também a pintura de bens públicos com a cor do partido dos candidatos já foi considerada suficiente para configurar a irregularidade[78].

2.14. Realizar shows artísticos em inauguração de obra pública nos três meses anteriores ao pleito

A vedação a seguir tratada encontra sua formulação no artigo 75 da Lei das Eleições, estabelecendo que *"nos três meses que antecederem as eleições, na realização de inaugurações é vedada a contratação de shows artísticos pagos com recursos públicos"*.

A proibição é salutar, sem dúvida. A permissão de que as autoridades públicas oferecessem grandes shows públicos ao ensejo de comemorar as inaugurações tradicionalmente deixadas para as últimas semanas anteriores às eleições poderia acarretar indevido benefício aos candidatos vinculados à gestão pública. O benefício oferecido à população em geral poderia mesmo ser decisivo para a definição da disputa eleitoral.

Mais uma vez, o ponto fulcral para aferir a incidência na proibição legal está relacionado à utilização de recursos públicos para a promoção de festividade atinente a inauguração de obra pública durante o período de vedação. Para a configuração do ilícito há de se demonstrar que foi o poder público o responsável pela contratação e pelo pagamento dos shows.

O parágrafo único do artigo 75 determina que *"nos casos de descumprimento do disposto neste artigo, sem prejuízo da suspensão imediata da conduta, o candidato beneficiado, agente público ou não, ficará sujeito à cassação do registro ou do diploma"*. Neste caso não

---

74. A publicidade dos atos, programas, obras, serviços e campanhas dos órgãos públicos deverá ter caráter educativo, informativo ou de orientação social, dela não podendo constar nomes, símbolos ou imagens que caracterizem promoção pessoal de autoridades ou servidores públicos.
75. TSE – Recurso Ordinário nº 172365-DF – Rel. Min. ADMAR GONZAGA – julg. em 07/12/2017 – v.u.
76. Nesse sentido: TSE – Agravo Regimental em Agravo de Instrumento nº 46015-MG – Rel. Min. GILMAR MENDES – julg. em 05/03/2015 – v.u.
77. TSE – Agravo Regimental em Recurso Especial Eleitoral nº 24258-MS – Relatora Ministra MARIA THEREZA DE ASSIS MOURA – julg. em 17/12/2014 – v.u.
78. TSE – Agravo Regimental em Agravo de Instrumento nº 39824-SP – Rel. Min. ADMAR GONZAGA – julg. em 11/12/2018 – v.u.

há possibilidade de aplicação de multa aos agentes públicos e candidatos envolvidos, mas o risco imposto a estes é grande: a perda do registro de candidatura ou, se eleitos, do diploma.

2.15. Comparecimento de candidato a inauguração de obras públicas nos três meses anteriores ao pleito

Encontra-se no artigo 77 da Lei das Eleições a descrição da última conduta vedada aos agentes públicos durante o período das campanhas eleitorais. Trata-se da proibição, dirigida a qualquer candidato, de *"comparecer, nos 3 (três) meses que precedem o pleito, a inaugurações de obras públicas"*.

A única sanção imponível à conduta assim descrita está prevista no parágrafo único do mesmo artigo: *a inobservância do disposto neste artigo sujeita o infrator à cassação do registro ou do diploma*.

A previsão merece destaque, mas é necessário desde logo anunciar que a interpretação que hoje em dia lhe empresta a Justiça Eleitoral retirou-lhe boa parte de sua força. Mas ainda assim reflete justa preocupação com o indesejado aproveitamento de atos oficiais, como inaugurações de obras, para realização de proselitismo eleitoral, que se impede, sob o risco de cassação de registro ou diploma que pode ser aplicado ao candidato infrator. A interpretação atual, com absoluta justiça, não aplica indiscriminadamente a cassação de registro ou de diploma diante de simples presença em ato de inauguração, condicionando a aplicação de tão grave sanção à demonstração de efetivo benefício auferido pelo candidato.

Com efeito, a atual jurisprudência estabelece que *"por se cuidarem de normas restritivas de direitos, as disposições legais que sancionam a prática de condutas vedadas por agentes públicos não podem ser interpretadas ampliativamente"*, considerando ainda que *"a lei veda a realização de solenidade que envolva lançamento de obras, com presença de eleitores e de candidato, em que se ostente a influência deste na conquista, a revelar fator de desequilíbrio na disputa"*[79]. Colhe-se, ainda, que *"o artigo 77 da Lei das Eleições veda o comparecimento de candidatos à inauguração de obra pública stricto sensu, assim considerada aquela que integra o domínio público. Incidência dos princípios da tipicidade e da legalidade estrita, devendo a conduta corresponder exatamente ao tipo previamente definido na norma"*[80]. Por isso, a tipificação legal deve estar integralmente presente para que se considere a aplicação das sanções legalmente previstas ao candidato. Nessa esteira, já firmou a jurisprudência eleitoral que *"não configura situação jurídica enquadrável no artigo 77 da Lei nº 9.504/97 o comparecimento de candidatos ao local após a inauguração da obra pública, quando já*

---

79. TSE – Agravo Regimental em Recurso Especial Eleitoral nº 40474-PI – Rel. Min. JORGE MUSSI – julg. em 26/03/2019 – v.u.
80. TSE – Recurso Especial Eleitoral nº 18212-RS – Rel. Min. TARCISIO VIEIRA DE CARVALHO NETO – julg. em 03/10/2017 – v.u. Na espécie, o TSE considerou que não incidia na vedação o comparecimento de candidato em evento de inauguração de obra realizada por universidade privada, construída em terreno doado pelo município e patrocinada, em parte, com recursos públicos repassados por meio de convênio estadual, nos três meses que antecederam a data do pleito.

não mais estão presentes os cidadãos em geral"[81], e da mesma forma "o descerramento de placa de novo nome de praça já existente não configura inauguração de obra pública a que se refere o art. 77 da Lei nº 9.504/97, sendo tal conduta inerente às atribuições do cargo do administrador público"[82].

Em outra ordem de preocupações, está assentado na Justiça Eleitoral, no que toca à aplicação da sanção de cassação de registro ou diploma, que "as condutas vedadas devem ser examinadas sob o princípio de proporcionalidade e com base no potencial lesivo ao equilíbrio do pleito"[83], razão pela qual "a mera presença do candidato na inauguração de obra pública, como qualquer pessoa do povo, sem destaque e sem fazer uso da palavra ou dela ser destinatário, não configura o ilícito previsto no art. 77 da Lei nº 9.504/97"[84]. Colhe-se, ainda:

> "O Tribunal Superior Eleitoral já decidiu que a sanção de cassação pela prática das condutas vedadas somente deve ser aplicada em casos mais graves, à luz dos princípios da proporcionalidade e razoabilidade. O reconhecimento desses ilícitos poderá afastar o político das disputas eleitorais pelo longo prazo de oito anos (art. 1º, inciso I, alínea d e j, da LC nº 64/90), o que pode representar sua exclusão das disputas eleitorais, fazendo com que a Justiça Eleitoral substitua a vontade do eleitor, de modo a merecer maior atenção e reflexão por todos os órgãos desta justiça especializada."[85]

> "O princípio da proporcionalidade aplicado no âmbito do art. 77 da Lei n° 9.504/97 é admitido para afastar a configuração do ilícito eleitoral, quando a presença do candidato se dá de forma discreta e sem sua participação ativa no evento, porquanto, nessas hipóteses, não se verifica a quebra da igualdade de chances entre os candidatos na disputa eleitoral (AgR-REspe n° 473-71/PB, Redator para o acórdão Min. João Otávio de Noronha, DJe de 27.10.2014 e AgR-AI n° 1781-90/RO, Rel. Min. Henrique Neves, DJe de 6.12.2013)."[86]

> "A jurisprudência do TSE admite a aplicação do princípio da proporcionalidade na representação por conduta vedada descrita no art. 77 da Lei n° 9.504/97, para afastar a sanção de cassação do diploma, quando a presença do candidato em inauguração de obra pública ocorre de forma discreta e sem a sua participação ativa na solenidade, de modo a não acarretar a quebra de chances entre os piayers (AgR-REspe n° 1260-25/SE, Rel. Min. Luiz Fux, DJe de 5.9.2016; RO n° 1984-03/ES, Rel. Mm. Luciana Lóssio, DJe de 12.9.2016; AgR-REspe n° 473-71/PB, Rel. Min. Laurita Vaz, DJe de 27.10.2014)."[87]

Com essas considerações, reserva-se a aplicação da sanção de cassação de registro ou de diploma, prevista no art. 77 da Lei nº 9.504/97, para aquelas situações em que efetivamente fique demonstrado o indevido benefício eleitoral auferido pelo candidato em consequência de sua presença em solenidade de inauguração de obra pública. Sem tal comprovação, a ilicitude não terá força para fazer gerar a dura consequência prevista no parágrafo único do citado dispositivo legal.

---

81. TSE – Recurso Especial Eleitoral nº 24852-SC – Rel. Min. MARCO AURÉLIO – julg. em 27/09/2005 – v.u. – publ. RJTSE – Revista de jurisprudência do TSE, Volume 16, Tomo 4, Página 240
82. TSE – Agravo Regimental em Agravo de Instrumento nº 5291-RS – Rel. Min. CAPUTO BASTOS – julg. em 10/02/2005 – v.u. – publ. RJTSE – Revista de jurisprudência do TSE, Volume 16, Tomo 1, Página 174.
83. TSE – Agravo Regimental em Agravo de Instrumento nº 11173-SP – Rel. Min. MARCELO RIBEIRO – julg. em 15/09/2009 – v.u.
84. TSE – Agravo Regimental em Agravo de Instrumento nº 178190-RO – Rel. Min. HENRIQUE NEVES – julg. em 05/11/2013 – v.u.
85. TSE – Recurso Ordinário nº 198403 – Relatora Ministra LUCIANA LOSSIO – julg. em 09/08/2016 – v.u.
86. TSE – Agravo Regimental em Recurso Especial Eleitoral nº 126025-SE – Rel. Min. LUIZ FUX – julg. em 09/06/2016 – v.u.
87. TSE – Agravo Regimental em Agravo de Instrumento nº 49730-PR – Rel. Min. TARCISIO VIEIRA DE CARVALHO NETO – julg. em 31/08/2017 – v.u.

3. RITO PROCESSUAL

Todos os ilícitos descritos no artigo 73 da Lei nº 9.504/97 serão apuradas em representação eleitoral que se desenvolverá com o rito estabelecido no artigo 22 da Lei Complementar nº 64/90, para as investigações judiciais eleitorais. No entanto, tais medidas poderão ser propostas apenas até a data da diplomação dos eleitos.

Tal é o que disciplina o § 12 do citado artigo 73. Também as condutas estabelecidas nos artigos 74, 75 e 77 da Lei das Eleições serão apuradas por meio de representação desenvolvida pelo mesmo rito[88]. O prazo para interposição de recurso contra as decisões proferidas no feito será de 3 (três) dias, contados a partir da publicação da decisão no Diário Oficial, de acordo com a exata prescrição inscrita no art. 73, § 13, da Lei das Eleições.

Não nos dedicaremos aqui ao aprofundamento do estudo do rito processual das investigações judiciais eleitorais, cujas regras podem ser encontradas no *caput* e incisos do artigo 22 da Lei Complementar nº 64/90. Importa aqui destacar as regras mais específicas, aplicáveis nos processos de perseguição de condutas vedadas, e que assim os diferenciam.

Em primeiro lugar, é necessário enfatizar que a representação por conduta vedada pode veicular pedido de suspensão imediata da atuação administrativa impugnada, conforme expressa previsão do § 4º do artigo 73. A previsão explícita de possível concessão de medida antecipatória não é comum no direito eleitoral, que geralmente se acomoda com o poder geral de cautela e com o poder de polícia concedidos ao juiz eleitoral. Aqui, no entanto, não há dúvida de que é possível a determinação de imediata suspensão da conduta vedada, já que a lei expressamente a prevê, o que bem dá a dimensão de sua importância, bem como da necessidade de combate-la com o fim de preservar o desejado equilíbrio na disputa eleitoral.

Outro ponto a ser destacado nos processos de perseguição das condutas vedadas é que as medidas devem ser propostas até a data da diplomação dos eleitos, impreterivelmente, nos termos do § 12 do art. 73 da Lei nº 9.504/97, sob pena de extinção prematura do feito, com exame de mérito, por decadência.

Além disso, é preciso apontar que nas representações propostas em razão de prática de conduta vedada por agentes públicos, dá-se situação de litisconsórcio passivo necessário, a determinar que o polo passivo da demanda seja composto não só pelos candidatos beneficiados, mas também pelo agente público responsável pela prática das ilicitudes. Nesse sentido, os candidatos são chamados, de modo geral, como meros beneficiários das irregularidades praticadas por agentes administrativos, sendo de rigor a inclusão dos responsáveis pelas condutas impugnadas. Com efeito, colhe-se da jurisprudência que *"nas ações que versem sobre condutas vedadas, há litisconsórcio passivo necessário entre o agente público tido como responsável pela prática das condutas e os beneficiários dos atos praticados"*, sendo certo que *"a ausência de inclusão do agente público responsável no polo*

---

88. Nesse sentido é a prescrição contida no art. 44, *caput*, da Resolução nº 23608/TSE, editada para regular o rito de representações, reclamações e outros feitos eleitorais nas eleições de 2020. Determina o citado dispositivo: "As representações que tenham por causa de pedir as hipóteses previstas nos arts. 23, 30-A, 41-A, 45, VI, 73, 74, 75 e 77 da Lei nº 9.504/1997 observarão o procedimento do art. 22 da Lei Complementar nº 6411990 e, supletiva e subsidiariamente, o Código de Processo Civil".

passivo impõe a extinção, com resolução do mérito, da representação, nos termos do art. 487, II, do CPC"[89]. Nesse sentido:

> "2. A conduta apontada como vedada, nos termos do art. 73, § 10, da Lei nº 9.504/97, decorre, *in casu*, de ato administrativo de natureza complexa, no qual distintos agentes políticos, cada qual delimitado por sua competência funcional, sempre exercida com autonomia, ex vi do regimento interno da casa legislativa, manifestam isoladamente a sua vontade para, assim, somando-as, alcançar perfectibilidade no campo formal e material.
>
> 3. Os agentes públicos, dotados de autonomia, cujas manifestações se revelam essenciais à validade e à concretude do ato complexo são, via de regra, corresponsáveis pela essência da conduta que dele emerge (inquinada, ainda que em tese, de vedada). Nessa perspectiva, nas representações do art. 73 da Lei nº 9.504/97, devem figurar, ao lado do beneficiário, no polo passivo, como litisconsortes necessários.
>
> 4. O não chamamento desses atores, a tempo e modo, acarreta a nulidade dos atos decisórios e inviabiliza, se ultrapassado o prazo decadencial (*in casu*, aquele estabelecido pelo legislador no art. 73, § 12, da Lei das Eleições), a regularização (ou repetição) processual, desaguando, com supedâneo no art. 487, II, do CPC, na extinção do feito com resolução de mérito."[90]

Ressalve-se, porém, que não existe o litisconsórcio passivo necessário quando o candidato beneficiário é também agente público, em especial nos casos de reeleição, hipótese em que se confundem em uma só pessoa o agente público responsável e o candidato beneficiado pela conduta indevida. Assim, reconhecendo-se que os réus candidatos incluídos originalmente no polo passivo *"foram responsáveis pelas condutas, na condição de chefes do Poder Executivo Municipal, torna-se desnecessário incluir no polo passivo aqueles que atuaram como simples mandatários"*[91]. No mesmo sentido, dentre outros: *"Na linha da jurisprudência deste Tribunal Superior, é desnecessária a formação de litisconsórcio entre candidato beneficiário e agente executor da conduta vedada, quando atua na qualidade de simples mandatário"*[92].

4. SANÇÕES APLICÁVEIS

Verificada a prática de conduta vedada aos agentes públicos durante a campanha eleitoral, são aplicáveis as sanções de multa e de cassação de registro de candidatura ou de diploma dos candidatos indevidamente beneficiados.

Quanto à multa, sua imposição está prevista no § 4º do artigo 73 da Lei das Eleições, bem como no § 8º do mesmo dispositivo, para ser imposta em razão dos ilícitos tipificados no próprio artigo 73. Será aplicada contra os agentes públicos responsáveis pela irregularidade (§ 4º) e também aos partidos, coligações e candidatos que dela se beneficiarem (§ 8º), em valor que pode variar de cinco a cem mil Ufir[93].

---

89. TSE – Recurso Especial Eleitoral nº 42270-MG – Rel. Min. LUIS ROBERTO BARROSO – julg. em 30/05/2019 – v.u.
90. TSE – Recurso Ordinário nº 127409-SE – Rel. Min. LUIZ FUX – Rel. designado Min. TARCISIO VIEIRA DE MELO NETO – julg. em 28/06/2018 – maioria de votos.
91. TSE – Agravo Regimental em Recurso Especial Eleitoral nº 31222-CE – Rel. Min. JORGE MUSSI – julg. em 10/10/2019 – v.u.
92. TSE – Agravo Regimental em Recurso Especial Eleitoral nº 41514-PA – Rel. Min. EDSON FACHIN – julg. em 08/10/2019 – v.u.
93. Valores correspondentes a R$ 5.320,50 (cinco mil, trezentos e vinte reais e cinquenta centavos) a R$ 106.410,00 (cento e seis mil, quatrocentos e dez reais, conforme a Resolução nº 23610/TSE, editada para as eleições de 2020.

Já no que toca à sanção de cassação de registro ou de diplomas, prevista no § 5º do artigo 73 da Lei das Eleições e também nos artigos 74, 75 e 77 da mesma lei, sua aplicação é reservada para os casos mais graves, nos quais seja possível vislumbrar efetivo prejuízo ao equilíbrio da disputa eleitoral, em juízo de proporcionalidade. É o que se colhe da remansosa jurisprudência:

> "7. A sanção de cassação do registro de candidatura, prevista no art. 73, § 5º, da LE, demanda do órgão julgador fundamentação específica sobre a insuficiência da pena de multa como reprimenda e fator de proteção aos bens jurídicos tutelados, sobremodo porque acarretará a incidência da inelegibilidade prevista no art. 1º, I, j, da Lei Complementar n. 64/90.
>
> 8. Os postulados da proporcionalidade e da razoabilidade são vetores cardeais da Constituição pós-positivista de 1988, exigindo redobrada ponderação no exame qualitativo da gravidade."[94]
>
> "2. Segundo constou do acórdão regional, a alegada conduta vedada decorrente da distribuição de bens em ano eleitoral teria beneficiado apenas 27 pessoas, o que não foi considerado grave no contexto da campanha a ponto de justificar a cassação do diploma, entendimento que se coaduna com a jurisprudência do Tribunal Superior Eleitoral.
>
> 3. 'Nem toda conduta vedada, nem todo abuso do poder político acarretam a automática cassação de registro ou de diploma, competindo à Justiça Eleitoral exercer um juízo de proporcionalidade entre a conduta praticada e a sanção a ser imposta' (REspe 336-45, rel. Min. Gilmar Mendes, *DJe* de 17.4.2015)."[95]

Assim, se de um lado a aplicação de multa é decorrência necessária do reconhecimento de prática de conduta vedada tipificada nos tipos infracionais estabelecidos no artigo 73 da Lei das Eleições, nos termos dos §§ 4º e 8º desse mesmo dispositivo, a cominação da sanção de cassação de registro de candidatura ou de diploma, aplicável nestes mesmos casos e também naqueles previstos nos artigo 74, 75 e 77 da mesma lei, somente terá lugar diante de circunstâncias graves, reconhecidas pela Justiça Eleitoral no exame de cada caso concreto, que justifiquem a aplicação de tão severa punição.

A aplicação da sanção de cassação, quando ocorrer, traz por sua vez outras consequências que convém mencionar. A primeira diz respeito à decisão que determinar cassação de diploma em pleito majoritário, que terá como consequência a realização de novas eleições, conforme prescreve a atual redação do artigo 224, § 3º, do Código Eleitoral. A segunda é a aplicação, aos condenados, da inelegibilidade estabelecida no artigo 1º, I, "j", da Lei Complementar nº 64/90, ressalvando-se, porém, a respeito do tema, que a jurisprudência "*é uníssona no sentido de que 'a sanção de inelegibilidade tem natureza personalíssima, razão pela qual incide somente perante quem efetivamente praticou a conduta' (REspe 843-56, red. para o acórdão Ministro Henrique Neves da Silva, DJe de 2.9.2016)*"[96]. Assim, exemplificativamente, a inelegibilidade não alcançará o candidato a vice, se este, apesar de beneficiário, não houver praticado nenhum ato tendente à consumação da conduta vedada.

---

94. TSE – Recurso Especial Eleitoral nº 44855-MG – Rel. Min. TARCISIO VIEIRA DE CARVALHO NETO – julg. em 20/08/2019 – maioria de votos.
95. TSE – Agravo Regimental em Recurso Especial Eleitoral nº 9934-PE – Rel. Min. ADMAR GONZAGA – julg. em 07/11/2017 – v.u.
96. TSE – Recurso Especial Eleitoral nº 82203-PR – Rel. Min. HERMAN BENJAMIN – Rel. designado Min. ADMAR GONZAGA – julg. em 09/08/2018 – maioria de votos.

REPRESENTAÇÃO POR CAPTAÇÃO ILÍCITA DE SUFRÁGIO

Alexandre Luis Mendonça Rollo

Doutor e Mestre em Direito das Relações Sociais pela PUC-SP, Professor da Escola Judiciária Eleitoral Paulista (EJEP-TRESP), Professor Convidado da Escola Superior da Magistratura do Maranhão (ESMAN) e da Escola da Magistratura do Estado de Rondônia (EMERON), Coordenador do Curso de Pós-Graduação em Direito Eleitoral da Damásio Educacional, Conselheiro Estadual (2013-2021) e Diretor Cultural (2019-2021) da OABSP, Advogado Especialista em Direito Eleitoral com 27 anos de atuação na área.

Sumário: 1. Introdução – 2. Hipóteses de cabimento – 3. Pedido explícito de voto e quantidade de votos comprados – 4. Legitimidade – 5. Sanções aplicáveis e rito processual – 6. Casuística

1. INTRODUÇÃO

A captação ilícita de sufrágio, nome mais bonito para a conduta de compra e venda de voto (que é totalmente ilegal), encontra-se prevista, no campo não criminal, no artigo 41-A da Lei 9.504/97. Mas quem compra ou vende voto também incide no art. 299 do Código Eleitoral (crime de corrupção eleitoral), cuja pena é de reclusão até quatro anos e pagamento de cinco a quinze dias-multa. Ou seja, quem compra ou vende voto pratica, ao mesmo tempo, uma conduta criminosa e uma ilicitude de natureza civil.

Nos ocuparemos, neste capítulo, da ilicitude de natureza civil (art. 41-A da Lei 9.504/97.

2. HIPÓTESES DE CABIMENTO

Para o preceito legal em questão *"Ressalvado o disposto no art. 26 e seus incisos, constitui captação de sufrágio, vedada por esta Lei, o candidato doar, oferecer, prometer, ou entregar, ao eleitor, com o fim de obter-lhe o voto, bem ou vantagem pessoal de qualquer natureza, inclusive emprego ou função pública, desde o registro da candidatura até o dia da eleição, inclusive, sob pena de multa de mil a cinquenta mil Ufir, e cassação do registro ou do diploma, observado o procedimento previsto no art. 22 da Lei Complementar no 64, de 18 de maio de 1990"*.

Ao ressalvar o art. 26 e incisos da lei das eleições o que o legislador quis deixar claro é que não configura compra de voto a confecção de material impresso, o aluguel de locais para realização de atos de campanha, a instalação de comitê de campanha eleitoral, a remuneração de pessoal que preste serviço para a campanha etc. Todas essas situações previstas no art. 26 da Lei 9.504/97 são considerados gastos eleitorais lícitos, que estão sujeitos a registro (nas respectivas prestações de contas), e aos limites fixados pela legislação eleitoral. Assim, ao pagar o serviço prestado por cabo eleitoral, o candidato não estará comprando o seu voto. Ele estará remunerando um serviço efetivamente prestado para sua campanha e assim sucessivamente. Não fosse assim e seria impossível a realização de qualquer despesa em campanhas eleitorais, tendo em vista que tudo representaria compra de voto.

Portanto, ressalvados esses gastos eleitorais lícitos em toda e qualquer campanha eleitoral, constituirá compra de voto, o candidato doar, oferecer, prometer, ou entregar, ao eleitor, bem ou vantagem pessoal de qualquer natureza, inclusive emprego ou função pública "*com o fim de obter-lhe o voto*". Temos aqui, portanto, como dolo específico, "*o fim de obter-lhe o voto*". Assim, as condutas previstas no tipo (doar, oferecer, prometer ou entregar), precisam ser dirigidas ao eleitor (não havendo eleitor, não haverá voto, nem compra de voto), e precisam ter como objetivo a obtenção do voto. Enganam-se, entretanto, aqueles que pensam ser possível uma doação a criança, com o objetivo de se conquistar os votos de seus familiares. Nesta hipótese, ainda que a criança não vote, estão sendo comprados pela doação os votos da família (presentes assim o "doar" e o fim de obter o voto da família – dolo específico), tudo a depender, por óbvio, de cada caso concreto. Doar, oferecer, prometer ou entregar sem "*o fim de obter-lhe o voto*", não é captação ilícita de sufrágio.

Assim, se a pessoa realiza determinada doação mensal, há vários anos, sem segundas intenções, poderá continuar a fazê-lo, mesmo sendo candidata, desde que prossiga sem a intenção de "obter-lhe o voto", uma vez que ausente o dolo específico. Poderá ainda a pessoa oferecer, prometer ou entregar a outrem bem ou vantagem pessoal de qualquer natureza, desde que de maneira despretensiosa, sem o dolo específico de obter o voto do favorecido. A questão, portanto, não é apenas a conduta (doar, oferecer, prometer ou entregar), mas sim a conduta somada ao dolo específico de obter o voto de outrem (que pode ser a pessoa diretamente favorecida ou seus familiares).

Outro requisito importante para a configuração do ilícito aqui tratado é a individualização da conduta, que deve ser dirigida a uma pessoa ou a um grupo determinado de pessoas[1]. Por exemplo: se o candidato promete melhorar a vida das pessoas, em propaganda eleitoral veiculada no rádio, na televisão, em comício ou em vídeo veiculado em redes sociais, e, ao final, pede o voto do eleitor, não haverá compra de votos apesar de existir promessa com o fim de obter o voto do eleitor, tendo em vista a ausência de individualização da conduta. São absolutamente diferentes a promessa ou o compromisso de campanha (envolvendo vantagens coletivas – construção de escolas, hospitais, creches, asfaltamento de ruas etc), da captação ilícita de sufrágio.

Ainda conforme o *caput* do art. 41-A da lei das eleições, a compra de votos existirá, em tese, "*desde o registro da candidatura até o dia da eleição, inclusive*", o que nos autoriza a afirmar que não haverá captação ilícita de sufrágio em maio do ano da eleição (antes, portanto, do registro da candidatura), nem no dia seguinte à realização do pleito (quando o "crime" será impossível). Para essas condutas, no entanto, haverá o crime de corrupção eleitoral (art. 299 do Código Eleitoral), que não estabelece "prazo de validade" para a incidência da norma.

---

1. "*...Na linha da jurisprudência desta Corte, para a configuração do ilícito previsto no art. 41-A da Lei 9.504/97, a promessa de vantagem pessoal em troca de voto deve corresponder a benefício a ser obtido concreta e individualmente por eleitor determinado ou determinável...*".
(Recurso Especial Eleitoral nº 47444, Acórdão, Relator(a) Min. Tarcisio Vieira De Carvalho Neto, Publicação: DJE – Diário de justiça eletrônico, Data 30/04/2019);

3. PEDIDO EXPLÍCITO DE VOTO E QUANTIDADE DE VOTOS COMPRADOS

Conforme estabelece o art. 41-A, § 1º, da Lei 9.504/97, *"Para a caracterização da conduta ilícita, é desnecessário o pedido explícito de votos, bastando a evidência do dolo, consistente no especial fim de agir".*

Realmente, restando presente alguma das condutas previstas no *"caput"* (doar, oferecer, prometer, ou entregar, ao eleitor), e o dolo específico de *"obter-lhe o voto"*, não haverá a necessidade do *"pedido explícito de votos"*. Dessa forma, bastará ao candidato (ou alguém a seu mando), por exemplo, estacionar o carro em uma comunicada, com faixas de sua campanha eleitoral e com farta distribuição de cestas básicas para que reste configurada a compra de votos, ainda que o candidato não pronuncie uma palavra. Mesmo ficando mudo, ou seja, não havendo pedido explícito de votos, restará evidenciado o dolo de obter o voto do eleitor em razão das faixas da campanha devidamente postas nas imediações da distribuição da vantagem ao eleitor.

Também deve ser dito que a quantidade de votos comprada pelo candidato pouco importa para a configuração da captação ilícita de sufrágio uma vez que aqui não se exige potencialidade lesiva ou a gravidade das circunstâncias. Para a configuração da captação ilícita de sufrágio bastará a prova robusta da compra de um voto. Configurada a captação ilícita, independentemente da quantidade de votos comprada, a *"consequência inexorável"* será a imposição da *"grave pena da cassação do diploma, pelo que se exige para o seu reconhecimento conjunto probatório robusto, apto a demonstrar, indene de dúvidas, a ocorrência do ilícito e a participação ou anuência dos candidatos beneficiários com a prática"*[2].

4. LEGITIMIDADE

Podem propor essa representação, ou seja, possuem legitimidade ativa para o seu manejo, os candidatos (mesmo ex-candidatos, lembrando que a representação em questão pode ser ajuizada até a data da diplomação), os partidos, as coligações (mesmo após as eleições uma vez que, para ajuizar a representação, a coligação acaba tendo uma espécie de sobrevida, não se encerrando após a eleição), e o Ministério Público Eleitoral. O eleitor, mais uma vez aqui, não tem tal legitimidade.

Já a legitimidade passiva é do candidato (ou ex-candidato se o ajuizamento for após a eleição), lembrando que a lei dispõe que *"constitui captação de sufrágio, vedada por esta Lei, o candidato doar..."*), valendo lembrar que tal legitimidade persistirá ainda que a conduta não tenha sido praticada por ele, mas por alguém a seu mando ou com a sua ciência[3].

---

2. TSE, AgR-RO 2240-81, rel. Min. Rosa Weber, DJe de 6.8.2018;
3. *"...A condenação por captação ilícita de sufrágio (Lei 9.504/97, art. 41-A) exige a demonstração da participação ou anuência do candidato, que não pode ser presumida..."*.
(Recurso Especial Eleitoral nº 44944, Acórdão, Relator(a) Min. Sergio Silveira Banhos, Publicação: DJE – Diário de justiça eletrônico, Data 12/08/2019);

Também terá legitimidade passiva qualquer pessoa física que "*praticar atos de violência ou grave ameaça a pessoa, com o fim de obter-lhe o voto*", nos termos do parágrafo 2º., do art. 41-A da lei das eleições.

Se a representação em questão envolver eleições majoritárias há litisconsórcio necessário entre o titular e seu respectivo suplente (Súmula 38 do TSE). Já o partido político "*não é litisconsorte passivo necessário em ações que visem à cassação do diploma*" (Súmula 40 do TSE).

5. SANÇÕES APLICÁVEIS E RITO PROCESSUAL

O próprio "*caput*" do art. 41-A da Lei 9.504/97 estabelece que as penas aplicáveis nas hipóteses de compra de votos serão "*multa de mil a cinquenta mil Ufir, e cassação do registro ou do diploma*". Também no mesmo "*caput*" consta expressamente que será "*observado o procedimento previsto no art. 22 da Lei Complementar no 64, de 18 de maio de 1990*", que é exatamente o mesmo estudado no capítulo 18, envolvendo a AIJE.

O prazo para o ajuizamento da representação respectiva será "*até a data da diplomação*" (art. 41-A, § 3º), e o "*recurso contra decisões proferidas com base neste artigo*" será apresentado no prazo de 3 (três) dias, "*a contar da data da publicação do julgamento no Diário Oficial*" (art. 41-A, § 4º), com contrarrazões em igual prazo.

6. CASUÍSTICA

Gravação ambiental

"*...Conforme a jurisprudência desta Corte, afigura-se lícita a gravação ambiental realizada por um dos interlocutores sem o consentimento dos demais e sem autorização judicial, em ambiente público ou privado, ficando as excepcionalidades submetidas à apreciação do julgador no caso concreto...*".

(Recurso Especial Eleitoral nº 245, Acórdão, Relator(a) Min. Og Fernandes, Publicação: DJE – Diário de justiça eletrônico, Tomo 225, Data 22/11/2019, Página 41-42)

Elementos para caracterização do ilícito

"*...Nos termos do art. 41-A da Lei nº 9.504/1997 e da jurisprudência desta Corte, a conduta ilícita é configurada pelo preenchimento cumulativo dos seguintes elementos: (i) realização de quaisquer condutas de doar, oferecer, prometer, ou entregar, ao eleitor, bem ou vantagem pessoal de qualquer natureza, bem como praticar violência ou grave ameaça ao eleitor; (ii) específica finalidade de obter voto em favor de determinada candidatura; e (iii) ato praticado em período compreendido entre a data de formalização do pedido de registro de candidatura e a data da eleição...*".

(Recurso Especial Eleitoral nº 46996, Acórdão, Relator(a) Min. Napoleão Nunes Maia Filho, Publicação: DJE – Diário de justiça eletrônico, Data 29/08/2019)

Necessidade de prova robusta

"...*O ilícito descrito no art. 41-A da Lei nº 9.504/97 se consubstancia com a oferta, a doação, a promessa ou a entrega de benefícios de qualquer natureza, pelo candidato, ao eleitor, em troca de voto, que, comprovado por meio de acervo probatório robusto, acarreta a cominação de sanção pecuniária e a cassação do registro ou do diploma...*".

(Recurso Especial Eleitoral nº 40898, Acórdão, Relator(a) Min. Edson Fachin, Publicação: DJE – Diário de justiça eletrônico, Tomo 150, Data 06/08/2019, Página 71/72)

Prova testemunhal

"...*1. Na linha da jurisprudência desta Corte, "a comprovação da captação ilícita de sufrágio lastreada exclusivamente em prova testemunhal é perfeitamente admitida, bastando que ela demonstre, de maneira consistente, a ocorrência do ilícito eleitoral' (AgR-REspe nº 26.110/MT, rel. Min. Arnaldo Versiani, DJE de 23.6.2010)" (AgR-AI 2346-66, rel. Min. Marcelo Ribeiro, DJe de 23.9.2011).*

2. Não cabe invocar, na espécie, o art. 368-A do Código Eleitoral, pois, pelo que se depreende do acórdão regional, a condenação com base no art. 41-A da Lei 9.504/97 não está calcada em prova testemunhal singular ou exclusiva, mas sim no depoimento de várias testemunhas, sem notícia de vínculo entre si, cujas narrativas foram consideradas uníssonas, consistentes, detalhadas e seguras pelo Tribunal a quo, a quem cabe a última palavra em matéria fática...".

(Recurso Especial Eleitoral nº 72128, Acórdão, Relator(a) Min. Admar Gonzaga, Publicação: DJE – Diário de justiça eletrônico, Data 29/03/2019, Página 65-66)

AÇÃO DE IMPUGNAÇÃO DE MANDATO ELETIVO (AIME)

Alexandre Luis Mendonça Rollo

Doutor e Mestre em Direito das Relações Sociais pela PUC-SP, Professor da Escola Judiciária Eleitoral Paulista (EJEP-TRESP), Professor Convidado da Escola Superior da Magistratura do Maranhão (ESMAN) e da Escola da Magistratura do Estado de Rondônia (EMERON), Coordenador do Curso de Pós-Graduação em Direito Eleitoral da Damásio Educacional, Conselheiro Estadual (2013-2021) e Diretor Cultural (2019-2021) da OABSP, Advogado Especialista em Direito Eleitoral com 27 anos de atuação na área.

Sumário: 1. Introdução – 2. Objeto (art. 14, § 10, CF/88) – 3. Finalidade – sanções aplicáveis – 4. Prazo para ajuizamento – 5. Pressupostos – 6. Legitimidade – 7. Competência – 8. Procedimento – 9. Embargos de declaração, recurso ordinário, recurso especial e recurso extraordinário

1. INTRODUÇÃO

A AIME é uma ação constitucional, prevista que está no art. 14, §10 da Lei Maior. Ela segue o chamado rito ordinário eleitoral estabelecido nos artigos 2º. até 16 da Lei Complementar n°. 64/90. O rito da AIME, portanto, é idêntico àquele dos processos de registro de candidaturas. No passado, por falta de previsão legal acerca do rito processual que deveria adotar, a AIME seguia o rito ordinário do CPC. Com isso, invariavelmente, os mandatos impugnados através de referida ação terminavam antes do fim da própria ação, que acabava extinta sem exame do mérito por perda superveniente do seu objeto.

Para evitar que essa situação permanecesse o TSE acabou fixando, pela via jurisprudencial, que o rito a AIME passaria a ser o ordinário eleitoral, mesmo rito seguido nos processos de registro.

2. OBJETO (ART. 14, § 10, CF/88)

A AIME tem como objeto o combate à prática de abuso do poder econômico (neste ponto o objeto é o mesmo da AIJE que, não custa lembrar trata dos abusos dos poderes econômico, político e dos meios de comunicação social), corrupção ou fraude[1].

---

1. "...1. A Ação de Impugnação de Mandato Eletivo é ação de natureza constitucional, prevista no art. 14, §§ 10 e 11, da Constituição Federal, cujas causas de pedir cingem-se às hipóteses de abuso do poder econômico, corrupção ou fraude, e tem por finalidade a cassação do diploma ilegitimamente obtido por algum desses vícios.
   2. A discussão acerca da divulgação de pesquisa eleitoral não registrada, porque dissociada das hipóteses constitucionais de cabimento, não pode ser versada em Ação de Impugnação ao Mandato Eletivo...".
   (Agravo de Instrumento n° 1396, Acórdão, Relator(a) Min. Edson Fachin, Publicação: DJE – Diário de justiça eletrônico, Tomo 213, Data 05/11/2019, Página 17)

Petição inicial de AIME que tenha alguma outra causa de pedir (um abuso do poder político, por exemplo), sequer deve ser processada. O que a jurisprudência do TSE tem admitido é que, por exemplo, se analise uma acusação de prática de abuso de poder político em sede de AIME, desde que entrelaçada tal acusação com abuso de poder econômico, ou outro fundamento jurídico-constitucional previsto no art. 14, § 10, da Constituição Federal. Caso isso não exista não será a hipótese de se manejar a AIME.

3. FINALIDADE – SANÇÕES APLICÁVEIS

O pedido a ser formulado na AIME será de cassação do mandato eletivo dos réus, pedido esse que se apoiará em uma das três causas de pedir previstas pela CF/88. Já aqui, portanto, pode-se dizer que não cabe AIME contra o segundo colocado em eleição para Presidente da República por uma razão óbvia: segundo colocado não possui mandato eletivo e, portanto, não pode ter algo inexistente cassado pela Justiça Eleitoral. Seria exemplo claro de falta de interesse processual do autor.

Na AIME não cabe imposição de sanção pecuniária ou declaração de inelegibilidade em caso de procedência da ação. Isso porque simplesmente não há previsão legal ou constitucional para tanto.

O que pode ocorrer é uma inelegibilidade reflexa se o réu tiver o seu mandato eletivo cassado pela Justiça Eleitoral em AIME que tenha por objeto apuração de abuso de poder econômico, uma vez que, conforme previsão contida no art. 1º., inciso I, alínea "d" da Lei Complementar 64/90, a pessoa condenada pela Justiça Eleitoral em processo de apuração de abuso do poder econômico fica inelegível por 8 anos a contar da eleição que disputou. Essa inelegibilidade, todavia, é reflexa, ou seja, não será objeto da decisão condenatória proferida na AIME.

Quer-se com isso dizer que a procedência da AIME que tratou de abuso do poder econômico redundará na cassação do mandato do réu e só. Se e quando, em futura eleição (dentro do período de 8 anos), o mesmo réu pleitear o registro de uma candidatura, esse pleito poderá ser impugnado pelas vias próprias (Ação de Impugnação de registro de candidatura – AIRC), que se pautará na inelegibilidade prevista no art. 1º., inciso I, alínea "d" da LC 64/90.

Em suma, a pessoa do exemplo estará inelegível, de forma reflexa, independentemente de isso ter sido objeto da condenação na AIME.

4. PRAZO PARA AJUIZAMENTO

A própria Constituição Federal preconiza que *"O mandato eletivo poderá ser impugnado ante a Justiça Eleitoral no prazo de quinze dias contados da diplomação"* (art. 14, § 10, CF/88). Esse, portanto, é o prazo para o manejo da AIME.

Petição inicial de ação de impugnação de mandato eletivo apresentada após tal prazo não será sequer admitida, por preclusão.

Mas e se o ato fraudulento praticado pelo mandatário, e que poderia ser objeto de AIME, for descoberto somente após tal prazo? Não haverá nada a ser feito. A Constituição Federal fixou prazo peremptório e não abriu qualquer exceção.

5. PRESSUPOSTOS

Para que a ação em estudo seja julgada procedente, além da prática de abuso do poder econômico, corrupção ou fraude (com prova robusta nos autos), exige-se ainda a potencialidade lesiva, ou seja, deve ser aferido no curso da lide se a conduta ilícita teve o potencial de alterar o resultado do pleito.

Isso porque, não custa lembrar, os remédios processuais eleitorais em geral têm a sua razão de ser calcada na legitimidade das eleições (serve para proteger a lisura e a legitimidade das eleições). Assim, se houve uma ilicitude de menor potencial ofensivo que, no entanto, não comprometeu a legitimidade do pleito, a AIME deverá ser julgada improcedente em homenagem ao princípio da soberania popular.

Exemplo: o réu da AIME praticou abuso do poder econômico ao gastar na sua eleição cem reais além do que era permitido. Se a eleição foi vencida com enorme diferença de votos será possível dizer que esses cem reais ilícitos, não tiveram potencial de alterar o resultado do pleito. Não foi esse valor que gerou a vitória do réu nas urnas, sendo caso de ilicitude de menor gravidade que não alterou o resultado das eleições.

6. LEGITIMIDADE

Podem propor a AIME, ou seja, possuem legitimidade ativa para o seu manejo, os candidatos (ou ex-candidatos, lembrando que a AIME será ajuizada após a eleição e após a diplomação), os partidos, as coligações (mesmo após as eleições uma vez que, para ajuizar a AIME, a coligação acaba tendo uma espécie de sobrevida, não se encerrando após a eleição), e o Ministério Público Eleitoral (art. 3º., *caput*, da LC nº. 64/90). O eleitor, mais uma vez aqui, não tem tal legitimidade.

Já a legitimidade passiva é do candidato agora eleito (sempre pessoa física)[2], valendo lembrar que em caso de eleição majoritária a AIME deve ser ajuizada também contra o Vice ou suplente de Senador, em razão da necessidade de observância do litisconsórcio passivo necessário, nos termos da Súmula 38 do TSE.

7. COMPETÊNCIA

Nenhum grande mistério aqui. Em se tratando de eleições municipais a AIME deverá ser ajuizada na Zona Eleitoral local (1ª. Instância). Nas eleições federais, estaduais e distritais o foro competente será o TRE do respectivo Estado/DF e, nas eleições presidenciais o foro competente será o TSE (art. 2º., LC 64/90).

---

2. "...A ação de impugnação ao mandato eletivo, prevista no art. 14, §§ 10 e 11, da Constituição Federal, visa desconstituir o mandato eletivo, nos casos em que sua formação foi comprometida por vício decorrente de corrupção, abuso de poder ou fraude. Nesse contexto, não tem legitimidade para figurar no polo passivo da AIME terceiro que não detém mandato eletivo, ainda que seja o responsável pela prática dos atos ilícitos...".
(Recurso Especial Eleitoral nº 167, Acórdão, Relator(a) Min. Luís Roberto Barroso, Publicação: DJE – Diário de justiça eletrônico, Tomo 175, Data 10/09/2019, Página 14-15)

8. PROCEDIMENTO

A petição inicial da AIME, que deverá ser subscrita por Advogado ou por Membro do Ministério Público Eleitoral e que dispensa o recolhimento de custas processuais, deve ser fundamentada e deve especificar desde logo as provas que serão produzidas, arrolando-se o máximo de 6 testemunhas (art. 3º., § 3º., LC 64/90).

Conforme estabelece a Lei Maior (art. 14, §10), a ação deve ser instruída "*com provas de abuso do poder econômico, corrupção ou fraude*". Isso não significa dizer que tudo deverá estar resolvido já quando da apresentação da ação. Para tanto, haverá instrução processual e dilação probatória. O que a Lei Maior quis dizer é que, para o processamento da ação constitucional em questão, deve haver um início de prova do abuso, da corrupção ou da fraude, não podendo ser recebida AIME desprovida de qualquer indício ou início de prova do quanto se alega.

Recebida a inicial, notifica-se o requerido para oferecer defesa no prazo de 7 dias, com juntada de documentos, rol de testemunhas (máximo de 6 sob pena de preclusão), e requerimento para produção de provas (art. 4º., LC 64/90).

Após os 7 dias da defesa, inicia-se prazo de 4 dias para a oitiva de todas as testemunhas (que deverão comparecer "*por iniciativa das partes*"), ou seja, não haverá intimação de testemunhas, sejam elas do autor (ainda que o autor seja o Ministério Público eleitoral), ou do réu. As oitivas ocorrerão em uma só assentada (art. 5º., *caput* e § 1º.), para que não ocorra cisão na produção da prova oral.

Nos 5 dias subsequentes poderão ser determinadas novas diligências *ex officio* ou em atendimento a requerimentos formulados pelas partes ou pelo Ministério Público Eleitoral (parágrafos 2º. e 3º.), que, quando não for o autor da AIME, dela participará obrigatoriamente na qualidade de fiscal da lei, sob pena de nulidade.

Encerrada a dilação probatória abrir-se-á o prazo comum de 5 dias para alegações finais (art. 6º., da LC 64/90). Nesse prazo se inclui o Ministério Público eleitoral que não possuirá prazo próprio ou independente para a apresentação das alegações finais, ou seja, o prazo é comum às partes/MPE.

Encerrado o prazo para as alegações finais os autos vão conclusos, no dia imediato para sentença (caso a AIME se inicie em primeira instância – eleições municipais), ou julgamento pelo Tribunal (se a AIME for de competência originária do TRE ou do TSE), tudo conforme o art. 7º., da LC 64/90.

Da sentença ou do acórdão cabe recurso no prazo de 3 dias (inominado, ordinário ou extraordinário a depender da competência para o processamento da AIME), seguindo contrarrazões em igual prazo (art. 8º., LC 64/90). Como na AIME tem-se a possibilidade de cassação de mandato eletivo, a procedência da ação atrairá recurso com efeito suspensivo, nos termos do art. 257, § 2º., do Código Eleitoral.

9. EMBARGOS DE DECLARAÇÃO, RECURSO ORDINÁRIO, RECURSO ESPECIAL E RECURSO EXTRAORDINÁRIO

O quanto tratado no capítulo 18 acerca destes temas fica aqui reiterado, para que se evitem repetições desnecessárias. O que vale para a AIJE em relação a esses recursos, vale também para a AIME.

RECURSO CONTRA A EXPEDIÇÃO DE DIPLOMA (RCED)

Alexandre Luis Mendonça Rollo

Doutor e Mestre em Direito das Relações Sociais pela PUC-SP, Professor da Escola Judiciária Eleitoral Paulista (EJEP-TRESP), Professor Convidado da Escola Superior da Magistratura do Maranhão (ESMAN) e da Escola da Magistratura do Estado de Rondônia (EMERON), Coordenador do Curso de Pós-Graduação em Direito Eleitoral da Damásio Educacional, Conselheiro Estadual (2013-2021) e Diretor Cultural (2019-2021) da OABSP, Advogado Especialista em Direito Eleitoral com 27 anos de atuação na área.

Sumário: 1. Introdução – 2. Natureza jurídica da diplomação – 3. Competência para a diplomação – 4. Natureza jurídica do RCED – 5. Objeto – 6. Finalidade e prazo para interposição – 7. Legitimidade – 8. Competência para julgamento do RCED – 9. Sanções aplicáveis – 10. Procedimento

1. INTRODUÇÃO

Diploma é o documento expedido pela Justiça Eleitoral, à vista dos resultados apurados na eleição, a fim de que os eleitos e suplentes (quando for o caso), possam tomar posse e exercer os respectivos mandatos eletivos. Já aqui então algumas conclusões importantes podem ser ressaltadas.

A primeira delas é que, sem diploma, não se assume mandato eletivo (posse), nem se exerce mandato eletivo. Assim, se o titular de mandato eletivo tiver o seu diploma cassado pela Justiça Eleitoral, essa cassação redundará na perda do mandato eletivo respectivo. Isso também ocorre, em exemplo analógico, com o médico, o engenheiro, o advogado etc., que, tendo os seus respectivos diplomas cassados, não poderão mais exercer as profissões para as quais estariam habilitados antes da cassação. Médico sem diploma não é médico. Assim também ocorre com os mandatos eletivos. Governador sem diploma não é Governador perdendo o seu mandato eletivo.

A segunda conclusão é de que, nas eleições proporcionais, são diplomados os eleitos e, também, alguns suplentes que ficarão em condição de assumir a titularidade do mandato a qualquer momento, nos casos de morte, renúncia ou cassação (art. 215 do Código Eleitoral).

A figura do diploma existe desde a edição do primeiro Código Eleitoral brasileiro (Decreto n°. 21.076, de 24/02/1932), não sendo novidade a sua existência no Direito Eleitoral brasileiro.

Já a diplomação é o ato através do qual a Justiça Eleitoral credencia os eleitos e alguns suplentes, habilitando-os a assumir e a exercer os respectivos mandatos eletivos (é um ato/cerimônia oficial da Justiça Eleitoral sem o qual os eleitos não seriam posteriormente empossados).

Diplomação é ato único que não pode ser fracionado, já que a partir dele são computados alguns prazos processuais importantes, como, por exemplo, o prazo para o manejo da AIJE (até a diplomação), o prazo para o manejo da AIME (15 dias a partir da diplomação), e o prazo para o próprio manejo do RCED. Assim, se algum diplomando não comparecer à diplomação (sempre por motivos de força maior devidamente justificados à Justiça Eleitoral), ainda assim restará registrada em ata a sua respectiva diplomação (com entrega do diploma posteriormente), para efeito do cômputo de eventuais prazos processuais.

2. NATUREZA JURÍDICA DA DIPLOMAÇÃO

A diplomação é ato jurisdicional com natureza jurídica declaratória. É jurisdicional porque a diplomação é da competência da Justiça Eleitoral e possui natureza jurídica declaratória porque nela (diplomação), a Justiça eleitoral vai declarar quem se elegeu e quem são os primeiros suplentes a tomarem posse nos casos de morte, renúncia e cassação.

Embora deva ser um ato bilateral (com um agente entregando o diploma e outro recebendo), a diplomação subsiste ainda que realizada unilateralmente justamente para se evitar o seu fracionamento para efeito do cômputo dos prazos processuais.

Diplomações fora de época podem ocorrer excepcionalmente, nas hipóteses de eleições suplementares ocasionadas por cassação de mandatos eletivos majoritários pela Justiça Eleitoral. Assim, sendo Prefeito e Vice cassados e realizadas novas eleições, haverá nova diplomação em momento diferente das diplomações "ordinárias", com novos prazos para manejo de eventuais ações eleitorais.

3. COMPETÊNCIA PARA A DIPLOMAÇÃO

Nas eleições municipais o ato de diplomação é da competência das Juntas Eleitorais (art. 40, inciso IV do Código Eleitoral). Nas eleições gerais a competência é dos Tribunais Regionais Eleitorais respectivos e na eleição presidencial a competência para a diplomação é do Tribunal Superior Eleitoral.

Importante que o operador do direito saiba acerca dessa competência uma vez que o manejo do RCED (onde o RCED será distribuído), dela dependerá.

4. NATUREZA JURÍDICA DO RCED

Apesar do nome "Recurso" contra a expedição de Diploma, o RCED tem natureza jurídica de ação desconstitutiva do diploma, sendo um misto de ação (que visa desconstituir o diploma atacado), e recurso (já que é apresentado no juízo "*a quo*" e julgado no "*ad quem*").

5. OBJETO

Nos termos do art. 262, do Código Eleitoral, o RCED caberá apenas e tão somente nos casos de inelegibilidade superveniente ou de natureza constitucional e ainda em caso de falta de preenchimento de alguma condição de elegibilidade.

Inelegibilidade superveniente "*é aquela de índole constitucional ou, se infraconstitucional, superveniente ao registro de candidatura, e que surge até a data do pleito*" (Súmula 47 do TSE). Se a inelegibilidade infraconstitucional é anterior ao pedido de registro de candidatura a figura será a da inelegibilidade pré-existente (não superveniente), devendo ser objeto de AIRC (ação de impugnação a registro de candidatura), sob pena de preclusão. Assim, por exemplo, se o pretenso candidato possui uma condenação judicial proferida em 2022 que lhe deixou inelegível, ao buscar o registro de candidatura em 2024 essa questão, por ser pré-existente ao pedido de registro, haverá de ser debatida em AIRC, sob pena de preclusão. Caso o tema não seja apresentado no momento oportuno (AIRC), também não poderá sê-lo no RCED, tendo em vista que não estaremos diante de inelegibilidade superveniente. O RCED que envolva inelegibilidade superveniente vai trabalhar com aquelas inelegibilidades de natureza constitucional (art. 14, parágrafos 4º., até 8º., da Lei Maior), ou com as inelegibilidades infraconstitucionais surgidas após o pedido de registro (ao apresentar seu pedido de registro a pessoa ainda era elegível – sua condenação por órgão colegiado, por exemplo, veio após o protocolo do pedido de registro), e até a data da eleição (se a inelegibilidade vier após a eleição também não caberá RCED).

Mas a Lei nº. 13.877/2019 complicou aquilo que não era tão complicado. Isso porque, ao tratar da inelegibilidade superveniente nos atuais parágrafos 1º. e 2º., deste mesmo art. 262 do Código Eleitoral, deixou assentado o seguinte:

> "*§ 1º. – A inelegibilidade superveniente que atrai restrição à candidatura, se formulada no âmbito do processo de registro, não poderá ser deduzida no recurso contra expedição de diploma.*
>
> *§ 2º. – A inelegibilidade superveniente apta a viabilizar o recurso contra a expedição de diploma, decorrente de alterações fáticas ou jurídicas, deverá ocorrer até a data fixada para que os partidos políticos e as coligações apresentem os seus requerimentos de registros de candidatos.*"

O parágrafo primeiro acima transcrito pode significar que, caso a inelegibilidade surja após o protocolo do pedido de registro da candidatura, mas ainda a tempo de ser questionada através de AIRC, a discussão na AIRC impedirá nova discussão idêntica no RCED. Não poderá o autor do RCED (recorrente), dizer que por ser superveniente, a mesma discussão poderá ser repetida no RCED. Teríamos aqui, a inviabilizar nova discussão, caso de litispendência (se a AIRC ainda estiver em curso), ou de coisa julgada (caso encerrada a AIRC). Referido parágrafo, portanto, merece aplausos.

Mas os aplausos não se estendem, lamentavelmente, ao parágrafo segundo que parece ignorar o significado da palavra "superveniente". Superveniente é aquilo que sobrevém, que vem depois de outra coisa, subsequente. Inelegibilidade superveniente, portanto, é aquela que vem depois do registro. Se assim é, algo de muito errado existe nesse novo §2º., do art. 262 do Código Eleitoral, ao afirmar que a inelegibilidade superveniente que autorizaria o manejo do RCED "*deverá ocorrer até a data fixada para que os partidos políticos e as coligações apresentem os seus requerimentos de registros de candidatos*". No ponto, o legislador confunde os conceitos de inelegibilidade pré-existente e superveniente, chamando de superveniente aquilo que deve ocorrer até a data dos registros das candidaturas. Lamentável.

A vingar tal dispositivo legal e qualquer inelegibilidade surgida em setembro do ano da eleição (por exemplo), escapará da AIRC (por ser superveniente ao registro), e escapará do RCED (que chama de superveniente apenas aquilo que seja pré-existente ao registro). Abre-se com isso um bom caminho para que o inelegível escape da chamada lei da ficha limpa, voltando a discutir essa inelegibilidade somente após o final de seu mandato (se for eleito), quando de nova, futura e eventual candidatura.

Outra hipótese de cabimento do RCED são as inelegibilidades constitucionais previstas no art. 14, parágrafos 4º., até 8º., da CF88 que, dada a sua natureza (constitucional), não precluem. Dessa forma, se um candidato a Prefeito registrar sua candidatura para terceiro mandato consecutivo e não vier a sofrer AIRC, o tema poderá ser objeto de RCED, para que se impeça o exercício de três mandatos sucessivos, sem que se cogite de preclusão.

Também é tema a ser apresentado no RCED a falta do preenchimento de alguma condição de elegibilidade (todas previstas no art. 14, §3º., da Lei Maior). Portanto, se alguém registrar sua candidatura sem estar no pleno exercício de seus direitos políticos (art. 14, §3º., inciso II da CF), ainda que tal discussão escape da AIRC, poderá ser enfrentada em RCED, não se podendo cogitar de preclusão.

6. FINALIDADE E PRAZO PARA INTERPOSIÇÃO

Ao interpor o RCED, o que o recorrente pretenderá é, apoiado em uma das hipóteses de cabimento (causas de pedir), atacar o diploma conferido ao recorrido, o que pode redundar na cassação de seu mandato eletivo uma vez que não se exerce mandato eletivo sem diploma.

Já o prazo para a interposição do RCED era de 03 dias contados a partir da diplomação (contrarrazões em igual prazo), sendo que referido recurso será recebido no efeito meramente devolutivo (art. 216, CE), uma vez que o diplomado exercerá seu mandato enquanto não transitar em julgado decisão contrária a ele (vale dizer: a diplomação e o diploma permanecerão hígidos enquanto não julgado o RCED).

Afirmou-se acima que o prazo era de 03 dias contados da diplomação, porque o art. 262, §3º., do Código Eleitoral, com a redação que lhe deu a Lei n°. 13.877/2019, passou a tratar o tema da seguinte forma: "*O recurso de que trata este artigo deverá ser interposto no prazo de 3 (três) dias após o último dia limite fixado para a diplomação e será suspenso no período compreendido entre os dias 20 de dezembro e 20 de janeiro, a partir do qual retomará seu cômputo*".

Com essa novidade o prazo não é mais de 03 dias contados da diplomação respectiva, mas sim de 03 dias "*após o último dia limite fixado para a diplomação*". Há diferença. Se a pessoa for diplomada no dia 15/12 e o último dia fixado para a diplomação (pelo TSE, no calendário eleitoral), for o dia 18/12, o prazo de 03 dias não se inicia no dia 16/12 (dia seguinte ao da efetiva diplomação), mas sim no dia 19/12 (dia seguinte ao último dia fixado pelo TSE para as diplomações em geral). Nesse exemplo, o primeiro dia do prazo seria 19/12, o segundo 21/01 e o terceiro 22/01 (prazo final para a apresentação do RCED considerada a suspensão do prazo entre os dias 20 de dezembro e 20 de janeiro).

Mas, ainda no exemplo acima, o que acontecerá se o recorrente apresentar o RCED no mesmo dia da diplomação, ou no dia seguinte, antes, portanto, do efetivo início do prazo recursal?

O TSE, no passado, já decidiu pela intempestividade no RCED em caso análogo. Nesse sentido:

> "*Recurso de diplomação interposto prematuramente (CE, ART. 276, II, 'A' E PARAG. 1). Intempestividade. Sendo de três dias o prazo para a interposição do recurso, contado da sessão da diplomação torna-se impossível o seu conhecimento, por ter ocorrido antes do fato que lhe daria causa. Recurso ordinário não conhecido*".
>
> (Recurso contra Expedição de Diploma nº 401, Relator(a) Min. Aldir Guimarães Passarinho, Publicação: DJ – Diário de justiça, Data 24/06/1987, Página 12803)

Mas a jurisprudência mais moderna da Corte Superior Eleitoral, passou a decidir casos de antecipação do prazo recursal da seguinte forma:

> "*...A regra do art. 218, § 4º, do CPC, no sentido de considerar tempestivo o ato praticado antes do termo inicial do prazo, prestigia os princípios da duração razoável do processo e da cooperação, deixando de prejudicar a parte que, agindo de boa-fé, pratica um ato de forma mais célere. Apesar de se referir aos prazos de natureza processual, o mesmo raciocínio deve ser aplicado ao recurso contra expedição de diploma protocolizado no mesmo dia da diplomação, mas após a realização do ato impugnado, qual seja, a diplomação dos recorrentes...*".
>
> (Recurso Especial Eleitoral nº 49803, Acórdão, Relator(a) Min. Luís Roberto Barroso, Publicação: DJE – Diário de justiça eletrônico, Data 22/08/2019, Página 35-36)

Esse último precedente prestigia a Súmula 65 do TSE que considera "*tempestivo o recurso interposto antes da publicação da decisão recorrida*".

Mas vale anotar que, mesmo no RESPE 49803, fala-se em apresentação do RCED "*após a realização do ato impugnado*" (diplomação), o que significa dizer que não caberia o RCED antes da própria diplomação, nos exatos termos do primeiro precedente. Seria como um recorrente apresentar apelação antes da existência da própria sentença.

7. LEGITIMIDADE

Podem interpor o RCED os candidatos (ou ex-candidatos), os partidos, as coligações (mesmo após a eleição), e o Ministério Público Eleitoral. O eleitor não tem legitimidade ativa para o manejo do RCED.

Já a legitimidade passiva será de todos aqueles que forem diplomados (inclusive suplentes).

Se o RCED envolver eleições majoritárias há litisconsórcio necessário entre o titular e seu respectivo suplente (Súmula 38 do TSE). Já o partido político "*não é litisconsorte passivo necessário em ações que visem à cassação do diploma*" (Súmula 40 do TSE).

8. COMPETÊNCIA PARA JULGAMENTO DO RCED

O RCED, naquilo que toca à competência para o seu julgamento, recebe o mesmo tratamento da apelação, vale dizer, ele será interposto perante o juízo "*a quo*" e, colhidas as contrarrazões, será remetido ao órgão "*ad quem*" para julgamento.

Assim, se o ato de diplomação for da Junta Eleitoral cabe RCED para o TRE. Se o ato de diplomação for do TRE cabe RCED para o TSE, nos termos da Súmula 37/TSE. Já se o ato de diplomação for do TSE cabe RCED para o próprio TSE. Isso porque, bem analisado o art. 102, da Constituição Federal, não consta em tal dispositivo constitucional competência do Supremo Tribunal Federal para o julgamento de RCED envolvendo eleição presidencial.

O julgamento do RCED envolvendo eleição presidencial, portanto, ficará à cargo do próprio TSE (mesmo órgão que realizou a diplomação), cabendo posteriormente eventual recurso extraordinário ao STF.

9. SANÇÕES APLICÁVEIS

Uma vez acolhido o RCED, a única consequência possível será a cassação do diploma da parte recorrida, o que redundará na cassação do respectivo mandato eletivo uma vez que, repita-se, não se exerce mandato eletivo sem diploma.

Não há espaço aqui para a aplicação de sanção pecuniária ou para a decretação de inelegibilidades.

10. PROCEDIMENTO

Recebida a peça recursal, intima-se o recorrido para, em 3 dias, oferecer contrarrazões (art. 267, *caput*, Código Eleitoral). Se o recorrido juntar documentos novos em suas contrarrazões, terá o recorrente 48 horas para se manifestar acerca dos documentos novos juntados aos autos (art. 267, § 5º., Código Eleitoral).

Findos os prazos acima o juiz terá 48 horas para remeter o RCED para o órgão "*ad quem*" (art. 267, § 6º., Código Eleitoral).

Se houver retratação da decisão que concedeu o diploma, poderá o recorrido, em 3 dias, "*requerer suba o recurso como se por ele interposto*" (art. 267, § 7º., Código Eleitoral).

Contra acórdão proferido pelo TRE no julgamento do RCED caberá recurso ordinário no prazo de 03 dias com contrarrazões em igual prazo (TSE, Súmula 36), e contra acórdão proferido pelo TSE nesse mesmo julgamento caberá, em tese, recurso extraordinário ao STF.